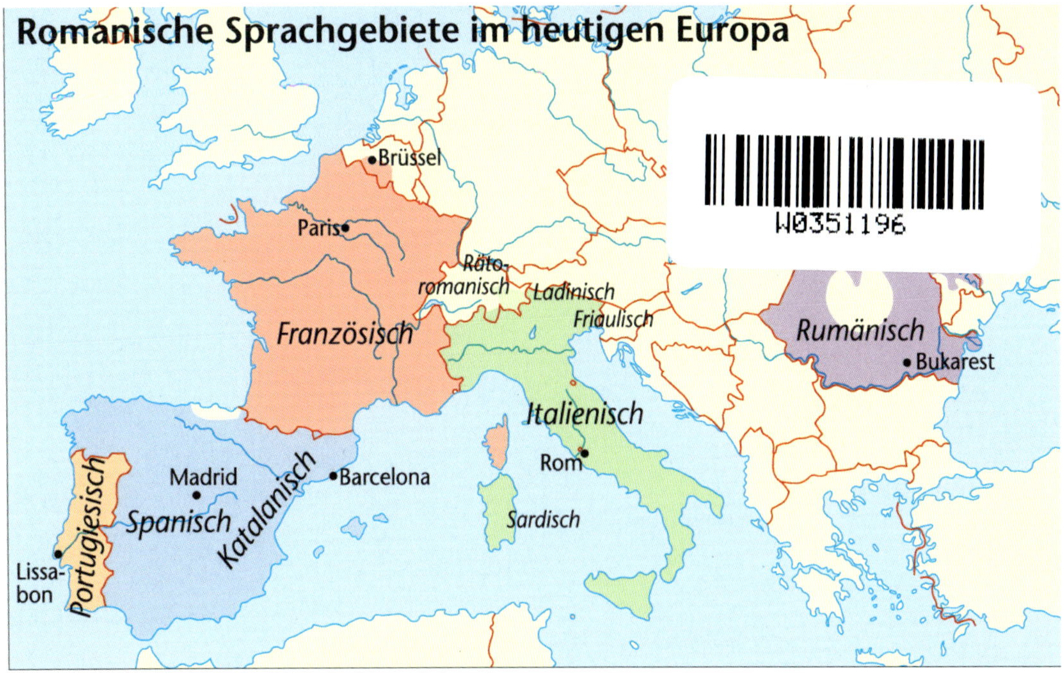

Imperium Romanum

Dieses Schulbuch wurde auf Grundlage eines zielorientierten Lehrplans verfasst. Konkretisierung, Gewichtung und Umsetzung der Inhalte erfolgen durch die Lehrerinnen und Lehrer.
Liebe Schülerin, lieber Schüler,
du bekommst dieses Schulbuch von der Republik Österreich für deine Ausbildung. Bücher helfen nicht nur beim Lernen, sondern sind auch Freunde fürs Leben.

Mit Bescheid des Bundesministeriums für Bildung, Wissenschaft und Kultur, GZ 5.050/0113-B/8/2011, vom 8. Oktober 2012, gemäß den Lehrplänen 2004 als für den Unterrichtsgebrauch an allgemein bildenden höheren Schulen für die 3. bis 4. Klasse im Unterrichtsgegenstand Latein geeignet erklärt.

Schulbuchnummer: **160.280**
160.281 (Buch mit CD-ROM)

5. Auflage (2017)
Gedruckt in Österreich auf umweltfreundlich hergestelltem Papier
Lektorat: Barbara Strobl-Kirnbauer
Herstellung: Irene Demelmair
Bildredaktion: Susanne Suk
Umschlaggestaltung und Layout: Irene Demelmair
Illustrationen: Lois Jesner
Satz: Tanczos KG, St. Florian
Umschlagfoto: Getty Images/Martin Child
Schulbuchvergütung/Bildrechte: © VBK/Wien
Alle Ausschnitte mit Zustimmung der VBK/Wien

ISBN 978-3-7058-9082-4
ISBN 978-3-7058-9084-8 (Buch mit CD-ROM)

Wolfram Kautzky · Oliver Hissek

Medias In Res!

Latein für den Anfangsunterricht

3
bis
4

VERITAS
Gemeinsam besser lernen

INHALTSVERZEICHNIS

Eine Liste **aller Stammformen** findest du in deinem E-Book oder unter: http://medias-in-res.veritas.at/key/604

Vorwort

Salve, discipula! Salve, discipule!

Dieses Lateinlehrbuch trägt den Titel *Medias In Res!*, was so viel heißt wie „Mitten hinein in die Dinge!" – oder noch kürzer gesagt: „Los geht's!"

Gemeint ist damit: Dieses Buch möchte dir in den dafür vorgesehenen zwei Jahren die lateinische Sprache so kompakt wie möglich, aber zugleich so ausführlich wie nötig vermitteln. Mit anderen Worten heißt das: Die wichtigen Punkte der lateinischen Grammatik werden ausführlich behandelt und öfters wiederholt, auf weniger Wichtiges wurde nach der Devise „weniger ist mehr" verzichtet.

Damit du im Buch jederzeit den Überblick hast, ist jedes der 40 Kapitel nach dem „Vier-Seiten-Prinzip" aufgebaut:

1. Seite: **Lektionstext**
2. Seite: **Vokabel** (*vocabularium*) + Zusatzinfos (Lerntipps, Sprichwörter, Latein im Alltag)
   (Im unteren Abschnitt dieser beiden Seiten findest du, sozusagen als „Lektions-Schmankerln", die interessantesten Infos über das Leben der Griechen und Römer.)
3. Seite: **Grammatik**-Erklärungen (*grammatica*)
4. Seite: **Übungen** (*exercitationes*)

Nach jeweils fünf Kapiteln gibt es im hinteren Teil des Buches **zusammenfassende Übungen** (*repetitiones*), die du dir speziell vor Wiederholungen oder Schularbeiten zu Gemüte führen solltest. Besonders anspruchsvolle Übungen erkennst du an diesem Symbol: (Die Eule galt bei den alten Griechen als Symbol der Weisheit!)

Fünf Kapitel bilden jeweils auch eine inhaltliche Einheit (an der „Kapitelfarbe" leicht zu erkennen): So erfährst du abwechselnd etwas vom römischen Alltag, von antiken Sagengestalten und (in chronologischer Anordnung) von römischer Geschichte (siehe Inhaltsverzeichnis). Besonderer Wert wurde bei den Lektionstexten darauf gelegt, dass du dich nicht mit ausgefallenen Themen herumschlagen musst, sondern einen Überblick über die bekanntesten Persönlichkeiten, Sagen und kulturellen Highlights der alten Römer (und Griechen!) bekommst.

Am Ende von *Medias In Res!* befindet sich der komplette **Vokabelindex**, mit dessen Hilfe du ein Vokabel, das du (ausnahmsweise) vergessen hast, schnell aufspüren kannst.

Noch ein Tipp zum Abschluss: Passend zum Lehrbuch gibt es zahlreiche Zusatzmaterialien, zum Beispiel das praktische Grammatikheft ***Mediam In Grammaticam!***, in dem du alle Formentabellen sowie die gesamte Satzlehre (Syntax) zusammengefasst auf einen Blick findest. Mit dem Übungsheft ***Top in Form(en)***, kannst du das Deklinieren und Konjugieren besonders gut trainieren. Zum Vokabellernen und -wiederholen ist das ***Wortschatztraining*** sehr praktisch. (→ Siehe auch die hintere Umschlagseite!)

Multum gaudii beim Erlernen der lateinischen Sprache wünschen dir

Wolfram Kautzky & Oliver Hissek

(Fremd-)Sprachen-„Basics“

In diesem Buch werden dir immer wieder Fachausdrücke unterkommen, die du nicht nur beim Erlernen von Latein, sondern auch in jeder anderen (Fremd-)Sprache unbedingt brauchst. Die allerwichtigsten dieser Termini (Fachbegriffe) solltest du dir bereits hier am Anfang dieses Buches fest einprägen!

? Schaffst du es, den folgenden 20 Begriffen die richtige Übersetzung zuzuordnen?

LATEINISCH	DEUTSCH	BEISPIEL
Adjektiv		*der schöne Vogel …*
Adverb		*der Vogel singt schön*
Aktiv		*ich küsse, er liest, wir singen …*
Deklination		*das Buch, des Buches, dem Buch …*
Imperativ		*komm!, gebt! …*
Indikativ		*ich bin, er hat …*
Infinitiv		*zu sehen, gesehen zu haben …*
Konjugation		*ich bin / du bist / er ist …*
Konjunktion		*und, aber; als, weil …*
Konjunktiv		*ich sei, er habe …*
Nomen (Substantiv)		*das Haus, die Frau …*
Objekt		*ich küsse das Mädchen*
Partizip		*sehend, gesehen …*
Passiv		*ich werde geküsst, du wirst gesehen*
Prädikat		*ich küsse das Mädchen*
Präposition		*in, auf, bei, zu, an …*
Präteritum		*ich küsste, ich sah, ich kam …*
Pronomen		*ich, du, jener …*
Subjekt		*ich küsse das Mädchen …*
Verb		*küssen – küsste – geküsst*

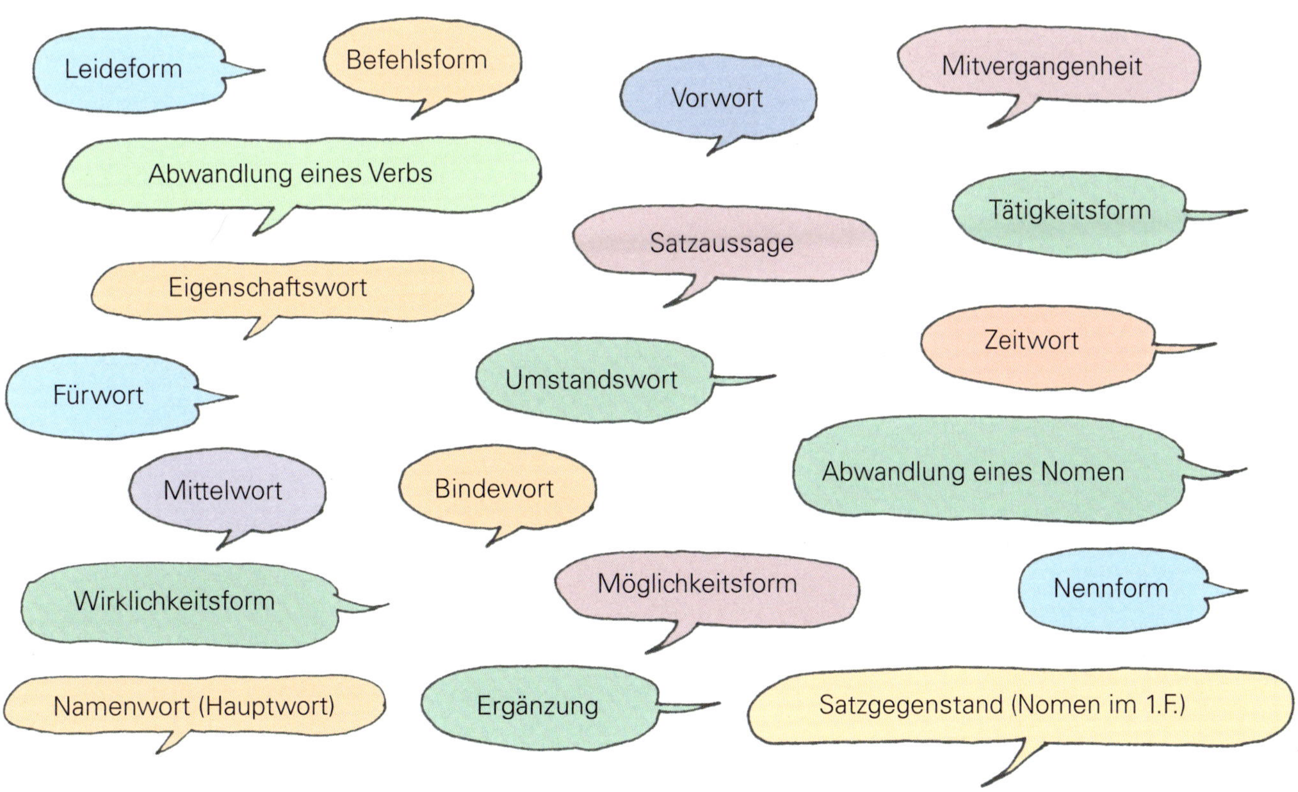

Sechs Fragen – sechs Antworten

❶ Warum heißt die Sprache der alten Römer „Latein" und nicht „Römisch"?

Die lateinische Sprache hat ihren Namen vom Stamm der Latiner. Diese wohnten in Latium, der Landschaft rings um die spätere Stadt Rom, und bildeten sozusagen die „Keimzelle" der Römer. Noch heute heißt diese Provinz *Lazio* – wie auch der Name der Fußballmannschaft *Lazio Roma* zeigt.

❷ Verwendeten die Römer dieselben Buchstaben wie wir?

Großteils ja: Im lateinischen Alphabet (das aus dem griechischen entstanden ist) fehlen gegenüber dem deutschen nur die Buchstaben J, K und W (Y und Z kommen nur in griechischen Fremd- und Lehnwörtern vor). Außerdem gibt es im Lateinischen keine Umlaute (Ä wird AE geschrieben, Ö als OE).

❸ Wie spricht man lateinische Wörter aus?

Praktischerweise so, wie sie geschrieben sind. Nur bei C gibt es zwei unterschiedliche Varianten:

- Aussprache **immer als K**: *circus* → sprich Kirkus, *Caesar* → sprich Käsar. Diese Aussprache war die „klassische", wurde also zur Zeit Cäsars (pardon: Käsars) und Ciceros (pardon: Kikeros) verwendet.
- Aussprache als **K vor dunklen Vokalen** (a, o, u), aber als **Z vor hellen Vokalen** (e, i): *circus* → sprich Zirkus, *Caesar* → sprich Zäsar. Diese Variante setzte sich in der Spätantike (ab dem 4. Jh. n. Chr.) durch.

Wie du das C aussprichst, ist also keine Frage von richtig oder falsch, sondern von „klassisch" oder „spätantik"!

❹ Gibt es im Lateinischen Akzente?

Nein. Lateinische Wörter sind entweder auf der vorletzten oder drittletzten Silbe betont – meistens wirst du das gefühlsmäßig richtig machen (z. B. heißt es *família* und nicht *familía* – was irgendwie logisch ist, nicht?). Wenn die Betonung nicht von vornherein klar ist (vor allem bei der Nennform von Zeitwörtern), findest du im Vocabularium einen Akzent auf der betonten Silbe.
Übrigens: Die Römer verwendeten lange Zeit nur Großbuchstaben und verzichteten überhaupt auf Satzzeichen (was wir natürlich nicht tun!).

❺ Wie viele Fälle gibt es im Lateinischen?

Sechs. Ihre Namen solltest du dir, falls sie dir noch nicht bekannt sind, gut merken: Nominativ (1.F.), Genetiv (2.F.), Dativ (3.F.), Akkusativ (4.F.), Vokativ (5.F.), Ablativ (6.F.). Mehr über die einzelnen Fälle erfährst du in den folgenden Lektionen.

❻ Ist Latein eine „tote" Sprache?

Keineswegs, denn Latein lebt auf vielfache Weise weiter: in den romanischen Sprachen (wirf beim Vokabellernen immer auch einen Blick auf die Spalte ganz rechts!), als Wissenschaftssprache (du könntest einmal versuchen, ein Rezept oder einen Arztbefund zu entschlüsseln!), in vielen Sprichwörtern und Redewendungen (siehe Seite 186!), in der Werbung (siehe die gegenüberliegende Seite!), in Texten, die heute noch lateinisch verfasst werden (Kostproben dafür findest du in Lec. 40) – und sogar im Radio: Seit mehreren Jahren strahlen der Finnische Rundfunk und Radio Bremen mehrmals wöchentlich Weltnachrichten in lateinischer Sprache aus. Wie du siehst, lernst du also eine Sprache, die keinesfalls tot, sondern ganz im Gegenteil putzmunter ist!

Du fragst dich, was das „alte" Latein mit moderner Werbung zu tun hat? – Mehr als man denkt! Bestimmt kannst du die lateinischen Wurzeln dieser Produktnamen entschlüsseln!

Fotos: VERITAS-VERLAG, Linz/Susanne Suk

? Kennst du selbst noch weitere Produkte, deren Namen sich aus dem Lateinischen herleiten?

1 DE[1] SCHOLA

Claudia, eine römische Schülerin, zeigt uns ihren allerliebsten Aufenthaltsort, ihre Klasse ...:

Hic sedet Iulia. Iulia **amica mea est**. Iulia **discipula bona** est. Amicae meae **semper** discipulae bonae **sunt**. Hic Quintus **et** Gaius sedent. Gaius **amicus** meus est. Gaius et Quintus amici boni, **sed discipuli mali** sunt. Quintus semper **laetus** est et **saepe ridet**. **Cur nunc** laetus **non** est? – **Pensum magnum** est. **Itaque** discipuli non **gaudent**. Pensa saepe magna sunt. Itaque discipuli **diu laborant**. Quintus non **libenter** laborat.

Grammaticus[2] severus[3] est. Saepe **interrogat**, discipuli **respondent**. Quintus non libenter respondet: Saepe falso[4] respondet. **Tum** discipuli et discipulae rident, grammaticus[2] **clamat**. Itaque Quintus saepe non respondet. Sed Iulia, discipula bona, libenter respondet. Grammaticus[2] tum non clamat, sed **laudat**.

1 **de**: „über"
2 **grammaticus**: „Grammaticus", „Sprachlehrer"
3 **severus**/a/um: „streng"
4 **falso** (Adv.): „falsch"

? Beantworte die folgenden Aussagen zum Text mit RICHTIG oder FALSCH:

	R/F
1. Gaius ist ein guter Schüler.	
2. Quintus gibt immer falsche Antworten.	
3. Meistens gibt's viel Aufgabe.	
4. Der Sprachlehrer lobt Julia.	

PROVERBIUM

Non scholae, sed vitae discimus
„Nicht für die Schule, sondern für das Leben lernen wir": Dieses bekannte Zitat geht auf den römischen Autor Seneca zurück, wird aber eigentlich verkehrt zitiert. Er kritisiert nämlich die Tatsache, dass in der Redeschule zu viel Unnötiges gelehrt wird, mit den Worten *Non vitae, sed scholae discimus* (= „Nicht für das Leben, sondern für die Schule lernen wir").

DE ROMANIS

Schule bei den Römern

Im Unterschied zu heute gab es bei den Römern kein staatliches Schulsystem und daher auch **keine Schulpflicht.** Trotzdem besuchten die meisten Buben und Mädchen zumindest die (private) Grundschule. Auch Sklaven konnten meist lesen und schreiben. Die Zahl der Analphabeten war also deutlich geringer als im Mittelalter.

Die Ausbildung erfolgte – ähnlich wie heute – in drei Stufen:

Der in der Mitte sitzende Grammaticus hält seinen Leseunterricht ab.

a) Grundschule (*ludus*, 7 bis 12 Jahre): Beim *magister ludi* (oder *litterator)* lernte man zunächst Lesen und Schreiben.
Der Unterricht begann vor Sonnenaufgang und dauerte (mit Mittagspause) bis zum späten Nachmittag. Da der Staat keine Schulgebäude zur Verfügung stellte, wurde in zentral gelegenen Privaträumen unterrichtet. Schulbänke waren überflüssig, da die Schülerinnen und Schüler ihre Schreibtafeln (Wachstafeln) auf den Knien halten mussten.

VOCABULARIUM

schola f.	Schule	*ital. scuola, span. escuela, engl. „Schule" =*
hic (Adv.)	hier	
sedet	er/sie/es sitzt	*vgl. Sediment, Re-sidenz*
amica f.	Freundin	*frz. amie, ital. amica, span. amiga*
meus/a/um	mein	*besitzanzeigendes Fürwort*
est	er/sie/es ist	*frz. est, ital. è, span. es*
discipula f.	Schülerin	
bonus/a/um	gut	*frz. bon, ital. buono, span. bueno; vgl. Bona-Öl; der Bonus*
semper	immer	*ital. sempre, span. siempre; vgl. Semperit = „Es/Er geht immer"*
sunt	sie sind	*frz. sont, ital. sono, span. son*
et	und	*frz. et, ital. e*
amicus m.	Freund	*frz. ami, ital. amico, span. amigo*
sed	aber; sondern	
discipulus m.	Schüler	
malus/a/um	schlecht	*span. malo/a; vgl. Bonus-Malus-System =*
laetus/a/um	froh, fröhlich	*ital. lieto*
saepe	oft	
ridet	er/sie/es lacht	*frz. rire, ital. ridere, span. reír*
cur?	warum?	
nunc	jetzt, nun	
non	nicht	*frz. + ital. non, span. no*
pensum n.	Aufgabe	
magnus/a/um	groß	*vgl. Magnum (Eis, Waffe)*
ítaque	deshalb, daher	
gaudet	er/sie/es freut sich	
diu	lange	
labórat	er/sie/es arbeitet	*vgl. engl. lab(o)ur; das Labor*
libenter	gern	
intérrogat	er/sie/es fragt	*vgl. engl. interrogation (= question) mark =*
respondet	er/sie/es antwortet	*ital. rispondere, span. responder; vgl. kor-respondieren =*
tum = tunc	dann, damals	
clamat	er/sie/es ruft, schreit	*ital. chiama, span. llama; vgl. re-klamieren, Re-klame*
laudat	er/sie/es lobt	*vgl. Laudatio =*

Auf Zucht und Ordnung wurde großer Wert gelegt. (Der Dichter Horaz bezeichnet seinen Lehrer Orbilius als *plagosus* = „Schlägerich".)

b) Literaturschule (12 bis 16 Jahre): Hier stand die Lektüre römischer und griechischer Autoren (z.B. Cicero, Vergil, Horaz bzw. Homer) auf dem Programm. Ihre Texte wurden laut gelesen, auswendig gelernt, interpretiert und grammatikalisch analysiert (daher der Name *grammaticus* für den Literaturschullehrer).

Andere Zeiten, andere Sitten: Schulszene auf einem Wandgemälde aus Herculaneum

c) Redeschule (ab 16 Jahren): Sie bildete die Voraussetzung für alle, die den Beruf des Politikers oder Anwalts ergreifen wollten. Der *rhetor* (Redelehrer), der die Redekunst in Theorie und Praxis unterrichtete, genoss höheres soziales Ansehen als die übrigen Lehrer. Ab der Kaiserzeit gab es auch staatlich besoldete Rhetorik-Lehrer.
Viele Römer (z.B. Cäsar, Cicero) schlossen ihre Ausbildung mit **Studienreisen nach Griechenland** (Athen, Rhodos etc.) ab, wo sie sich in Rhetorik und Philosophie den letzten Feinschliff holten.

GRAMMATICA

ALLGEMEINES

Es gibt im Lateinischen **keine Artikel:**

discipulus = „**der/ein** Schüler"
discipula = „**die/eine** Schülerin"

Persönliche Fürwörter werden oft nicht geschrieben:

sedet = „**er/sie/es** sitzt"
sedent = „**sie** sitzen"

TIPP: Die wichtigsten Informationen stecken also in der lateinischen **Wortendung!**

NOMINA (Namenwörter)

Lateinische Nomina werden nach ihrer Nominativendung in verschiedene **Deklinationsklassen** eingeteilt. Praktischerweise kannst du aus der Deklinationsklasse meistens das **Geschlecht** des Wortes ableiten:

	a-Deklination	o-Deklination	
	feminin (f.)	maskulin (m.)	neutrum (n.)
Sg. 1.F.	*amica* „die Freundin"	*amicus* „der Freund"	*pensum* „die Aufgabe"
Pl. 1.F.	*amicae* „die Freundinnen"	*amici* „die Freunde"	*pensa* „die Aufgaben"

NOTA BENE!
Die Endung *-a* ist leider doppeldeutig:
- *amica* → 1. Fall Sg. feminin
- *pensa* → 1. Fall Pl. eines neutralen Wortes (1. F. Sg.: *pensum!*)

TIPP: Du solltest dir also den 1.F. Sg. (= die Form, die im Vocabularium steht) gut einprägen!

ADJEKTIVA (Eigenschaftswörter)

Lateinische Adjektiva passen sich an die Nomina, auf die sie sich beziehen, in **Fall, Zahl** und **Geschlecht** an:

discipulus bonus = „der gute Schüler"

discipula bona = „die gute Schülerin"

pensum magnum = „die große Aufgabe"

Adjektiva werden daher im Vokabelverzeichnis immer mit **drei Endungen** angegeben:
magnus/a/um (= *magnus 3*)

	maskulin (m.)	feminin (f.)	neutrum (n.)
Sg. 1.F.	*magnus*	*magna*	*magnum*
Pl. 1.F.	*magni*	*magnae*	*magna*

VERBA (Zeitwörter)

Lateinische Verba bestehen aus **Stamm und Endung** (z.B. *clama-t*, *sede-t*).
Der Endlaut des Stammes bestimmt, zu welcher **Konjugationsklasse** das Verbum gehört:

- Stamm auf *-a* → a-Konjugation
- Stamm auf *-e* → e-Konjugation

Die Endung für die **3.P. Sg.** lautet *-t*, jene für die **3.P. Pl.** *-nt*:

	a-Konjugation	e-Konjugation
Sg. 3.P.	*clama-t* „er/sie/es ruft"	*sede-t* „er/sie/es sitzt"
Pl. 3.P.	*clama-nt* „sie rufen"	*sede-nt* „sie sitzen"

EXERCITATIONES

I. Ergänze die fehlenden Endungen und übersetze:

1. Pensum magn______ est.
2. Gaius discipul______ bon______ non est.
3. Amici laet______ sunt.
4. Iulia amic______ me______ est.
5. Claudia et Iulia discipul______ bon______ sunt.
6. Cur Iulia laet______ non est?

II. Stelle die angegebenen Adjektiva zu den (auch inhaltlich!) passenden Nomina und übersetze die Wortgruppe dann:

boni – meus – laeta – bonae – magna

1. Claudia ______________________________
2. amicae ______________________________
3. discipuli ______________________________
4. pensa ______________________________
5. amicus ______________________________

III. Ergänze die richtigen Endungen der Prädikate und übersetze:

1. Cur discipulae non respond_____?
2. Hic amica mea sed______.
3. Quintus et Gaius non libenter labor______.
4. Cur amici semper rid_____?
5. Quintus et amicae non gaud_____.

IV. Setze in den Plural bzw. Singular und übersetze dann:

1. Amicus meus laetus est.
2. Discipuli nunc gaudent.
3. Amica mea saepe ridet.
4. Pensa magna sunt.
5. Discipulus bonus libenter respondet.

V. Welches Wort passt nicht zu den anderen? Warum?

1.	2.	3.
☐ magna	☐ libenter	☐ pensa
☐ bona	☐ est	☐ amicae
☐ schola	☐ sedet	☐ schola
☐ laeta	☐ rident	☐ discipuli

4.	5.	6.
☐ amica	☐ laeti	☐ hic
☐ discipula	☐ amici	☐ diu
☐ pensa	☐ boni	☐ est
☐ schola	☐ mali	☐ tum

VI. Verbinde die Satzhälften und übersetze:

1. Quintus et Gaius ...	a) saepe laudat.
2. Pensa semper ...	b) laeta est.
3. Grammaticus[1]...	c) magna sunt.
4. Amica mea ...	d) saepe rident.
5. Discipuli boni ...	e) amici boni sunt.
6. Iulia et amica ...	f) diu laborant.

1 **grammaticus** m.: „Grammaticus", „Sprachlehrer"

VII. Übersetze ins Lateinische:

1. Hier ist meine Freundin.
2. Quintus und Gaius sind meine Freunde.
3. Die Freundinnen sind immer froh.
4. Die guten Schülerinnen und Schüler freuen sich.

VIII. Setze die angegebenen Wörter an passender Stelle ein und übersetze:

bonae – clamat – discipulae – discipulus – laborant – libenter – magna – magnum

Iulia et Claudia saepe diu ________________. Itaque ________________ bonae sunt.
Quintus ________________ malus est. Non ________________ laborat. Saepe ________________:
„Cur pensum ________________ est?" Tum Iulia et Claudia, amicae ________________, rident:
„Pensa ________________ non sunt, sed nonnulli[1] discipuli stulti[2] sunt!"

1 **nonnulli**/ae/a (Pl.): „einige"; 2 **stultus**/a/um: „dumm"

2 QUID GRAMMATICUS[1] DOCET?

Wieder sind wir in Claudias Klasse. Die Schülerinnen und Schüler warten voller Begeisterung auf ihren Lehrer.

Ubi est grammaticus[1]? Discipuli grammaticum **iam** diu **exspectant**. Nunc grammaticus **intrat** et clamat: „**Salvete**, discipuli!", et discipuli respondent: „Salve, **magister!**"

Grammaticus magister bonus est. Itaque discipuli magistrum **amant**. Grammaticus **non solum linguam Latinam, sed etiam** linguam **Graecam** docet. Linguam Graecam et **libros** Graecos amat. Saepe clamat: „**Quam pulchra** est lingua Graeca et quam pulchra sunt **verba** Graeca!" Sed discipuli linguam Graecam non amant. **Secum cogitant**: „Lingua Graeca non est pulchra, sed horrenda[2]!"

Quid magister nunc discipulos docet? **Pueri** et **puellae** gaudent, **quod** magister linguam Latinam docet. Magister interrogat: „**Quis** pensum secum non **habet**?" Quintus pensum secum non habet, sed non respondet, quod Iuliam, puellam pulchram, **spectat**. „Ubi sunt **oculi tui** et ubi est pensum tuum?", magister Quintum interrogat.

Clamat: „Pueri semper pensa secum non habent et semper id unum[3] cogitant!" Claudia et Iulia rident, quod magister Quintum **monet**. Sed magister etiam puellas monet: „Et puellae semper rident!" Magister **iratus** nunc verba Graeca docet.

1 **grammaticus**: „Grammaticus", „Sprachlehrer"
2 **horrendus/a/um**: „schrecklich"
3 **id unum**: „nur an das eine"

? RICHTIG oder FALSCH?

	R/F
1. Der Sprachlehrer unterrichtet Latein und Griechisch.	
2. Die Kinder freuen sich über den Latein-Unterricht.	
3. Quintus himmelt Claudia an.	
4. Der Lehrer behauptet, dass die Mädchen die Aufgabe nie machen.	

LATEIN IM ALLTAG

Barbarisch (von griech. *barbaros* = „stammelnd", „unverständlich sprechend"): Das lateinische Adjektiv *barbarus/a/um* war ursprünglich nicht abschätzig gemeint, sondern bedeutete „ausländisch", „fremd". Als *barbarus* galt für die zweisprachigen Römer jeder, der nicht Latein und Griechisch konnte, z.B. die Germanen und andere „unzivilisierte" Völker. Daraus entwickelte sich die bei uns geläufige Bedeutung „roh", „ungesittet".

DE ROMANIS

Antike Schreibmaterialien

Die Römer kannten noch kein Papier. Sie hatten folgende Schreibmaterialien zur Auswahl:

a) Wachstäfelchen:
Holzrahmen mit einer Wachsschicht, in die man mit einem Griffel (*stilus*) Buchstaben einritzte. Wendete man den Griffel, konnte man das Wachs mit dem abgeflachten Griffelende wieder glatt streichen. Für Anfänger praktisch waren Täfelchen, auf denen unter der Wachsschicht die Buchstaben vorgezeichnet waren.

SuperStock/DeAgostini

Wachstafel

SuperStock/DeAgostini

Tintenfass

akg-images/Philippe Maillard

Calamus (Schreibrohr)

VOCABULARIUM

quid?	was?	
docet	er/sie/es lehrt, unterrichtet	*vgl. dozieren, Dozent =*
ubi?	wo?	
iam	schon	*span. ya*
exspectat	er/sie/es erwartet	*engl. „erwarten" =*
intrat	er/sie/es tritt ein, betritt	*engl. enter, frz. entrer, ital. entrare, span. entrar*
salve!/salvete!	sei/seid gegrüßt!	*ital. salve*
magister m.	Lehrer	*vgl. Maestro =*
amat	er/sie/es liebt	*frz. aimer, ital. amare, span. amar; Amateur*
non solum – sed etiam	nicht nur – sondern auch	
etiam	auch, sogar	↔ *iam =*
lingua f.	Zunge; Sprache	*engl. language, frz. langue, ital. lingua, span. lengua*
Latinus/a/um	lateinisch	
liber m.	Buch	*ital. + span. libro; vgl. engl. library*
Graecus/a/um	griechisch	*span. griego; vgl. engl. Griechenland =*
quam	wie	
pulcher/chra/chrum	schön, hübsch	
verbum n.	Wort	*vgl. verbal =*
secum	mit sich, bei sich	
cogitat	er/sie/es denkt, überlegt	
puer m.	Bub	
puella f.	Mädchen	
quod	weil	↔ *quid =*
quis?	wer?	
habet	er/sie/es hat	*engl. have, frz. avoir, ital. avere, span. haber (Hilfsverb)*
spectat	er/sie/es schaut an, betrachtet	*vgl. Spektakel, spektakulär; engl. spectator =*
oculus m.	Auge	*vgl. Mon-okel, Okular*
tuus/a/um	dein	*ital. tuo, span. tu*
monet	er/sie/es (er)mahnt	*vgl. Monitor*
iratus/a/um	zornig, erzürnt	

SuperStock

Nachbildung einer Papyrusrolle. Üblicherweise wurde von links nach rechts gelesen/gerollt.

b) Papyrus:
Aus dem Mark der in Ägypten wachsenden Papyrusstaude gewonnen. Mehrere Streifen Papyrus wurden zusammengeklebt, sodass daraus Rollen entstanden. Nachteil: teuer und wasserempfindlich. (Die Wiener Nationalbibliothek besitzt übrigens eine der größten Papyrussammlungen der Welt!)

c) Pergament:
Geglättete Tierhaut (von Schafen oder Ziegen). Dieses Beschreibmaterial wurde als billigeres Konkurrenzprodukt zu Papyrus in der kleinasiatischen Stadt Pergamon „erfunden" und bald zum Exportschlager.
Vorteile: Im Gegensatz zum Papyrus ist Haut wasserunempfindlich und auf beiden Seiten beschreibbar. Dem Pergament verdanken wir die Urform unseres Taschenbuches: Die Blätter wurden gefaltet und am Rand zusammengenäht. Auf Pergament schrieb man wie auf Papyrus mit einem zugespitzten Schreibrohr (*calamus*) und schwarzer Tinte, die aus Ruß, Klebstoff und Wasser hergestellt wurde.

GRAMMATICA

WÖRTER AUF *-ER*

Unter den männlichen **Nomina** der o-Deklination gibt es nicht nur solche auf *-us*, sondern auch einige auf *-er:*

magister = „der Lehrer"
puer = „der Bub"

Auch unter den **Adjektiva** haben einige in der männlichen Form die Endung *-er* statt *-us:*

pulcher (m.), *pulchra* (f.), *pulchrum* (n.)
= „schön"

AKKUSATIV (4. Fall)

Der Akkusativ hat folgendes „Erkennungszeichen":
Sg. → *-m*
Pl. → *-s* (m. + f.) bzw. *-a* (n.)

Nach dem Akkusativ fragt man mit „WEN?" oder „WAS?":
Quintus Iuliam spectat. = „Quintus betrachtet Julia."
(WEN betrachtet er?)

	a-Dekl.	o-Deklination			
	feminin	maskulin			neutrum
Sg. 1.F.	*amica*	*amicus*	*magister**	*puer**	*pensum*
	↓	↓	↓	↓	↓
4.F.	*amicam*	*amicum*	*magistrum*	*puerum*	*pensum*
Pl. 1.F.	*amicae*	*amici*	*magistri*	*pueri*	*pensa*
	↓	↓	↓	↓	↓
4.F.	*amicas*	*amicos*	*magistros*	*pueros*	*pensa*

NOTA BENE!

1) Die Endung *-um* kann **Akkusativ** Sg. sein, bei neutralen Wörtern aber auch **Nominativ** Sg.:

- *amicum* → 4. F. von *amicus* = „den Freund"
- *pensum* → 1. F. von *pensum* = „die Aufgabe" (z.B.: macht mir großen Spaß)
  → 4. F. von *pensum* = „die Aufgabe" (z.B.: mache ich nicht)

2) Bei **neutralen** Wörtern sind **Nominativ** und **Akkusativ** immer **gleich**! Nom. und Akk. Plural enden bei allen Neutra auf *-a*.

*) Der Unterschied zwischen *magister* und *puer* besteht darin, dass bei *puer* in allen Fällen das *-e-* erhalten bleibt, während es bei *magister* verschwindet.

ADJEKTIVA (Eigenschaftswörter)

Die Adjektiva haben im Akkusativ dieselben Endungen wie die Nomina:

	m.	f.	n.
Sg. 1.F.	*bonus*	*bona*	*bonum*
	↓	↓	↓
4.F.	*bonum*	*bonam*	*bonum*
Pl. 1.F.	*boni*	*bonae*	*bona*
	↓	↓	↓
4.F.	*bonos*	*bonas*	*bona*

Ebenso dekliniert:

1. F.: *pulcher, pulchra, pulchrum*
↓
4. F.: *pulchrum, pulchram, pulchrum* (etc.)

EXERCITATIONES

I. *Setze in den Akkusativ:*

1. puella pulchra → ______________________
2. magister laetus → ______________________
3. amicae bonae → ______________________
4. pensa magna → ______________________
5. oculus pulcher → ______________________
6. discipuli mali → ______________________

II. *Setze alle Satzglieder in den Plural bzw. Singular und übersetze die neuen Sätze:*

1. Magister iratus puerum exspectat.
2. Cur amica irata est?
3. Magister discipulam bonam laudat.
4. Ubi sunt amici tui?
5. Pueri puellas pulchras spectant.

III. *Ergänze die fehlenden Endungen und übersetze:*

1. Quam pulchr_____ sunt oculi tu_____!
2. Magister lingu_____ Graec_____ docet.
3. Magist_____ semper discipulos mal_____ interrogant.
4. Cur Quint_____ semper amicam tu_____ spectat?
5. Puer_____ laeti Claudi_____ exspectant.
6. Cur magist_____ Quintum non laudat?

IV. *Übersetze ins Lateinische:*

1. Quintus schaut gerne schöne Mädchen an.
2. Er liebt Julia.
3. Aber Julia schaut den Buben nicht an.
4. Daher denkt Quintus:
5. „Auch Claudia ist ein schönes Mädchen!"

V. *Bilde mit den angegebenen Subjekten bzw. Objekten vollständige Sätze und übersetze:*

1. ... pulchra est.	a) magister
2. Quintus ... interrogat.	b) discipulos bonos
3. ... semper laetus est.	c) Quintus et Gaius
4. .... irati sunt.	d) puellae
5. ... amicam exspectant.	e) verba Latina
6. ... pulchra sunt.	f) amica mea
7. Magister ... laudat.	g) puerum

VI. *Welches Wort passt nicht zu den anderen? Gib die Begründung an!*

1.	2.	3.
☐ magister	☐ puerum	☐ oculus
☐ oculum	☐ amicum	☐ iratus
☐ schola	☐ pensum	☐ Latinus
☐ amicus	☐ magistrum	☐ laetus

4.	5.	6.
☐ bonum	☐ lingua	☐ pensa
☐ laetum	☐ puella	☐ pueri
☐ secum	☐ verba	☐ amicae
☐ pulchrum	☐ schola	☐ lingua

VII. *Pueri laeti sunt*

Iam diu magister, quod linguam Graecam amat, laetus verba Graeca docet. Quintus et Gaius, discipuli mali, linguam Graecam non amant. Itaque non magistrum spectant, sed puellas. Laeti sunt et saepe rident.
Sed magister laetus non est. Iratus clamat et pueros monet.
Etiam Claudia et Iulia, quod pensum magnum exspectant, iratae sunt. Secum cogitant: „Cur pueri semper rident?"
Magister nunc pensum magnum dat[1]. Itaque non solum pueri, sed etiam puellae diu laborant.

1 **dat**: „er gibt"

3 QUAM PULCHRA ROMA EST!

Quintus und Gaius haben Besuch aus Griechenland bekommen: Ihre Freunde Alexander und Lydia wollen Roms Sehenswürdigkeiten kennenlernen.

Quintus et Gaius et amici **per vias** pulchras **ambulant**. **Multa aedificia** pulchra **vident**. Quintus Gaius**que** aedificia **clara monstrant**:

Quintus: „Videte, amici! Hic est amphitheatrum[1], ubi saepe **spectacula** pulchra videmus."

Alexander: „Quam magnum amphitheatrum est! Vide, Lydia, **ibi** multae **statuae** sunt!"

Lydia: „Statuas video. Quinte, cur ibi statuae sunt?"

Quintus: „Statuae **viros** claros monstrant."

Alexander: „Gai, habetis**ne** etiam theatrum[2]?"

Gaius: „**Certe** non solum amphitheatrum, sed etiam theatrum habemus."

Quintus: „Nunc **forum Romanum** intramus. Spectate **templa** pulchra!"

Lydia: „Quam multa templa hic sunt! Quinte, cur **tam** multa templa habetis?"

Quintus: „Hic multa templa sunt, quod multos **deos** habemus."

Gaius: „Etiam multas **deas** habemus. Sed multa aedificia templa non sunt. Ibi est curia[3], **ante** curiam basilicam[4] vides."

Alexander: „Et quid est **post** curiam?"

Quintus: „Post curiam puella pulchra est."

Alexander: „Dixi[5]: *quid* est, non *quis* est post curiam!"

Gaius: „Post curiam carcer[6] est."

Nunc amici aedificia pulchra diu spectant, **solum** Quintus **ad** curiam ambulat.

? RICHTIG oder FALSCH?

	R/F
1. Quintus und Gaius zeigen ihren griechischen Freunden auch das Forum und das Rathaus.	
2. In Rom gab es so viele Tempel, weil die Römer viele verschiedene Götter hatten.	
3. Gaius verabschiedet sich am Ende des Rundgangs zu einem Rendezvous.	

1 **amphitheatrum** n.: „Amphitheater"
2 **theatrum** n.: „Theater"
3 **curia** f.: „Rathaus"
4 **basilica** f.: „Basilika" (Markt- und Gerichtshalle)
5 **dixi**: „ich habe gesagt"
6 **carcer** m.: „Gefängnis", „Kerker"

DE ROMANIS

Forum Romanum

Das Forum Romanum war ursprünglich der Marktplatz Roms und entwickelte sich im Laufe der Zeit zum politischen und gesellschaftlichen Zentrum. Dort befanden sich die wichtigsten öffentlichen Gebäude Roms: Rednertribüne (Rostra), Tempel, Markthallen (Basiliken), Statuen, Ehrensäulen, Triumphbögen sowie die **Curia** (Rathaus): Sie sticht heute insofern aus den übrigen Gebäuden heraus, als sie noch vollständig erhalten ist. (Ihr Name lebt übrigens in der obersten Behörde des Vatikans, der

Curia – das besterhaltene Gebäude des Forums

Wolfram Kautzky, Wien

päpstlichen Kurie, weiter.) Auf dem Forum befindet sich auch das Grab Cäsars, an dem auch heute noch „Cäsar-Fans" Blumen deponieren. Neben dem Forum Romanum entstanden in der Kaiserzeit weitere Foren, die in erster Linie Repräsentationszwecken dienten, z.B. das Augustus-Forum und das Trajans-Forum.

Theater

Die Bauform des Theaters übernahmen die Römer von den Griechen. Wenngleich die Spiele in den Amphitheatern noch um einiges populärer waren (siehe Seite 22), fassten auch die römischen Theater erstaunlich viele Zuschauer. (So hatte der erste steinerne Theaterbau in Rom, das Theater des

VOCABULARIUM

Roma f.	Rom	
per (Präp. + Akk.)	durch	*vgl. perforieren, per (Mail, Post ...)*
via f.	Weg, Straße	*ital. via, span. vía; vgl. Viadukt =*
ambulo,-as	gehen, spazieren	*vgl. Ambulatorium, Ambulanz (siehe unten)*
multi/ae/a (Pl.)	viele	*vgl. Multivitaminsaft, Multitasking, Multitalent*
multum (n. Sg.)	viel	*ital. molto*
aedificium n.	Gebäude	*ital. + span. edificio*
video,-es	sehen	*ital. vedere; vgl. das Video, Videorekorder*
-que	und	*z. B. Quintus Gaiusque = Quintus et Gaius*
clarus/a/um	berühmt; hell	*vgl. klar; Clara =*
monstro,-as	zeigen	*ital. mostrare, span. mostrar; vgl. Monstranz*
spectaculum n.	Schauspiel	*ital. spettacolo, span. espectáculo; vgl. Spektakel; ⟷ spectat =*
ibi	dort	*⟷ ubi =*
statua f.	Statue	*ital. statua, span. estatua*
vir m.	Mann	*vgl. Triumvirat =*
-ne	(Fragepartikel, unübersetzt)	*z. B. Videsne virum? = Siehst du den Mann?*
certe	sicherlich	*ital. certo, span. cierto, engl. „sicherlich" =*
forum n.	Forum (Marktplatz)	*vgl. Forensik = Gerichtsmedizin (das Gericht tagte am Forum!)*
Romanus/a/um	römisch	*engl. Roman; vgl. Romanisierung*
templum n.	Tempel	*frz. temple, ital. tempio, span. templo*
tam	so	*⟷ tum =*
deus m.	Gott	*frz. dieu, ital. dio, span. dios*
dea f.	Göttin	*frz. déesse, ital. dea, span. diosa*
ante (Präp. + Akk.)	vor	*span. antes*
post (Präp. + Akk.)	nach; hinter	*vgl. post mortem =*
solum (Adv.)	nur	*frz. seulement, ital. solo, span. sólo; vgl. non solum – sed etiam*
ad (Präp. + Akk.)	zu, an, bei	

VOKABELLERN-TIPP

Besser 3 x 10 Minuten als 1 x 30 Minuten!
Die Lernpsychologie hat festgestellt: Wer öfter in kurzen Einheiten lernt, behält den Stoff besser als der, der nur einmal, aber dafür lang büffelt! Übrigens: Auch Vergessen gehört zum Lernen! Wenn du den Stoff erst dann wiederholst, wenn du ihn schon wieder teilweise vergessen hast, merkst du ihn dir nachher umso länger!

LATEIN IM ALLTAG

Ambulatorium
Ein Ambulatorium ist, ebenso wie eine Spitalsambulanz, eine ärztliche Beratungsstelle für Patientinnen und Patienten, die nicht stationär (*sto,-as* = „stehen") aufgenommen werden, sondern nach der Behandlung wieder nach Hause gehen (= *ambulo,-as*) können.

Alamy/Robert Fried

Das römische Theater in Arausio (Orange in Südfrankreich), 2. Jh. n. Chr.

Pompeius, 10.000 Plätze – vgl. die Wiener Oper: 1.700 Plätze.) Im Gegensatz zu den Griechen zogen die Römer Lustspiele (Komödien) den Tragödien vor. Auch jede größere Provinzstadt gönnte sich ein eigenes Theater – besonders gut erhalten ist z. B. das römische Theater in Orange (Südfrankreich).
Obwohl die Theateraufführungen populär waren, genossen die Schauspieler in Rom wenig Ansehen. Meist handelte es sich bei ihnen um Sklaven oder Freigelassene, die durch ihre Maskierung als Individuen ganz hinter ihren Rollen zurücktraten.

GRAMMATICA

KONJUGATION

Da im Lateinischen persönliche Fürwörter nur selten geschrieben werden, sagt die **Endung** aus, um welche Person es sich handelt. Die folgenden Endungen gelten für alle Konjugationen im **Präsensstamm** (= Präsens, Futur, Imperfekt):

Sg.		Pl.		
1.P.	-o* (→ ich)	1.P.	-mus	(→ wir)
2.P.	-s (→ du)	2.P.	-tis	(→ ihr)
3.P.	-t (→ er/sie/es)	3.P.	-nt	(→ sie)

*) bei einigen Zeiten und Verben auch -m (vgl. Seite 32, 68, 92, 182 ff.)

Durch das Anfügen dieser Endungen an den **Stamm** ergeben sich für das **Präsens** folgende Konjugationsmuster:

	a-Konjugation		e-Konjugation	
Sg. 1.P.	*amo**	„ich liebe"	*mone-o*	„ich mahne"
2.P.	*ama-s*	„du liebst"	*mone-s*	„du mahnst"
3.P.	*ama-t*	„er/sie liebt"	*mone-t*	„er/sie mahnt"
Pl. 1.P.	*ama-mus*	„wir lieben"	*mone-mus*	„wir mahnen"
2.P.	*ama-tis*	„ihr liebt"	*mone-tis*	„ihr mahnt"
3.P.	*ama-nt*	„sie lieben"	*mone-nt*	„sie mahnen"

*) entstanden aus *ama-o*

IMPERATIV (Befehlsform)

Der Imperativ ist die Befehlsform. Sie besteht im **Singular** aus dem reinen, also endungslosen Stamm, im **Plural** aus dem Stamm + *-te*:

	a-Konjugation		e-Konjugation	
Sg.	*specta!*	„schau!"	*responde!*	„antworte!"
Pl.	*specta-te!*	„schaut!"	*responde-te!*	„antwortet!"

VOKATIV (5. F., Anredefall)

Im Lateinischen gibt es einen eigenen Fall für die **direkte Anrede**: den Vokativ („Ruf-Fall"). Er sieht in der Regel aus **wie der Nominativ**.

Specta, amica! = „Schau, Freundin!"
Spectate, amici! = „Schaut, Freunde!"

Ausnahmen im **Singular**:

- Maskuline Wörter der o-Deklination auf ***-us*** → Vokativ Sg. auf *-e* (z.B.: *amice!* = „Freund!")
- Nomina auf ***-ius*** → Vokativ Sg. auf *-i* (z.B.: *Gai!* = „Gaius!")

TIPP: Einen Vokativ erkennst du am Beistrich davor und/oder am Ruf- bzw. Fragezeichen danach!

Überblick:

Sg. 1	*Iulia*	*Quintus*	*Gaius*	*vir*
5	*Iulia!*	*Quinte!*	*Gai!*	*vir!*

(Im **Plural** gilt die oben genannte Regel ausnahmslos: 5. F. = 1. F.)

EXERCITATIONES

I. Forme die Aussagesätze zu Befehlen um und übersetze:

Bsp.: Iulia intrat. – Intra, Iulia!

1. Alexander et Quintus laborant.
2. Marcus respondet.
3. Discipuli forum spectant.
4. Gaius amicos exspectat.

II. Ergänze die Endungen und übersetze:

1. Quintus Marcum interrogat:
   „Quid ibi vid______, Marc______?"
2. Discipuli magistrum interrogant:
   „Quid nunc doces, magist______?"
3. Magister Claudiam Quintumque interrogat:
   „Cur rid______, Claud______ et Quint______?"
4. Claudia pueros interrogat:
   „Cur gaud______, puer______?"
5. Puellae Gaium interrogant:
   „Quis ibi sed______, Ga______?"

III. Setze in den folgenden Sätzen alle Satzglieder in den Plural bzw. den Singular:

1. Puer puellam pulchram amat.
2. Ante templum statuam magnam video.
3. Videte, ibi templa clara sunt!
4. Iam diu pueros exspectamus.
5. Interroga magistrum!

IV. Ordne die Nebensätze den passenden Hauptsätzen zu und übersetze:

1. Magister iratus est, ...
2. Puellae saepe rident, ...
3. Puellae per forum ambulant, ...
4. Amici amphitheatrum intrant, ...
5. Quintus saepe pensum secum non habet, ...
6. Nunc Gaius scholam intrat, ...

a) quod laetae sunt. b) quod pueri clamant. c) ubi multa templa sunt. d) quod non libenter laborat. e) ubi amici iam diu laborant. f) ubi spectacula clara spectant.

V. Übersetze ins Lateinische:

1. Quintus sitzt vor der Schule.
2. Gaius sieht den Freund und fragt:
3. „Warum sitzt du hier, Quintus?"
4. „Ich erwarte Julia.
5. Nach der Schule spazieren wir zum Forum."
6. Jetzt lacht der Freund:
7. „Julia und Alexander spazieren schon lang durch die Straßen."

VI. Was machen die Schülerinnen und Schüler in der Schule? Die Buchstaben sind leider durcheinandergeraten!

1. nsedte: ______________________________
2. garinteront: ______________________________
3. itancogt: ______________________________
4. derint: ______________________________
5. manclat: ______________________________

VII. Setze die angegebenen Prädikate richtig ein und übersetze:
ambulant – ambulat – clamat – est – exspectat – exspecto – salvete – spectamus – vide – videt

Quintus per forum ______________ . Tum Claudiam Iuliamque ______________ . Quintus: „______________, puellae! Spectatisne hic templa clara?" Claudia: „Templa non ______________, sed Iulia amicas ______________ ." Quintus: „Libenter vobiscum[1] amicas ______________! Suntne pulchrae?" Iulia: „Cur non laboras? Pensum magnum habemus!"
Quintus: „Pensum magnum non ______________ . Itaque hic ambulo."
Claudia: „______________, Iulia! Ibi amicas tuas video." Quintus et Claudia et Iulia ad amicas ______________ . Puer nunc puellas spectat; tum ______________: „Quam libenter vobiscum[1] maneo[2]!"

1 **vobiscum**: „mit euch"; 2 **maneo**: „ich bleibe"

4 DE SPECTACULIS

Die Freunde statten nun auch dem Amphitheater einen Besuch ab.

Gaius Alexandro et Lydiae spectacula monstrat. Itaque **cum** amicis, sed **sine** Quinto, qui[1] adhuc[2] post curiam[3] est, amphitheatrum[4] intrat, ubi iam multi viri et **feminae** sunt. Spectacula clara exspectant.

Nunc gladiatores[5] et bestiae[6] magnae intrant. Magnum est **gaudium** virorum feminarumque. Gaius amicis **narrat**: „**Romani** magnam **copiam** bestiarum **e terris alienis** apportant[7]."

Gladiatores nunc cum bestiis **pugnant**. Sed non solum cum bestiis pugnant, sed etiam bestias **necant**. Romani gaudent clamantque, sed Lydiae spectaculum non **placet**: „Cur gladiatores bestias pulchras necant?" Gaius puellae non respondet, quod nunc gladiatores **novi** intrant. Alexander interrogat: „Cur **alius** gladiator **gladium** habet, sed **alius** sine gladio pugnat?" Gaius respondet: „Retiarius[8] est. Non gladium, sed reticulum[9] habet."

Diu pugnant, **postremo** gladiator retiarium[8] **superat**, sed non necat. Gaius narrat: „**Si bene** pugnant, Caesar[10] viris **vitam donat**. – Videte! Ibi captivi[11] intrant. Nunc **pro** vita **sua** pugnant. Spectaculum pulchrum non est."

Itaque amici **ab** amphitheatro ad forum ambulant, ubi etiam Quintum vident. Interrogant: „Salve, Quinte! Cur hic sedes **neque** spectacula vidisti[12]?" Quintus respondet: „Salvete, amici! Alius[13] alia gaudia habet!"

? RICHTIG oder FALSCH?

	R/F
1. Die Römer importierten wilde Tiere.	
2. Alle Gladiatoren kämpften mit dem Schwert.	
3. Alexander findet die Schauspiele zu grausam.	

1 **qui**: „der", „welcher"
2 **adhuc**: „noch (immer)"
3 **curia**,-ae f.: „Rathaus"
4 **amphitheatrum**,-i n.: „Amphitheater"
5 **gladiatores**: m. Pl. von gladiator: „Gladiator" („Schwertkämpfer")
6 **bestia**,-ae f.: „(wildes) Tier"
7 **apporto**,-as: „herbeischaffen"
8 **retiarius**,-i m.: „Retiarius" („Netzkämpfer")
9 **reticulum**,-i n.: „Netz"
10 **Caesar** m.: hier: „Kaiser"
11 **captivus**,-i m.: „Gefangener"
12 **vidisti**: „du hast gesehen"
13 **alius**: hier: „jeder"

DE ROMANIS

Gladiatorenspiele

Nicht die Römer waren die Erfinder dieser „Sportart", sondern die Etrusker, die im 6. Jh. v. Chr. in Rom regiert hatten: Gemäß ihrer Religion wollten sie die Seelen ihrer Gefallenen durch das Blut von den Gefangenen versöhnen. Diese Leichenspiele wurden von den Gefangenen mit dem Schwert (*gladius*) ausgetragen. Die Römer übernahmen diesen Brauch, machten daraus aber im Laufe der Zeit ein Spektakel, das nur mehr der Unterhaltung des Volkes diente. Der Eintritt zu den *ludi* war in der Regel frei, als Veranstalter traten hohe Beamte (Konsuln, Prätoren, Ädilen), später aber auch die Kaiser auf, die sich durch prächtige Spiele Popularität erhofften. Gladiatorenspiele wurden – trotz der Herrschaft christlicher Kaiser! – bis ins 5. Jh. n. Chr., also fast bis zum Ende des weströmischen Reiches, veranstaltet.

Gladiator im Kampf mit einem Leoparden (Mosaik aus Rom)

VOCABULARIUM

de (Präp. + Abl.)	von (… herab); über	*frz. de, ital. di, span. de*
cum (Präp. + Abl.)	mit	*ital. + span. con*
sine (Präp. + Abl.)	ohne	*frz. sans, ital. senza, span. sin*
femina, feminae* f.	Frau	*vgl. Feministin, feminin*
gaudium, gaudii n.	Freude	*vgl. „a Mordsgaudi" =*
narro,-as	erzählen	*span. narrar; vgl. engl. narrator =*
Romani,-orum m. (Pl.)	die Römer	*engl. „die Römer" =*
copia, copiae f.	Menge, Vorrat	*ital. + span. copia; vgl. Kopie*
e / ex (Präp. + Abl.)	aus, von	*(siehe Grammatica)*
terra, terrae f.	Land; Erde	*vgl. Terrarium, Terrasse, Parterre*
alienus/a/um	fremd	*vgl. Aliens = ; ↔ alius/a/ud =*
pugno,-as	kämpfen	
neco,-as	töten	
placeo,-es	gefallen	*frz. plaire, ital. piacere*
novus/a/um	neu	*ital. nuovo, span. nuevo; vgl. das Novum, die Novität =*
alius/a/ud	ein anderer	*↔ alienus/a/um =*
alius – alius	der eine – der andere	
gladius, gladii m.	Schwert	*vgl. Gladiator =*
postremo	schließlich	
supero,-as	besiegen, übertreffen	
si	wenn	*span. si, ital. se*
bene (Adv.)	gut	*frz. bien, ital. bene, span. bien*
vita, vitae f.	Leben	*ital. vita, span. vida; vgl. Vitamine; vital =*
dono,-as	schenken	
pro (Präp. + Abl.)	für	*Pro und Kontra =*
suus/a/um	sein, ihr	*ital. suo, span. su*
a / ab (Präp. + Abl.)	von	*(siehe Grammatica)*
prae (Präp. + Abl.)	vor	*vgl. Präposition =*
neque (= **nec**)	und nicht	

*) Von nun an werden bei allen Nomina zusätzlich zum Nominativ auch der Genetiv und das Geschlecht angegeben.

LATEIN IM ALLTAG

PRAE-
Diese **Vor**-silbe (Präfix) mit der Bedeutung „vor" wird dir in vielen Fremdwörtern begegnen, wie zum Beispiel:

Präposition = „**Vor**wort", Präludium = „**Vor**spiel", präparieren = „**vor**bereiten", prähistorisch = „**vor**geschichtlich", Prävention = „**Vor**beugung".

Amphitheater

Typisch ist die elliptische Form der Arena, um die – anders als im Theater – die Sitzreihen rundherum (griech. *amphi*) angeordnet sind. Ursprünglich wurden Amphitheater aus Holz, erst in der Kaiserzeit aus Stein gebaut. Die berühmteste Arena (lat. *arena* = „Sand"!) ist das *Amphitheatrum Flavium* in Rom, bekannter als „Kolosseum". Diesen Namen erhielt es im Mittelalter, und zwar wegen einer Kolossalstatue Neros, die in der Nähe aufgestellt war. Es wurde im Jahr 80 n. Chr. mit 100-tägigen Spielen eröffnet. Bei diesen Spielen sollen 9.000 Gladiatoren gekämpft haben und 11.000 Tiere getötet worden sein. Das Kolosseum war 60 m hoch, fasste 50.000 Zuschauer und konnte zum Schutz vor der Sonne mit einem riesigen Segel überspannt werden.
Fast jede größere Stadt im Römischen Reich verfügte über ein oder auch mehrere Amphitheater. So gab es z. B. in Carnuntum (Niederösterreich) je eines für die Soldaten und die Zivilbevölkerung.

Das Amphitheatrum Flavium („Kolosseum") in Rom

GRAMMATICA

NOMINA DER A-/O-DEKLINATION

		a-Dekl.	o-Deklination			
	FRAGE	feminin	maskulin			neutrum
Sg. 1	Wer?/Was?	*amica*	*amicus*	*magister*	*puer*	*templum*
2	Wessen?	*amicae*	*amici*	*magistri*	*pueri*	*templi*
3	Wem?	*amicae*	*amico*	*magistro*	*puero*	*templo*
4	Wen?/Was?	*amicam*	*amicum*	*magistrum*	*puerum*	*templum*
5	(Anrede)	*amica!*	*amice!*	*magister!*	*puer!*	*templum!*
6	*	*amica*	*amico*	*magistro*	*puero*	*templo*
Pl. 1	Wer?/Was?	*amicae*	*amici*	*magistri*	*pueri*	*templa*
2	Wessen?	*amicarum*	*amicorum*	*magistrorum*	*puerorum*	*templorum*
3	Wem?	*amicis*	*amicis*	*magistris*	*pueris*	*templis*
4	Wen?/Was?	*amicas*	*amicos*	*magistros*	*pueros*	*templa*
5	(Anrede)	*amicae!*	*amici!*	*magistri!*	*pueri!*	*templa!*
6	*	*amicis*	*amicis*	*magistris*	*pueris*	*templis*

*) Der 6. Fall (Ablativ) steht nach bestimmten **Präpositionen** (siehe unten) und auf bestimmte **Fragen** (siehe Seite 32).

Da manche Endungen mehrere unterschiedliche Fälle bezeichnen (z.B. *-ae* = 2. + 3. Fall Sg., 1. + 5. Fall Pl.), musst du beim Übersetzen nach den Fällen **fragen**:

Quintus Lydiae forum monstrat.
= Quintus (WER? → 1.F.) zeigt Lydia (WEM? → 3.F.) das Forum (WEN?/WAS? → 4.F.).

ADJEKTIVA DER A-/O-DEKLINATION

Analog zu *amicus, amica* und *templum* wandeln auch Adjektiva wie *bonus, bona, bonum (= bonus/a/um)* ab:

	Singular			Plural		
	m.	f.	n.	m.	f.	n.
1	*bonus*	*bona*	*bonum*	*boni*	*bonae*	*bona*
2	*boni*	*bonae*	*boni*	*bonorum*	*bonarum*	*bonorum*
3	*bono*	*bonae*	*bono*	*bonis*	*bonis*	*bonis*
4	*bonum*	*bonam*	*bonum*	*bonos*	*bonas*	*bona*
5	*bone!*	*bona!*	*bonum!*	*boni!*	*bonae!*	*bona!*
6	*bono*	*bona*	*bono*	*bonis*	*bonis*	*bonis*

Genauso deklinieren **Adjektiva auf** *-er*: 1.F. *pulcher, pulchra, pulchrum*, 2.F. *pulchri, pulchrae, pulchri* etc. (5.F. Sg. m. *pulcher!*)

VORWÖRTER (Präpositionen)

A) Präpositionen mit **Ablativ**:

*a / ab** = „von"
*e / ex** = „aus", „von"
de = „von (... herab)"; „über"
cum = „mit"
sine = „ohne"
pro = „für"
prae = „vor"

*) ***ab*** und ***ex*** stehen vor Vokalen (Selbstlauten): z. B.: ***ex (ab) amphitheatro***
a und ***e*** stehen vor Konsonanten (Mitlauten): z. B.: ***e (a) templo***
(vgl. im Englischen ***a/an***: *a banana* ↔ *an apple*)

B) Präpositionen mit **Akkusativ**:

Nach allen anderen Präpositionen steht der Akkusativ – z.B. nach *ante* („vor"), *post* („hinter"), *ad* („zu", „an", „bei"), *per* („durch").

EXERCITATIONES

I. Bestimme die Fälle der fett gedruckten Wörter:

Heute will Markus **die Freundin** (_____) besuchen. Soll er **der Freundin** (_____) **Blumen** (_____) mitbringen? Sicher würden auch **den Eltern** (_____) **der Freundin** (_____) **Blumen** (_____) gefallen. Und **die kleinen Brüder** (_____) erwarten bestimmt auch **Geschenke** (_____). Vielleicht sollte lieber die **Freundin** (_____) **Markus** (_____) besuchen?

II. Bestimme Fall, Zahl und Geschlecht und übersetze: (Vokative brauchst du nicht anzugeben, bei Ablativen denke dir die Präposition „a/ab" davor!)

1. aedificia: ______________________________
   ____
2. puellae: ______________________________
   ____
   ____
3. oculi: ______________________________
   ____
4. magistro: ______________________________
   ____
5. templum: ______________________________
   ____

III. Ergänze die Endungen der Objekte! Schreibe dazu, ob es sich um Objekte im Dativ (3. Fall) oder Akkusativ (4. Fall) handelt!

1. Puellae Quinto pens_____ su_____ non monstrant.
2. Discipuli mali saepe magist_____ non respondent.
3. Quid puell_____ donatis, amici?
4. Magister discipul_____ de terris alienis narrat.
5. Spectacula mult_____ vir_____ et femin_____ placent.
6. Quintus amic_____ Graec_____ nunc for_____ et viam pulchr_____ monstrat.

IV. Verbinde die Satzhälften und übersetze:

1. Gaius ante …	a) deis Graecis narrat.
2. Puellae per …	b) amica ridet.
3. Claudia cum …	c) scholam diu laborant.
4. Magister de …	d) vias ambulant.
5. Quintus de …	e) templum sedet.
6. Discipuli post …	f) puellis pulchris cogitat.
7. Iulia pro …	g) Quinto respondet.

V. Setze die angegebenen Namen ein und übersetze:
Alexandro – Gai – Iuliae – Quinte – Quinti – Quintum – Quintus

Alexander, puer Graecus, cum Quinto et puellis per forum ambulat. Iulia ________________ interrogat: „Gaium non video. Ubi est?" Quintus ____________ respondet: „Gaius ad amphitheatrum est." Tum Gaius ab amphitheatro ad amicos ambulat. „Salve, ____________!", Iulia clamat. „Narrasne ________________ de templis claris?" Ita[1] puer amicis de templis narrat. Tum etiam magister per forum ambulat et discipulos videt. „Salvete, discipuli! Quid hic spectatis?", magister interrogat. Iulia respondet: „Alexandro, amico ________________, forum monstramus." Magister nunc diu de deis Romanis et Graecis narrat. Tum interrogat: „Ubi est templum Iovis[2], ________________?" Sed puer non respondet. Ubi est ________________ Iam diu post statuam sedet et dormit[3].

1 **ita**: „so"; 2 **Iuppiter**, Genetiv: Iovis: „Jupiter"; 3 **dormit**: „er/sie/es schläft"

5 DE THERMIS[1]

Nach dem Besuch der grausamen Darbietungen im Amphitheater diskutieren die Freunde über den „Unterhaltungswert" der Gladiatorenspiele:

Lydia ad Gaium: „**Mihi** spectacula gaudio[2] non sunt." Gaius respondet: „Cur spectacula **te** non **delectant**? **Nonne** pulchra sunt? Multos Romanos delectant!" Alexander: „**Ego** spectacula amo, sed multis **Graecis** non placent." „**Ita** est", Lydia **inquit**, „et **tu**, Gai? **Num tibi** spectacula **vestra** placent?" Gaius respondet: „Mihi **quoque** non placent. Itaque **vobis** nunc thermas **nostras** monstrare **in animo habeo**. Certe non solum **nos**, sed etiam **vos** delectant!" Tum Gaius Claudiam et Iuliam in foro videt: „Quis **vestrum** **nobiscum in** thermas venit[3]?" „Libenter **vobiscum** venimus!", puellae respondent.

Nunc amici in thermas intrant. Gaius: „Hic est frigidarium[4]", inquit, „ibi est caldarium[5]. Etiam palaestram[6] et bibliothecam[7] habemus. Itaque multis Romanis diu in thermis **manere** placet." Puellae ad caldarium **properant**. „Quam pulchrum est in **aqua** calida[8] sedere!", clamant. Sed pueris in aqua sedere non placet. Itaque **iterum** et iterum in aquam saltant[9]. Gaudium magnum est. – Sed nonnulli[10] viri **minime** gaudent: „In aquam saltare vobis non **licet**! **Otium** nostrum turbatis[11]!" Itaque Gaius

Alexanderque nunc cum puellis in aqua sedent. Sed ubi est Quintus? **Sub** aqua est et puellas **terret**. Puellae clamant, tum rident – et otium virorum turbant.

1 **thermae**,-arum f. (Pl.): „Thermen", „Bad"
2 **gaudio non sunt**: „(sie) bereiten keine Freude"
3 **venit**: „er/sie kommt" (3.P. Sg.)
4 **frigidarium**,-i n.: „Kaltwasserbad"
5 **caldarium**,-i n.: „Warmwasserbad"
6 **palaestra**,-ae f.: „Sportanlage"
7 **bibliotheca**,-ae f.: „Bibliothek"
8 **calidus** 3: „warm"
9 **salto**,-as,-are: „springen"
10 **nonnulli**/ae/a: „einige"
11 **turbo**,-as,-are: „stören"

? RICHTIG oder FALSCH?

	R/F
1. Die meisten Griechen konnten sich für Gladiatorenkämpfe nicht begeistern.	
2. Zu einer Therme gehörte auch eine Bibliothek.	
3. Die Erwachsenen sind sauer, weil die Mädchen ins Wasser springen.	

DE ROMANIS

Thermen

Bei den Thermen (abgeleitet vom griechischen Wort *thermos* = „warm") handelte es sich um (selbst im Vergleich zu heute) luxuriöse Badeanstalten, die neben den diversen Räumlichkeiten für das Baden (*Caldarium* = Warmwasserbad, *Tepidarium* = Dampfbad, *Frigidarium* = Kaltwasserbad, *Laconicum* = Sauna) auch Sportanlagen, Gärten, Tavernen, Bibliotheken und Vortragssäle umfassten. Geöffnet waren die Bäder von Mittag bis Sonnenuntergang und viele Römerinnen und

Wolfram Kautzky, Wien

Wanne aus den Caracalla-Thermen (Piazza Farnese, Rom)

Römer verbrachten den ganzen Nachmittag dort. Ursprünglich waren die Baderäume für Männer und Frauen getrennt, später kam auch das gemischte Baden auf. Der Eintritt war entweder frei oder sehr billig. Die größten und bekanntesten Thermen wurden von Kaisern errichtet: die Caracalla-Thermen (heute im Sommer fallweise Schauplatz von Opernaufführungen) und die Diokletiansthermen. Dort konnten bis zu 3.000 Personen gleichzeitig baden.

VOCABULARIUM

mihi / tibi / sibi (Dativ)	mir / dir / sich	*(siehe Grammatica)*
me / te / se (Akkusativ)	mich / dich / sich	*(siehe Grammatica)*
delecto,-as, delectáre*	(jemanden) erfreuen	*sich an etwas delektieren =*
nonne?	nicht?	*aus: non-ne? (Frage)*
ego / tu	ich / du	*(siehe Grammatica); Egoist =*
Graeci, Graecorum m. (Pl.)	die Griechen	⟷ *Graecus/a/um =*
ita	so	*ita est = ja (wörtlich?)*
inquit	er/sie/es sagt(e)	*(in die direkte Rede eingeschoben)*
num?	etwa?	
vester/tra/trum	euer, eure	*franz. votre, ital. vostro/a, span. vuestro/a*
quoque (nachgestellt)	auch	*z. B. etiam tu = tu quoque*
nobis / vobis (Dativ)	uns / euch	*(siehe Grammatica)*
noster/tra/trum	unser, unsere	*franz. notre; vgl. Pater noster =*
in + Abl. (Frage WO?)	in, auf	*z. B. in aedificio (WO?) = im Gebäude*
animus, animi m.	Sinn, Geist; Mut	*vgl. animieren =*
in animo habére	vorhaben	*wörtl. =*
nos / vos (Nom. + Akk.)	wir; uns / ihr; euch	*(siehe Grammatica)*
quis nostrum / vestrum	wer von uns / wer von euch	*(siehe Grammatica)*
nobiscum / vobiscum	mit uns / mit euch	*(siehe Grammatica)*
in + Akk. (Frage WOHIN?)	in, nach; gegen	*z. B. in aedificium (WOHIN?) = ins Gebäude*
maneo,-es, manére	bleiben	*vgl. permanent =*
propero,-as, properáre	eilen	
aqua, aquae f.	Wasser	*ital. acqua, span. agua; vgl. Aquarium*
iterum	wieder(um)	*(Eselsbrücke: „iterum = wiederum")*
minime	keineswegs, gar nicht	*vgl. minimal =*
licet (nur 3.P. Sg.)	es ist erlaubt, es ist möglich	*vgl. Lizenz =*
otium, otii n.	Freizeit, Erholung, Muße	*ital. ozio, span. ocio*
sub + Akk. (Frage WOHIN?)	unter (...hin)	
sub + Abl. (Frage WO?)	unter	*vgl. engl. subway, submarine; Substandard*
terreo,-es, terrére	(jemanden) erschrecken	*vgl. terrorisieren*

*) Bei Verba wird ab jetzt auch der Infinitiv angegeben, den du immer mitlernen musst!

LATEIN IM ALLTAG

SPA

Dieser Wellnessbegriff ist heute in aller Munde, allerdings wissen die wenigsten, dass er die Abkürzung für einen lateinischen Slogan ist: *Sanus per aquam* bedeutet „Gesund durch Wasser"!

VOKABELLERN-TIPP

Variatio delectat (Abwechslung macht Spaß)

Du solltest die Vokabel nicht immer in der gleichen Reihenfolge (z.B. lektionsweise von oben nach unten) wiederholen. Bitte auch einmal deine Eltern, Geschwister, Mitschülerinnen oder Mitschüler etc., dass sie dich die Vokabel durcheinander mündlich abprüfen!

Aquädukte

Über die römischen Wasserleitungen wurde aus den Bergen oder den Seen in der Umgebung Frischwasser in die Städte gebracht, um die Brunnen und Bäder zu speisen. Private Wasseranschlüsse konnten sich nur wenige Reiche leisten. Typisches Merkmal der Aquädukte ist ihre Arkadenform. Zu den besterhaltenen Aquädukten außerhalb Roms zählen der Pont du Gard (Frankreich) und der Aquädukt von Segovia (Spanien).

Fotolia.com/don57

Der Pont du Gard in Südfrankreich

GRAMMATICA

PERSÖNLICHE FÜRWÖRTER (Personalpronomina)

	1. Person		2. Person		3. Person (Reflexivpronomen)	
Sg. 1	*ego*[1]	ich	*tu*[1]	du	–	
2	*mei*[2]	meiner	*tui*[2]	deiner	*sui*[2]	seiner, ihrer
3	*mihi*	mir	*tibi*	dir	*sibi*	sich
4	*me*	mich	*te*	dich	*se*	sich
6	*a me*	von mir	*a te*	von dir	*a se*	von sich
	mecum	mit mir	*tecum*	mit dir	*secum*	mit sich
Pl. 1	*nos*[1]	wir	*vos*[1]	ihr	–	
2	*nostri*[2]	unser	*vestri*[2]	euer	*sui*[2]	ihrer
	nostrum[3]	von uns	*vestrum*[3]	von euch	–	
3	*nobis*	uns	*vobis*	euch	*sibi*	sich
4	*nos*	uns	*vos*	euch	*se*	sich
6	*a nobis*	von uns	*a vobis*	von euch	*a se*	von sich
	nobiscum	mit uns	*vobiscum*	mit euch	*secum*	mit sich

[1] Die Nominative des Personalpronomens werden nur bei besonderer Betonung geschrieben:
Bsp.: ***Ego** Iuliam amo, **tu** Claudiam.* = „**Ich** liebe Julia, **du** (liebst) Claudia."

[2] *mei, tui, sui, nostri, vestri* sind die (sehr selten vorkommenden) Objektsgenetive:
Bsp.: *memor sum tui* = „ich gedenke deiner (= ich denke an dich)"

[3] *nostrum* und *vestrum* sind die (häufiger vorkommenden) Teilungsgenetive (Genetivus partitivus; vgl. Lec. 11, Seite 52):
Bsp.: *quis vestrum?* = „wer **von euch**?", *multi nostrum* = „viele **von uns**"

BESITZANZEIGENDE FÜRWÖRTER (Possessivpronomina)

deklinieren wie Adjektiva:

	1. Person		2. Person		3. Person	
Sg.	*meus/a/um*	mein(e)	*tuus/a/um*	dein(e)	*suus/a/um*[1]	sein(e) / ihr(e)
Pl.	*noster/tra/trum*	unser(e)	*vester/tra/trum*	euer/eure	*suus/a/um*[1]	ihr(e)

[1] *suus/a/um* ist reflexiv (rückbezüglich), d.h. es bezieht sich immer auf das **Subjekt** des Satzes und wird dementsprechend mit „sein" oder „ihr" übersetzt:

Quintus amicam suam amat. = „Quintus liebt **seine** Freundin."

Claudia amicam suam amat. = „Claudia liebt **ihre** Freundin."

Quintus et Claudia amicos suos amant. = „Quintus und Claudia lieben **ihre** Freunde."

PRÄPOSITIONEN MIT AKKUSATIV ODER ABLATIV

Die Präpositionen *in* und *sub* stehen entweder mit Akkusativ oder Ablativ. Dementsprechend musst du bei ihnen (im Gegensatz zu allen anderen Präpositionen!) **fragen**:

- *in* + **Akk.** / *sub* + **Akk.** → Frage: **WOHIN?** (der Akkusativ gibt eine RICHTUNG an)
- *in* + **Abl.** / *sub* + **Abl.** → Frage: **WO?** (der Ablativ gibt einen PUNKT an)

Beispiele: *in aquam saltat* = „er springt ins Wasser" (Akk. → WOHIN?)
in aqua sedent = „sie sitzen im Wasser" (Abl. → WO?)

NENNFORM (Infinitiv)

Der **Infinitiv Präsens** aktiv ist an der Endung *-re* zu erkennen:

a-Konjugation	e-Konjugation
amá-re	*moné-re*
„(zu) lieben"	„(zu) mahnen"

EXERCITATIONES

I. Ergänze die Endungen:

1. Discipuli nunc certe in schol_____ sunt.
2. Quam diu Quintus sub aqu_____ manet!
3. Amici magistri in terr_____ alien_____ laborant.
4. Pueri cum puell_____ in schol_____ properant.
5. Vos post schol_____ in for_____ exspecto.
6. Pueri thermas[1] intrant et in aqu_____ properant.
7. Quintus gaudet, quod solus[2] cum Claudi_____ in templ_____ est.

1 **thermae**,-arum f.: „Thermen"
2 **solus**/a/um: „alleine"

II. Setze alle Satzglieder (auch die Pronomina) in den Plural bzw. den Singular:

1. Amici nos ad statuas exspectant.
2. Placetne tibi mecum ambulare?
3. Monstrate nobis pensa vestra, discipuli!
4. Ego amicam meam amo, tu amicam tuam amas.
5. Amica tua mihi quoque placet.
6. Narra mihi de te, amice!
7. Amici nostri pensa sua secum non habent.
8. Libenter vobiscum spectacula pulchra spectamus.

III. Setze die Infinitive der angegebenen Verba in die passenden Sätze ein und übersetze:
ambulo – clamo – doceo – sedeo – specto – video

1. Quis vestrum spectacula _______________ non amat?
2. Num vobis in schola _______________ placet?
3. Per vias pulchras _______________ nobis semper placet.
4. Amici Quinti forum _______________ in animo habent.
5. In schola _______________ discipulis non licet.
6. Magister verba Graeca _______________ in animo habet.

IV. Übersetze ins Lateinische:

1. Unser Lehrer spaziert mit uns auf dem Forum.
2. Er erzählt uns und unseren Freunden viel.
3. Oft lobt er uns, immer ist er fröhlich.
4. Lacht auch euer Lehrer oft?
5. Wir lieben sogar unseren Lateinlehrer[1].
6. Liebt auch ihr euren Lateinlehrer[1]?

1 **Lateinlehrer** = magister Latinus

V. Setze die angegebenen Pronomina ein und übersetze:
ego – mea – meum – mihi – nobiscum – nos – tibi – tu – vestra – vobis – vobiscum – vos – vos

Post scholam Quintus Gaiusque ad Iuliam properant.

Gaius: „Salve, Iulia! Placetne _____________ nunc _____________ in thermas[1] venire[2]?"

Iulia: „_____________ in thermas[1] venire[2] me semper delectat, sed pensum _____________ tam magnum est."

Quintus: „_____________ pensum magnum non habemus. Cur _________ pensum magnum habes?"

Iulia: „_____________ quoque pensum magnum habetis, sed _____________ laborare non placet!"

Gaius: „Ita est. Sed pensa in thermis[1] scribere[3] in animo habemus."

Iulia: „Consilium[4] vestrum _____________ non placet. Iam video: _____________ in aqua sedetis et _____________ non solum _____________, sed etiam _____________ pensa scribo[5]."

1 **thermae**,-arum f.: „Thermen"; 2 **venire** (Inf.): „kommen"; 3 **scribere** (Inf.): „schreiben"; 4 **consilium**,-i n.: „Plan"; 5 **scribo**: „ich schreibe"

6 DE ROMULO ET REMO

Procas, der König von Alba Longa, hat die Herrschaft seinem älteren Sohn Numitor vermacht. Doch Amulius, der jüngere Sohn, reißt die Herrschaft an sich. Damit ihm nicht einst Nachkommen des Numitor den Thron streitig machen können, macht er dessen Tochter Rhea Silvia zur Vestalin, zur Priesterin der Göttin Vesta. Als solche ist sie zur Jungfräulichkeit verpflichtet.

Sed Rheae Silviae, **filiae** Numitoris[1], **tamen duo filii** sunt, Romulus et Remus. Itaque Amulius pueros **parvos** in aqua exponit[2]. **Paulo post** lupa[3] aquae **appropinquat**, ubi Romulum Remumque videt. **Liberos autem** non necat, sed alit[4]. **Deinde** pastor[5] pueros secum **portat** et educat[6].

Multis **annis** post Romulus et Remus – nunc iam viri sunt – **oppidum aedificare** in animo habent. Duo autem viri in oppido novo **regnare** non **possunt**. Itaque auspicia[7] deorum spectant. Remus **sex** vultures[8] videt, Romulus autem **duodecim**. „Potesne auspicium[7] videre?", Romulus interrogat. „Ego **dis** (= deis) **gratus sum**. Mihi **auxilio** deorum oppidum novum aedificare licet."

Deinde cum aliis viris **nonnulla** aedificia et vallum[9] aedificat.

Remus nunc oppido novo appropinquat. „Quam **magnificum** oppidum tibi est!", ridet.

„Sed vide: **Trans** vallum tuum saltare[10] possum!" Romulus autem iratus gladio suo Remum necat clamatque: „Sic deinde, quicumque[11] trans vallum oppidi mei saltat!"

? **Ergänze die Lücken mithilfe des Lektionstextes:**

Rhea Silvia ist die Tochter des ______________. Ihr Onkel __________ lässt die neugeborenen Zwillinge aussetzen. Diese werden aber von einer __________ gerettet und von einem __________ aufgezogen. Als sie erwachsen sind, verwenden Romulus und Remus im Streit um die Herrschaft ________________ als „Schiedsrichter".

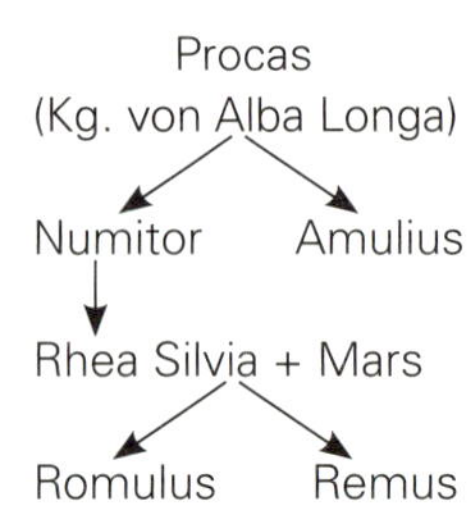

1 **Numitoris** (2.F.): „des Numitor"
2 **exponit**: „er/sie/es setzt aus"
3 **lupa**,-ae f.: „Wölfin"
4 **alit**: „er/sie/es ernährt"
5 **pastor**: „Hirte"
6 **educo**,-as,-are: „erziehen"
7 **auspicium**,-i n.: „Vorzeichen"
8 **vultures** (Pl.): „Geier"
9 **vallum**,-i n.: „Wall"
10 **salto**,-as,-are: „springen"
11 **sic deinde, quicumque** ...: „so soll es in Zukunft jedem ergehen, der ..."

DE ROMANIS

Der Ursprung Roms

Als Ahnherr und Stammvater der Römer gilt **Äneas**, der Sohn der Venus. Nach seiner Flucht aus dem von den Griechen zerstörten Troja (in der heutigen Türkei) landete er nach langen Irrfahrten, die ihn auch zur karthagischen Königin Dido führten (vgl. S. 33), schließlich in Italien und gründete dort die Stadt Lavinium. Seine Nachfahren erbauten und regierten Alba Longa, bis Romulus, wie oben erzählt, die Stadt Rom gründete.

Die kapitolinische Wölfin (Palazzo dei Conservatori, Rom)

VOCABULARIUM

filia, filiae f.	Tochter	*vgl. Filiale =*
tamen	dennoch, trotzdem	⟷ *tam =*
duo m./n.	zwei	*ital. due, span. dos; vgl. Duett, Duo (zur Abwandlung vgl. Lec. 8)*
filius, filii m.	Sohn	*frz. fils, ital. figlio*
parvus/a/um	klein	⟷ *magnus =*
paulo post	wenig später	
post (nach Abl.)	später, nachher	⟷ *post + Akk. =*
appropinquo,-as,-áre	sich nähern	*engl. approach*
liberi, liberorum m. (Pl.)	Kinder	⟷ *libri, librorum =*
autem (nachgestellt)	aber	*sed ego = ego autem*
deinde	dann	
porto,-as, portáre	tragen, bringen	*franz. porter, ital. portare; vgl. transportieren, apportieren (siehe unten)*
annus, anni m.	Jahr	*frz. an, ital. anno, span. año; vgl. Annalen =*
oppidum, oppidi n.	Stadt	
aedífico,-as, aedificáre	erbauen	*frz. édifier, ital. edificare, span. edificar; vgl. aedificium =*
regno,-as, regnáre	herrschen, regieren	*frz. régner, ital. regnare, span. reinar*
possum, potes, posse	können	*(siehe Grammatica); vgl. engl. possible*
sex	sechs	*vgl. Sextett*
duodecim	zwölf	*ital. dodici; vgl. Dutzend*
dis = deis (3./6.F. Pl. m.)	den Göttern	
di = dei (1.F. Pl. m.)	die Götter	
gratus/a/um	dankbar; lieb, angenehm	*ital. grato*
sum, es, esse	sein	*(siehe Grammatica)*
auxilium, auxilii n.	Hilfe	*span. auxilio*
nonnulli/ae/a (Pl.)	einige	
magníficus/a/um	großartig, prächtig	*frz. magnifique, ital. magnifico, span. magnífico*
trans (Präp. + Akk.)	über; jenseits von	*vgl. Transit, Transfer, Transformator; „Transdanubien"*

LATEIN IM ALLTAG

portare & Co.

Wenn ein Hund etwas apportiert, bringt er etwas herbei. Das zugrunde liegende Wort *apportare* ist aus der Vorsilbe *ad-* („herbei"-, „heran-") und dem Grundwort *portare* („tragen", „bringen") entstanden. Solche zusammengesetzten Zeitwörter werden **Komposita** (Sg. Kompositum) genannt. Was sie bedeuten, kannst du meist leicht erschließen, wenn du die Bedeutung der Vorsilbe mit dem Grundwort kombinierst:

? Was heißt also:

ex-portare: ____________________

trans-portare: ____________________

im-portare: ____________________

Vater von Romulus und Remus ist übrigens der Kriegsgott Mars, der Rhea Silvia in ihrem Tempel geschwängert haben soll. Die Römer zählten also neben Jupiter (Ahnherr der Trojaner und somit auch des Äneas) und Venus (Mutter des Äneas, vgl. auch S. 90) noch einen dritten Gott zu ihren Vorfahren.

Die römische Wölfin: Die in der Gründungsgeschichte Roms erwähnte Wölfin wurde später zum Wappentier der Stadt. Die berühmteste Darstellung ist die sogenannte kapitolinische Wölfin. Die auf dem Kapitol im Konservatorenpalast ausgestellte Bronzeplastik wurde lange Zeit für ein etruskisches Kunstwerk aus dem 6.Jh. v. Chr. gehalten. Neueste Untersuchungen legen aber nahe, dass die *Lupa Capitolina* aus dem Mittelalter stammt. Fest steht, dass die Knaben erst in der Renaissance ergänzt wurden.

Eine weniger schmeichelhafte Deutung der in der Sage vorkommenden *lupa* besagt, dass es sich bei der Ziehmutter von Romulus und Remus nicht um eine Wölfin, sondern um eine Prostituierte gehandelt habe: Diese wurden nämlich wegen des Geheules, das sie zum Anlocken der Kundschaft ausstießen, ebenfalls *lupae* genannt.

Auch das Wappen des Fußballklubs AS Roma zeigt die Lupa Romana.

GRAMMATICA

ESSE („sein") UND *POSSE* („können")

Die Verba *esse* und *posse* werden unregelmäßig abgewandelt, weisen aber viele Parallelen zueinander auf: *posse* („können") ist nämlich eine Zusammensetzung aus *potis* („fähig") + *esse* („sein").

	PRÄSENS			
Sg. 1.P.	*sum*	ich bin	*possum*	ich kann
2.P.	*es*	du bist	*potes*	du kannst
3.P.	*est*	er/sie/es ist	*potest*	er/sie/es kann
Pl. 1.P.	*sumus*	wir sind	*possumus*	wir können
2.P.	*estis*	ihr seid	*potestis*	ihr könnt
3.P.	*sunt*	sie sind	*possunt*	sie können
	INFINITIV PRÄSENS			
	esse	(zu) sein	*posse*	(zu) können
	IMPERATIVE			
Sg.	*es!*	sei!	—	
Pl.	*este!*	seid!	—	

NOTA BENE!
In einigen Formen von *posse* hat sich die Silbe *pot-* zu *pos-* verändert, und zwar immer dort, wo die nachfolgende Silbe mit *s* beginnt (*sum, sumus, sunt*). Man nennt diese Anpassung eines Buchstaben an den folgenden **Assimilation** (vgl. *apportare* aus *ad-portare*!).

TIPP: Wenn du bei den Formen von *posse* die Silbe *pos-* bzw. *pot-* weglässt, erhältst du die zugrunde liegende Form von *esse*!

DATIV DES BESITZERS *(Dativus possessivus)*

Eine Eigenheit des Lateinischen ist der Dativ des Besitzers (*dativus possessivus*). Ihn darf man **nicht wörtlich** übersetzen, sondern man muss ihn zu einem **„haben"**-Satz umformen:

Rheae Silviae *duo filii sunt.* =
(Der Rhea Silvia sind zwei Söhne. →)
„Rhea Silvia **hat** zwei Söhne."

Mihi *amica pulchra est.* =
(Mir ist eine hübsche Freundin. →)
„Ich **habe** eine hübsche Freundin."

MITTELSABLATIV *(Ablativus instrumenti)*

Der Ablativ steht im Lateinischen nicht nur nach bestimmten Präpositionen (siehe Seite 24 und 28), sondern auch auf bestimmte **Fragen**. Die häufigste lautet „WOMIT?" / „WODURCH?". Ein solcher Ablativ heißt Mittelsablativ *(Ablativus instrumenti)*, da er das Mittel angibt, mithilfe dessen etwas gemacht wird. Übersetzung: **„mit"**, **„durch"**:

Romulus Remum ***gladio*** *necat.* = „Romulus tötet Remus **mit dem Schwert**."

TIPP: DINGE und SACHBEGRIFFE stehen im Ablativ meistens **ohne**, PERSONEN meist **mit** Präposition:

z. B. „mit dem Freund" = *cum amico* (→ Person!)
„mit dem Schwert" = *gladio* (→ Sache!)

EXERCITATIONES

I. Setze die passenden Formen von „esse" oder „posse" ein und übersetze:

Magister cum discipulis per Romam ambulat. In foro ________________ discipulis placet. Nunc magister discipulique ante templum pulchrum _____________. Magister interrogat: „Ubi nunc sumus? Quis vestrum respondere _____________? – Gai, ubi _____________?" – „Hic ________________, sed respondere non ________________!" Deinde magister puellas interrogat: „Claudia et Iulia, certe vos respondere _________________!" Iulia respondere _________________: „Ante templum Vestae deae _________________."

II. Übersetze die folgenden Sätze, die alle einen Dativus possessivus beinhalten, in gutes Deutsch!

1. Romanis multi di sunt.
2. Iuliae oculi pulchri sunt.
3. Estne tibi novus amicus, Iulia?
4. Nonnullis pueris multae amicae sunt.
5. Mihi saepe otium est.
6. Nobis multi libri novi sunt.
7. Romanis saepe magna copia liberorum est.

III. Setze die angegebenen Nomina in den Ablativ und übersetze:

1. Magister Quintum _________________________ interrogat. (lingua Graeca)
2. Quintus ____________________ puellarum magistro respondere potest. (auxilium)
3. Magister nunc puerum ____________________ laudat. (multa verba)
4. Postremo magister discipulos ______________ delectat. (pensum magnum)

IV. Setze die angegebenen Verba in der richtigen Form ein und übersetze:

1. _______________-ne de Romulo Remoque narrare, discipuli? (possum)
2. Cur filios Rheae Silviae necare in animo _________________, Amuli? (habeo)
3. _______________-ne auspicia[1] deorum, Romule et Reme? (video)
4. Remo oppidum novum _________________ non licet. (aedifico)
5. _________________ mihi oppidum tuum, Romule! (monstro)
6. Oppido novo vallum[2] magnum non _____________. (sum)

1 **auspicium**,-i n.: „Vorzeichen", 2 **vallum**,-i n.: „Wall"

V. Ergänze die fehlenden Endungen und übersetze:

De Aenea[1]

Graeci multos annos ad Troiam, oppidum clarum magnificumque, pugnant. Postremo oppid______ expugnant[2] multosque vir______ necant. Aeneas[1] autem fugere[3] potest. Filium parvum quoque ex oppid______ portat et deinde cum multis viris et femin______ Carthaginem[4], in oppidum novum et pulchrum, properat. Quod regina[5], femin______ pulchra, Aeneae[1] placet, hic manere in animo habet. Di autem aliud imperant[6]. Itaque in Italiam[7] properat, ubi diu cum nonnull______ populis[8] pugnat. Postremo eos[9] superat et in Italia[7] manere potest. Nonnullis annis post Iulus, filius Aeneae[1], oppidum novum, Albam Longam, aedific______.

1 **Aeneas**,-ae m.: „Äneas" (ein Trojaner); 2 **expugnare**: „erobern"; 3 **fugere**: „flüchten"; 4 **Carthaginem**: „nach Karthago"; 5 **regina**,-ae f.: „Königin"; 6 **imperare**: „befehlen"; 7 **Italia**,-ae f.: „Italien"; 8 **populus**,-i m.: „Volk"; 9 **eos** (Akk.): „sie"

7 DE ROMANIS ET SABINIS[1]

Romulus ist nun König der neuen Stadt Rom. Doch die Besiedelung der Stadt verläuft nicht ganz problemlos.

Romulus nunc in oppido novo regnat. Multi viri in oppidum **veniunt**, quod ibi **habitare** in animo habent. Sed viris feminae non sunt! Itaque, **ut apud** Livium[2] **legimus**, Romulus **consilium capit**: **Nuntios** ad Sabinos, **populum** vicinum[3], **mittit**. Nuntii Sabinis **dicunt**: „Venite in oppidum nostrum! Vobis spectacula pulchra **paramus**." Sabini verba nuntiorum magno cum gaudio **audiunt** et libenter veniunt. **Nam** ita etiam oppidum novum spectare possunt.

Dum autem Sabini spectacula vident, Romani **subito** filias Sabinorum **rapiunt** et secum **domum** portant. Sabini, quod **arma** sua secum non habent, filias **adiuvare** non possunt et irati Romam **relinquunt**. **Domi** autem, quod **iniuriam** Romanorum **tolerare** non possunt, arma capiunt iterumque Romae appropinquant. **Bellum gerere** in animo habent. Paulo antequam[4] bellum **inter** Romanos et Sabinos oritur[5], filiae ad viros **contendunt**. „Bellum gerere **necesse** non est!", clamant. „Libenter hic apud Romanos manemus. Nam viri boni sunt."

? Ergänze die Lücken!

1. Romulus schickt Boten zu den Sabinern, weil die Römer ______________________________.
2. Die Sabiner können ihren Töchtern nicht helfen, weil ______________________________.
3. Der Krieg zwischen Römern und Sabinern wird dadurch verhindert, dass ______________________________ ______________________________.

1 **Sabini**,-orum m.: „Sabiner" (Nachbarvolk Roms)
2 **Livius**,-i m.: „Livius" (röm. Geschichtsschreiber)
3 **vicinus** 3: „benachbart"
4 **antequam**: „bevor"
5 **oritur**: „er/sie/es entsteht"

DE ROMANIS

Die römische Frühzeit

Romulus gilt als erster von insgesamt sieben Königen. Der Sage nach soll er im Jahr 753 v. Chr. Rom gegründet haben („753 – Rom schlüpft aus dem Ei"). Die Stadt lag besonders günstig: an einer alten Handelsstraße, die dort durch eine Furt den Tiber durchquerte, und nicht allzu weit vom Meer entfernt (wo später Roms Hafen Ostia entstand). Außerdem boten sieben Hügel sichere und gesunde Wohnmöglichkeiten. Die Siedler sollen zuerst den Hügel *Palatin* besetzt haben. Später kamen die auf dem *Quirinal* lebenden Nachbarn dazu – ein Vorgang, der sich in der Geschichte vom Raub der Sabinerinnen widerspiegelt: Die fremden und feindlichen Sabiner wurden zu Mitbewohnern und Verwandten gemacht. Diese Fähigkeit zur Integration fremder Völker zeichnete die Römer auch später immer wieder aus.

Nach dem Tod des Romulus (er soll während einer Sonnenfinsternis plötzlich verschwunden und unter die Götter aufgenommen worden sein) regierten der Sage nach noch sechs weitere Könige die Stadt Rom. Die letzten von ihnen stammten aus dem Nachbarvolk der *Etrusker*. Sie wurden von den Römern *Tusci* genannt, wo-

Die Völker Italiens zur Zeit der Gründung der römischen Republik

VOCABULARIUM

venio,-is, veníre 4	kommen	*frz. venir, ital. venire, span. venir*
habito,-as, habitáre 1	(be)wohnen	*frz. habiter, ital. abitare, span. habitar*
ut	wie	
apud (Präp. + Akk.)	bei	
lego,-is, légere 3	lesen	*ital. leggere; vgl. Lektüre, Legende*
consilium, consilii n.	Plan, Beschluss; Rat	*frz. conseil, ital. consiglio, span. consejo*
capio,-is, cápere M	fassen, ergreifen, fangen	*ital. capire; vgl. kapern, kapieren*
nuntius, nuntii m.	Bote; Nachricht	*vgl. päpstlicher Nuntius; Nuntii Latini =*
populus, populi m.	Volk	*ital. popolo; vgl. populär =*
mitto,-is, míttere 3	schicken	*vgl. Mission, Missionar*
dico,-is, dícere 3	sagen	*vgl. Diktat; Diktion =*
paro,-as, paráre 1	(vor)bereiten; erwerben	*vgl. parat =*
audio,-is, audíre 4	hören	*vgl. Audio-Datei, Audienz; Auditorium =*
nam	denn, nämlich	*(siehe Lerntipp Seite 87!)*
dum (+ Präsens)	während	
subito	plötzlich	↔ *ital. subito = „sofort"!*
rapio,-is, rápere M	rauben	*frz. ravir, ital. rapire*
domum	nach Hause	
arma, armorum n. (Pl.)	Waffen	*frz. arme, ital. + span. arma; vgl. Armee, Alarm (= „Ad arma!")*
ádiuvo,-as, adiuváre 1	unterstützen	*vgl. Adjutant =*
relinquo,-is, relínquere 3	verlassen, zurücklassen	*vgl. Relikt =*
domi	zu Hause	
iniuria, iniuriae f.	Unrecht	
tolero,-as, toleráre 1	ertragen	*vgl. tolerant =*
bellum, belli n.	Krieg	*vgl. Rebellion, Duell (duellum = bellum!)*
(bellum) gero,-is, gérere 3	(Krieg) führen	
inter (Präp. + Akk.)	zwischen	*(siehe unten!), vgl. international =*
contendo,-is, conténdere 3	eilen; kämpfen	*eigentl.: „die Kräfte anspannen"*
necesse est	es ist notwendig	*engl. necessary; vgl. das Necessaire*

von sich der Name *Toskana* ableitet. Die Etrusker waren den Römern zu dieser Zeit kulturell überlegen. Von ihnen übernahmen die Römer unter anderem die Gladiatorenspiele (vgl. Lec. 4), die Zirkusspiele, den Triumphzug, den Bau von Wasserleitungen und Kanälen (z.B. die *Cloaca Maxima* zur Trockenlegung des Forums), die Toga, das Atriumhaus sowie die Zukunftsdeutung. Unter den Etruskern begann Rom auch zu expandieren. Mitte des 6. Jh. war Rom bereits die mächtigste Stadt in Latium. 510 v. Chr. wurde der letzte etruskische König von den Römern gewaltsam vertrieben (vgl. Lec. 8).

LATEIN IM ALLTAG

INTER

Die lateinische Präposition *inter* („zwischen") tritt auch im Deutschen in vielen Fremdwörtern als Vorsilbe mit der Bedeutung „zwischen" und „dazwischen" auf.

? Was bedeuten also die folgenden Begriffe?

Interregnum = ____________________ Intervall = ____________________

intervenieren = ____________________ interaktiv = ____________________

Intermezzo = ____________________ Intercity = ____________________

AUDI

Hättest du gewusst, dass diese Automarke eigentlich ein Imperativ ist? Der Gründer der Firma war ein gewisser Herr Horch. (Deine Großeltern werden sich an die „Horch-Autos" vielleicht noch erinnern können!) Nachdem er sich mit seinem Bruder, der ebenfalls an der Firma beteiligt war, zerstritten hatte, gründete er eine neue Autofirma und benannte diese nach der lateinischen Übersetzung seines Familiennamens (Horch = höre = lat. *audi*).

GRAMMATICA

KONJUGATIONEN

Neben der *a*- und *e*-Konjugation gibt es noch drei weitere Konjugationsklassen, die sich allerdings nur in wenigen Details voneinander unterscheiden. Wie *a*- und *e*-Konjugation sind auch sie nach dem Auslaut ihres Stammes benannt:

- **konsonantische Konjugation** → Stamm endet auf einen Konsonanten (Mitlaut)
- **i-Konjugation** → Stamm endet auf langes *i*
- **Mischkonjugation*** → Stamm endet auf kurzes *i*

*) „Mischkonjugation" deswegen, weil die Formen teils nach der konsonantischen, teils nach der i-Konjugation gebildet werden.

Da bei der konsonantischen Konjugation der Stamm auf einen Mitlaut endet, tritt als Bindeglied zwischen Stamm und Endung ein so genannter **Bindevokal**, der meistens *-i-* lautet:

mitt - i - s
↓
Stamm – ***Bindevokal*** – Endung

An den Stamm werden bei allen Konjugationen dieselben Endungen angefügt (vgl. S. 20):

	a-Konj.	e-Konj.	kons. Konj.	i-Konj.	Mischkonj.
	PRÄSENS				
Sg. 1.P.	*amo*[1]	*habe-o*	*mitt-o*	*audi-o*	*capi-o*
2.P.	*ama-s*	*habe-s*	*mitt-i-s*	*audi-s*	*capi-s*
3.P.	*ama-t*	*habe-t*	*mitt-i-t*	*audi-t*	*capi-t*
Pl. 1.P.	*ama-mus*	*habe-mus*	*mítt-i-mus*	*audí-mus*	*cápi-mus*
2.P.	*ama-tis*	*habe-tis*	*mítt-i-tis*	*audí-tis*	*cápi-tis*
3.P.	*ama-nt*	*habe-nt*	*mítt-u-nt*	*áudi-u-nt*	*cápi-u-nt*
	INFINITIV PRÄSENS				
	amá-re	*habé-re*	*mítt-e-re*	*audí-re*	*cápe-re*
	IMPERATIVE				
Sg.	*ama!*	*habe!*	*mitt-e!*[2]	*audí!*	*cápe!*
Pl.	*amá-te!*	*habé-te!*	*mítt-i-te!*	*audí-te!*	*cápi-te!*

[1] *amo* aus *ama-o*
[2] Ausnahmen: *dic!* („sag!") und *duc!* („führ!", vgl. Lec.10)

NOTA BENE!
Zu welcher Konjugationsklasse ein Verbum gehört, erkennst du nicht an der 1.P. Sg. oder am Infinitiv alleine, sondern erst aus der Kombination von 1. + 2. Person Sg. und Infinitiv Präsens:

-o, -as, -are → a-Konjugation (Abkürzung: *-o 1*): z. B. ***amo 1***
-eo, -es, -ére → e-Konjugation (Abkürzung: *-eo 2*): z. B. ***habeo 2***
-o, -is, -ere → konsonantische Konjugation (Abkürzung: *-o 3*): z. B. ***mitto 3***
-io, -is, -ire → i-Konjugation (Abkürzung: *-io 4*): z. B. ***audio 4***
-io, -is, -ere → Mischkonjugation (Abkürzung: *-io M*): z. B. ***capio M***

TIPP: Damit du die richtige Betonung des Infinitivs erkennst, ist dieser im Vocabularium bis Lektion 22 samt Akzent ausgeschrieben.

EXERCITATIONES

I. Bilde von den folgenden Verba die 3. Person Sg. und Pl. und die Imperative Sg. und Pl.:

1. contendo 2. venio 3. paro
4. rapio 5. terreo 6. lego

II. Setze die angegebenen Verba in der richtigen Form ein und übersetze:

1. Iulia amicam in oppidum ____________. (mitto)
2. Cur tam laeti ________________, liberi? (sum)
3. ____________ verba magistri, discipuli! (audio)
4. ________________-ne nos, Claudia? (adiuvo)
5. Pueri magistro respondere non ________________. (possum)
6. Discipuli scholam ________________ et domum ________________. (relinquo/propero)
7. Quid ________________, Gai? (dico)
8. ________________, quod nobis nunc otium ________________. (gaudeo/sum)
9. ________________ ad forum, Iulia! (venio)

III. Übersetze ins Lateinische:

1. Warum kommst du nicht zu mir, Julia?
2. Immer sagst du: „Ich kann nicht kommen."
3. Aber mit Claudia kannst du spazieren gehen.
4. Meine Freunde sehen euch oft auf dem Forum!

IV. Welches Wort passt nicht zu den anderen? Warum?

1. ☐ amici ☐ veni ☐ populi ☐ anni
2. ☐ propero ☐ habito ☐ adiuvo ☐ subito
3. ☐ manere ☐ dicere ☐ sedere ☐ ridere
4. ☐ bellis ☐ armis ☐ geris ☐ terris
5. ☐ aedificii ☐ gladii ☐ nuntii ☐ filii
6. ☐ aqua ☐ amica ☐ copia ☐ arma

V. Verbinde die Satzhälften und übersetze:

1. Nobis de bellis …
2. Discipulos bonos …
3. Quintus librum Graecum …
4. Vos certe ad spectacula …
5. Nos in aedificio novo …
6. Nos templa spectare semper …
7. Ego quoque domi …

a) habitamus. b) legere non placet. c) venitis. d) legere non potest. e) delectat. f) laudare necesse est. g) manere in animo habeo.

VI. Setze die fehlenden Endungen ein und übersetze:

Parentes[1] Quintum in scholam mitt______. Dicunt: „Contend_______ in scholam!" Quintus autem non contend_______, sed cum Gaio amico per vias ambul_______. Itaque pueri post alios discipulos in scholam veni_______. Magister clamat: „Cur nunc ven_______? Vos iam exspectamus! Dum vos ambul_______, nos iam diu de Roma leg_______. Pot_______-ne de Romulo Remoque narrare?" Quintus dicit: „Certe possumus: Remus Romulusque Troiam[2] relinqu________; deinde Remus Romulum nec_______." – Alii discipuli rid_______, magister clamat: „Stulti[3] estis!" Meridie[4] discipulos domum mitt_______. Quintus et Gaius ad portam[5] proper_______, sed tum magistrum audi_______: „Hic man_______, pueri! Vobis scholam relinqu_______ non licet. Nunc de Romulo Remoque leg_______!"

1 **parentes**: „Eltern"; 2 **Troia**,-ae f.: „Troja"; 3 **stultus** 3: „dumm"; 4 **meridie**: „zu Mittag"; 5 **porta**,-ae f.: „Tür"

8 DE LUCRETIA

Nach Romulus regieren sechs weitere Könige. Der siebente ist Tarquinius Superbus, ein tyrannischer Herrscher aus Etrurien (heutige Toskana). In seiner Regierungszeit kommt es zur Belagerung von Roms Nachbarstadt Ardea. Eines Abends beginnen die Königssöhne und andere Führer des Heeres zu diskutieren, wessen Frau wohl die tugendhafteste und anständigste sei. Da schlägt Collatinus vor, noch in der Nacht nach Rom zu reiten, um zu beweisen, dass seine Frau Lucretia die Frauen der Übrigen bei weitem übertreffe.

Viri **tres horas** equitant[1], tum Romae appropinquant et ad feminas veniunt. Quid **faciunt** feminae? **Neque dormiunt neque** domi sunt, sed cum amicis in convivio[2] sunt: **Sola** Lucretia cum **duabus** ancillis[3] domi est et laborat. Sextus Tarquinius, **unus** e tribus filiis Tarquinii Superbi, Lucretiam videt et secum cogitat: „Quam pulchra est Lucretia!" Deinde Lucretiam relinquunt et ad Ardeam contendunt. Hora **prima** iterum in **castris** sunt.

Postero die[4] Sextus Tarquinius solus ad Lucretiam venit. Feminam pulchram vi[5] sibi parare in animo habet. Sed Lucretia **resistit**: „Femina fida[6] sum neque adulterium[7] **committere** possum!" Tarquinius autem dicit: „**Nisi** mihi **pares**, te cum **servo** tuo neco!" Nunc Lucretia viro alieno **non iam** resistit.

Paulo post Lucretia nuntium in castra ad virum mittit. Collatinus venit et de stupro[8] Sexti Tarquinii audit. „Tu", inquit, „sine **culpa** es!" Tamen Lucretia clamat: „**Nullis** aliis feminis **exemplum** infidelitatis[9] praebere[10] in animo habeo!" Deinde se cultro[11] necat.

Populus Romanus postremo de stupro[8] audit et **maxime** iratus est. Collatinum adiuvat **familiam**que Tarquiniorum ex oppido **expellit**.

? Kreuze von den vorgegebenen Möglichkeiten die richtige(n) Übersetzung(en) an!

„Collatinum adiuvat" (Zeile 25) bedeutet:	
1. Er/sie/es unterstützt Collatinus.	
2. Er/sie/es hilft Collatinus.	
3. Collatinus hilft.	

1 **equito**,-as,-are: „reiten"
2 **convivium**,-i n.: „Festmahl"
3 **ancilla**,-ae f.: „Magd", „Dienerin"
4 **postero die**: „am nächsten Tag"
5 **vi**: „mit Gewalt", „gewaltsam"
6 **fidus** 3: „treu"
7 **adulterium**,-i n.: „Ehebruch"
8 **stuprum**,-i n.: „Gewalttat", „Schandtat"
9 **infidelitatis** (2.F.).: „für/von Untreue"
10 **praebeo**,-es,-ere: „bieten", „geben"
11 **culter**,-tri m.: „Messer", „Dolch"

DE ROMANIS

Die Verfassung der römischen Republik

Nachdem Tarquinius vertrieben worden war, wollten die Römer die Monarchie nicht aufrechterhalten. Also wurde die Macht auf mehrere Amtsträger (Beamte) aufgeteilt – Rom wurde zur **Republik**. Dabei mussten sich die zahlenmäßig überlegenen, aber politisch rechtlosen **Plebejer** ihre Rechte gegen die privilegierten Adeligen (**Patrizier**) erst erkämpfen. Nach Abschluss dieser zirka 200 Jahre dauernden **Ständekämpfe** sah die römische Verfassung so aus:

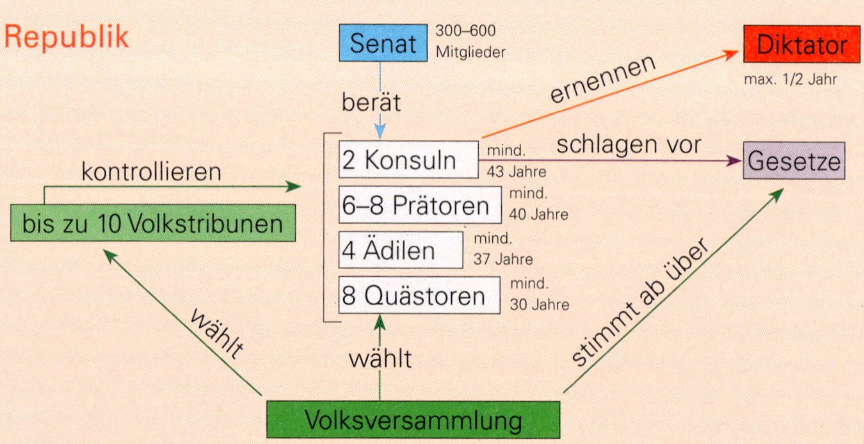

- **Senat**: „Ältestenrat"; aus den vornehmsten Familien und ehemaligen Beamten. Gab den amtierenden Beamten nur Empfehlungen, die aber meist befolgt wurden.

VOCABULARIUM

tres (m./f.), **tria** (n.)	drei	*frz. trois, ital. tre, span. tres; vgl. Triathlon; Triumvirat =*
hora, horae f.	Stunde	*engl. hour, frz. heure, ital. ora, span. hora*
facio,-is, fácere M	tun, machen	*frz. faire, ital. fare*
neque – neque (= nec – nec)	weder – noch	*vgl. neque =*
dormio,-is, dormíre 4	schlafen	*frz. dormir, ital. dormire, span. dormir*
solus/a/um	allein	*ital. + span. solo/a; vgl. Solo, Solist, isolieren*
duo/duae/duo	zwei	*(siehe Grammatica); ital. due; vgl. Duett, Duo*
unus/a/um	ein; einzig	*frz. un, ital. uno, span. un; Unikat =*
primus/a/um	der erste	*ital. primo; vgl. Primel, Primar, Primat, prima, primär*
castra, castrorum n. (Pl.)	das Lager (Sg.)	*vgl. Kastell (= kleines Lager), engl. castle*
resisto,-is, resístere 3	sich widersetzen, Widerstand leisten	*vgl. engl. resist; vgl. resistent =*
committo,-is, commíttere 3	begehen (ein Verbrechen)	*vgl. engl. commit (a crime)*
nisi	wenn nicht	⟷ *si =*
pareo,-es, parére 2	gehorchen	*vgl. parieren;* ⟷ *paro,-as, parare 1 =*
servus, servi m.	Sklave, Diener	*Servus! (erg. sum) =*
non iam	nicht mehr	⟷ *iam =*
culpa, culpae f.	Schuld	*ital. colpa, span. culpa; mea culpa =*
nullus/a/um	kein	*vgl. Null;* ⟷ *nonnulli =*
exemplum, exempli n.	Beispiel	*engl. „Beispiel" =*
maxime	sehr; am meisten	*vgl. maximal*
familia, familiae f.	Familie	*engl. family, frz. famille, ital. famiglia, span. familia*
expello,-is, expéllere 3	vertreiben; verjagen	

LATEIN IM ALLTAG

Dezimieren

Dieses Wort heißt im heutigen Sprachgebrauch so viel wie „stark vermindern". Kann das mit dem Zahlwort *decimus* zusammenhängen? Es kann! Das lateinische Verb *decimare* ist nämlich ein Wort der Kriegssprache und bedeutet „jeden zehnten Gefangenen hinrichten" – woraus sich später „schwere Verluste zufügen" und die heutige Bedeutung entwickelten.

LATEIN IM ALLTAG

Dezember

Warum steckt in unserem 12. Monat eigentlich das lateinische Zahlwort *decem* = 10? Das ist darauf zurückzuführen, dass das römische Jahr ursprünglich mit März begann. Folglich war der September der siebente, der Oktober der achte Monat etc. Im Jahre 153 v. Chr. wurde der Jahresbeginn auf Jänner (ursprünglich der elfte Monat!) verlegt. Da aber die ursprünglichen Monatsbezeichnungen beibehalten wurden, „stimmte" von nun an die Nummerierung nicht mehr.

- **Quästoren**: Aufsicht über Staatsvermögen und Steuereintreibung („Finanzminister").
- **Ädilen**: Aufsicht über Straßen, Verkehr, öffentliche Bauten, Wasserleitungen, Getreideversorgung („Infrastrukturminister").
- **Prätoren**: Rechtsprechung („Justizminister").
- **Konsuln**: Leitung von Senatssitzungen und Volksversammlung, Einbringen von Gesetzesanträgen, Oberbefehl über das Heer.
- **Diktator**: in Krisensituationen für max. sechs Monate zum Oberbefehlshaber ernannt.
- **Volkstribunen**: Vertreter der Plebejer; Vetorecht gegen Beamten-Beschlüsse.
- **Volksversammlung**: alle erwachsenen männlichen Bürger.

Machtkontrolle:

Um übergroße Machtfülle der Amtsträger zu verhindern, legten die Römer zwei Prinzipien fest:

- Die **Annuität** (von *annus* = „Jahr" abgeleitet): Die Amtszeit war auf maximal ein Jahr begrenzt.
- Die **Kollegialität**: Jedes Amt musste von mindestens zwei Personen ausgeübt werden.

Wer hatte wirklich die Macht?

Die Römer nannten ihren Staat zwar *res publica* („öffentliche Sache"), in der Realität stellte er aber eine Mischung von drei verschiedenen Staatsformen dar:

- monarchisches Element: Die **Konsuln** haben hohe Befehlsgewalt.
- aristokratisches Element: Der **Senat** besteht aus den Mitgliedern der alten Adelsfamilien.
- demokratisches Element: Die **Volksversammlung** besteht aus allen freien Bürgern (ausgenommen aber Frauen, Freigelassene, Sklaven und alle Nicht-Römer!).

GRAMMATICA

ZAHLWÖRTER

Ziffer	Grundzahlen		Ordnungszahlen	
I	*unus, una, unum* *unius* *uni* *unum, unam, unum* *uno, una, uno*	ein(s)	*primus/a/um*	der/die/das Erste
II	*duo, duae, duo* *duorum, duarum, duorum* *duobus, duabus, duobus* *duos, duas, duo* *duobus, duabus, duobus*	zwei	*secundus/a/um*	der/die/das Zweite
III	*tres, tres, tria* *trium* *tribus* *tres, tres, tria* *tribus*	drei	*tertius/a/um*	der/die/das Dritte
IV	*quattuor*	vier	*quartus/a/um*	der/die/das Vierte
V	*quinque*	fünf	*quintus/a/um*	der/die/das Fünfte
VI	*sex*	sechs	*sextus/a/um*	der/die/das Sechste
VII	*septem*	sieben	*septimus/a/um*	der/die/das Siebente
VIII	*octo*	acht	*octavus/a/um*	der/die/das Achte
IX	*novem*	neun	*nonus/a/um*	der/die/das Neunte
X	*decem*	zehn	*decimus/a/um*	der/die/das Zehnte
C	*centum*	hundert	*centesimus/a/um*	der/die/das Hundertste
M	*mille*[1]	tausend	*millesimus/a/um*	der/die/das Tausendste

[1] Zu *mille* (nicht deklinierbar) gibt es einen **Plural**: z. B. *duo* ***milia*** (= 2000). Diese Form dekliniert: 1.F. ***milia***, 2.F. ***milium***, 3.F. ***milibus***, 4.F. ***milia***, 6.F. (cum) ***milibus***

Wolfram Kautzky, Wien

Inschrift auf dem Michaelertor (Wiener Hofburg)

? In welchem Jahr hat Kaiser Franz Joseph diesen Teil der Hofburg fertiggestellt?

NOTA BENE!
A. D. = *anno Domini* = („im Jahr des Herrn" = nach Christi Geburt).
Das Zahlzeichen D steht für 500.

ZEITABLATIV (*Ablativus temporis*) UND AKKUSATIV DER ZEITSTRECKE

- Bei Zeitbegriffen („Tag", „Monat", Jahr" etc.) steht auf die Frage „WANN?" der **Zeitablativ** (*Ablativus temporis*) **ohne** Präposition:

  hora prima *iterum in castris sunt* =
  „**in** der (zur) ersten Stunde* sind sie wieder im Lager"
  secundo anno = „**im** zweiten Jahr"

- Dagegen steht auf die Frage „WIE LANGE?" der **Akkusativ** (Akkusativ der Zeitstrecke):

  tres horas *equitant* = „sie reiten drei Stunden **(lang)**"

* Unter der *prima hora* verstanden die Römer die Stunde, in der es hell wurde, was natürlich von der Jahreszeit abhängig war. Da der Tag von Sonnenaufgang bis Sonnenuntergang in jedem Fall in zwölf *horae* eingeteilt war, variierte die Dauer einer *hora* zwischen Winter und Sommer stark.

? Wie viele Minuten dauerte eine römische *hora:*
a) im Winter (Sonnenaufgang ca. 7 Uhr, Sonnenuntergang ca. 17 Uhr)?
b) im Sommer (Aufgang ca. 5 Uhr, Untergang ca. 21 Uhr)?

EXERCITATIONES

I. Setze passende Zahlwörter ein und übersetze:

1. Romulus Romam in ________________ collibus[1] aedificat.
2. Tarquinius Superbus est ________________ rex[2] Romanorum.
3. Grammaticus[3] ________________ linguas docet.
4. Nos nunc iam linguam ________________ discimus[4].
5. Rheae Silviae ________________ filii sunt.
6. ________________ oculos et ________________ digitos[5] habemus.
7. Septem et ________________ sunt duodecim.

1 **collibus**: Abl. Pl. von collis: „Hügel"; 2 **rex** m.: „König";
3 **grammaticus**,-i m.: „Sprachlehrer"; 4 **disco** 3: „lernen";
5 **digitus**,-i m.: „Finger"

II. Setze alle Satzglieder in den Plural bzw. Singular! (Die Pronomina und Zahlwörter musst du dabei verändern!)

1. Iam duas horas pensa nostra facimus.
2. Exemplo meo filium doceo.
3. Nobis nonnulli servi sunt.
4. Cur amicam tuam relinquis?
5. Pugnate gladiis vestris!
6. Discipulus unam linguam legere potest.

III. Setze die nötigen Grundzahlwörter bzw. Ordnungszahlwörter ein und übersetze:

Hora ________________ (I) discipuli de Romanis claris audiunt. Hora ________________ (II) alius magister de Romanis claris narrat. Quod hora ________________ (III) magister iterum de Romanis claris narrare in animo habet, Gaius clamat: „Iam ________________ (II) horas de Romanis claris audimus. Num ________________ (VI) horas de Romanis claris audire necesse est? ________________ (I) horam de Romanis claris audire nobis placet. Post horam ________________ (III) autem Romanos claros non iam amamus."

IV. Übersetze ins Lateinische:

1. Quintus kommt mit zwei Freunden zu Julia.
2. Julia fragt: „Was macht ihr hier?"
3. Die drei Buben sagen: „Unterstütze uns! Wir können unsere Aufgaben nicht machen."
4. Aber Julia hat nicht vor, die Aufgaben der drei Buben zu machen.
5. Daher kommen die Buben ohne ihre Aufgaben in die Schule.

V. De Mucio Scaevola[1]

Populus Romanus iratus familiam Tarquiniorum expellit. Tarquinius autem ad Tuscos[2], ubi Porsenna[3] regnat, contendit. Ibi Porsennae dicit: „Quod iniuriam Romanorum tolerare non possum, bellum cum populo Romano gerere in animo habeo. Adiuvasne me? Auxilio tuo Romanos certe superare possum."
Ita Tusci[2] castra ad Romam faciunt et oppidum diu oppugnant[4]. Tum Mucius, vir Romanus, consilium capit: „Si Porsennam[3] neco, Tusci certe terram nostram relinquunt." Itaque solus in castra Tuscorum[2] properat. Tusci autem Mucium capiunt et ad Porsennam[3] ducunt[5]. „Quod me necare in animo habes", Porsenna dicit, „te nunc flammis[6] neco." Sed Mucius clamat: „Vide! Viri Romani flammas[6] non timent[7]." Deinde manum dextram[8] in flammas[6] tendit[9]. Tum Porsenna, quod fortitudinem[10] Romanorum maxime timet[7], Mucio vitam donat et paulo post copias[11] suas domum ducit[5].

1 **Mucius Scaevola**: „Mucius Scaevola" (scaevola = „Linkshand"); 2 **Tusci**,-orum m.: „die Etrusker"; 3 **Porsenna**,-ae m.: „Porsenna" (etruskischer König);
4 **oppugno** 1: „belagern"; 5 **duco** 3: „führen"; 6 **flamma**,-ae f.: „Flamme"; 7 **timeo** 2: „fürchten"; 8 **manus dextra**: „die rechte Hand"; 9 **tendo** 3: „strecken";
10 **fortitudinem** (Akk.): „Tapferkeit"; 11 **copiae**,-arum f.: „Truppen".

9 QUEM ROMANI MAXIME TIMENT?

Rom ist nach dem Sturz des Königtums schon über 100 Jahre Republik, doch die Bewohner müssen sich noch immer mit inneren und äußeren Feinden herumschlagen. Am gefährlichsten sind die Gallier, die im Jahr 390 v. Chr. bis Rom vordringen.

Galli Romanos ad Alliam[1] **flumen** superant multosque **milites** necant. Deinde Romae appropinquant. Romani autem aedificia sua relinquunt et in Capitolium[2] **fugiunt**. Ita Galli Romam **occupare** possunt et multa aedificia **delent**.

Deinde etiam Capitolium **oppugnant**, sed **expugnare** non possunt. Itaque **nocte**, dum Romani dormiunt, Capitolium expugnare **constituunt**. Alius post alium **clam** ad Capitolium **ascendit**.

Neque **homines** neque **canes** Gallos audiunt. Sed anseres[3] non dormiunt. Quod anseres **Iunoni sacri** sunt, Romani, **quamquam** iam cibo[4] **carent**, anseres non necaverunt[5]. Nunc anseres magna **voce** clamant. Marcus Manlius, vir (in) bello egregius[6], **clamorem** anserum audit et **statim ceteros** Romanos excitat[7]. Deinde arma sua capit et primum Gallorum de Capitolio deicit[8]. Nunc ceteri quoque milites Romani arma capiunt. Ad

Manlium contendunt et Gallos superare possunt. Ita anseres[3] Capitolium **servant**. Manlius quoque sibi magnam **gloriam** parat et itaque **nomen** „Capitolinus" **accipit**.

? Welche Übersetzung ist die beste? Erstelle eine Rangliste von 1. bis 3.!

iam cibo carent (Z. 14) =	
Sie entbehren schon die Nahrung.	
Sie haben keine Nahrung mehr.	
Sie sind schon frei von Nahrung.	

1 **Allia**,-ae f.: „Allia" (Fluss nahe Rom)
2 **Capitolium**,-i n.: „das Kapitol" (Hügel mit der Burg und dem Jupitertempel)
3 **anser**,-eris m.: „Gans"
4 **cibus**,-i m.: „Nahrung"
5 **necaverunt** (Perfekt): „sie haben getötet"
6 **egregius** 3: „hervorragend"
7 **excito** 1: „aufwecken"
8 **deicio** M: „hinabstoßen"

DE ROMANIS

Die Kelten

Die **Kelten**, von den Römern **Gallier** genannt, prägten zwischen dem 6. und dem 1. Jh. v. Chr. die Kultur weiter Teile Europas. Sie besiedelten von SW-Deutschland ausgehend Britannien, Irland, Frankreich, Spanien, den Donauraum und den Ostalpenraum (inklusive Österreich, wo das *Regnum Noricum* entstand). Von Südosteuropa aus gelangten die Kelten sogar bis nach Kleinasien (heutige Türkei), wo sie das Reich der „Galater" (griech. Bezeichnung für die Gallier, vgl. den Namen des Fußballvereins Galatasaray Istanbul!) gründeten.
Um 400 v. Chr. hatten sich die Kelten auch in Norditalien (Poebene) niedergelassen. Von dort aus drangen sie unter ihrem Führer Brennus bis nach **Rom** vor, das sie bis auf das Kapitol erobern konnten.
200 Jahre später gelang es den Römern, den Spieß umzudrehen: Oberitalien wurde zur römischen Provinz

„Ultimus non minimus, Manumilitarix vici dux est. Gravissimus, fortissimus, suspiciosissimus, rei militaris jamdiu expertus est: a suis colitur, timetur ab hostibus. Manumilitarix autem nihil nisi hoc unum timet: ne in caput sui caelum cadat! At, ut ipse saepe dicit, "nondum est cras quod non heri factum'st!"

VOCABULARIUM

quem?	wen?	*(siehe Grammatica)*
timeo,-es, timére 2	fürchten; sich fürchten	*ital. temere, span. temer*
Galli, Gallorum m.	die Gallier (= Kelten)	*frz. Gaulois*
flumen, flúminis n.	Fluss	*ital. fiume*
miles, mílitis m.	Soldat	*vgl. Militär*
fugio,-is, fúgere M (+ Akk.)	flüchten (vor)	*vgl. Zentrifuge*
occupo,-as, occupáre 1	besetzen	*frz. occuper, ital. occupare, span. ocupar; vgl. okkupieren*
deleo,-es, delére 2	zerstören	*vgl. engl. delete = „löschen"*
oppugno,-as, oppugnáre 1	bestürmen, belagern	*wörtlich: „dagegenkämpfen"*
expugno,-as, expugnáre 1	erobern	*wörtlich: „herauskämpfen"*
nox, noctis f.	Nacht	*frz. nuit, ital. notte, span. noche*
constituo,-is, constitúere 3	beschließen, festsetzen	*vgl. Konstitution =*
clam	heimlich	*vgl. klammheimlich =*
ascendo,-is, ascéndere 3	hinaufsteigen, besteigen	*vgl. Aszendent; vgl. frz. ascenseur; ital. ascensore, span. ascensor*
homo, hóminis m.	Mensch	*frz. homme, ital. uomo, span. hombre; Homo sapiens =*
canis, canis m.	Hund	*frz. chien, ital. cane; vgl. Cave canem (siehe unten)*
Iuno, Iunonis f.	Juno	*Gattin des Jupiter (siehe Seite 208)*
sacer/cra/crum	heilig, geweiht	*vgl. Sakristei, Sakrament*
quamquam	obwohl	
careo,-es, carére 2 (+ Abl.)	frei sein (von ...), nicht haben	*vgl. Karenz*
vox, vocis f.	Stimme	*engl. voice, frz. voix, ital. voce, span. voz*
clamor, clamóris m.	Geschrei, Lärm	*vgl. clamare; frz. clameur, ital. clamore, span. clamor*
statim	sofort, sogleich	
ceteri/ae/a (Pl.)	die übrigen	*etc. (= et cetera) =*
servo,-as, serváre 1	retten, bewahren	*vgl. konservieren*
gloria, gloriae f.	Ruhm, Ehre	*ital. + span. gloria; vgl. Gloria; glorreich*
nomen, nóminis n.	Name	*frz. nom, ital. nome, span. nombre; vgl. Nomen est omen (s. unten)*
accipio,-is, accípere M	erhalten, aufnehmen, annehmen	*vgl. akzeptieren =*

PROVERBIA

Nomen est omen
„Der Name ist Vorzeichen" bedeutet, dass der Name einer Person etwas über sie aussagt, z. B. wenn ein Lateinlehrer Professor Römer heißt. Manchmal hofft man hingegen, dass Nomen gerade nicht Omen ist – beispielsweise bei einem Arzt namens Dr. Sarg.

Cave canem!
Die Nichtbeachtung dieser Warnung, die oft vor dem Eingang römischer Villen angebracht war, hat so mancher Römer bitter bereut. Sie bedeutet nämlich: „Hüte dich vor dem Hund!" (siehe Abb. unten)

Gallia Cisalpina („Gallien diesseits der Alpen") gemacht.
Im 1. Jh. v. Chr. unterwarf Cäsar das gallische Kernland (vgl. Lec. 18), womit die **Romanisierung** des Landes begann.

Ein in den **Asterix**-Bänden immer wiederkehrender Spruch des Häuptlings Maiestix (lat. Manumilitarix, vgl. Bildtext links) hat übrigens einen realen historischen Hintergrund: Als keltische Gesandte 335 v. Chr. von Alexander dem Großen gefragt wurden, wovor ihr Volk sich fürchte, gaben sie zur Antwort: Die Kelten hätten nur vor einem Angst, nämlich dass ihnen der Himmel auf den Kopf falle (d.h. dass das Universum einstürze).

Altrömische Hundewarnung (Mosaik aus Pompeji)

GRAMMATICA

„DRITTE“ DEKLINATION: Konsonantenstämme

Die dritte Deklination ist ein Sammelbegriff für verschiedene Nomina (Substantiva), die zwar sehr **unterschiedliche Nominative**, sonst aber weitgehend gleiche Kasusendungen haben. Die in diesem Stück vorkommenden Wörter gehören zu den sogenannten **Konsonantenstämmen**, da ihr **Stamm** auf einen **Konsonanten** (Mitlaut) endet. Den Stamm erkennst du, wenn du vom Genetiv Sg. die Endung *-is* weglässt:

- *homin-is* → Stamm *homin-*
- *voc-is* → Stamm *voc-*
- *flumin-is* → Stamm *flumin-*

Das Geschlecht der Wörter der 3. Deklination kann **maskulin**, **feminin** oder **neutrum** sein.

		3. Deklination (Konsonantenstämme)		
	FRAGE	maskulin	feminin	neutrum
Sg. 1	Wer?/Was?	*homo*	*vox*	*flumen*
2	Wessen?	*hominis*	*vocis*	*fluminis*
3	Wem?	*homini*	*voci*	*flumini*
4	Wen?/Was?	*hominem*	*vocem*	*flumen*
5	(Anrede)	*homo!*	*vox!*	*flumen!*
6	Womit? Wodurch?	*cum homine*	*voce*	*flumine*
Pl. 1	Wer?	*homines*	*voces*	*flumina*
2	Wessen?	*hominum*	*vocum*	*fluminum*
3	Wem?	*hominibus*	*vocibus*	*fluminibus*
4	Wen?/Was?	*homines*	*voces*	*flumina*
5	(Anrede)	*homines!*	*voces!*	*flumina!*
6	Womit? Wodurch?	*cum hominibus*	*vocibus*	*fluminibus*

NOTA BENE!
Einige Endungen der 3. Deklination sind „verwechslungsanfällig“ mit der a- bzw. o-Deklination:

-is
- ↗ 3. Dekl. → 2.F. Sg. (z.B. *hominis* = „des Menschen“)
- ↘ a-/o-Dekl. → 3./6.F. Pl. (z.B. *amicis* = „den Freunden“ / „den Freundinnen“)

-i
- ↗ 3. Dekl. → 3.F. Sg. (z.B. *homini* = „dem Menschen“)
- ↘ o-Dekl. → 2.F. Sg. (z.B. *amici* = „des Freundes“) 1.F. Pl. (z.B. *amici* = „die Freunde“)

TIPP: Dass ein Wort zur 3. Deklination gehört, erkennst du am Genetiv Singular auf *-is*. Bei den Vokabeln musst du daher immer den Genetiv Singular (und das Geschlecht) mitlernen!

QUIS?/QUID? („Wer?“/„Was?“)

Bei ***quis?/quid?*** handelt es sich um das **substantivische** Fragepronomen (Interrogativpronomen). Substantivisch heißt, dass es nicht übereingestimmt wird, sondern wie ein Substantiv (= Nomen) alleine steht:

z. B. *Quem vides?* = „Wen siehst du?“

1	*quis?*	*quid?*	wer?	was?
2	*cuius?*		wessen?	
3	*cui?*		wem?	
4	*quem?*	*quid?*	wen?	was?
6	*a quo?* *cum quo?*		von wem? mit wem?	

Das **adjektivische** Fragepronomen ist dagegen mit einem Nomen übereingestimmt: *qui, quae, quod* (siehe S. 56):

z. B. *Quem canem vides?* = „Welchen Hund siehst du?“

Suchbild:
Quis videt canem?

EXERCITATIONES

I. Bestimme Fall und Zahl und übersetze:

1. nominibus: ______________________________

____

2. vocum: ______________________________
3. annum: ______________________________
4. servi: ______________________________

____

____

5. militi: ______________________________
6. noctis: ______________________________

II. Ordne den Nomina die passenden Adjektiva zu:

aliud – magni – clarus – magnorum – parvo – pulchris

1. homo ______________________________
2. nomen ______________________________
3. clamoris ______________________________
4. vocibus ______________________________
5. fluminum ______________________________
6. cani ______________________________

III. Übersetze ins Lateinische:

1. vielen Flüssen 2. mit lateinischen Namen 3. große Menschen (2 Mögl.) 4. des berühmten Soldaten 5. durch meine Stimme

IV. Ergänze die Endungen und übersetze:

Magister discipulis multum de Iuno_______ narrat. „Iuno homin_______ non semper adiuvat. Nam saepe irata est, quod Iuppiter[1] non solum Iunon_______, sed etiam multas alias feminas amat. Quinte, potesne mihi nomin_______ aliarum feminarum dicere?" Quintus autem voc_______ magistri non audit, quod iam diu dormit. Itaque magister magna voc_______ clamat: „Quinte!" Puer statim exsultat[2]. „Cur semper dormis, Quinte? Quid nocte facere soles[3]?", magister interrogat. – „Multis noct__________ dormire non possum", Quintus respondet, „nam tam diu pensa mea facio."

1 **Iuppiter**: „Jupiter"; 2 **exsulto** 1: „aufspringen"; 3 **soleo** 2: „gewohnt sein"

V. Ergänze die Endungen und übersetze:

1. Quid hora prima fac_______, amici?
2. Culpa unius discipuli alii quoque pensum magnum exspecta_____.
3. Graeci oppidum alienum iam novem annos oppugn_______.
4. Galli duo milia militum nostrorum cap_______.
5. Cur mihi non par_______, Quinte?

VI. De iniuria Gallorum

Milites Gallorum Romam occupant multosque Romanos necant. Deinde Capitolium[1], ubi ceteri Romani nunc sunt, diu oppugnant. Quod Capitolium expugnare non possunt, exspectant, dum[2] populus Romanus famem[3] tolerare non iam potest. Tum Romani consilium capiunt: „Si Galli de fame[3] nostra dubitant[4], certe Romam relinquunt." Itaque panem[5] de Capitolio[1] iaciunt[6]. Galli tamen sub Capitolio[1] manent. Postremo Romani Brennum[7], ducem[8] Gallorum, ad se vocant[9] interrogantque: „Relinquitisne oppidum nostrum, si vobis magnam copiam auri[10] donamus?" Brennus[7] respondet: „Si mille pondo[11] auri[10] accipimus, statim Romam relinquimus." Itaque Romani aurum[10] ad Gallos portant, tum autem pondera[12] Gallorum vident. „Pondera[12] vestra iniqua[13] sunt!", clamant. Brennus autem gladium quoque inter pondera[12] iacit[6] et magna voce clamat: „Vae victis[14]!"

1 **Capitolium**,-i n.: „Kapitol"; 2 **dum**: hier: „bis"; 3 **fames**,-is f.: „Hunger"; 4 **dubito** 1 (de): „zweifeln (an)"; 5 **panis**,-is m.: „Brot"; 6 **iacio** M: „werfen"; 7 **Brennus**,-i m.: „Brennus"; 8 **dux**, ducis m: „Führer"; 9 **voco** 1: „rufen"; 10 **aurum**,-i n.: „Gold"; 11 **pondo** (undeklinierbar): „Pfund"; 12 **pondus**,-eris n.: „Gewicht"; 13 **iniquus** 3: „falsch"; 14 **Vae victis!**: „Wehe den Besiegten!"

10 DE HANNIBALE[1]

Ein weiterer großer Rivale Roms tritt im dritten Jh. v. Chr. auf: die Karthager. Nachdem sie im ersten Punischen Krieg (264–241 v. Chr.) Sizilien an die Römer verloren haben, erobern sie große Teile Spaniens. Als der karthagische Feldherr Hannibal auch die mit den Römern verbündete spanische Stadt Sagunt angreift, erklären die Römer den Karthagern abermals den Krieg.

Hannibal, **imperator** magna **virtute**, **copias** suas ex Hispania[2] in Italiam[3] **ducere** constituit. Ita Saguntum[4] cum militibus relinquit. Sed non **navibus** per **mare** in Italiam contendit, sed milites suos auxilio elephantorum[5] trans Alpes ducere **audet**. Multos milites et etiam nonnullos elephantos **amittit**. Tamen postremo in Italiam venit. Ibi nonnullis **pugnis** Romanos **vincere** potest magnasque **partes** Italiae vastat[6]. Romani magno in **timore** sunt. **Ne** Roma **quidem** Hannibalem **prohibere** possunt: Nam Carthaginienses[7] copias Romanas ad Cannas[8] vincunt multosque milites **occidunt**, deinde Romae appropinquant. „Hannibal ante **portas**!", paulo post Romani clamant. Hannibal autem **urbem** oppugnare non audet. Deinde Romani Publium Cornelium Scipionem[9], virum **summo honore**, imperatorem **faciunt**. Scipio bellum non iam in Italia, sed in Africa[10] gerere constituit copiasque trans mare ducit. Hannibal nunc, quamquam Italiam non libenter relinquit, in **patriam** contendit. Tamen Scipio copias Carthaginiensium vincit et **pacem** cum **hostibus** facit. Ita Scipio Romanos magno timore **liberat** et nomen „Africanus" accipit.

1 **Hannibal**,-alis m.: „Hannibal"
2 **Hispania**,-ae f.: „Spanien"
3 **Italia**,-ae f.: „Italien"
4 **Saguntum**,-i n.: „Sagunt"
5 **elephantus**,-i m.: „Elefant"
6 **vasto** 1: „verwüsten"
7 **Carthaginienses**,-ium m. (Pl.): „die Karthager"
8 **Cannae**,-arum f. (Pl.): „Cannae" (Stadt in Süditalien)
9 **Publius Cornelius Scipio** (-onis): „Scipio" (römischer Feldherr und Konsul)
10 **Africa**,-ae f.: „Afrika"

? Warum hat es Hannibal nicht geschafft, die Römer zu besiegen? Zitiere den Satz, aus dem das am deutlichsten hervorgeht!

Lat.:	
Dt.:	

DE ROMANIS

Die Punischen Kriege

Die sogenannten Punischen Kriege, in denen die Punier (= Karthager) mit den Römern um die Vorherrschaft im westlichen Mittelmeerraum kämpften, dauerten über 100 Jahre (264–146 v. Chr.). Nachdem die Römer den Puniern im ersten der drei Kriege **Sizilien** abgenommen und zur **ersten römischen Provinz** gemacht hatten, brachte Hannibal im **zweiten Punischen Krieg** (218–202 v. Chr.) die Römer an den Rand der Niederlage. Nach seinem Zug über die Alpen (angeblich mit etwa 50.000 Mann und 37 Elefanten, von denen nur einer überlebt haben soll) verlor er durch ein Sumpffieber ein Auge (Einäugigkeit galt in der Antike als Zeichen besonderer Tapferkeit!). Trotzdem fügte er den Römern am **Trasimenischen See** (Umbrien) und bei **Cannae** (Apulien) zwei katastrophale Niederlagen zu. Der endgültige Sieg über seine Erzfeinde blieb ihm versagt: Es gelang ihm nicht, die Stadt Rom zu erobern. Durch die Hinhaltetaktik der Römer wurde sein Heer, das sich schon über zehn Jahre in Italien befand, zunehmend geschwächt. Schließlich drehten die Römer unter ihrem Feldherrn **Publius Cornelius Scipio** den Spieß um und griffen Hannibals Heimatstadt

Die Elefanten werden auf Flößen über die Rhône transportiert. (Gemälde von Henri Motte, 1878)

VOCABULARIUM

E-Book AUDIO Vokabeltraining

imperator, imperatóris m.	Feldherr; Kaiser	*engl. emperor, ital. imperatore, span. emperador, frz. empereur*
virtus, virtutis f.	Tapferkeit, Tugend	*vgl. vir,-i =*
copiae, copiarum f. (Pl.)	Truppen	*vgl. copia,-ae (Sg.) =*
duco,-is, dúcere 3	führen	*vgl. reduzieren; ↔ dico 3 =*
navis, navis f.	Schiff	*ital. + span. nave; vgl. engl. navy =*
mare, maris n.	Meer	*frz. mer, ital. mare, span. mar; vgl. Marine =*
audeo,-es, audére 2	wagen	*frz. oser, ital. osare, span. osar; ↔ audio 4 =*
amitto,-is, amíttere 3	verlieren	*wörtl.: „wegschicken"*
pugna, pugnae f.	Kampf	*vgl. pugnare =*
vinco,-is, víncere 3	siegen, besiegen	*frz. vaincre, ital. vincere, span. vencer*
pars, partis f.	Teil	*engl. part; vgl. partiell =*
timor, timóris m.	Furcht, Angst	*ital. timore, span. temor; vgl. timeo =*
ne ... quidem	nicht einmal ...	*z. B. ne tu quidem =*
prohibeo,-es, prohibére 2	abhalten, (ver)hindern	*ital. proibire, span. prohibir; vgl. engl. prohibit =*
occído,-is, occídere 3	töten	*ital. uccidere*
porta, portae f.	Tor, Tür	*frz. porte, ital. porta, span. puerta; vgl. Portal*
urbs, urbis f.	Stadt	*vgl. engl. suburb; urban =*
summus/a/um	der höchste; sehr hoch	*vgl. Summe; engl. summit =*
honor, honóris m.	Ehre, Ansehen	*engl. honour, ital. onore, span. honor; vgl. honorieren =*
facio,-is, fácere M (mit doppeltem Akk.)	zu etwas machen	*z. B. te amicam meam facio =*
patria, patriae f.	Heimat	*ital. + span. patria; vgl. Patriot =*
pax, pacis f.	Friede	*engl. peace, frz. paix, ital. pace, span. paz; vgl. Pazifist =*
hostis, hostis m.	Feind	*vgl. engl. hostile =*
libero,-as, liberáre 1 (+ Abl.)	befreien (von)	*vgl. liberi = „die Freien" (= die Kinder!)*

LATEIN IM ALLTAG

Urbi et orbi

So heißt der Segen, den der Papst zu Ostern und zu Weihnachten „der Stadt und dem Erdkreis (= der ganzen Welt)" spendet. Unter *urbs* verstanden die Römer immer ihre Hauptstadt, also Rom.

PROVERBIUM

Hannibal ante portas!

„Hannibal vor den Toren!" sollen die Römer im Jahr 211 v. Chr. gerufen haben, als Hannibal mit seinem Heer vor den Toren Roms auftauchte. Als Originalwortlaut ist übrigens nicht ***ante*** *portas*, sondern ***ad*** *portas* (= „bei den Toren") überliefert.

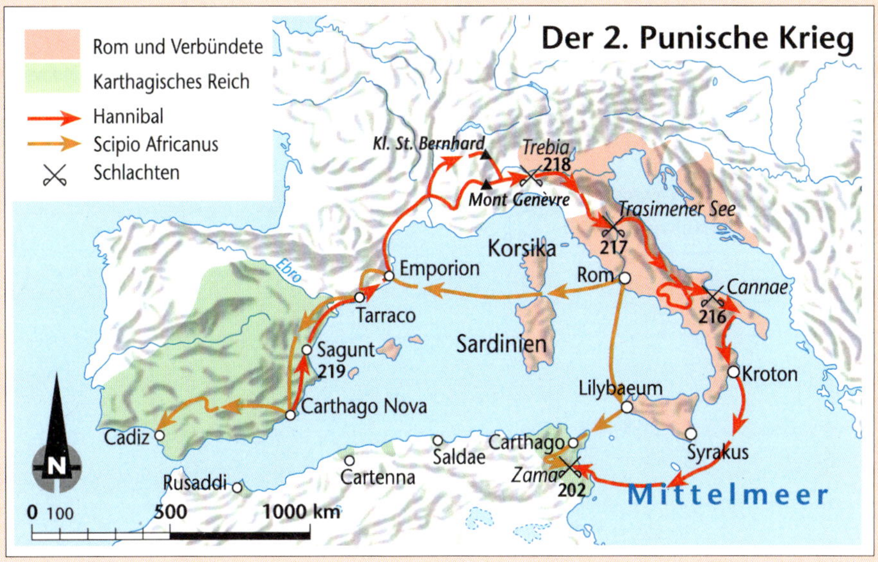

Karthago an. In der **Schlacht von Zama** (202 v. Chr.) unterlag Hannibal. 20 Jahre später beging er, von den Römern noch immer verfolgt, als Flüchtling Selbstmord durch Gift (vgl. den Text auf Seite 49).

Im **dritten Punischen Krieg** (149–146 v. Chr.) zerstörten die Römer Karthago so gründlich, dass die karthagische Hochkultur nahezu spurlos verschwand.

Auf den Ruinen Karthagos erbauten die Römer ein – nunmehr allerdings römisches – Karthago.

GRAMMATICA

„DRITTE" DEKLINATION: Misch- und i-Stämme

Zur dritten Deklination gehören nicht nur die Konsonantenstämme (siehe vorige Lektion), sondern auch die Mischstämme und die i-Stämme. Die drei Untergruppen unterscheiden sich nur in einigen wenigen Details voneinander: im **Akkusativ** und **Ablativ Sg.** sowie im **Genetiv Pl.**

Auch bei Misch- und i-Stämmen sind die Nominative sehr unterschiedlich, gemeinsam ist allen Wörtern wieder der Genetiv auf *-is*.

		Mischstämme		i-Stämme	
	FRAGE	feminin	feminin	feminin	neutrum
Sg. 1	Wer?/Was?	*navis*	*urbs*	*turris*	*mare*
2	Wessen?	*navis*	*urbis*	*turris*	*maris*
3	Wem?	*navi*	*urbi*	*turri*	*mari*
4	Wen?/Was?	*navem*	*urbem*	*turrim*	*mare*
5	(Anrede)	*navis!*	*urbs!*	*turris!*	*mare!*
6	Womit? Wodurch?	*nave*	*urbe*	*turri*	*mari*
Pl. 1	Wer?	*naves*	*urbes*	*turres*	*maria*
2	Wessen?	*navium*	*urbium*	*turrium*	*marium*
3	Wem?	*navibus*	*urbibus*	*turribus*	*maribus*
4	Wen?/Was?	*naves*	*urbes*	*turres*	*maria*
5	(Anrede)	*naves!*	*urbes!*	*turres!*	*maria!*
6	Womit? Wodurch?	*navibus*	*urbibus*	*turribus*	*maribus*

Die **Mischstämme** sind großteils **feminin**. Zu ihnen gehören zwei Gruppen von Nomina:

- Wörter, bei denen der **1. und 2. F. gleich** (nämlich auf ***-is***) lauten: z.B. *navis,-is* („Schiff").
- Wörter, deren Stamm auf **zwei oder mehr Mitlaute** endet: z.B. *urbs, urb-is* („Stadt"); *pars, part-is* („Teil").

Auch bei den **i-Stämmen** gibt es zwei Gruppen:

- **feminin** sind bestimmte, extra zu lernende Wörter wie *turris,-is* („Turm").
- **neutrum** sind alle Nomina auf *-e* oder *-al*: z.B. *mare,-is („Meer"); animal,-alis* („Tier").

ZUSAMMENFASSUNG: Unterschiede in der 3. Deklination

	4.F. Sg.m./f.	6. F. Sg.	1./4.F. Pl.n.	2.F. Pl.n.
Konsonanten-stämme	*-em*	*-e*	*-a*	*-um*
Mischstämme	*-em*	*-e*	–	*-ium*
i-Stämme	*-im*	*-i*	*-ia*	*-ium*

NOTA BENE!

- Die Gemeinsamkeiten der drei Untergruppen der 3. Deklination sind wesentlich größer als ihre Unterschiede.
- Zu den i-Stämmen gehören nur wenige, selten vorkommende Wörter, wie z. B. *mare* und *turris*.

ABLATIV DER TRENNUNG *(Ablativus separationis)*

Er steht auf die Frage „WOVON?" und wird dementsprechend mit „**von**" übersetzt:

timore liberare = „**von** der Furcht befreien"
urbe prohibere = „**von** der Stadt fern halten"

ABLATIV DER EIGENSCHAFT *(Ablativus qualitatis)*

Er gibt die Eigenschaft einer Person an. Erstübersetzung: „**von**", oft aber auch **frei**:

vir summa virtute = „ein Mann **von** höchster Tapferkeit" / „ein sehr tapferer Mann"

EXERCITATIONES

I. Ergänze die Endungen und übersetze:

1. militum Graec______
2. virtuti tu______
3. urbium clar______
4. in mari magn______
5. partes parv_____ / _____ (2 Mögl.)
6. pace nov______
7. navi nostr______

II. Überlege, um welche Ablative es sich in den folgenden Sätzen handelt, und übersetze:

1. Milites nostri hostes patria prohibere non iam possunt.
2. Scipio, imperator magno honore, multa milia militum navibus in Africam ducit.
3. Romani tribus bellis Carthaginienses vincunt.
4. Quis nos culpa magna liberare potest?
5. Graeci nocte oppidum hostium occupant delentque.
6. Imperator duos annos cum Gallis bellum gerit; tertio anno hostes vincere potest.
7. Marcus Manlius, vir magna virtute, auxilio ceterorum militum Gallos vincit.

III. Übersetze ins Lateinische:

1. Die griechischen Freunde kommen mit einem großen Schiff.
2. Julia geht mit Claudia beim Fluss spazieren.
3. Was kann uns von der Schule abhalten?
4. In der ersten Stunde schlafe ich immer.

IV. Setze die angegebenen Nomina (im richtigen Fall!) in die passenden Sätze ein:
magna virtus – multae naves – oppidum suum – summus honor – milites nostri

1. Magister noster vir ______________ ______________ est.
2. Milites hostium ______________ ______________ pugnant.
3. Romani copias Gallorum ______________ ______________ prohibere non possunt.
4. Quam magna est virtus ______________ ______________!
5. Imperator ______________ ______________ copias trans mare ducit.

V. Im folgenden magischen Quadrat sind jede Menge „kleine Wörter" (Adverbia, Pronomina etc.) versteckt. Finde möglichst viele davon! (Alle Leserichtungen sind erlaubt.)

C	T	M	E	T	U	A	M	E
O	L	A	I	A	M	U	N	N
G	T	A	M	E	N	R	E	E
S	C	T	M	U	D	D	Q	B
T	S	U	U	B	N	S	U	N
A	I	M	R	I	O	U	E	A
T	B	U	E	N	N	O	N	M
I	I	D	T	U	S	H	I	C
M	L	U	I	D	V	U	R	C

VI. De Hannibale[1]

Romani Carthaginienses[2] vincunt et pacem faciunt. Hannibal autem e patria fugit et ad Prusiam[3] venit. Quod ibi iterum bellum parat, Romani Hannibalem occidere constituunt et nuntios cum nonnullis militibus nave ad Prusiam mittunt. Nuntii ad Prusiam veniunt dicuntque: „Trade[4] nobis Hannibalem, hostem nostrum. Ita populum Romanum timore magno liberare potes." Prusias, quod Hannibalem servare non audet, respondet: „Hannibalem, quod hospes[5] meus est, tradere[4] mihi non licet. Sed certe aedificium, ubi habitat, invenire[6] potestis." Ita Hannibal paulo post milites Romanos ante portam videt. Statim per aliam portam occultam[7] – nam aedificio multae portae sunt – fugere constituit. Ubique[8] autem milites Romani sunt. Itaque Hannibal, vir summa virtute, clamat: „Romani me occidere non possunt!", et venenum[9] sumit[10].

1 **Hannibal**,-alis m.: „Hannibal"; 2 **Carthaginienses**,-ium m.: „die Karthager"; 3 **Prusias**,-ae m.: „Prusias" (König von Bithynien); 4 **trado** 3: „ausliefern"; 5 **hospes**,-itis m.: „Gast"; 6 **invenio** 4: „finden"; 7 **occultus** 3: „geheim"; 8 **ubique**: „überall"; 9 **venenum**,-i n.: „Gift"; 10 **sumo** 3: „nehmen"

Jupiter hat sich in Europa, die Tochter des phönizischen Königs Agenor, verliebt. Als diese eines Tages mit ihren Freundinnen im Meer badet, fasst der Gott einen Plan, wie er sich der schönen Prinzessin nähern kann, ohne sie sofort zu erschrecken.

Iuppiter **scit**: „Puella me, deum summae potestatis[1], certe timet.“ Itaque **id** consilium capit: Mercurium[2], nuntium deorum, ad se **vocat** et ei **imperat**: „Propera, mi fili, ad **montem**, ubi boves[3] **regis** sunt, et duc eos ad **litus**!“ Mercurius statim paret: Nam is Iovem adiuvare et **eius iussa conficere solet**.

Paulo post boves ad **eundem locum** veniunt, ubi regis filia cum **virginibus ludere** solet. Nunc Iuppiter se in **taurum** niveum[4] convertit[5] et se **multitudini** bo(v)um immiscet[6]. Europa taurum niveum statim **conspicit**. „Videte eum taurum summae **pulchritudinis**!“, clamat amicasque interrogat: „Quis vestrum iam taurum tam pulchrum vidit[7]?“ Europa, quamquam **primo** taurum magnum **tangere** timet, tamen ad eum appropinquat, deinde **corpus** eius palpat[8], postremo etiam in eius tergo[9] sedere audet. Iuppiter gaudet et cum onere[10] grato in litore ambulat.

Sed subito terram relinquit et **mox** iam in mari est. Virgo, quod amicas videre non iam potest, nunc magno in timore est. Deus autem eam secum per mare in Cretam[11] **insulam** portat.

1 **potestas**,-atis f.: „Macht“
2 **Mercurius**,-i m.: „Merkur“
3 **bos, bovis** m.: „Rind“
4 **niveus** 3: „schneeweiß“
5 **converto** 3: „verwandeln“
6 **se immiscere** (+ Dat.): „sich unter ... mischen“
7 **vidit**: „er/sie hat gesehen“
8 **palpo** 1: „streicheln“
9 **tergum**,-i n.: „Rücken“
10 **onus**,-eris n.: „Last“
11 **Creta**,-ae f.: „Kreta“

? RICHTIG oder FALSCH?

	R/F
1. Merkur führt immer Jupiters Befehle aus.	
2. Jupiter verwandelt sich in einen Stier und kommt allein zu Europa.	
3. Die Prinzessin beginnt den weißen Stier sofort zu streicheln.	

DE GRAECIS ET ROMANIS

Europa

Dass die von Zeus nach Kreta entführte phönizische Prinzessin Europa zur Namensgeberin unseres Kontinents wurde, ist natürlich eine Sage. Tatsache ist aber, dass auf Kreta mit der minoischen Kultur (siehe Seite 58 f.) die erste europäische Hochkultur entstand:
Die orientalische Kultur war also gewissermaßen nach Westen „gewandert“, und dieser Vorgang spiegelt sich im Europa-Mythos wider.
Die schon in der Antike oft dargestellte Jungfrau auf dem Stier wird heute oft als Symbol für das neue, zusammenwachsende Europa verwendet.

Der Raub der Europa (Peter Paul Rubens, 1693)

VOCABULARIUM

Iuppiter, Iovis m.	Jupiter	*(siehe Seite 208)*
scio, scis, scire 4	wissen	*vgl. engl. science =*
is, ea, id	dieser/e/es; er, sie, es	*(siehe Grammatica)*
voco,-as, vocáre 1	rufen	*vgl. vox, vocis; vgl. Vokativ („Ruf-Fall") Advokat =*
impero,-as, imperáre 1	befehlen	*vgl. Imperativ =*
mons, montis m.	Berg	*engl. mount, frz. mont, ital. + span. monte*
rex, regis m.	König	*frz. roi, ital. re, span. rey*
litus, lítoris n.	Küste	*ital. lido, span. litoral*
eius (Gen. Sg. m./f.)	dessen, sein (m.); deren, ihr (f.)	*(siehe Grammatica)*
eorum/earum (Gen. Pl. m./f.)	deren, ihre	*(siehe Grammatica)*
iussum, iussi n.	Befehl	
conficio,-is, confícere M	ausführen; beenden	*vgl. facio M =*
soleo,-es, solére 2	gewohnt sein, pflegen	*span. soler*
idem, éadem, idem	derselbe, dieselbe, dasselbe	*(siehe Grammatica); vgl. ident*
locus, loci m.	Ort, Stelle	*vgl. Lokal, lokalisieren; der Lokus =*
virgo, vírginis f.	Mädchen, Jungfrau	*engl. virgin, frz. vierge, ital. vergine, span. virgen*
ludo,-is, lúdere 3	spielen	*vgl. Präludium =*
taurus, tauri m.	Stier	*ital. + span. toro, vgl. Torero*
multitudo, multitudinis f.	Menge	*vgl. multi/ae/a*
conspicio,-is, conspícere M	erblicken	
pulchritudo, pulchritudinis f.	Schönheit	*vgl. pulcher/ra/rum*
primo (Adv.)	zuerst	*vgl. Primel; ↔ primus/a/um =*
tango,-is, tángere 3	berühren	*vgl. Tangente, tangieren, Tangens*
corpus, córporis n.	Körper	*frz. corps, ital. corpo, span. cuerpo*
mox	bald	
insula, insulae f.	Insel	*engl. island, frz. île, ital. isola, span. isla*

VOKABELLERN-TIPP

Aus Adjektiv mach Substantiv!
Im Lateinischen werden viele Substantiva (Nomina), die von Adjektiva abgeleitet sind, mit der **Endsilbe *-tudo*** (2. Fall: *-tudinis*) gebildet: *multitudo, multitudinis* („Menge") von *multi/ae/a* („viele"), *pulchritudo, pulchritudinis* („Schönheit") von *pulcher, pulchra, pulchrum* („schön"). Besonders praktisch ist dabei, dass all diese Wörter **feminin** sind!

? Was heißt: a) *magnitudo,-inis* = ____________________

b) *longitudo,-inis* = ____________________

PROVERBIUM

Quod licet Iovi, non licet bovi.
„Was dem Jupiter erlaubt ist, ist einem Rindvieh nicht erlaubt." Gemeint ist mit diesem Spruch: Nicht jeder hat dieselben Rechte, sondern manche haben aufgrund ihrer sozialen Stellung bestimmte Vorrechte.

Wolfram Kautzky, Wien

Merkur-Statue in Tulln (NÖ)

Merkur

Mercurius (griech. Hermes), einer der zahlreichen Söhne des Zeus, diente seinem Vater als Götterbote. Dementsprechend sind Heroldstab, Flügelschuhe und ein geflügelter Helm (manchmal auch noch ein Flügelpaar) seine Markenzeichen. Als „der ewig Dahineilende" wurde er auch zum Gott der Nachrichtenübermittler, woran heute noch Zeitungsnamen wie der „Münchner Merkur" erinnern. Darüber hinaus galt er auch als Gott der Kaufleute (vgl. engl. *merchandising, market*) – und (eine aufschlussreiche Kombination!) der Diebe.

GRAMMATICA

DEMONSTRATIVPRONOMINA

Demonstrativpronomina sind **hinweisende Fürwörter** (*demonstrare* = „zeigen", „hinweisen", vgl. Demonstration).

1) *is, ea, id*: **„dieser, diese, dieses"**

Sg. 1	*is*	*ea*	*id*
2		*eius*	
3		*ei*	
4	*eum*	*eam*	*id*
6	*eo*	*ea*	*eo*

Pl. 1	*ii*	*eae*	*ea*
2	*eorum*	*earum*	*eorum*
3		*iis (= eis)*	
4	*eos*	*eas*	*ea*
6		*iis (= eis)*	

is, ea, id wird auf drei Arten verwendet:

a) als **Demonstrativpronomen** (→ mit einem Nomen **übereingestimmt**): „dieser, diese, dieses"

Videte ***eum*** *taurum!* = „Seht **diesen** Stier!"

b) als **Personalpronomen** (persönliches Fürwort) der 3.P. (→ **nicht übereingestimmt**): „er, sie, es"

In monte boves regis sunt: Duc ***eos*** *ad litus!*
= „Auf dem Berg sind die Rinder des Königs: Führe **sie** zur Küste!"

c) als **Possessivpronomen** (besitzanzeigendes Fürwort) → nur in den Genetivformen
eius (Sg.) = „dessen" („sein") / „deren" („ihr") und ***eorum / earum*** (Pl.) „deren" („ihre"):

Mercurius Iovem adiuvat et ***eius*** *iussa conficit.* = „Merkur hilft Jupiter und führt **dessen** Befehle aus."

2) *idem, eadem, idem*: **„derselbe, dieselbe, dasselbe"**

Dieses Pronomen setzt sich aus den Formen von *is, ea, id* und *-dem* („-selbe") zusammen:

Sg. 1	*idem*	*éadem*	*idem*
2		*eiusdem*	
3		*eidem*	
4	*eu<u>n</u>dem*	*ea<u>n</u>dem*	*idem*
6	*eodem*	*eádem*	*eodem*

Pl. 1	*iidem*	*eaedem*	*éadem*
2	*eoru<u>n</u>dem*	*earu<u>n</u>dem*	*eoru<u>n</u>dem*
3		*iisdem*	
4	*eosdem*	*easdem*	*éadem*
6		*iisdem*	

GENETIV DER EIGENSCHAFT *(Genetivus qualitatis)*

Er gibt – wie der Ablativ der Eigenschaft – die Eigenschaft einer Person oder Sache an. Er wird auch so wie der *Ablativus qualitatis* übersetzt: mit **„von"** oder frei (d. h. mit einem Adjektiv):

taurus summae pulchritudinis = „ein Stier **von** höchster Schönheit" / „ein sehr schöner Stier"
puer decem annorum = „ein Bub **von** zehn Jahren" / „ein zehnjähriger Bub"
verba eius modi = „Worte **von** dieser Art" / „derartige Worte"

TEILUNGSGENETIV *(Genetivus partitivus)*

Er steht nach Pronomina und Mengenangaben und hebt einen Teil aus einer Menge heraus.
Übersetzung: meist **„von"**, z.B.:

quis vestrum? „wer **von** euch?" (siehe S. 28)
multi nostrum „viele **von** uns"
quid novi? (was des Neuen =) „Was (gibt es) Neues?"
multum auri (viel des Goldes =) „viel Gold"

EXERCITATIONES

I. Setze die richtigen Formen von „is, ea, id" vor die folgenden Nomina und übersetze:

1. __________ urbis: ______________________________
2. __________ montem: ______________________________
3. __________ nave: ______________________________
4. __________ hostibus: ______________________________
5. __________ liberi: ______________________________
6. __________ corpora: ______________________________
7. __________ flumini: ______________________________

II. Setze die richtigen Formen von „idem, eadem, idem" ein und übersetze:

1. Quintus et Gaius semper ______________ virgines amant.
2. Cur semper ______________ pueri pensa non faciunt?
3. ______________ hominibus idem non placet.
4. ______________ hora Iuliam exspecto.
5. Estisne discipuli ______________ magistri?
6. Semper pensa ______________ discipulorum magistro non placent.
7. Discipuli discipulaeque ______________ consilium capiunt: Domi manere constituunt.

III. Übersetze:

1. Hamilcar[1] filium, puerum novem annorum, secum in bellum ducit.
2. Iovi non solum Europa, sed multae virgines pulchro corpore placent.
3. Graeci eo bello non solum multos milites, sed etiam classem[2] centum navium amittunt.
4. Romulus urbem summae pulchritudinis aedificare in animo habet.
5. Milites Romani magnam copiam frumenti[3] secum portare solent.

1 **Hamilcar**,-aris m.: „Hamilkar" (Vater Hannibals); 2 **classis**,-is f.: „Flotte"; 3 **frumentum**,-i n.: „Getreide"

IV. Bestimme die genaue Funktion der fett gedruckten Nomina (z.B. Dativ des Besitzers) und übersetze den Satz:

1. Quis **discipulorum** libenter pensa facit?
2. **Magistro** duo filii quattuor **annorum** sunt.
3. Dum primus **discipulorum** iam in scholam intrat, Quintus domi bene dormit.
4. Licetne mihi **ea nocte** apud amicam manere?
5. Cui **vestrum** eum montem **summae altitudinis**[1] nobiscum ascendere placet?
6. **Iuliae**, virgini **summae pulchritudinis**, nullus amicus est.
7. Canis vester me semper **clamore** terret.
8. Canis noster **voce sua** homines alienos semper **porta** prohibet.

1 **altitudo**,-inis f.: „Höhe"

V. De Cadmo[1]

Dum Iuppiter Europam, virginem magna pulchritudine, secum per mare portat, Agenor[2] rex Cadmo[1] filio imperat: „Propera et quaere[3] Europam! Sine ea domum redire[4] tibi non licet." Cadmus paret et diu Europam quaerit[3]. Quod autem virginem videre non potest, ad Apollinem[5] deum venit: „Adiuva me!", clamat. „Monstra mihi patriam novam!" Et deus bovem[6] pulchrum mittit. Is bos[6] Cadmum per terras ducit. Ubi autem bos[6] considit[7], Cadmus oppidum novum aedificare constituit. Quod primo d(e)is bovem[6] immolare[8] in animo habet, amicos ad fontem[9] mittit. Ibi autem draco[10] mirae[11] magnitudinis habitat et statim multos eorum occidit. Paulo post Cadmus, quod amicos neque videt neque eorum voces audit, ad eundem fontem[9] properat et corpora amicorum draconemque[10] conspicit. Cadmus, vir summae virtutis, cum eo dracone pugnare audet. Diu pugnant neque alius alium vincere potest, postremo autem Cadmus draconem[10] necat.

1 **Cadmus**,-i m.: „Kadmos"; 2 **Agenor**,-oris m.: „Agenor" (Vater der Europa und des Kadmos); 3 **quaero** 3: „suchen"; 4 **redire** (Inf.): „zurückkehren"; 5 **Apollo**,-inis m.: „Apollo"; 6 **bos**, bovis m.: „Rind"; 7 **consido** 3: „sich hinlegen"; 8 **immolo** 1: „opfern"; 9 **fons**, fontis m.: „Quelle"; 10 **draco**,-onis m.: „Drache"; 11 **mirus** 3: „erstaunlich"

12 DE MINOTAURO

Der Sohn von Europa und Jupiter ist der spätere König Minos, dessen Gattin den Minotaurus zur Welt bringt, ein Ungeheuer, das halb Mensch und halb Stier ist. Als Tribut für einen verlorenen Krieg müssen die Athener dem Minotaurus, der in einem gewaltigen Labyrinth eingeschlossen ist, alljährlich je sieben Buben und Mädchen zum Fraß schicken. Von diesem Unheil hört der athenische Königssohn Theseus.*

Theseus e **patre quaerit**: „Cur **parentes** liberos suos in Cretam[1] mittunt?" – „Filios filiasque ad monstrum[2], **quod nihil nisi** liberos devorare[3] solet, mittere **debemus**", pater respondet. „Quod monstrum liberos nostros devorat?", Theseus interrogat. Nunc de Minotauro, cui **caput** tauri et corpus hominis est, audit. Statim Theseus, qui **pericula** non timet, monstrum **interficere** constituit. Itaque eandem navem, in qua liberi **miseri** sunt, ascendit et in Cretam insulam **navigat**.

Ibi Ariadna, filia Minois[4] regis, Theseum conspicit. Quod is **adulescens** summae virtutis ei maxime placet, Ariadna Theseum **iuvare** constituit. Nam bene scit: **Nemo**, qui labyrinthum[5] intrat, exitum[6] **invenire** potest.

Itaque Daedalum, qui labyrinthum aedificavit[7], magna cum **cura** interrogat: „**Quomodo** Theseus labyrinthum relinquere potest? Nisi tu eum adiuvas, exitum invenire non potest." Itaque Daedalus Ariadnae filum[8] **dat**. Id filum Theseus, dum labyrinthum intrat monstrumque quaerit, devolvit[9] et mox **medio** in labyrintho Minotaurum invenit. Eum gladio interficit et deinde auxilio fili[8] labyrinthum relinquere potest. Deinde Theseus cum liberis Ariadnaque navem, quae iam **parata** est, ascendit **atque** in patriam navigat. Sed in mari Theseus secum cogitat: „Ariadnam in matrimonium ducere[10] non possum. Nam filia regis hostium est." Itaque puellam in Naxo[11] insula, dum dormit, relinquit et sine ea domum navigat.

? Welcher Satz begründet, warum Theseus Ariadne nicht heiraten kann bzw. will?

Lat.:	
Dt.:	

1 **Creta**,-ae f.: „Kreta"
2 **monstrum**,-i n.: „Ungeheuer"
3 **devoro** 1: „fressen"
4 **Minos**, Minois m.: „Minos"
5 **labyrinthus**,-i m.: „Labyrinth"
6 **exitus** (Akk.: exitum): „Ausgang"
7 **aedificavit** (Perfekt): „er hat erbaut"
8 **filum**,-i n.: „Faden"
9 **devolvo** 3: „abwickeln"
10 **in matrimonium ducere**: „heiraten"
11 **Naxos**,-i f.: „Naxos"

*) zur Vorgeschichte vgl. S. 61

DE GRAECIS

Wie die Ägäis zu ihrem Namen kam

Wenn du schon auf einer griechischen Insel Urlaub gemacht hast, weißt du wahrscheinlich, dass ein Teil dieser Inselwelt in der Ägäis liegt. Was das mit der Geschichte vom Minotaurus zu tun hat? Ägeus war der Vater des Theseus. Dieser hatte bei der Abfahrt nach Kreta auf seinen Schiffen zum Zeichen der Trauer um die dem Minotaurus geopferten Kinder schwarze Segel aufziehen lassen. Für den Fall der erfolgreichen Durchführung seiner „Mission impossible" hatte Theseus seinem Vater versprochen, die schwarzen durch weiße Segel zu ersetzen. Als er jedoch Ariadne bei der Heimfahrt auf Naxos sitzen gelassen hatte, straften ihn die Götter für seine Treulosigkeit, indem sie ihn das Auswechseln der Segeln vergessen ließen. Die Folge war fatal: Ägeus erblickte von weitem die schwarzen Se-

Theseus-Tempel im Wiener Volksgarten

VOCABULARIUM

pater, patris m.	Vater	*vgl. Patriarch; ↔ patria, patriae =*
quaero,-is, quaérere 3	suchen	*z. B. quaero amicam = ich suche die Freundin*
quaero e(x) / a(b) (+ Abl.)	fragen	*z. B. quaero ex /ab amica = ich frage die Freundin*
parentes, parentum m. Pl.	Eltern	*engl. + franz. parents*
qui, quae, quod	welcher/e/es; der/die/das	*(siehe Grammatica)*
nihil	nichts	*vgl. Nihilist =*
nihil nisi	nichts außer; nur	*wörtl. =*
debeo,-es, debére 2 (+ Inf.)	müssen	*frz. devoir, ital. dovere, span. deber*
caput, capitis n.	Kopf, Haupt	*vgl. engl. capital; vgl. Kapuze, Kapitän*
periculum, periculi n.	Gefahr	*vgl. ital. pericoloso*
interficio,-is, interfícere M	töten	
miser/era/erum	arm, elend; traurig	*vgl. miserabel; die Misere =*
navigo,-as, navigáre 1	segeln, mit dem Schiff fahren	*vgl. navis, navis =*
adulescens, adulescentis m.	junger Mann	*vgl. Adoleszenz =*
iuvo,-as, iuváre 1	unterstützen	*= adiuvare (Lec. 7)*
nemo	niemand	
invenio,-is, invenίre 4	finden; erfinden	*wörtl.: „darauf-kommen"; engl. invention*
cura, curae f.	Sorge	*vgl. Kur*
quomodo	wie	
do, das, dare 1	geben	*ital. dare, span. dar*
medius/a/um	der mittlere; in der Mitte	*vgl. engl. medium (z.B. Kleidergröße, Steak)*
medio in labyrintho	mitten im Labyrinth	
paratus/a/um	bereit	*vgl. parare (Lec. 7); vgl. „etwas parat haben"*
atque (= ac)	und	*= et, -que*

VOKABELLERN-TIPP

Audio oder Video?
Wenn du ein „**Hörtyp**" bist, solltest du die Vokabel durch halblautes Vorsagen, beim gemeinsamen Arbeiten mit anderen oder mithilfe von Tonbandaufnahmen lernen.
Bist du hingegen ein „**Sehtyp**", ist es günstig, wenn du die Vokabel auch schreibst, farbig markierst, dir eine Lernkartei oder ein Lernplakat anfertigst.

LATEIN IM ALLTAG

Paternoster
Das Paternoster ist die lateinische Version des „Vater unser"-Gebets bzw. auch die Bezeichnung für die mittelalterliche Gebetsschnur. Darüber hinaus gibt es aber auch noch *den* Paternoster: einen Personenaufzug mit offenen, ständig an Ketten umlaufenden Kabinen. Was dieser (mittlerweile schon selten gewordene) Aufzugstyp mit der Gebetsschnur zu tun hat? Nicht etwa, dass die Passagiere eines solchen Aufzugs beten müssen … – tatsächlich haben der Rosenkranz und dieser Aufzug die Form gemeinsam!

gel, glaubte an ein unglückliches Ende seines Sohnes – und stürzte sich aus Trauer ins Meer, das von nun an seinen Namen trug.
Übrigens lassen sich viele geografische Bezeichnungen und Namen auf griechische Sagen zurückführen. Eine der wohl berühmtesten „Ursprungsgeschichten" ist die vom Absturz des Ikarus, nach dessen Absturzort die Insel Ikaria benannt ist (siehe Lec. 13).

Wie Ariadne zur „Göttergattin" wurde

Nachdem Theseus Ariadne auf Naxos zurückgelassen hatte, nahm der Gott Bacchus sie zur Frau (vgl. Richard Strauss' Oper „Ariadne auf Naxos"!). Bei Bacchus (griech. Dionysos) handelt es sich um den Weingott, der dementsprechend immer mit einem Kranz aus Weinlaub dargestellt ist und so manchem Weinkeller den Namen gibt.

Bacchus und Ariadne (Alessandro Turchi, um 1630)

GRAMMATICA

QUI, QUAE, QUOD

	Singular			Plural		
	m.	f.	n.	m.	f.	n.
1/5	*qui*	*quae*	*quod*	*qui*	*quae*	*quae*
2		*cuius*		*quorum*	*quarum*	*quorum*
3		*cui*			*quibus*	
4	*quem*	*quam*	*quod*	*quos*	*quas*	*quae*
6	*quo*	*qua*	*quo*		*quibus*	

NOTA BENE!
Die Präposition *cum* wird an die Ablativformen meist angehängt: *quocum, quacum, quibuscum.*

Verwendungsarten von *qui, quae, quod:*

- **als adjektivisches Fragepronomen** (→ Bezugswort dahinter, vgl. auch S. 44): „welcher?", „welche?", „welches?"

  Quod *monstrum liberos devorat?*
  = „**Welches** Ungeheuer verschlingt die Kinder?"

- **als Relativpronomen** (als Einleitung eines Relativsatzes → nach Beistrich, Bezugswort davor): „der", „die", „das" / „welcher", „welche", „welches" (siehe unten)

  Monstrum, ***quod*** *liberos devorat, Minotaurus est.*
  = „Das Ungeheuer, **das (welches)** die Kinder verschlingt, ist der Minotaurus."

NOTA BENE!
Im Gegensatz zu *quis?, quid?* (vgl. Lec. 9) ist *qui, quae, quod* ein adjektivisches Fragepronomen, d.h. es ist – wie ein Adjektiv – immer mit einem Substantiv (Nomen) übereingestimmt.

RELATIVSÄTZE (bezügliche Gliedsätze)

Die häufigste Verwendungsart von *qui, quae, quod* ist die als Relativpronomen (bezügliches Fürwort).
- Dieses bezieht sich in **Zahl** und **Geschlecht** auf ein (meist davor stehendes) Bezugswort.
- Der **Fall** richtet sich danach, wie man nach dem Pronomen im Gliedsatz fragt:

Theseus navem, in qua liberi sunt, ascendit. = „Theseus besteigt das Schiff, in dem die Kinder sind."

in qua	Zahl:	→ Sg. (wie *navem*)
	Geschlecht:	→ feminin (wie *navem*)
	Fall:	→ 6. F. („Wo sind die Kinder?")

Übersetzung des Relativpronomens (achte besonders auf den Genetiv!):

	Singular			Plural
	maskulin	feminin	neutrum	m./f./n.
1	der/welcher	die/welche	das/welches	die/welche
2	**dessen**	**deren**	**dessen**	**deren**
3	dem/welchem	der/welcher	dem/welchem	denen/welchen
4	den/welchen	die/welche	das/welches	die/welche

Die Übersetzung des lateinischen **Ablativs** hängt davon ab, um welchen Ablativ es sich handelt: „durch den", „mit dem", „von dem" etc.

EXERCITATIONES

I. Unterstreiche Relativpronomen und Bezugswort und übersetze:

1. Theseus cum liberis, quos parentes in Cretam mittere debent, navem ascendit.
2. Ariadna Theseum, qui ei maxime placet, adiuvare constituit.
3. Ne canes quidem Gallos audiunt, qui nocte Capitolium ascendunt.
4. Virgines, quibuscum Europa ludere solet, sine filia regis domum properant.
5. Romani filias Sabinorum, quae spectacula pulchra exspectant, secum domum portant.
6. Parentes virginum, quibus in oppido novo manere placet, pacem cum Romanis faciunt.

II. Setze die passenden Relativpronomina ein und übersetze:

1. Gaius, ______________ magister iam diu in schola exspectat, per urbem ambulat.
2. Cui nostrum cum Iulia, ______________ multi pueri amant, ambulare non placet?
3. Claudia post scholam ad Iuliam venit, ______________ auxilio pensa sua facit.
4. Quintus libenter puellas pulchras, ______________ in foro ambulant, spectat.
5. Nemo nisi Gaius, ______________ parentes iuvare solent, pensum suum secum habet.

III. Ordne die Relativsätze den richtigen Hauptsätzen zu und übersetze:

1. Iuppiter Europam amicasque, ___, conspicit.
2. Europa, ___, Iovi quoque placet.
3. Itaque deus, ___, se in taurum convertit[1].
4. Virgo nunc eum taurum, ___, videt multisque verbis laudat.
5. Iuppiter iis verbis, ___, gaudet virginique appropinquat.
6. Europa taurum, ___, primo tangere non audet.

a) quae summa pulchritudine est
b) quae Europa dicit
c) quem multi homines timent
d) qui in litore ambulat
e) quae ad mare ludunt
f) cuius oculi ei maxime placent

1 **converto** 3: „verwandeln"

IV. Setze die passenden Fragepronomina ein und übersetze:

1. ______________ pueros magister monet?
2. ______________ periculum maxime timetis?
3. ______________ vestrum me iuvare potest?
4. ______________ caput Minotauro est?
5. ______________ pueris ea virgo non placet?
6. ______________ non de amico novo narras?

V. De Procruste[1]

Theseus non solum Minotaurum occidit, sed etiam homines aliis periculis liberat. Nonnullos latrones[2] occidit. Deinde ad Procrustem quoque, virum summa magnitudine[3], venit. Is, cum[4] viator[5] appropinquat, dicere solet: „Intra! In domo[6] mea lectus[7] tibi paratus est." Sed non solum unum, sed duos lectos[7] habet: Alius parvus, alius magnus est. Homines magnos ad lectum[7] parvum ducit dicitque: „Quam magnus es! Tamen mox in lecto[7] meo dormire potes." Deinde partes eorum corporum gladio praecidit[8]. Parvos autem homines ad lectum[7] magnum ducit et deinde malleo[9] magno extendit[10]. Ad eum virum Theseus quoque venit et eius domum[6] intrare non timet. Ibi Procrustes Theseo lectum[7] parvum monstrat. Tum autem Theseus, vir summa virtute, Procrustem eodem modo[11] occidit, quo is iam multos homines miseros necavit[12]: Eius caput et pedes[13] praecidit[8].

1 **Procrustes**,-is m.: „Prokrustes" (griech.: „der Strecker"); 2 **latro**,-onis m.: „Räuber"; 3 **magnitudo**,-inis f.: „Größe"; 4 **cum**: „wenn", „sooft"; 5 **viator**,-oris m.: „Wanderer"; 6 **domus** f.: „Haus"; 7 **lectus**,-i m.: „Bett"; 8 **praecido** 3: „abschneiden"; 9 **malleus**,-i m.: „Hammer"; 10 **extendo** 3: „in die Länge strecken"; 11 **modus**,-i m. : „Art"; 12 **necavit** (Perfekt): „er hat getötet"; 13 **pes**, pedis m.: „Fuß"

13 DE DAEDALO ET ICARO

Dädalus ist ein berühmter Künstler und Erfinder. Wegen eines Mordes musste er aus Athen fliehen und wurde auf Kreta von König Minos aufgenommen, für den er unter anderem auch das Labyrinth erbaute. Nach einigen Jahren wird Dädalus aber von Heimweh geplagt.

Daedalus, qui iam multos annos in Creta est, **amore** patriae commotus[1] cum Icaro filio insulam relinquere **cupit**. Itaque a Minoe[2] rege **petit**: „Da nobis navem! In patriam nostram navigare in animo habemus." Sed Minos Daedalum, qui **manibus** suis non solum **artificia** pulchra, sed etiam multas **res** utiles[3] summa **arte** conficere potest, in insula retinet[4].

Daedalus autem secum cogitat: „Quomodo tamen fugere possumus?" **Casu**, dum ambulat, nonnullas pennas[5] invenit consiliumque capit: Pennas colligere[6] ac cera[7] **coniungere** et ita alas[8] facere constituit. Nonnullos **dies** laborat, tum **opus** suum conficit et filium vocat. „Vide, mi fili", inquit, „alas[8] nostras! Iis Cretam relinquere et patriam petere possumus." Deinde filium, quod iam **meridies** est et **sol** medio in **caelo** est, monet: „Si soli appropinquas, cera[7], quae pennas[5] coniungit, tabescit[9]." Deinde Daedalus Icarusque alis[8] suis Cretam per caelum relinquunt. Icarus sine **metu** post Daedalum volat[10]. **Denique** autem verba patris **neglegit**:

Altius[11] atque altius contendit et solem petit. Is alas[8] pueri **solvit** et Icarus de caelo in mare **cadit**. Daedalus, quod filium post se non iam videt, clamat: „Icare, Icare, ubi es?" Tum autem primo pennas[5] et deinde corpus filii **mortui** in aqua conspicit.

? Teile den Text in vier Abschnitte und ordne diesen die folgenden Schlagwörter zu:

a) Bau der Flügel → Zeile ____________

b) Die Katastrophe → Zeile ____________

c) Mahnung an den Sohn → Zeile ____________

d) Dädalus hat Heimweh → Zeile ____________

1 **commotus**/a/um: „bewegt", „veranlasst"
2 **Minos**,-ois m.: „Minos"
3 **utiles** (Akk. Pl.): „nützlich"
4 **retineo** 2: „zurückhalten"
5 **penna**,-ae f.: „Feder"
6 **colligo** 3: „sammeln"
7 **cera**,-ae f.: „Wachs"
8 **ala**,-ae f.: „Flügel" (vgl. Alitalia)
9 **tabesco** 3: „schmelzen"
10 **volo** 1: „fliegen"
11 **altius** (Adv.): „höher"

DE GRAECIS

Dädalus

Der geniale athenische Künstler und Erfinder (griech. *Daidalos*, abgeleitet von *daidallein* = „kunstvoll arbeiten") soll unter anderem die Axt, die Waage und das Segel erfunden haben.

Da er seinen noch talentierteren Neffen und Lehrling aus Eifersucht auf dessen Erfindungen (Zirkel, Säge, Töpferscheibe) von der Akropolis gestürzt hatte, musste er aus Athen fliehen. Zuflucht fand er mit seinem Sohn Ikarus bei König Minos auf Kreta, in dessen Auftrag er unter anderem das Labyrinth für den Minotaurus erbaute. Da er Ariadne den Faden gab (vgl. Lec. 12), fiel er später bei Minos in Ungnade. Nach seiner Flucht und dem Absturz des Ikarus flog er nach Sizilien, wo er von König Kokalos freundlich aufgenommen und gegen seinen früheren „Brötchengeber" geschützt wurde: Als Minos in Sizilien erschien, um die Auslieferung des Dädalus zu fordern, ließ Kokalos den kretischen König im Bad seines Palastes ersticken.

Minoische Kultur

Im 3. Jahrtausend v. Chr. entwickelte sich auf Kreta eine blühende Kultur, die nach dem sagenhaften König Minos „minoische Kultur" genannt wird. Typisch für sie sind die riesigen, weit verzweigten Palastanlagen, die den Mittelpunkt der Städte bildeten. Zu den bedeutendsten Sehenswürdigkeiten auf Kreta zählen heute noch die Paläste von Knossos und Phaistos.

Man vermutet, dass das Labyrinth in der Minotaurus-Sage einen dieser verwinkelt angelegten Paläste widerspiegelt. Auch die Bedeutung des

VOCABULARIUM

amor, amoris m.	Liebe	*frz. amour, ital. amore, span. amor; vgl. Amor*
cupio,-is, cúpere M	wünschen, begehren	↔ *capio M =*
peto,-is, pétere 3 (+ Akk.)	aufsuchen, anstreben	*peto te = ich suche dich auf; peto gloriam =*
pétere a (+ Abl.)	jem. um etw. bitten	*peto a te auxilium = ich bitte dich um Hilfe*
manus, manus f.	Hand	*ital. + span. mano; vgl. Maniküre, manuell, Manufaktur*
artificium, artificii n.	Kunstwerk	*zusammengesetzt aus:*
res, rei f.	Sache	*vgl. Medias In Res!; vgl. realistisch =*
ars, artis f.	Kunst	*engl. + frz. art, ital. + span. arte; vgl. Artist*
casus, casus m.	Fall; Zufall; Unglücksfall	*engl. case, frz. cas, ital. + span. caso*
coniungo,-is, coniúngere 3	verbinden	*vgl. Konjunktion =*
dies, diei m.	Tag	*span. día; vgl. engl. diary =*
opus, operis n.	Werk	*ital. opera; vgl. das Opus = Musikwerk*
meridies, meridiei m.	Mittag	*vgl. a.m., p.m. (siehe unten); Meridian*
sol, solis m.	Sonne	*frz. soleil, ital. sole, span. sol; vgl. Solarium, Solarzelle*
caelum, caeli n.	Himmel	*frz. ciel, ital.+ span. cielo*
metus, metus m.	Furcht, Angst	*= timor,-oris*
denique	schließlich	*= postremo*
neglego,-is, neglégere 3	missachten, ignorieren	*engl. neglect, frz. négliger*
solvo,-is, sólvere 3	auflösen, lösen	*engl. solve; solution =*
cado,-is, cádere 3	fallen	*ital. cadere, span. caer; vgl. casus,-us =*
mortuus/a/um	tot, gestorben	*frz. mort, ital. morto, span. muerto; vgl. Mortalität =*

LATEIN IM ALLTAG

a.m. / p.m.

Diese Zusätze zu den Zeitangaben im Englischen sind dir sicher nicht unbekannt. Wusstest du aber auch, wofür sie eigentlich stehen?

a.m. = ante meridiem = „vor Mittag"
p.m. = post meridiem = „nach Mittag"

VOKABELLERN-TIPP

Die Vokabel und der Schlaf

Die bekannte „Weisheit", dass man sich einen Stoff besser merkt, wenn man das Heft unter den Kopfpolster legt, ist natürlich im Reich der Märchen anzusiedeln. Trotzdem liegt ein Körnchen Wahrheit darin: Wissenschaftlich erwiesen ist, dass man das, was man unmittelbar vor dem Schlafengehen lernt bzw. wiederholt, besonders gut im Gedächtnis behält. Dann können nämlich, vereinfacht gesprochen, keine „Störfrequenzen" durch deine Gehirnwindungen geschickt werden, wie dies bei anschließendem Fernsehen oder auch beim Lernen eines anderen Stoffes der Fall wäre.

Alamy/Peter Horree

Akrobatischer Stiersprung (kultisches Ritual der minoischen Kultur)

Stierkultes auf Kreta ist durch zahlreiche bildliche Darstellungen belegt.
Die minoische Kultur ist um 1600 v. Chr. durch eine Naturkatastrophe zugrunde gegangen – möglicherweise durch eine Flutwelle, die durch den Vulkanausbruch auf der ca. 130 Kilometer entfernten Insel Santorin ausgelöst wurde.

SuperStock/Petra Wallner

Thronsaal im Palast von Knossos (Kreta)

GRAMMATICA

E- UND U-DEKLINATION

Diese beiden Deklinationen unterscheiden sich in erster Linie durch den **Auslaut ihres Stammes**, der *-e* bzw. *-u* lautet (der reine, endungslose Stamm ist jeweils im Ablativ Sg. zu sehen). Die Endungen sind großteils identisch:

	e-Dekl.	u-Dekl.
	res, rei f.: „Sache"	*casus,-us* m.: „Fall"
Sg. 1/5	*res*	*casus*
2	*rei*	*casus*
3	*rei*	*casui*
4	*rem*	*casum*
6	*re*	*casu*
Pl. 1/5	*res*	*casus*
2	*rerum*	*casuum*
3	*rebus*	*casibus*
4	*res*	*casus*
6	*rebus*	*casibus*

GESCHLECHTSREGELN:
- Nomina der **e-Deklination** sind **feminin**. (Ausnahmen: *dies* „Tag" und *meridies* „Mittag" sind **maskulin.**)
- Nomina der **u-Deklination** auf *-us* sind meist **maskulin**. (Ausnahmen: *domus* „Haus", *manus* „Hand" sind **feminin.**)

NOTA BENE!
Es gibt auch einige wenige *neutrale* Nomina auf ***-u*** (2.F. *-us*), z.B. *cornu,-us* „Horn" (1./4. Pl.: *cornua!*).

? In welchem Fall unterscheiden sich die Endungen der beiden Deklinationen nicht (nur) durch das *e* bzw. *u*?

OBJEKTSGENETIV *(Genetivus obiectivus)*

Manchmal kann es vorkommen, dass die wörtliche Übersetzung eines lateinischen Genetivs keinen Sinn ergibt, so z.B. bei *amor patriae*: „die Liebe **der** Heimat" ist nicht sinnvoll, da die Heimat ja keine Person ist, die jemanden lieben kann. Also muss die Übersetzung wohl eher heißen: „die Liebe **zur** Heimat".

Einen solchen Genetiv, der nicht wörtlich, sondern nur mithilfe einer passenden Präposition übersetzt werden kann, nennt man ***Genetivus obiectivus***, da er das „Objekt" (den Gegenstand) einer Handlung bezeichnet:

amor patriae = „die Liebe **zur** Heimat" (= die Heimatliebe)
(→ jemand liebt die Heimat, sie ist „Objekt" seiner Liebe)

Es kann jedoch auch vorkommen, dass sowohl die „normale" Übersetzung als auch die mit Präposition möglich ist. In diesem Fall entscheidet der Kontext über die richtige Übersetzung:

metus Romanorum =

a) „die Angst **der** Römer" („normaler" Genetiv
→ die Römer fürchten sich, sie sind Subjekt*)

* Der „normale" Genetiv wird deshalb auch ***Genetivus subiectivus*** genannt.

b) „die Angst **vor den** Römern" (*Gen. obiectivus*
→ man fürchtet die Römer, sie sind Objekt)

NOTA BENE!
Welche der beiden Übersetzungen die richtige ist, ergibt sich nur aus dem Zusammenhang! Insgesamt kommt der *Genetivus obiectivus* aber wesentlich seltener vor als der *Genetivus subiectivus!*

EXERCITATIONES

I. Ordne die angegebenen Pronomina den richtigen Nomina (Fall und Geschlecht beachten!) zu und übersetze:

ea – earum – eius – eo – eum

1. ________ re: ______________________________
2. ________ die: ______________________________
3. ________ rei: ______________________________
4. ________ casum: ______________________________
5. ________ manuum: ______________________________

II. Ergänze die Endungen und übersetze:

De casibus Latinis

Magister a discipulis quaerit: „Quot[1] cas________ habent substantiva Latina?" – „Sunt sex cas________", Gaius respondet. „Bene!", magister inquit. „Et tu, Claudia, potesne mihi nomina cas________ Latinorum dicere?" Ea nomina quinque cas________ scit, sed nomen cas________ primi dicere non potest. Magister clamat: „Iam multos die________ vos eas re________ doceo!" Deinde Quintum interrogat: „Quinte, quod nomen est cas________ primo?" Quintus diu secum cogitat. Denique respondet: „Primitivus?", ceterique discipuli rident.

1 **quot**: „wie viele"

III. Überlege jeweils, ob es sich um einen Genetivus obiectivus oder einen Genetivus subiectivus handelt, und übersetze:

1. Daedalus, cui magna cura filii est, post se spectat.
2. Quamquam hostes iam Romae appropinquant, timor Romanorum tamen magnus non est.
3. Scipio Romanos timore Hannibalis liberat.
4. Romanorum metus elephantorum[1] magnus est.
5. Alieni, quod metus canis nostri magnus est, hortum[2] nostrum intrare non audent.

1 **elephantus**,-i m.: „Elefant"; 2 **hortus**,-i m.: „Garten"

IV. Welches Relativpronomen ist das richtige? Beachte Zahl und Geschlecht des Bezugswortes! Übersetze dann den ganzen Satz!

1. Europa eum taurum, *quod / quam / quem* ad mare conspicit, primo manibus tangere non audet.
2. Ea nocte Tarquinius Lucretiam videt, *quae / cuius / quam* pulchritudinem multi homines laudant.
3. Theseus eodem die, *qua / cui / quo* in Cretam venit, Minotaurum occidere constituit.
4. Ariadna, *quae / cuius / quarum* pater rex Cretae insulae est, cum adulescente alieno navem ascendit.
5. Daedalo, *cui / quo / qui* artificia summae pulchritudinis conficere solet, Cretam insulam relinquere non licet.
6. Daedalus sibi et filio, *quocum / quem / cui* per caelum fugere in animo habet, alas[1] conficit.

1 **ala**,-ae f.: „Flügel"

V. De Neptuno[1] irato

Iovi cum Europa, quae in Creta insula habitat, filius nomine Minos[2] est. Post nonnullos annos Neptunus deus Minoi, qui nunc rex eius insulae est, taurum eximia[3] pulchritudine magnitudineque mittit et imperat: „Immola[4] mihi eum taurum!" Minos autem, quod is taurus ei maxime placet, non paret, sed unum ex suis tauris immolat[4]. Itaque deus iratus Minoem ita punit[5]: Pasiphae[6] taurum Neptuni maxime amare incipit[7]. Nemo eam amore tauri liberare potest. Denique, quod ab eo tauro etiam filium concipere[8] cupit, Pasiphae a Daedalo auxilium petit. Post nonnullos dies Daedalus feminae suum opus novum monstrat: vaccam[9] ligneam[10]. In ea Pasiphae paulo post a tauro filium concipit[8]. Homines autem, qui eum filium conspiciunt, statim sciunt: Pater eius non est Minos. Nam ei animali[11] caput tauri est.

1 **Neptunus**,-i m.: „Neptun"; 2 **Minos**,-ois m.: „Minos"; 3 **eximius** 3: „außergewöhnlich"; 4 **immolo** 1: „opfern"; 5 **punio** 4: „bestrafen"; 6 **Pasiphae**,-es f.: „Pasiphaë" (Gattin des Minos); 7 **incipio** M: „beginnen"; 8 **concipio** M: „empfangen"; 9 **vacca**,-ae f.: „Kuh"; 10 **ligneus** 3: „hölzern"; 11 **animal**,-alis n.: „Lebewesen"

14 DE TARTARO[1]

Nach seinem Tod wird König Minos auf Grund seiner gerechten Gesetzgebung Totenrichter in der Unterwelt. Als solcher schickt er die guten Menschen in das Elysium, die „Insel der Seligen", die Frevler aber in den Tartarus. Zwei der Frevler, die im Tartarus für ihre Taten büßen, sind Tantalus und Sisyphus.

Tantalus rex non solum apud homines, sed etiam apud deos summo in honore fuit. **Hi** eum etiam ad **cenas** suas **invitaverunt**. **Quodam** autem die Tantalus hoc **facinus** commisit: Quod **prudentiam** deorum probare[2] in animo habuit, filium suum occidit et dis apposuit[3]. Sed di facinus **intellexerunt** pueroque vitam **reddiderunt**. Tantalum autem in Tartarum miserunt, ubi has **poenas solvit**: Quamquam media in aqua **stat** sub quadam **arbore**, in qua multa poma[4] sunt, tamen semper **sitim famem**que tolerare debet. Nam **cum bibere** in animo habet, aqua recedit[5], et cum manus ad poma tendit[6], haec quoque tangere non potest.

Alius vir **improbus**, qui in Tartaro poenas solvit, Sisyphus est. Hic homo summae prudentiae nonnulla **scelera** commisit. Etiam **Mortem**, quae eum secum in Tartarum ducere in animo habuit, cepit et vicit. Itaque homines, id quod est **contra naturam**, diu mori[7] non potuerunt. Facinoribus huius **generis** deos lacessivit[9], qui eum ita **puniverunt**: Semper magnum **saxum** summis

viribus in montem volvere[10] debet. Cum autem **paene summo in monte** est, saxum iterum deorsum revolvitur[11].

1 **Tartarus**,-i m: „Tartarus" (Unterwelt)
2 **probo** 1: „auf die Probe stellen"
3 **appono** 3, apposui: „als Speise vorsetzen"
4 **pomum**,-i n.: „Frucht"
5 **recedo** 3, recessi: „zurückweichen"
6 **tendo** 3, tetendi: „ausstrecken"
7 **mori** (Infinitiv): „sterben"
9 **lacesso** 3, lacessivi: „reizen"
10 **volvo** 3: „wälzen"
11 **deorsum revolvitur**: „er rollt zurück"

? Welche Übersetzung ist die beste? Erstelle eine Rangliste von 1. bis 3.!

homo summae prudentiae (Z. 16) =	
Ein Mensch von höchster Klugheit.	
Ein sehr kluger Mensch.	
Ein Mensch höchster Klugheit.	

DE GRAECIS

Antike Unterweltsvorstellungen

Die Griechen hatten eine recht genaue Vorstellung von ihrem Totenreich. Als Wächter fungierte der vielköpfige, schlangenhaarige Höllenhund **Kerberos** (lat. *Cerberus*). Dieser gestattete zwar jedem den Zutritt, aber keinem das Verlassen der Unterwelt. Nur wenigen Helden (z.B. Orpheus, Äneas, Theseus, Odysseus, Herakles) gelang die Rückkehr an die Oberwelt. Über den Fluss **Acheron** gelangten die Toten in die Unterwelt. Voraussetzung für die Überfahrt war, dass man bestattet worden war, andernfalls drohte eine Wartezeit von 100 Jahren. Als Lohn für den Fährmann **Charon** diente der *Obolus*, eine kleine Münze, die den Toten in den Mund gelegt wurde.

Die Unterwelt selbst war in verschiedene Bereiche geteilt:

a) Im **Reich des Hades** halten sich die Verstorbenen auf, die zu ihren Lebzeiten keine besonders guten oder bösen Taten vollbracht haben.

b) Im **Tartaros** schmachten alle diejenigen, die sich gegen die Götter versündigt haben. Neben *Tantalus* und *Sisyphos* sind das *Ixion* (er missbrauchte das Vertrauen des Zeus und wurde zur Strafe an ein feuriges Rad gebunden) und die *Danaiden* (vgl. den Text auf Seite 65).

c) Das **Elysium**, die „Insel der Seligen", wird von den Lieblingen der Götter bevölkert. Zu ihnen gehören verschiedene Wohltäter des Menschengeschlechts, Priester, Sänger und Philosophen.

VOCABULARIUM

hic, haec, hoc	dieser/e/es	*(siehe Grammatica)*
cena, cenae f.	Mahlzeit, Mahl	*frz. cène, ital. + span. cena = Abendessen*
invito,-as, invitáre 1, invitavi*	einladen	*engl. invite, frz. inviter, ital. invitare, span. invitar*
quidam, quaedam, quoddam	ein (gewisser); Pl.: einige	*Deklination wie qui/quae/quod (vgl. S. 56) + -dam*
facinus, facínoris n.	Tat; Untat	*abgeleitet vom Verbum:*
prudentia, prudentiae f.	Klugheit	*frz. prudence, ital. prudenza, span. prudencia*
intéllego,-is, intellégere 3, intellexi	erkennen, einsehen	*vgl. Intelligenz, intelligent*
reddo,-is, réddere 3, reddidi	zurückgeben	*aus: re- („zurück") + dare*
poena, poenae f.	Strafe	*ital. + span. pena, engl. pain; vgl. Pönale; Penalty =*
poenas sólvere	eine Strafe verbüßen	
sto, stas, stare 1, steti	stehen	*ital. stare; vgl. Station, Statist; statisch =*
arbor, árboris f.	Baum	*frz. arbre, ital. albero, span. árbol (Nota bene: Bäume galten bei den Römern als weiblich! – vgl. S. 75)*
sitis, sitis f. (i-Stamm)	Durst	*ital. sete, span. sed*
fames, famis f.	Hunger	*frz. faim, ital. fame*
cum (Konjunktion)	wenn, sooft, als	↔ *cum + Abl. =*
bibo,-is, bíbere 3, bibi	trinken	*frz. boire, ital. bere, span. beber*
improbus/a/um	schlecht, böse	
scelus, scéleris n.	Verbrechen	
mors, mortis f.	Tod	*frz. mort, ital. morte, span. muerte*
contra (+ Akk.)	gegen	*vgl. Kontrast; Pro und Kontra =*
natura, naturae f.	Natur	*engl. + frz. nature, ital. natura, span. naturaleza*
genus, géneris n.	Art; Geschlecht	*engl. gender, frz. genre, ital. genere , span. género*
punio,-is, puníre 4, punivi	bestrafen	*frz. punir, ital. punire; vgl. poena =*
saxum, saxi n.	Fels	*ital. sasso*
vis, vim (4.F.), vi (6.F.) f. (i-Stamm)	Kraft; Gewalt	↔ *vir, viri =*
Pl.: vires, virium, viribus ...	Kräfte	*Viribus unitis (siehe unten)*
paene	fast, beinahe	*vgl. engl. pen-insula =*
summo in monte	auf der Spitze des Berges	*wörtl. =*

*) Ab dieser Lektion wird jeweils zusätzlich zur 1.+ 2.P. und zum Infinitiv Präsens auch die erste Person Perfekt angegeben (vgl. Grammatica). Eine Liste der Stammformen der unregelmäßigen Verba, die du bisher gelernt hast, findest du auf Seite 193, eine vollständige Liste aller Stammformen unter http://medias-in-res.veritas.at/key/604

LATEIN IM ALLTAG

Viribus unitis

Dieser Spruch bedeutet „Mit vereinten Kräften" und war das Motto Kaiser Franz Josephs I. (1848–1916). Er wollte damit den Zusammenhalt der zahlreichen Völker der österreichisch-ungarischen Monarchie betonen.

Alamy/The Art Archive

Die Überfahrt zur Unterwelt (J. Patinier, um 1510): links das Elysium, rechts der Hades mit Cerberus

Die **Herrscher der Unterwelt** sind *Hades* (*Pluto*, lat. *Dis*) und seine Gattin *Persephone* (lat. *Proserpina*). Außerdem bevölkern noch drei weitere unerfreuliche Gestalten das Totenreich: Die *Moiren* (röm. Parzen) spinnen, erhalten und durchtrennen als **Schicksalsgöttinnen** den Lebensfaden der Menschen.

? Was versteht man heute unter

a) einem Zerberus? ______________________

b) einem Obolus? ______________________

c) einer Sisyphusarbeit? ______________________

d) Tantalusqualen? ______________________

GRAMMATICA

PERFEKT AKTIV

Im Lateinischen sind alle Formen des aktiven Perfekts **einteilige Verbalformen**, d.h. sie werden nicht, wie im Deutschen, durch ein Hilfszeitwort + Mittelwort gebildet (z.B. „ich habe gesungen"), sondern indem bestimmte Endungen an den aktiven Perfektstamm treten.

Der **Perfektstamm** ist von Konjugation zu Konjugation unterschiedlich:

	Präsensstamm	aktiver Perfektstamm
a-Konjugation	*amo, amas, amáre*	*-av- (amav-)*
e-Konjugation	*moneo, mones, monére*	*-u- (monu-)*
konsonantische K.	*mitto, mittis, míttere*	verschieden* (z.B. *mis-*)
i-Konjugation	*audio, audis, audíre*	*-iv- (audiv-)*
Mischkonjugation	*capio, capis, cápere*	verschieden* (z.B. *cep-*)

* Das bedeutet (leider): Da es keine Regel gibt, musst du den Perfektstamm für jedes Wort der konsonantischen und Mischkonjugation extra lernen! Eine Liste der unregelmäßigen Verba findest du auf Seite 196.

Die **Endungen**, die an den Perfektstamm angefügt werden, sind dagegen für alle Konjugationen gleich:

Sg. 1.P.	*-i*	Pl. 1.P.	*-imus*
2.P.	*-isti*	2.P.	*-istis*
3.P.	*-it*	3.P	*-érunt*

Aus der Kombination von Perfektstamm und Perfektendungen ergeben sich daher folgende Formen des **Indikativ Perfekt aktiv**:

	a-Konj.	e-Konj.	kons. Konj.	i-Konj.	Mischkonj.	*esse*	*posse*
Sg. 1.P.	*amávi*	*mónui*	*mísi*	*audívi*	*cépi*	*fúi*	*pótui*
2.P.	*amavísti*	*monuísti*	*misísti*	*audivísti*	*cepísti*	*fuísti*	*potuísti*
3.P.	*amávit*	*mónuit*	*mísit*	*audívit*	*cépit*	*fúit*	*pótuit*
Pl. 1.P.	*amávimus*	*monúimus*	*mísimus*	*audívimus*	*cépimus*	*fúimus*	*potuímus*
2.P.	*amavístis*	*monuístis*	*misístis*	*audivístis*	*cepístis*	*fuístis*	*potuístis*
3.P.	*amavérunt*	*monuérunt*	*misérunt*	*audivérunt*	*cepérunt*	*fuérunt*	*potuérunt*

Übersetzung:
Das Perfekt ist die lateinische **Erzählzeit**: Es beschreibt **einmalige**, in der Vergangenheit **abgeschlossene Vorgänge**. Es wird im Deutschen entweder mit dem **Präteritum** oder mit dem **Perfekt** wiedergegeben:

*Veni, vidi, vici.** = „Ich kam, sah und siegte."

* Anders als im Deutschen steht bei lateinischen Aufzählungen immer oder nie *et*.

HIC, HAEC, HOC

Bei diesem Wort handelt es sich um ein weiteres **Demonstrativpronomen** (vgl. *is, ea, id* und *idem, eadem, idem*, Lec. 11). Bedeutung: „dieser, diese, dieses":

Sg. 1	*hic*	*haec*	*hoc*
2		*huius*	
3		*huic*	
4	*hunc*	*hanc*	*hoc*
6	*hoc*	*hac*	*hoc*

Pl. 1	*hi*	*hae*	*haec*
2	*horum*	*harum*	*horum*
3		*his*	
4	*hos*	*has*	*haec*
6		*his*	

EXERCITATIONES

I. Setze die folgenden Verba ins Perfekt:

1. intellegis: ______________________
2. reddunt: ______________________
3. ambulamus: ______________________
4. timetis: ______________________
5. scio: ______________________
6. punis: ______________________
7. occidit: ______________________

II. Setze die richtigen Formen von „hic, haec, hoc“ ein und übersetze:

1. ________ scelus: ______________________
2. ________ die: ______________________
3. ________ rem: ______________________
4. ________ manui: ______________________
5. ________ mortis: ______________________
6. ________ corpora: ______________________

III. Trage in eine Tabelle mit zwei Spalten (Präsens/Perfekt) die folgenden Verbformen ein: (Achtung: Eine der Formen kann sowohl Präsens als auch Perfekt sein!)

stetit – invitaverunt – puniunt – amavisti – ducit – petunt – intellexisti – invitamus – solvimus – reddit – punimus – dicunt – habuistis – vocavi – conspicis – prohibes – das – bibis – reddidit

IV. Setze die richtigen Formen von „quidam, quaedam, quoddam“ ein und übersetze:

1. ______________ pueri non ante horam secundam in scholam venire solent.
2. Magister semper ______________ puellas laudat, ceteros autem discipulos monet.
3. Iam diu de pulchritudine ______________ puellae narras; cur hanc nobis non monstras?
4. Claudia amicum semper ______________ hora, cum parentes iam dormiunt, exspectat.

V. Ordne die folgenden Pronomina nach den Fällen und übersetze: (Nota bene: Manche Formen können für mehrere Fälle stehen!)

cui – eae – ei – eius – hac – haec – has – hoc – hunc – ii – iisdem – quibuscum – quorundam

Singular	Plural
1: ______________	1: ______________
2: ______________	2: ______________
3: ______________	3: ______________
4: ______________	4: ______________
6: ______________	6: ______________

VI. Filiae Danai facinus committunt

Danaus, cui quinquaginta[1] filiae erant[2], rex summo honore fuit. Sed quodam die vir nomine Aegyptus sibi eius regnum[3] vi parare constituit. Intellexit autem: „Si Danaum occido, eius regnum[3] tamen meum non est. Etiam eius quinquaginta[1] filias interficere debeo. Quomodo hoc facere possum?“ Quod autem Aegypto quinquaginta[1] filii erant[2], intellexit: „Meos filios filiis Danai in matrimonium[4] dare possum!“ Ita eodem die quinquaginta[1] adulescentes et totidem[5] virgines nuptias[6] fecerunt. Danaus autem filiis imperavit: „Cum viri post cenam dormiunt, eos occidite!“ Una sola e filiis huic iusso restitit, ceterae autem patri paruerunt nocteque viros suos interfecerunt. Itaque di eas in Tartarum[7] miserunt, ubi has poenas solvunt: Semper aquam e flumine portare et in dolium[8] ingerere[9] debent. Quod autem hoc dolium[8] pertusum[10] est, huius operis finis[11] non est.

1 **quinquaginta**: „fünfzig“; 2 **erant**: „sie waren“ (Impf.); 3 **regnum**,-i n.: „Königreich“; 4 **matrimonium**,-i n.: „Ehe“; **in matrimonium dare** (+ Dat.): „verheiraten mit“; 5 **totidem**: „ebenso viele“; 6 **nuptiae**,-arum f.: „Hochzeit“; 7 **Tartarus**,-i m.: „Tartarus“ (Unterwelt); 8 **dolium**,-i n.: „Fass“; 9 **ingero** 3: „hineinschütten“; 10 **pertusus** 3: „durchlöchert“; 11 **finis**,-is m.: „Ende“

15 DE ORPHEO ET EURYDICE[1]

Am Eingang zur Unterwelt wachte der dreiköpfige Hund Cerberus und ließ niemanden mehr hinaus. Zu den ganz wenigen Menschen, denen es gelang, die Unterwelt zu betreten und auch wieder zu verlassen, gehört der berühmte Sänger Orpheus.

Orpheus, clarus cantator[2] **ille**, **et** homines **et animalia carminibus** suis delectare solebat. Sed non solum animalia, sed etiam arbores et saxa appropinquabant, dum Orpheus voce pulchra **canit**.

Olim Orpheus Eurydicen[1], quam maxime amabat, in **matrimonium** duxit, sed paulo post serpens[3] illam necavit. Magnus fuit **dolor** Orphei. Diu **flebat dolebat**que, denique **ipse** in Tartarum[4] descendere[5] constituit.

Plutonem[6] et Proserpinam, regem **reginam**que Tartari, petivit eorumque animos carmine **movere** temptavit[7]. **Postquam** de amore suo et de doloribus magnis cecinit, **cunctae** umbrae[8] mortuorum flebant. Etiam Tantalus aquam **frustra** haurire[9] **desiit** et Sisyphus in suo saxo **consedit**.

Orpheus carmine suo Proserpinam quoque Plutonem[6]que, quibus amor **ignotus** non **erat**, movit. Itaque regina Eurydicen vocavit et ad Orpheum dixit: „Hac **condicione uxorem** tibi reddimus: Dum **iter** in terram summam facis, tibi oculos ad illam **vertere** non licet. Si post te respicis[10], Eurydicen iterum amittis."

Ita Orpheus cum Eurydice **domum** Plutonis reliquit et per vias **longas** ac opacas[11] terrae iterum appropinquabat. Iam solis **lucem** vidit, cum verba Proserpinae neglexit et caput ad uxorem vertit. – Ea statim in Tartarum relapsa est[12]. Ipse autem ad terram redire[13] debuit.

? Hat Orpheus Schuld am endgültigen Verlust seiner Frau? Finde je ein Argument pro und kontra!

Orpheus ist schuldig, weil …
Orpheus ist unschuldig, weil …

1 **Eurydice**,-es (Akk.: Eurydicen): „Eurydike"
2 **cantator**,-oris m.: „Sänger"
3 **serpens**,-entis f.: „Schlange"
4 **Tartarus**,-i m.: „Tartarus" (die Unterwelt)
5 **descendo** 3, descendi: „hinabsteigen"
6 **Pluto**,-onis m.: „Pluto"
7 **tempto** 1: „versuchen"
8 **umbra**,-ae f.: „Schatten"
9 **haurio** 4: „schöpfen"
10 **respicio** M, respexi: „zurückblicken"
11 **opacus** 3: „düster"
12 **relapsa est**: „sie verschwand"
13 **redeo**,-is,-ire, redii: „zurückkehren"

DE GRAECIS ET ROMANIS

Musik bei Griechen und Römern

Orpheus gilt als der wohl bekannteste Musiker der Antike. Durch seinen Gesang und sein Lyra-Spiel konnte er die Menschen verzaubern und selbst wilde Tiere zähmen. Nach dem Verlust seiner Gattin soll er klagend Griechenland durchwandert haben und schließlich von einem Schwarm rasender Bacchantinnen in Stücke gerissen worden sein. Diese Anhängerinnen des Bacchus hassten ihn, weil er noch immer um Eurydike trauerte und sich zu keiner zweiten Ehe entschließen konnte.

Ein anderer griechischer Sänger, der gewissermaßen Popstar-Status hatte, war **Arion**. Ihm trachteten nicht Frauen, sondern Seeräuber nach dem Leben, doch wird er von einem Delfin gerettet. Seine Geschichte findest du auf Seite 69.

Orpheus (Mosaik aus der Türkei)

VOCABULARIUM

ille, illa, illud	jener/e/es	*(siehe Grammatica); vgl. die Artikel: frz. le/la, ital. il/la*
et ... et	sowohl ... als auch	
animal, animalis n. (i-Stamm)	Tier; Lebewesen	*engl. + frz. + span. animal, ital. animale*
carmen, cárminis n.	Lied	*vgl. Carmina Burana*
cano,-is, cánere 3, cécini	singen, besingen	*frz. chanter, ital. cantare, span. cantar*
olim	einst	
matrimonium,-i n.	Ehe	*ital. + span. matrimonio*
in matrimonium dúcere	heiraten (vom Mann aus!)	*wörtl. =*
dolor, dolóris m.	Schmerz	*frz. douleur, ital. dolore, span. dolor*
fleo, fles, flére 2, flevi	weinen	*vgl. flennen*
doleo,-es, dolére 2, dolui	trauern, Schmerz empfinden	*vgl. dolor =*
ipse, ipsa, ipsum	selbst	*(siehe Grammatica)*
regina, reginae f.	Königin	*ital. regina*
moveo,-es, movére 2, movi	bewegen; beeindrucken	*engl. move; vgl. Motor, Motivation, motivieren*
postquam (+ Perfekt)	nachdem	
cuncti/ae/a (Pl.!)	alle; alles (n.)	
frustra	vergeblich	*vgl. Frustration*
désino,-is, desínere 3, desii	aufhören, ablassen	
consído,-is, consídere 3, consedi	sich niedersetzen	*↔ sedeo 2 =*
ignotus/a/um	unbekannt	
eram, eras ...	ich war, du warst ...	*(Imperfekt von esse, siehe Grammatica)*
condicio, condicionis f.	Bedingung	*vgl. Konditionalsatz =*
uxor, uxoris f.	Gattin	
iter, itineris n.	Weg; Reise	*ital. + span. itinerario*
iter facere	reisen, marschieren	*wörtl. =*
verto,-is, vértere 3, verti	wenden	*vgl. konvertieren =*
domus, domus f.	Haus	*vgl. Dom = Haus der Kirchengemeinde*
longus/a/um	lang	*engl. + frz. long, ital. lungo*
lux, lucis f.	Licht	*ital. luce, span. luz; vgl. Luzifer = „Lichtbringer"*

VOKABELLERN-TIPP

(Fast) alles dreht sich ums Geschlecht (I)

Viel Mühe beim Vokabellernen kannst du dir sparen, wenn du dir bei den Nomina, speziell bei den **Konsonantenstämmen** (siehe Seite 44), einige einfache Geschlechtsregeln einprägst (Ausnahmen bestätigen freilich die Regeln ...):

- Wörter auf *-x* → meist **feminin**: z.B. ____________
- Wörter auf *-o* → meist **feminin**: z.B. ____________
- Wörter auf *-or* → meist **maskulin**: z.B. ____________
- Wörter auf *-men* → immer **neutrum**: z.B. ____________

Über die **römische Musik** wissen wir in Ermangelung antiker Tonaufnahmen relativ wenig. Fest steht aber, dass die Römer wegen des angenehmen Klanges der lateinischen Sprache gern gesungen haben. Die antiken Autoren berichten von religiösen Kultliedern, Gesängen zur Arbeit, Tisch- und Schlafliedern sowie Wanderliedern (sogar das Jodeln ist belegt!). Besonders beliebt waren auch Spottlieder: So durften die Soldaten beim Triumphzug den siegreichen Feldherrn durch freche Gesänge ungestraft verspotten.
Die verbreitetsten Instrumente waren im Übrigen die Flöte (lat. *tibia*), die auch als Signalinstrument beim Heer verwendete Trompete (lat. *tuba!*) sowie die Leier (lat. *cithara* und *lyra*).

? Viele Musik-Begriffe leiten sich vom Lateinischen ab. Finde heraus, wie die zugrunde liegenden lateinischen Wörter heißen und was sie bedeuten!

Intervall: ____________

Quintett: ____________

Komponist: ____________

Dirigent: ____________

Oktave: ____________

Dur: ____________

Moll: ____________

Dissonanz: ____________

Crescendo: ____________

GRAMMATICA

IMPERFEKT

Das lateinische Imperfekt wird vom **Präsensstamm** (!) gebildet. Zwischen den Stamm und die Endungen tritt das Erkennungszeichen *-ba-*: (Nota bene: Davor steht immer *-e-*, nur bei der a-Konjugation *-a-*!)

	a-Konj.	e-Konj.	kons. Konj.	i-Konj.	Mischkonj.	*esse*	*posse*
Sg. 1.P.	*amábam*	*monébam*	*mittébam*	*audiébam*	*capiébam*	*éram*	*póteram*
2.P.	*amábas*	*monébas*	*mittébas*	*audiébas*	*capiébas*	*éras*	*póteras*
3.P.	*amábat*	*monébat*	*mittébat*	*audiébat*	*capiébat*	*érat*	*póterat*
Pl. 1.P.	*amabámus*	*monebámus*	*mittebámus*	*audiebámus*	*capiebámus*	*erámus*	*poterámus*
2.P.	*amabátis*	*monebátis*	*mittebátis*	*audiebátis*	*capiebátis*	*erátis*	*poterátis*
3.P.	*amábant*	*monébant*	*mittébant*	*audiébant*	*capiébant*	*érant*	*póterant*

Übersetzung:

Das Imperfekt stellt lang **andauernde** oder **wiederholte** Handlungen dar. Es wird mit dem **Präteritum** wiedergegeben:

Orpheus et homines et animalia carminibus suis delectabat.
= „Orpheus erfreute sowohl die Menschen als auch die Tiere mit seinen Liedern." (→ er tat es immer wieder)

Unterschied Perfekt ↔ Imperfekt:

Der Unterschied zwischen den beiden Zeiten liegt nicht in ihrer Übersetzung, sondern in dem, was sie zum Ausdruck bringen:

	LAT. **IMPERFEKT**	LAT. **PERFEKT**
Was drückt die Zeit aus?	a) wiederholte Handlung b) länger dauernde Handlung	einmalige Handlung (= Erzählzeit!)
Grafische Entsprechung:	Zeit**dauer** (Linie: –)	Zeit**punkt** (Punkt: •)
deutsche Wiedergabe:	Präteritum	Präteritum / Perfekt

Den Unterschied zwischen den beiden Zeiten zeigt der folgende Satz:

Dormiebam; subito magister me clamavit. = „Ich schlief; plötzlich rief mich der Lehrer."
↑ Imperfekt: (an-)dauernd ↑ Perfekt: einmal

DEMONSTRATIVPRONOMINA (hinweisende Fürwörter)

ille, illa, illud: „jener, jene, jenes"

Sg.			
1	*ille*	*illa*	*illud*
2		*illius*	
3		*illi*	
4	*illum*	*illam*	*illud*
6	*illo*	*illa*	*illo*

Pl.			
1	*illi*	*illae*	*illa*
2	*illorum*	*illarum*	*illorum*
3		*illis*	
4	*illos*	*illas*	*illa*
6		*illis*	

ipse, ipsa, ipsum: „selbst"

Sg.			
1	*ipse*	*ipsa*	*ipsum*
2		*ipsius*	
3		*ipsi*	
4	*ipsum*	*ipsam*	*ipsum*
6	*ipso*	*ipsa*	*ipso*

Pl.			
1	*ipsi*	*ipsae*	*ipsa*
2	*ipsorum*	*ipsarum*	*ipsorum*
3		*ipsis*	
4	*ipsos*	*ipsas*	*ipsa*
6		*ipsis*	

EXERCITATIONES

I. Übersetze:

1. jenem König: ___
2. diesen König: ___
3. ein gewisser König: ___
4. den Königen selbst: ___
5. denselben Königen: ___
6. jener Könige: ___
7. des Königs selbst: ___

II. Setze die folgenden Demonstrativpronomina in den Text ein und übersetze:

ea – eadem – ei – eo – his – hoc – huic – idem – ille – ipse – ipse – ipsi – quidam

Discipuli magistro ___ pensa, quae post meridiem fecerunt, monstrant. Is, postquam pensum Quinti spectavit, clamat: „Cur ___ discipuli pensa non ___ scribunt?[1] ___ pensum non ___ fecisti, Quinte!"

___ autem dicit: „Certe pensum meum ___ feci!" – „Cur autem ___ scripsisti[1], quod Claudia quoque scripsit[1]?", magister ab ___ quaerit. Puer ___ respondet: „Casu ___ verba scripsimus."

___ verbis iratus magister ___ puero aliud pensum magnum dat.

1 **scribo** 3, scripsi: „schreiben"

III. Setze die folgenden Perfektformen ins Imperfekt:

1. cecinit: ___
2. risimus: ___
3. invitavistis: ___
4. mansi: ___
5. punivisti: ___
6. desierunt: ___
7. caruit: ___

IV. Setze die angegebenen Verba (in der richtigen Person) im Perfekt oder Imperfekt in die passenden Sätze ein! Überlege, welche Zeit sinnvoller ist (vgl. S. 68):

cado – delecto – duco – interficio – relinquo

1. Daedalus et Icarus, qui iam diu patriam petere in animo habebant, Cretam ___.
2. Icarus, qui soli appropinquavit, subito in mare ___.
3. Orpheus carminibus suis non solum cunctos homines, sed etiam animalia ___.
4. Tantalus, quod filium ___, nunc summas poenas solvit.
5. Quodam die Orpheus Eurydicen in matrimonium ___.

V. De periculo cantatoris[1]

Arion[2] clarus cantator Graecus erat. Is non solum in patria, sed etiam in Sicilia insula multos homines carminibus maxime delectabat. Deinde, postquam in Sicilia magnas divitias[3] sibi paravit, amore patriae commotus[4] iter domum facere constituit. Ita navem ascendit, qua Graeciam petivit. Sed ea in nave piratae[5] improbi erant, qui Arionis divitias[3] rapere et eum ipsum occidere in animo habebant. Arion, postquam eorum consilium intellexit, a piratis[5] petivit: „Licetne mihi carmen ultimum[6] canere?" Quod piratae[5] id concesserunt[7], Arion voce pulchra cecinit, deinde autem in aquam desiluit[8]. Sed di, quibus Arionis ars maxime placebat, hunc virum servaverunt: Delphinum[9] miserunt, qui Arionem per mare in patriam portavit.

1 **cantator**,-oris m.: „Sänger"; 2 **Arion**,-onis m.: „Arion"; 3 **divitiae**,-arum f.: „Schätze"; 4 **commotus** 3: „bewegt"; 5 **pirata**,-ae m.: „Pirat"; 6 **ultimus** 3: „der letzte"; 7 **concedo** 3,-cessi: „erlauben"; 8 **desilio** 4, desilui: „hinabspringen"; 9 **delphinus**,-i m.: „Delphin"

16 DE SPARTACO

Mit der Zerstörung Karthagos im Jahre 146 v. Chr. war eine große äußere Bedrohung für die Römer weggefallen. In den folgenden eineinhalb Jahrhunderten machten ihnen jedoch innenpolitische Spannungen, die sogar bis zum Bürgerkrieg führten, zu schaffen. Überdies sorgten die Aufstände der Sklaven, die in großer Zahl als Kriegsgefangene nach Rom gekommen waren, für Unruhe.

Romani, cum alienas **nationes** bellis superaverant[1], multos viros feminasque capiebant et servos in patriam ducebant. In his Spartacus quoque erat, vir **nobili** genere **natus**. Eum virum **fortem**, ut multos alios servos, Romani **gladiatorem** fecerunt. Nam semper magna copia gladiatorum pro spectaculis **crudelibus** egebant[2].

Itaque Spartacus **variis** armis pugnare **discebat**. Denique, quamquam **difficile** erat, cum nonnullis gladiatoribus ex oppido Capua, ubi magnus ludus[3] erat, fugere potuit. Parvum **exercitum** Romanum **brevi tempore** vicit. Deinde multi alii gladiatores et milia servorum, qui in latifundiis[4] vitam asperam[5] **agebant**, se Spartaco adiunxerunt[6]. Illam multitudinem armis **exercuit** et per Italiam duxit. Saepe eius copiae **celeres** fortesque exercitus Romanos vincebant. Nonnulla oppida expugnabant atque **agros latos** vastabant[7].

Denique Spartacus ad Alpes[8] venit, ubi multos Gallos, qui se imperio[9] Romano liberare in animo habebant, in copias suas **recepit**. Deinde servos ex Italia ducere constituit, sed illos **continere** non iam potuit. **Cupiditate** praedae[10] **adducti** servi in Italia manere constituerunt. Nonnulli etiam urbem Romam oppugnare in animo habebant.

Tum **senatus** Romanus periculum magnum **cognovit** et Crassum imperatorem cum exercitu magno in servos misit. Ille pugna **atroci** servos vicit Spartacumque interfecit. Deinde sex milia servorum in **cruce** fixit[11].

? Liste vier im Text vorkommende Nomina zum Thema „Krieg" auf. Gib sie so an, wie sie im Vokabelverzeichnis stehen!

lat. Formen:	Bedeutung:

1 **superaverant**: „sie hatten besiegt"
2 **egeo** 2 (+ Abl.): „brauchen"
3 **ludus**,-i m.: (auch:) „Gladiatorenschule"
4 **latifundium**,-i n.: „Landgut"
5 **asper** 3: „hart", „rau"
6 **adiungo** 3, adiunxi: „anschließen"
7 **vasto** 1: „verwüsten"
8 **Alpes**,-ium f.: „die Alpen"
9 **imperium**,-i n.: „Herrschaft"
10 **praeda**,-ae f.: „Beute"
11 **figo** 3, fixi: „befestigen", „schlagen"

DE ROMANIS

Sklaven

Als Rom im 3. und 2. Jahrhundert v. Chr. große Teile des Mittelmeerraumes erobert hatte, waren Tausende Kriegsgefangene als Sklaven nach Rom gebracht worden. Zusätzlich machten auch Sklavenhändler und Piraten aus Profitgründen Jagd auf Menschen, um sie auf **Sklavenmärkten** (der größte befand sich auf der griechischen Insel Delos) zu verkaufen. Im 1. Jh. v. Chr. betrug die Zahl der Sklaven in Rom ca. 300.000 – fast ein Drittel der gesamten Stadtbevölkerung!

Die Tätigkeiten, zu denen Sklaven herangezogen wurden, waren sehr unterschiedlich. Im schlimmsten Fall mussten sie als Staatssklaven im Straßenbau, in Bergwerken oder auf großen Landgütern arbeiten. Wer es besser erwischte, landete in der *familia* eines Reichen, wo er für fast alle Tätigkeiten eingesetzt werden konnte: als Koch, als Mundschenk, als Sänften- oder Fackelträger, als Sekre-

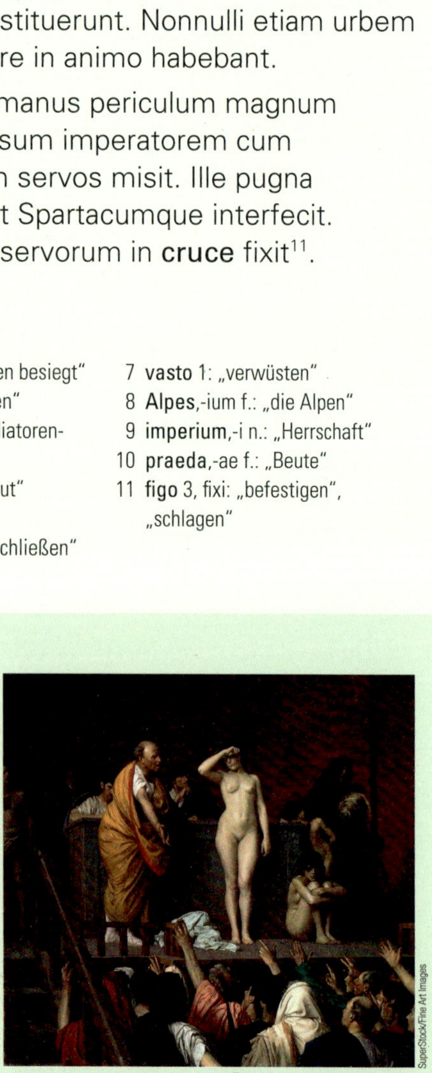
SuperStock/Fine Art Images

Sklavenmarkt im alten Rom (Jean-Leon Gérômes, 1884)

VOCABULARIUM

natio, nationis f.	Volk	*vgl. inter-national, Nation, Nationalismus*
nóbilis/e	vornehm, adelig	*frz. noble, ital. nobile, span. noble; vgl. nobel*
natus/a/um (+ Abl.)	geboren; abstammend (von)	*vgl. engl. native speaker*
fortis/e	tapfer	⟷ *frz. fort + ital. forte = „stark"!*
gladiator, gladiatoris m.	Gladiator	*wörtl. (vgl. gladius) =*
crudélis/e	grausam	*engl. + frz. + span. cruel, ital. crudele*
varius/a/um	verschieden	*vgl. Variante, variieren, Variation*
disco,-is, díscere 3, dídici	lernen	*vgl. discipulus =*
difficilis/e	schwierig	*engl. difficult, frz. + ital. difficile, span. difícil*
exercitus, exercitus m.	Heer	*ital. esercito, span. ejerito; vgl. exercere (siehe unten)*
brevis/e	kurz	*engl. brief, frz. bref, ital. + span. breve*
tempus, témporis n.	Zeit	*frz. temps, ital. tempo, span. tiempo; vgl. Temporalsatz*
ago,-is, ágere 3, egi	tun; verbringen	*vgl. (re)agieren; diem agere =*
exerceo,-es, exercére 2, exercui	trainieren, üben	*engl. exercise; vgl. exerzieren =*
celer/eris/ere	schnell	*ital. celere; vgl. engl. celerity*
ager, agri m.	Feld; Pl.: Gebiet(e)	*vgl. Agrar-; vgl. engl. agriculture =*
latus/a/um	weit, breit	*vgl. Latifundien =*
recipio,-is, recípere M, recepi	aufnehmen	*vgl. Rezeption, Rezept*
se recipere	sich zurückziehen	
contineo,-es, continére 2, continui	zusammenhalten	*vgl. Kontinent; Container*
cupiditas, cupiditatis f.	Begierde, Gier	*vgl. cupio M =*
adductus/a/um	veranlasst	*vgl. ad-ducere (Lec. 29) =*
senatus, senatus m.	Senat	*eigtl.: „Ältestenrat"*
cognosco,-is, cognóscere 3, cognovi	erkennen, erfahren	*vgl. kognitiv, inkognito*
atrox (m./f./n.), atrocis (2.F.)	wild, grässlich	*(siehe Grammatica)*
crux, crucis f.	Kreuz	*frz. croix, ital. croce, span. cruz; vgl. Kruzifix*

VOKABELLERN-TIPP

Eine Endung – viele Deklinationen!

Ursprünglich hast du die Endung *-us* als Nominativ der o-Deklination kennengelernt. Mittlerweile weißt du aber, dass es noch jede Menge anderer Möglichkeiten gibt, wofür diese Endung stehen kann:

- *-us,* 2.F. *-i* → **o-Deklination** maskulin (z. B. *discipulus,-i; animus,-i* etc.)
- *-us,* 2.F. *-us* → **u-Deklination** maskulin (z. B. *casus,-us; senatus,-us* etc.)
- *-us,* 2.F. *-ris* → **3. Deklination** neutrum (z. B. *tempus,-oris; opus,-eris* etc.)
- *-us,* 2.F. *-utis* → **3. Deklination** feminin (z. B. *virtus,-utis* etc.)

LATEIN IM ALLTAG

SPQR: Dieses „Logo" der Römer kennst du bestimmt aus den Asterix-Bänden. Es steht für *Senatus Populusque Romanus* („Senat und Volk von Rom") und war beispielsweise auf den römischen Feldzeichen angebracht. Heute noch findest du diese Buchstaben auf den Kanaldeckeln der Stadt Rom (siehe Bild unten!).

tär, aber auch als Lehrer (besonders wenn er Griechisch konnte). Manche römische Herren ließen sich von Sklaven sogar die Stunden ansagen oder bei Spaziergängen Unebenheiten auf dem Weg ankündigen. Jedenfalls gab es keinen reichen Römer ohne Sklaven – manche sollen sogar mehrere hundert in ihrem Haus beschäftigt haben. Auch unter den **Gladiatoren** waren die Sklaven – neben Verbrechern, Gefangenen, aber auch Freiwilligen – zahlreich vertreten. Manche von ihnen wurden aufgrund ihrer Erfolge in der Arena zu „Stars" und konnten sich mit dem erworbenen Vermögen später freikaufen.

Der **Aufstand des Spartacus** war nicht die einzige Sklavenerhebung im römischen Reich. So war etwa in Sizilien der erste Sklavenstaat der Geschichte ausgerufen worden. Eigenartigerweise bezweckten diese Aufstände nicht die Abschaffung der Sklaverei an sich, sondern nur die Verbesserung der Lebensumstände.

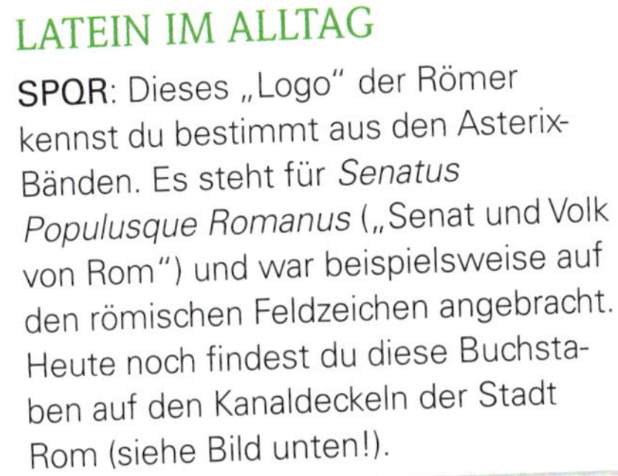

GRAMMATICA

ADJEKTIVA DER DRITTEN DEKLINATION

Neben den bisher bekannten Adjektiva der **a-/o-Deklination** (z. B. *magnus/a/um*) gibt es eine weitere, ebenso große Gruppe von Adjektiva, die nach der **dritten Deklination** abgewandelt werden. Sie haben großteils die Endungen der **i-Stämme** (vgl. Seite 48), im Akkusativ Sg. aber ***-em.*** Gemeinsames Merkmal dieser Adjektiva ist nicht der Nominativ, sondern der Genetiv auf ***-is.***

Nach dem Nominativ unterscheidet man **drei Untergruppen**:

- **eine** Endung für alle drei Geschlechter → z. B. *atrox* (m./f./n.)
- **zwei** Endungen (am häufigsten!) → z.B. *fortis* (m./f.), *forte* (n.)
- **drei** Endungen → z.B. *celer* (m.), *celeris* (f.), *celere* (n.)

	atrox,-ocis		*fortis,-e*		*celer,-eris,-ere*		
	m./f.	n.	m./f.	n.	m.	f.	n.
Sg. 1/5	*atrox*		*fortis*	*forte*	*celer*	*celeris*	*celere*
2	*atrocis*		*fortis*		*celeris*		
3	*atroci*		*forti*		*celeri*		
4	*atrocem*	*atrox*	*fortem*	*forte*	*celerem*		*celere*
6	*atroci*		*forti*		*celeri*		
Pl. 1/5	*atroces*	*atrocia*	*fortes*	*fortia*	*celeres*		*celeria*
2	*atrocium*		*fortium*		*celerium*		
3	*atrocibus*		*fortibus*		*celeribus*		
4	*atroces*	*atrocia*	*fortes*	*fortia*	*celeres*		*celeria*
6	*atrocibus*		*fortibus*		*celeribus*		

NOTA BENE!
Achtung auf die *Endung -i*: Im Gegensatz zu den meisten Nomina der 3. Deklination steht diese Endung nicht nur für den Dativ Sg., sondern auch für den **Ablativ Sg.**: *brevi tempore* (6.F. Sg.: „in kurzer Zeit")

Nota bene: Einige wenige Adjektiva der 3. Deklination deklinieren wie konsonantische Nomina: Ablativ Sg. ***-e*** statt *-i*, im Nom. Pl. n. ***-a***, im Gen. Pl. ***-um***, z. B. *dives, divitis* („reich"), *pauper, pauperis* („arm"), *vetus, veteris* („alt").

Umgekehrt ist die *Endung -e* bei diesen Adjektiven kein Ablativ Sg., sondern der **Nominativ** oder **Akkusativ Sg. Neutrum:** *tempus breve* (1./4. F. Sg. n.: „die kurze Zeit")

APPOSITION UND PRÄDIKATIVUM

Wenn ein Nomen (oder Nomen + Adjektiv) ein anderes Nomen, das im selben Fall steht, näher erklärt, spricht man von einer **Apposition** („Beisatz"):

urbs Roma = „die Stadt Rom" (→ *urbs* erklärt *Roma* näher)
Romam, urbem pulchram, petimus. = „Wir suchen die schöne Stadt Rom (= Rom, die schöne Stadt) auf."

Unter einem **Prädikativum** versteht man ein Nomen, das ebenfalls im selben Fall wie ein anderes Nomen steht, aber das Prädikat näher bestimmt. Es wird mit „**als**" übersetzt:

Romani multos viros ***servos*** *in patriam ducebant.* = „Die Römer führten viele Männer **als** Sklaven in ihre Heimat."
Iulia prima venit. = „Julia kam **als** Erste."

TIPP: Wenn du ein Subjekt oder Objekt „zu viel" hast, probiere die Übersetzung mit „als"!

EXERCITATIONES

I. Verbinde die Adjektiva mit den passenden Nomina:

1. spectaculum	a) difficilia
2. facinore	b) fortem
3. pensa	c) brevibus
4. virum	d) crudele
5. virorum	e) celeris
6. exercitus	f) atroci
7. libris	g) nobilium

II. Ergänze die Endungen und übersetze:

1. virum crudel____ = ______________________
2. tempus brev____ = ______________________
3. opera difficil____ = ______________________
4. rerum atroc____ = ______________________
5. morte celer____ = ______________________
6. homini miser____ = ______________________

III. Übungssätze zum Prädikativum:

1. Romulus et Remus, qui liberi diu apud pastores[1] habitabant, oppidum aedificare constituunt.
2. Hannibal iam puer novem annorum hostis Romanorum erat.
3. Marcus Manlius primus Romanorum Gallos, qui Capitolium ascenderunt, intellexit.
4. Spartacus, postquam gladiator variis armis pugnare didicit, multos servos contra exercitum Romanum duxit.

1 **pastor**,-oris m.: „Hirte"

IV. Ergänze die fehlenden Endungen und übersetze:

Magister a discipulis, qui iam multum de Spartaci bellis didic______, quaerit: „Quid mihi de Spartaco narrare pot______?" – „Romani hunc vir______ nobil______ ceperunt", Claudia respondet. „Non solum vir nobil______, sed etiam miles fort______ erat", Gaius scit. – „Bene", magister dicit, „et quos homin______ miser______ Spartacus liberavit, Quinte?" – Ill______ puer respondet: „Discipulos?" – „Num discipul______ homines miseri sunt?", magister interrogat. Gaius nunc amic______ adiuvat clamatque: „Ita est. Ut servi discipuli quoque mult______ hor______ laborare debent neque pecuniam[1] accip______. Si opera eorum magistris crudel______ non placent, poen______ atroc______ accipiunt. Nos discipul______ autem nemo liberat."

1 **pecunia**,-ae f.: „Geld"

V. Welche Adjektivform passt? Übersetze die Wortgruppe:

1. pensum (difficile / difficilem / difficilium)
2. viri (nobili / nobilis / nobile)
3. tempore (breve / brevia / brevi)
4. manum (celere / celerium / celerem)
5. pueris (fortis / forti / fortibus)

VI. De leone[1] grato

Olim homines, qui in amphitheatro spectaculum crudele exspectaverunt, hoc viderunt: Servus quidam, cui erat nomen Androclus, cum bestiis[2] pugnare debuit, quod dominum[3] suum fugerat[4]. Iam medio in amphitheatro erat, cum leo[1] magnus intravit et ad Androclum contendit.
Ille neque fugere neque pugnare audebat et mortem atrocem exspectavit. Leo[1] autem eum non necavit, sed, ut canis, eius manus lambit[5]. Caesar[6], qui hoc spectaculum videbat, Androclum ad se vocavit interrogavitque: „Cur ille leo[1] te non occidit?" Androclus ei narravit: „Postquam domum domini[3] mei reliqui, diu vitam in spelunca[7] agebam. In eandem autem speluncam ille leo doloribus magnis adductus se recepit. Nam magna spina[8] in eius pede[9] erat. Mox causam[10] dolorum vidi leonemque[1] illa spina[8] liberavi. Casu nunc milites tui eundem leonem[1] in amphitheatrum miserunt. Is statim me cognovit neque occidit."

1 **leo**, leonis m.: „Löwe"; 2 **bestia**,-ae f.: „(wildes) Tier"; 3 **dominus**,-i m.: „Herr"; 4 **fugerat** (+ Akk.): „er war geflüchtet (vor)" (Plusquamperfekt); 5 **lambo** 3: „lecken"; 6 **Caesar**,-aris: hier: „Kaiser"; 7 **spelunca**,-ae f.: „Höhle"; 8 **spina**,-ae f.: „Dorn"; 9 **pes**, pedis m.: „Fuß"; 10 **causa**,-ae f.: „Grund"

17 DE CICERONE[1]

Nach dem Bürgerkrieg zwischen den Popularen (Volkspartei) und den Optimaten (Adelspartei) ergriff Sulla als grausamer Diktator die Macht. Auch nach der Niederlegung der Diktatur kam es immer wieder zu Straßenkämpfen. Damals machte Marcus Tullius Cicero auf sich aufmerksam, ein talentierter Redner, der es trotz seiner Herkunft (er stammte aus dem Ritterstand und galt für die Adeligen als „homo novus") bis zum Konsul brachte.

Cicero, vir cunctis **litteris** doctus[2], iam **iuvenis orator** clarus erat et ad **rem publicam** accessit[3]. Postquam Siciliam summa **iustitia** administravit[4], **incolae** eius **provinciae** auxilium ab eo petiverunt. Nam Verres propraetor[5] ea in provincia sibi magnas **divitias** parare et multa artificia **antiqua** Romam **ferre** solebat.

Ita Cicero patronus[6] Siciliae Verrem, virum summa **nobilitate**, in **ius** vocavit[7]. Ille, postquam **orationem** Ciceronis audivit, **iudicium** non exspectavit, sed **sponte sua** in **exilium ire** constituit.

Nonnullis annis post Catilina, vir improbus nobili genere natus, Romae rebus novis[8] **studebat**. Iam magnas copias ante urbem **cogebat** atque **consules** interficere in animo habebat. Sed Cicero, qui tum consul erat, consilia nefaria[9] illius viri cognovit senatumque **convocavit**. Quod autem Catilina ipse medios inter **senatores** sedebat, Cicero haec **fere** dixit: „Cui nostrum consilia tua ignota sunt? Te ad mortem ducere iam diu debebamus. Habemus senatus consultum[10] in[11] te. Tamen dico: **Exi** Roma! Non **iubeo**, sed suadeo[12]. Libera rem publicam metu!"

Ita Catilina se Roma ad copias suas recepit. **Socios** Catilinae, qui Romae manebant, Cicero **comprehendit** et supplicio[13] **affecit**. Deinde, **priusquam** Catilina cum militibus Romam **adiit**, senatus exercitum magnum misit, qui Catilinae copias vicit eumque ipsum interfecit.

? Wo könnte der Text in zwei Teile geteilt werden? Gib jedem der beiden eine Überschrift (max. vier Worte)!

	Zeile	Überschrift
Teil 1		
Teil 2		

1 **Cicero**,-onis m.: „Cicero"
2 **doctus** 3: „gelehrt"
3 **ad rem publicam accedere**: „die politische Laufbahn einschlagen"
4 **administro** 1: „verwalten"
5 **propraetor**,-oris m.: „Statthalter"
6 **patronus**,-i m.: „Schutzherr", „Anwalt"
7 **in ius vocare**: „vor Gericht rufen"
8 **res novae**: „Umsturz"
9 **nefarius** 3: „verbrecherisch"
10 **consultus**,-us m.: „Beschluss"
11 **in**: hier „gegen"
12 **suadeo** 2, suasi: „raten"
13 **supplicium**,-i n.: „Todestrafe"; supplicio afficere: „hinrichten"

DE ROMANIS

Lateinunterricht im Film

Eine der bekanntesten Szenen der Filmgeschichte, die sich explizit dem Lateinunterricht widmet, stammt aus dem skurrilen, zu Lebzeiten Jesu im Heiligen Land spielenden Monty-Python-Film „Das Leben des Brian". Der Held mit dem grotesken englischen Vornamen schließt sich der „Judäischen Volksfront" an, die gegen die römische Besatzungsmacht kämpft. Als erste Bewährungsprobe bekommt er den Auftrag, antirömische Parolen an die Stadtmauern zu pinseln. Dabei wird er allerdings von einem römischen Soldaten ertappt, woraus sich folgender Dialog entwickelt:

R(ömer): Was haben wir denn da? ‚Romanes eunt domus'? ‚Menschen, genannt Romanes, gehen das Haus'? – B(rian): Es soll heißen: ‚Römer, geht nach Haus!'.
R: Heißt es aber nicht. Was steht lateinisch für ‚Römer'? Na komm schon!
B: ‚Romanus'! – R: Deklinieren!
B: ‚Romanus, Romani …'
R: Vokativ Plural ist?
B: ‚Romani'!
R: Konjugiere das Verb ‚gehen'!
B: eo, is, it, imus, itis, eunt …
R: Also ist ‚eunt'?
B: Dritte Person, Plural, Präsens, Indikativ, ‚sie gehen'.
R: Aber ‚Römer, geht nach Hause!' ist ein Befehl. Also musst du was gebrauchen?
B: Den Imperativ!
R: Der lautet? – B: ‚i!'

VOCABULARIUM

littera, litterae f.	Buchstabe; Pl.: Wissenschaft; Brief	*engl. letter, frz. lettre, ital. lettera; vgl. Literatur*
iuvenis, iuvenis m.	junger Mann (ca. 30–45 Jahre)	*ital. giovane; ⟷ adulescens (ca. 18–30 Jahre)*
orator, oratoris m.	Redner	
res publica, rei publicae f.	Staat (wörtl.: öffentliche Sache)	*vgl. Republik*
iustitia, iustitiae f.	Gerechtigkeit	*vgl. Justiz*
incola, incolae m.	Bewohner, Einwohner	
provincia, provinciae f.	Provinz	*vgl. die Provence (S-Frankreich)*
divitiae, divitiarum f. (Pl.!)	Reichtum	
antiquus/a/um	alt	*antik; vgl. Antiquitäten*
fero, fers, ferre, tuli	tragen; bringen; ertragen	*(siehe Grammatica); vgl. Transfer*
nobilitas, nobilitatis f.	Adel	*vgl. nobilis/e; sine nobilitate = Snob*
ius, iuris n.	Recht	*Jus, Jura, Jurisdiktion =*
oratio, orationis f.	Rede	*vgl. orator (siehe oben) =*
iudicium, iudicii n.	Urteil	*ital. giudizio, span. juicio*
sponte mea (tua/sua)	freiwillig	*vgl. spontan*
exilium, exilii n.	Exil, Verbannung	*Exil*
eo, is, ire, ii	gehen	*(siehe Grammatica); vgl. Semperit = „Es geht immer"*
studeo,-es, studére 2, studui (+ Dat.)	sich bemühen (um), streben (nach)	*studieren, Student*
cogo,-is, cógere 3, coégi	(ver)sammeln; zwingen	*aus: co-ago = wörtl. „zusammentreiben"*
consul, cónsulis m.	Konsul	
cónvoco,-as,-are 1, convocavi	zusammenrufen	*con- = „zusammen-" (vgl. S. 91)*
senator, senatoris m.	Senator	*abgeleitet von: senex = „Greis", „alter Mann"*
fere	ungefähr, fast	*⟷ ferre = „(zu) tragen"*
exeo,-is, exire, exii	hinausgehen	*vgl. engl. exit; vgl. Exitus =*
iubeo,-es, iubére 2, iussi (+ Akk.)	befehlen; lassen (+ Inf.)	*z. B. iubeo te (Akk.) = ich befehle dir (Dat.)*
socius, socii m.	Gefährte	*vgl. sozial, Sozialismus; Sozius(sitz) =*
comprehendo,-is,-ere 3, -prehendi	ergreifen; erfassen (auch geistig)	*vgl. engl. listening comprehension*
afficio,-is, affícere M, affeci	erfüllen, versehen (mit)	*z.B. poena afficere = „bestrafen"*
priusquam	bevor	
adeo,-is, adire, adii	hingehen; sich wenden an; angreifen	*aus: ad + ire*

VOKABELLERN-TIPP

Natürliches Geschlecht

In den letzten Kapiteln hast du schon einige Geschlechtsregeln kennengelernt, die dir helfen, von der Endung eines Wortes auf sein Geschlecht zu schließen. Diese Regeln werden allerdings außer Kraft gesetzt, wenn das Wort eine Person bezeichnet, deren Geschlecht sozusagen von der Natur vorgegeben ist („natürliches Geschlecht"). Bei der a-Deklination sind neben *incola,-ae* („Bewohner") z. B. auch *poeta,-ae* („Dichter") und *nauta,-ae* („Seemann") **maskulin**. Umgekehrt sind alle Bäume (z. B. *arbor,-oris*) **feminin**, da die Römer glaubten, sie seien von Feen oder Nymphen beseelt bzw. bewohnt.

R: Wie viele Römer sollen nach Hause gehen?
B: Alle, also Plural: ‚ite!'
R: ‚Geht nach Hause' ist eine Bewegung auf etwas zu. Welchen Fall brauchst du?
B: Den Akkusativ, ‚ad domus'.
R: Nur fordert ‚domus' den Lokativ, welcher lautet ...? – B: ‚domum'!
R: Du schreibst das jetzt hundert Mal!
B: Ja, Herr. Vielen Dank, Herr. Heil Cäsar!

„Latein-Nachhilfe" für Brian

Übrigens ist in diesem Dialog ein kleiner Fehler enthalten – findest du ihn? Zuvor solltest du dir allerdings noch die Grammatica dieser Lektion zu Gemüte führen!

Lösung: *domum* ist kein Lokativ!

GRAMMATICA

EO, IS, IRE, II: „gehen“

Die Unregelmäßigkeit dieses Verbs besteht darin, dass der Präsensstamm teils *i-*, teils *e-* lautet.
Im Perfekt wird aus *ii-* teilweise *i-*.

	Präsens	Imperfekt	Perfekt
Sg. 1.P.	*eo*	*ibam*	*ii*
2.P.	*is*	*ibas*	*isti*
3.P.	*it*	*ibat*	*iit*
Pl. 1.P.	*imus*	*ibamus*	*iimus*
2.P.	*itis*	*ibatis*	*istis*
3.P.	*eunt*	*ibant*	*iérunt*

Imperative:	*i! / ite!*

FERO, FERS, FERRE, TULI: „tragen“, „bringen“

Bei diesem unregelmäßigen Verb fehlt in manchen Präsensformen der Bindevokal zwischen Stamm und Endung:

	Präsens	Imperfekt	Perfekt
Sg. 1.P.	*fero*	*ferebam*	*tuli*
2.P.	*fers*	*ferebas*	*tulisti*
3.P.	*fert*	*ferebat*	*tulit*
Pl. 1.P.	*ferimus*	*ferebamus*	*tulimus*
2.P.	*fertis*	*ferebatis*	*tulistis*
3.P.	*ferunt*	*ferebant*	*tulérunt*

Imperative:	*fer! / ferte!*

STÄDTENAMEN

Bei Namen von **Städten** werden (im Gegensatz zu Ländern etc.) die Ortsbestimmungen **ohne Präpositionen** (d.h. ohne *in* oder *ex*) gebildet. Ebenso wie die Städtenamen verhält sich auch *domus*.
Es steht auf die Frage:

- „WOHIN?“ → der **Akkusativ**
- „WOHER?“ → der **Ablativ**
- „WO?“ → a) der **Lokativ*** bei Städtenamen der a- und o-Deklination im Sg.
  b) der **Ablativ** bei allen anderen Städtenamen

* Der Lokativ sieht aus wie der **Genetiv**: z.B. ***Romae*** = „in Rom.“

	„wohin?“	„woher?“	„wo?“
Roma,-ae (a-Dekl.):	*Romam* („nach Rom“)	*Roma* („aus Rom“)	*Romae** („in Rom“)
Carnuntum,-i (o-Dekl.):	*Carnuntum*	*Carnunto*	*Carnunti**
Carthago,-inis (3.Dekl.):	*Carthaginem*	*Carthagine*	*Carthagine*
Athenae,-arum (Pl. a-Dekl.):	*Athenas*	*Athenis*	*Athenis*
domus,-us:	*domum* („nach Hause“)	*domo* („von zu Hause“)	*domi** („zu Hause“)

* Lokative

NEUTRUM PLURAL BEI PRONOMINA

Das Lateinische hat bei Pronomina (und auch bei Adjektiva) eine Vorliebe für den 1./4.F. Plural Neutrum. Diese Formen müssen im Deutschen mit dem **Singular** wiedergegeben werden:

haec (4.F. **Pl.** n.) *fere dixit* = „er sagte ungefähr dieses“ (4.F. **Sg.** n.)

Ist ein solches Wort Subjekt, muss im Lateinischen auch das Prädikat im Plural stehen und auch das Relativpronomen muss übereingestimmt werden:

Cuncta, quae dicis, mihi placent. (**Pl.**) = „Alles, was du sagst, gefällt (**Sg.**) mir.“

EXERCITATIONES

I. Setze die passenden Formen von „ire" oder „ferre" ein (Präsens, Imperativ, Infinitiv):

1. _____________ domum, liberi!
2. Haec navis celeris liberos in Cretam insulam _____________ .
3. _____________ domum et _____________ parentibus has litteras, Claudia!
4. Cui has res _____________ , Iulia?
5. _____________ magistro eos libros, discipuli!
6. Ille vir Graecus divitias suas Roma in patriam _____________ studuit.

II. Übersetze und achte dabei besonders auf die Formen, die Neutrum Plural sind:

1. Cur nobis haec monstras?
2. Ea, quae fecisti, mihi ignota non sunt.
3. Etiam apud Romanos discipuli multa discere debebant, quae iis non placebant.
4. Eadem, quae mihi dicis, certe iam multis aliis puellis dixisti.
5. Nonnulli homines semper haec petunt, quae sibi parare non possunt.

III. Forme die Sätze nach dem folgenden Beispiel um und übersetze:

Bsp.: Pater iubet: „Scribe pensa, Iulia!"
Pater Iuliam pensa scribere iubet.

1. Parentes iubent: „Post cenam domi mane, fili!"
2. Magister iussit: „Discite ea quoque verba, discipuli!"
3. Cicero iussit: „Exi Roma, Catilina!"
4. Pater iussit: „Haec facite, pueri!"

IV. Übungssätze zu den Städtenamen:

1. Spartacus, postquam Capua[1] fugit, multos servos fortes in exercitum suum recepit.
2. Cicero nonnullos annos Romae vitam agebat, deinde Athenas[2] iit, ubi claros magistros Graecos audiebat.
3. Hannibal, postquam exercitum Romanum pugna atroci vicit, Cannis[3] cum copiis suis Romam contendit.
4. Quod patria magno in periculo erat, Hannibal ipse Carthaginem[4] contendere debuit.
5. Lucretia magno cum gaudio Collatinum eiusque socios conspicit, qui Ardea[5] venerunt.

1 **Capua**,-ae f.: „Capua"; 2 **Athenae**,-arum f. (Pl.): „Athen";
3 **Cannae**,-arum f. (Pl.): „Cannae"; 4 **Carthago**,-inis f.: „Karthago";
5 **Ardea**,-ae f.: „Ardea" (Stadt bei Rom)

V. Setze die folgenden Wörter in den Text ein und übersetze:

eo – eos – es – ibi – id – ierunt – imus – ii – iis – iit – in – ire – is – isti – ita – itis

Dum ceteri discipuli iam in scholam eunt, Quintus bene dormiebat. Hora tertia surrexit[1] et solem _______ caelo vidit: „In scholam _______ nunc certe non iam necesse est", cogitavit. Itaque ad forum _______ , ubi paulo post amicum conspexit: „Quo[2] _______ , Gai?", clamavit. „Cur non in schola _______ ?" Is respondit: „Domum _______ . Nam magister nos hoc die pulchro domum misit. – Et tu? Cur non in scholam _______ ?" Quintus ei respondit: „Non in scholam _______ , quod tam diu dormivi. Quid nunc agere possumus? Cur non in thermas[3] _______ ? – Vide: _______ Iulia Claudiaque veniunt. Certe _______ quoque _______ consilium placet!" Puellae pueros iam conspexerunt et _______ interrogaverunt: „_______-ne nobiscum in thermas[3]?" Ii responderunt: „Idem consilium nobis fuit." _______ pueri et puellae ad thermas[3] _______ .

1 **surgo** 3, surrexi: „aufstehen"; 2 **quo**: „wohin"; 3 **thermae**,-arum f. (Pl.): „Thermen", „Bad"

18 CAESAR GALLOS SUPERAT

Julius Cäsar, ein Zeitgenosse Ciceros, erwarb sich vor allem durch militärische Erfolge eine politische Machtposition. Nach seinem Konsulat im Jahre 59 v. Chr. wurden ihm die Provinzen Gallia Cisalpina (Oberitalien) und Gallia Transalpina (Südfrankreich) übertragen. Cäsar verließ aber schon bald das römische Provinzgebiet und begann im – noch – freien Gallien Krieg zu führen.

Iulius Caesar non solum fortior, sed etiam **prudentior quam** multi alii imperatores erat. Nam nonnullas **civitates Galliae**, quae se sua sponte **tradiderunt**, in **amicitiam** recepit. Quod eae civitates deinde **legiones** Romanas adiuvabant, Caesar **paucis** annis **totam** Galliam occupavit.

At Vercingetorix[1], vir magna **auctoritate**, **omnes** fere civitates coniunxit et iterum ad bellum incitavit[2]. Postquam Caesar Gallos nonnullis **proeliis** vicit, Vercingetorix se cum copiis in Alesiam oppidum recepit et per nuntios a ceteris civitatibus auxilia[3] petivit. **Quae** exercitum magnum miserunt. Sed copiae Caesaris celeriores fuerunt: Alesiam **circumvenerunt**, priusquam auxilia **advenerunt**.

Paulo post, quod Galli **frumento** iam carebant, Vercingetorix **concilium** convocavit. Quo in concilio alii dixerunt: „Nos Romanis tradere debemus!" At alii: „Pugnare necesse est! Nam **honestius** est in pugna cadere quam **servitutem** Romanorum ferre." Critognatus autem nobili genere natus hoc consilium atrocius dedit: „Nos tradere", inquit, „non debemus! Cur non corporibus hominum, qui **aetate aut** valetudine[4] ad bellum inutiles[5] sunt, nos alamus[6]?"

At Galli, **ubi** auxilia appropinquare viderunt, oppido exire et in Romanos impetum[7] facere constituerunt. Proelium **prioribus** pugnis **acrius coepit**. Postquam milites diu summa vi pugnaverunt, denique Romani vicerunt. Vercingetorix arma sua proiecit[8] seque Caesari tradidit. Post illud bellum Caesar Vercingetorigem triumphans[9] per Romam duxit. Octo annis post ille magnus dux[10] Gallorum Romae interfectus est[11].

? Fasse den Inhalt der Zeilen 16–25 mit eigenen Worten in max. drei Sätzen zusammen!

1 **Vercingetorix**,-igis m.: „Vercingetorix" (Gallierfürst)
2 **incito** 1: „aufhetzen"
3 **auxilia**,-orum n. (Pl.): „Hilfstruppen"
4 **valetudo**,-inis f.: „Gesundheitszustand"
5 **inutilis/e**: „nutzlos"
6 **alamus** (Konjunktiv): „wir sollen ... ernähren"
7 **impetus**,-us m.: „Angriff"
8 **proicio** M, proieci: „hinwerfen"
9 **triumphans**: „im Triumphzug"
10 **dux**, ducis m.: „Führer"
11 **interfectus est** (Perf. Passiv): „er ist getötet worden"

DE ROMANIS

Die Romanisierung Galliens

Cäsars Unterwerfung Galliens in den Jahren 58–52 v. Chr. beeinflusste die Geschichte Europas nicht unbeträchtlich. Hätten die Römer in der oben geschilderten Schlacht von Alesia nicht gesiegt, würden die Franzosen heute wohl kaum eine **romanische Sprache** sprechen. (Die Deutschen sprechen dagegen eine germanische Sprache, da sich ihre Vorgänger erfolgreich gegen die Expansionsgelüste der Römer zur Wehr setzten und ihr Land folglich nie römische Provinz wurde.) Durch die Besetzung Galliens kam es zur **Romanisierung** des Landes: Das Straßennetz wurde ausgebaut, Städte nach römischem Vorbild errichtet, die Verwaltung wurde von römischen Beamten ausgeübt.

Cäsar-Statue vor dem Wiener Parlament

Die Eroberung Galliens durch die Römer haben sich auch der französische Autor René Goscinny und sein Zeichner Albert Uderzo in ihren **Asterix-Comics** zum Thema gemacht. Viele der von ihnen dargestellten Details (wie z. B. das Aussehen der Gallier) sind historisch korrekt, wenn auch fallweise ins Groteske übersteigert.

VOCABULARIUM

C. Iulius Caesar, Iulii Caésaris	Gaius Julius Cäsar	*vgl. Kaiser, Zar; C. = altlateinisch G!*
prudens (m./f./n.), **prudentis** (2.F.)	klug	*frz. prudent, ital. + span. prudente*
quam (nach dem Komparativ)	als	*vgl. Plusquamperfekt (wörtl.) =*
civitas, civitatis f.	Stamm; Gemeinde; Staat	*vgl. engl. city, frz. cité, ital. città, span. ciudad*
Gallia, Galliae f.	Gallien	*frz. Gaule*
trado,-is, trádere 3, trádidi,	ausliefern; überliefern	*vgl. tradieren, Tradition*
se tradere	sich ergeben	
amicitia, amicitiae f.	Freundschaft	*ital. amicizia; vgl. amicus, amica*
legio, legionis f.	Legion (ca. 4000–6000 Mann)	
pauci/ae/a (Pl.)	wenige (m. + f.); weniges (n.)	
totus/a/um (2.F. **totíus**, 3.F. **toti**)	ganz	*frz. tout, ital. tutto, span. todo; vgl. total*
at	aber	*= autem, sed; ↔ atque (ac) = „und"*
auctoritas, auctoritatis f.	Ansehen, Einfluss	*Autorität*
omnis/e	Sg.: jeder, ganz	*ital. ogni; vgl. omnipräsent =*
Pl.: omnes, omnia (2.F.: **omnium**)	Pl.: alle (m. + f.); alles (n.)	*vgl. Omnibus = wörtl. „für alle"*
proelium, proelii n.	Schlacht	*proelium committere = eine Schlacht beginnen*
qui, quae, quod (am Satzanfang)	dieser, diese, dieses	*(„Relativer Anschluss", siehe S. 80)*
circumvenio,-is,-ire 4, circumveni	umzingeln	*circum („herum-") + venire*
advenio,-is, advenire 4, adveni	hinkommen, ankommen	*vgl. Advent =*
frumentum, frumenti n.	Getreide	*ital. frumento*
concilium, concilii n.	Versammlung	*vgl. Konzil; ↔ consilium =*
honestus/a/um	ehrenhaft, ehrenvoll	*engl. honest = „anständig", „ehrlich"*
servitus, servitutis f.	Sklaverei	*vgl. servus =*
aetas, aetatis f.	Alter; Zeitalter, Zeit	*ital. età, span. edad*
aut	oder	*↔ autem = „aber"*
ubi (+ Perfekt)	sobald	*↔ ubi als Fragewort =*
prior (m. + f.), **prius** (n.)	der/die/das frühere	*vgl. Priorität =*
acer/acris/acre	heftig; spitz, scharf	
incipio,-is, incípere M, coepi	beginnen, anfangen	*↔ cepi (von capio M) = „ich habe gefangen"*

Vercingetorix (Alise Ste. Reine – Alesia)

VOKABELLERN-TIPP

(Fast) alles dreht sich ums Geschlecht (II)

Hier wieder zwei Geschlechtsregeln, die dir beim Vokabellernen hilfreich sein können:

- Wörter auf *-as* (2.F.: *-atis*) → feminin:

  z.B. ______________________________

- Wörter auf *-us* (2.F.: *-utis*) → feminin:

  z.B. ______________________________

Zu spät ist zu spät

Nächtelanges Lernen vor der Prüfung oder Schularbeit hat wenig Sinn: Erstens bringt man zwischen zwei und vier Uhr in der Früh nur 40 Prozent seiner Leistung; zweitens hat man beim Lernen mit dem Kurzzeitgedächtnis zunächst zwar das Gefühl, den Stoff völlig zu beherrschen, bei der Prüfung kommt dann aber das böse Erwachen. Also: Rechtzeitig mit dem Lernen anfangen und den Stoff mehrmals wiederholen!

Besonders gut zeigt das die Szene, als der Gallierfürst **Vercingetorix** nach der Niederlage bei Alesia vor Cäsar kapituliert: Der römische Schriftsteller Florus (2. Jh. n. Chr.) beschreibt dies so: *Der König selbst (Vercingetorix) … kam zu dem Lager und hielt sein Pferd an, legte das Rüstzeug und seine Waffen vor Cäsar nieder und rief aus: „Hier, stärkster Mann, ihr habt einen starken Mann besiegt."*

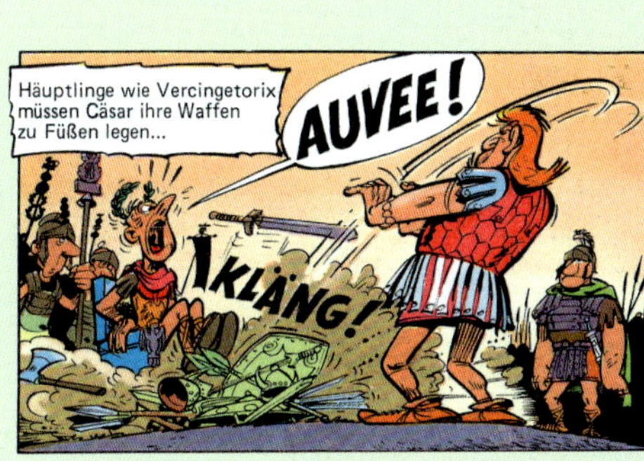

GRAMMATICA

STEIGERUNG (1): KOMPARATIV (Mehrstufe)

Der Komparativ wird bei allen Adjektiva gleich gebildet: An den Wortstamm (= Gen. Sg. ohne Endung *-i* bzw. *-is*) tritt die Silbe ***-ior*** (m. + f.) bzw. ***-ius*** (n.):

clarus, clara, clarum (o-Dekl.) → *clarior, clarius*
pulcher, pulchra, pulchrum (o-Dekl.) → *pulchrior, pulchrius*
fortis, forte (3. Dekl.) → *fortior, fortius*
prudens, prudentis (3. Dekl.) → *prudentior, prudentius*

Abwandlung: wie die Nomina der Konsonantenstämme (siehe Seite 44)

	m./f.	n.
Sg. 1/5	*fortior*	*fortius*
2	*fortioris*	
3	*fortiori*	
4	*fortiorem*	*fortius*
6	*fortiore*	

	m./f.	n.
Pl. 1/5	*fortiores*	*fortiora*
2	*fortiorum*	
3	*fortioribus*	
4	*fortiores*	*fortiora*
6	*fortioribus*	

Übersetzung:

1) als **echter Komparativ**: *pensum difficilius* = „die schwierigere Aufgabe"
2) mit **„ziemlich"**: *pensum difficilius* = „die ziemlich schwierige Aufgabe"
3) mit **„(all)zu"**: *pensum difficilius* = „die allzu schwierige Aufgabe"

VERGLEICHSABLATIV *(Ablativus comparationis)*

Der Vergleich wird entweder durch ***quam*** („als") oder durch den (meist vor dem Komparativ stehenden) Vergleichsablativ ausgedrückt:

*Hic miles est fortior **quam** ille.* = *Hic miles **illo*** (Abl.!) *fortior est.*
= „Dieser Soldat ist tapferer **als** jener."

RELATIVER ANSCHLUSS

Steht *qui, quae, quod* am Satzbeginn, wird es (außer es handelt sich um einen Fragesatz!) nicht mit „welcher, welche, welches" (→ siehe Seite 56), sondern mit **„dieser, diese, dieses"** übersetzt:

*Vercingetorix a ceteris civitatibus auxilium petivit. **Quae** exercitum magnum miserunt.*
= „Vercingetorix bat die übrigen Stämme um Hilfe. **Diese** schickten ein großes Heer."

*Vercingetorix concilium convocavit. **Quo** in concilio alii dixerunt: (...)*
= „Vercingetorix berief eine Versammlung ein. In **dieser** Versammlung sagten die einen: (...)"

QUOD

Dieses Wörtchen hat jede Menge Bedeutungen, die du dir gut einprägen solltest:

QUOD
→ **„das" / „was"** (relativ)
→ **„dieses"** (relativer Anschluss)
→ **„welches?"** (fragend)
→ **„weil", „dass"** (Konjunktion)

EXERCITATIONES

I. Setze die Adjektiva in den Komparativ:

1. virgini pulchrae: ____________________
2. puellis prudentibus: ____________________
3. verba grata: ____________________
4. agrorum latorum: ____________________
5. regis crudelis: ____________________
6. nave celeri: ____________________
7. facinus atrox: ____________________
8. homines laeti: ____________________

II. Setze die Komparative in die passenden Sätze ein und übersetze:

breviores – celerior – clarior – fortiores – honestiorem – prudentior

1. Galli ____________________ erant quam ceteri hostes Romanorum.
2. Tantalus, qui dis ____________________ esse cupivit, poenas magnas solvit.
3. Cicero brevi tempore ____________________ erat quam ceteri oratores.
4. Haec navis illa ____________________ est.
5. Cur litterae tuae semper ____________________ sunt quam meae?
6. Vidistisne iam feminam Lucretia ______________?

III. Übersetze und drücke danach die Vergleiche auch mit dem Ablativus comparationis aus:

1. Estne haec puella pulchrior quam Iulia?
2. Pensum nostrum difficilius est quam vestrum.
3. Hannibal mox clarior erat quam pater.
4. Quid clarius est quam sol?

IV. Übungssätze zum relativen Anschluss:

1. Scipio copias Romanas in Africam duxit. Quae mox Hannibalem vincere potuerunt.
2. Romulus rex Sabinos in oppidum novum invitavit. Quorum filias rapere in animo habebat.
3. Parentes filios filiasque in Cretam insulam mittere debuerunt. Qua in insula Minotaurus liberos exspectavit.
4. Cuius carmina pulchriora erant quam Orphei? Qui dum canit, etiam animalia arboresque ei appropinquabant.

V. Was kann „quam“ alles bedeuten?

Quam linguam in schola discitis? – Magister nos non solum linguam Latinam, quam etiam nostris temporibus multi discipuli variarum nationum discere solent, sed etiam linguam Graecam docet. Quam hoc anno discere coepimus. Linguam Graecam, quamquam difficilior est quam lingua Latina, tamen libenter discimus. Quam pulchrum est de bello Troiano[1] et de periculis Ulixis[2] lingua Graeca legere!

1 **Troianus** 3: „trojanisch“; 2 **Ulixes**,-is m.: „Odysseus“

VI. Ein Liebesbrief, den Quintus Corinna, seiner neuen Flamme, schreibt:

Quintus Corinnae pulchrae salutem[1] dicit.
Amore magno adductus tibi has litteras mitto. Ex[2] eo die, quo te vidi, alias virgines non iam specto. Nulla te pulchritudine superare potest. Roma puellam te pulchriorem non habet. Tuum corpus nobilius est quam corpora dearum, oculi clariores quam lux solis. Cetera quoque – quis haec satis[3] laudare potest? Certe tibi ignotus non sum. Saepe, dum scholam cum amica intras, me ad portam vides. Iam diu tecum loqui[4] studebam, at numquam[5] te sine illa amica conspicio. Nonne amorem meum intellexisti? Cur me numquam[5] spectas? Totum diem de te cogito, nocte quoque dormire non possum. Fuitne iam adulescens me miserior? O puella Venere[6] pulchrior, num Plutone[7] crudelior es? Me his doloribus libera! Placetne tibi cras[8] hora decima me ad templum Iovis exspectare? Sed te solam amo; cum illa amica venire necesse non est.

1 **salus**,-utis f.: „Gruß“; 2 **ex** (+ Abl.): hier: „seit“; 3 **satis**: „genügend“; 4 **loqui**: „sprechen“ (Inf.); 5 **numquam**: „niemals“; 6 **Venus**,-eris f.: „Venus“; 7 **Pluto**,-onis m.: „Pluto“; 8 **cras**: „morgen“

19 DE CAESARIS MORTE

Nachdem Cäsar Gallien erobert hatte, entließ er seine Truppen nicht, wie dies der Senat von ihm gefordert hatte, sondern überquerte den norditalienischen Fluss Rubicon („Alea iacta est!“ = „Der Würfel ist gefallen“) und marschierte Richtung Rom. Der Bürgerkrieg gegen Pompeius begann. Auch in diesem Krieg, der ihn bis nach Ägypten führte, blieb Cäsar erfolgreich.

C. Iulius Caesar, ille imperator clarissimus, post Pompeii mortem solus Romae regnabat. **Potestas** eius **maxima** erat. Nam non solum consul, sed etiam pontifex maximus[1] et **dictator perpetuus** erat. Quam rem multi **cives** ferre non potuerunt. Ita Cassius et Brutus, quem Caesar ut filium amabat, verbis acerrimis ceteris senatoribus **persuadere** studuerunt: „Caesar **more** regum regnat! Non solum **leges**, sed etiam **libertas** nostra magno in periculo est. **Melius** est **caedem** committere quam ea in re publica **vivere**. **Facillimum** erit[2] Caesarem in senatu ipso interficere.“ Quod hoc consilium **plurimis** senatoribus placuit, dictatorem Idibus Martiis[3] occidere **statuerunt**.

Sed haruspex[4] quidam, qui res **futuras** videre potuit, Caesarem monuit: „Cave[5] Idus Martias!“ Tamen Caesar illo quoque die in senatum venit. Priusquam curiam[6] intravit, illum haruspicem vidit risitque: „Vide: Idus Martiae **adsunt** neque tamen mortuus sum!“ Ille autem respondit: „Idus Martiae **quidem** adsunt, sed non praeterierunt[7]!“

In curia[6] subito plurimi senatores Caesarem circumvenerunt. Caesar, quod iam pugiones[8] in manibus virorum vidit, clamavit: „**Ista** quidem vis est!“ Deinde se graphio[9] **defendere** et fugere studuit – sed frustra. Omnes eum eodem tempore pugionibus confoderunt[10]. Multis **vulneribus** affectus[11] Caesar Marcum Brutum conspexit clamavitque: „Et (= etiam) tu, Brute?“ Haec Caesaris **ultima** verba erant.

? Ergänze die Lücken!

1. Die Senatoren hassten Cäsar, weil er wie ein ______________ regierte.
2. Sie sahen die ________________ des Staates bedroht.
3. Cäsar wurde an den _______ des März (= am ______) durch _________stiche getötet.

1 **pontifex maximus**: „Pontifex Maximus“ (Oberpriester)
2 **erit**: „es wird sein“
3 **Idus Martiae** f. (Pl.): „die Iden des März“ (= der 15. März)
4 **haruspex**,-icis m.: „Haruspex“ (Vorzeichendeuter)
5 **caveo** 2, cavi (+ Akk.): „sich hüten (vor)“
6 **curia**,-ae f.: „Curia“, „Rathaus“
7 **praetereo**,-is,-ire,-ii: „vorübergehen“
8 **pugio**,-onis m.: „Dolch“
9 **graphium**,-i n.: „Griffel“
10 **confodio** M, confodi: „niederstechen“
11 **affectus** 3: hier: „verletzt“

DE ROMANIS

Gaius Julius Cäsar

Cäsar war und ist, wie die meisten Eroberer und Alleinherrscher der Weltgeschichte, eine umstrittene Persönlichkeit. Während die einen in ihm den genialen Strategen, vollendeten Staatsmann und sogar den idealen Menschen sahen, kritisierten ihn die anderen als gewissenlosen Machtpolitiker und Zerstörer der römischen Republik. Tatsache ist, dass seine Person über zwei Jahrtausende hinweg ihre Spuren hinterlassen hat:

- Sein Name, der von allen römischen Kaisern als Ehrentitel getragen wurde, hat sich in den Titeln „**Kaiser**“ und „**Zar**“ bis heute als Bezeichnung für höchste Machtfülle erhalten. Übrigens leitet sich auch der Begriff „Kaiserschnitt“ von Cäsar ab, weil das *Cognomen* (der Beiname) *Caesar* „der aus dem Mutterleib Geschnittene“ heißt.
- Auch sein *nomen gentile* (etwa: Familienname) lebt bis heute fort: Cäsars Geburtsmonat, der ursprünglich *Quinctilis* (= „der fünfte“) geheißen hatte, wurde in **Juli** umbenannt.

VOCABULARIUM

potestas, potestatis f.	Macht	*vgl. posse =*
maximus/a/um	der größte, sehr groß	*vgl. maximal, maximieren, Maximum*
dictator, dictatóris m.	Diktator	
perpetuus/a/um	ununterbrochen, ewig	*vgl. Perpetuum mobile*
civis, civis m.	Bürger	*vgl. Zivilist;* ⟷ *civitas,-atis =*
persuadeo,-es, persuadére 2, persuasi (+ Dat.)	überreden; überzeugen	*engl. persuade, frz. persuader, ital. persuadere, span. persuadir*
persuadeo tibi (Dativ!)	ich überrede dich (Akk.!)	
mos, moris m.	Sitte, Brauch	*vgl. Moral;* ⟷ *mors, mortis =*
lex, legis f.	Gesetz	*frz. loi, ital. legge, span. ley; vgl. legal, Legislative*
libertas, libertatis f.	Freiheit	*engl. liberty, frz. liberté, span. libertad; vgl. liberare =*
melior (m. + f.), melius (n.)	besser	*frz. meilleur, ital. migliore, span. mejor*
caedes, caedis f.	Ermordung, Mord	*vgl. ital. omi-cidio; engl. sui-cide*
vivo,-is, vívere 3, vixi	leben	*frz. vivre, ital. vivere, span. vivir;* ⟷ *vinco 3, vici =*
facilis/e	leicht	*frz. facile, ital. facile, span. fácil;* ⟷ *difficilis =*
plurimi/ae/a	die meisten; das meiste (n.)	*(siehe Lec. 17)*
statuo,-is, statúere 3, statui	beschließen; aufstellen	*statuo = constituo; vgl. Statuten =*
futurus/a/um	zukünftig	*vgl. engl. future, frz. futur, ital. + span. futuro*
adsum, ades, adesse, adfui	da sein, anwesend sein	
quidem	zwar, freilich	⟷ *ne ... quidem =*
iste, ista, istud	dieser/e/es (da)	*abschätzig gemeint! (Deklination wie ille, illa, illud; vgl. S. 68)*
defendo,-is, defendere 3, defendi	verteidigen	*frz. défendre, ital. difendere, span. defender; vgl. defensiv*
vulnus, vulneris n.	Wunde	*vgl. engl. vulnerable =*
ultimus/a/um	der/die/das letzte	*vgl. Ultimatum =*

PROVERBIUM

Et tu, Brute? wird üblicherweise mit „Auch du, mein Sohn Brutus?" übersetzt. In Wirklichkeit aber war Brutus vermutlich nicht Cäsars Sohn, sondern ein junger Mann, dem Cäsar wie ein Vater zugetan war. Im Übrigen soll Cäsar laut antiken Quellen seine letzten Worte griechisch gesprochen haben (er beherrschte, wie jeder gebildete Römer, diese Sprache so gut wie seine eigene): *„Kai sy, téknon?"* („Auch du, Kind?")

PROVERBIUM

Alea iacta est! – Auch dieser angebliche Ausspruch Cäsars („Der Würfel ist gefallen") wird eigentlich falsch zitiert. Cäsar soll nämlich im Jahr 49 v. Chr. bei seiner Heimkehr aus Gallien mit seinen Truppen den Rubiko (Grenzfluss zu Italien) überschritten und dabei auf Griechisch gerufen haben: *„Kýbos anerríphtho!"*, was so viel heißt wie „Der Würfel soll fallen!" Gemeint ist damit so viel wie: Schicksal, nimm deinen Lauf. Tatsächlich war diese Grenzüberschreitung schicksalhaft, da dadurch der Bürgerkrieg Cäsars mit seinem Konkurrenten Pompeius eröffnet wurde.

- Während seiner Herrschaft fand er nicht nur Zeit, das erste **Fahrverbot** der Weltgeschichte einzuführen (und zwar untertags für die Lastwägen der Händler in Rom), sondern auch noch den Kalender zu reformieren: Der **„Julianische Kalender"** führte das Schaltjahr ein und entspricht im Wesentlichen unserem heutigen Kalender.
- Als Schriftsteller galt Cäsar mit seinen „Commentarii de bello Gallico" der Nachwelt als Inbegriff des guten (**„Goldenen"**) **Latein**, umgekehrt wurde er selbst zu einer der wichtigsten Figuren der Weltliteratur (vgl. Shakespeare „Julius Caesar", George Bernard Shaw „Caesar und Kleopatra", Thornton Wilder „Die Iden des März" u. a.).
- Als mitunter lächerlicher Gegenspieler der Gallier gelangte er schließlich im 20. Jahrhundert durch die Comics-Reihe **„Asterix und Obelix"** erneut zu großer Popularität.

GRAMMATICA

STEIGERUNG (2): SUPERLATIV (Meiststufe)

Der Superlativ wird – im Gegensatz zum Komparativ – nicht bei allen Adjektiva gleich gebildet, sondern richtet sich nach der Grundstufe des Wortes:

a) „Normalfall": Wortstamm + *-issimus*:
clarus, clara, clarum → ***clarissimus**/a/um*
fortis, forte → ***fortissimus**/a/um*
prudens, prudentis → ***prudentissimus**/a/um*

b) Adjektiva auf *-er* bilden den Superlativ auf *-errimus*:
pulcher, pulchra, pulchrum → *pulch**errimus/a**/um*
celer, celeris, celere → *cel**errimus**/a/um*

c) einige Adjektiva auf *-ilis* (*facilis, difficilis, similis* = „ähnlich") bilden den Superlativ auf *-illimus*:
*fac**ilis**, facile* → *fac**illimus**/a/um*
*diffic**ilis**, difficile* → *diffic**illimus**/a/um*

Abwandlung: Der Superlativ wandelt wie ein Adjektiv der a-/o-Deklination ab:
1.F. *vir clarissimus* 2.F. *viri clarissimi* 3.F. *viro clarissimo* (etc.)

Übersetzung:

1) als **echter Superlativ**: *pensum difficillimum* = „die schwierigste Aufgabe"
2) mit **„sehr"** (= Elativ): *pensum difficillimum* = „eine sehr schwierige Aufgabe"

UNREGELMÄSSIGE STEIGERUNG

Einige gängige Adjektiva steigern (ähnlich wie im Deutschen!) unregelmäßig, d.h. sie wechseln ihren Stamm. Manche dieser Formen kannst du dir aber mit Hilfe einiger bekannter Fremdwörter leicht merken.

Grundstufe		Komparativ	Superlativ	Eselsbrücke
magnus/a/um	(„groß")	*maior/maius*	*maximus/a/um*	maximal
parvus/a/um	(„klein")	*minor/minus*	*minimus/a/um*	minimal
bonus/a/um	(„gut")	*melior/melius*	*optimus/a/um*	optimal; Optimist
malus/a/um	(„schlecht")	*peior/peius*	*pessimus/a/um*	Pessimist
multi/ae/a	(„viele")	*plures/plura*	*plurimi/ae/a*	Plural (Komparativ)
multum	(„viel")	*plus/pluris* (Gen.)	*plurimum*	Plus (Komparativ)

NOTA BENE!
Die folgenden Wörter solltest du gut auseinanderhalten:

- ***quidam*** = „ein gewisser" (Pl.: „einige")
- ***quidem*** = „zwar", „freilich"
- ***ne ... quidem*** = „nicht einmal"
- ***idem*** = „derselbe"

NOTA BENE!
Achte beim Übersetzen auf die **richtige Wortstellung** im Deutschen:

Caesar, quod iam pugiones in manibus virorum vidit, clamavit: (...)
FALSCH: „Cäsar, weil er schon die Dolche in den Händen der Männer sah, rief: (...)"
RICHTIG:
a) „Weil Cäsar schon die Dolche ... sah, rief er: (...)"
b) „Cäsar rief, weil er schon die Dolche ... sah: (...)"

EXERCITATIONES

I. Setze die Adjektiva in den Superlativ (im gleichen Fall!):

1. prudens: ______________________________
2. crudelem: ______________________________
3. acribus: ______________________________
4. breve: ______________________________
5. parvos: ______________________________
6. laetorum: ______________________________
7. difficilia: ______________________________

II. Setze in den Komparativ und Superlativ und übersetze:

1. res difficiles
2. discipulis miseris
3. cenam malam
4. flumen longum
5. cives honesti
6. familiae nobilis
7. multi incolae
8. multum temporis

III. Übersetze die folgenden Sätze und setze die Adjektiva dann auch in den Komparativ und Superlativ:

1. Illa verba clara Caesaris legi.
2. Eodem die nave celeri venerunt.
3. Etiam pensa difficilia ipse facio.
4. Hae puellae discipulae bonae sunt.
5. Claudia mihi etiam de parvis curis narrat.

IV. Setze die angegebenen Adjektiva im Komparativ oder Superlativ ein und übersetze:

1. Cicero ____________________ omnium oratorum Romanorum erat. (clarus)
2. Hannibal, quamquam ei exercitus ____________________ erat quam Romanis, tamen urbem non oppugnabat. (magnus)
3. Minos rex Daedalum, virum ________________, patria prohibere non potuit. (prudens)
4. Romulus ____________________ vultures[1] vidit quam Remus. (multi)
5. Fuitne Hannibal imperator Caesare ____________________? (bonus)

1 **vultur**,-uris m.: „Geier"

V. Welches Wort passt nicht zu den anderen?

1. ☐ pulcher ☐ celer ☐ sacer ☐ miser
2. ☐ tempus ☐ senatus ☐ casus ☐ exercitus
3. ☐ disce ☐ age ☐ breve ☐ verte
4. ☐ latius ☐ fortius ☐ melius ☐ varius
5. ☐ facillimus ☐ terremus ☐ celerrimus ☐ latissimus
6. ☐ is ☐ iis ☐ it ☐ iit

VI. Piratae[1] Caesarem capiunt

Olim piratae Caesarem, imperatorem clarissimum, eiusque socios, qui nave Graeciam petebant, ceperunt. Quod divitias secum non habebat, Caesarem in insulam parvam tulerunt. Ibi ab eo quandam copiam auri[2] postulaverunt[3]. Dixerunt: „Certe socii tui aurum in insulam nostram ferre possunt. Mors crudelissima te exspectat, nisi socii cum auro veniunt." Caesar autem risit: „Iulius Caesar, vir nobilissimus, sum! Cur non plus auri postulatis[3]?" Deinde socios maiorem copiam auri ferre iussit. Qui dum aurum Mileto[4] ferunt, Caesar sine metu apud piratas manebat. Saepe autem iis dicebat: „Mox vos omnes interficiam[5]." Isti quidem de his verbis ridebant.
Postquam socii cum auro advenerunt, piratae Caesari libertatem reddiderunt. Qui statim Miletum contendit et paulo post cum multis militibus iterum in hanc insulam venit. Plurimos piratarum comprehendit et paucis diebus post in cruce fixit[6].

1 **pirata**,-ae m.: „Seeräuber"; 2 **aurum**,-i n.: „Gold"; 3 **postulo** 1: „fordern"; 4 **Miletus**,-i f.: „Milet" (Stadt in Kleinasien); 5 **interficiam**: „ich werde töten"; 6 **figo** 3, fixi: „befestigen", „schlagen"

20 DE CLEOPATRA

Nach Cäsars Tod begann erneut ein Bürgerkrieg: Oktavian, Cäsars Adoptivsohn, und Marcus Antonius, ein Offizier Cäsars, rächten dessen Tod und besiegten die Cäsarmörder Cassius und Brutus bei Philippi. Dann teilten sie die Macht im römischen Imperium auf: Oktavian erhielt den Westen, Antonius den Osten.

Antonius, dum in oriente[1] bellum gerit, cum Cleopatra, regina Aegypti[2], **convenit**. Quod ea **mulier** et pulchritudine et prudentia sua amorem imperatoris excitavit[3], Antonius Alexandriae[4] manebat. Amore Cleopatrae adductus etiam **fines** latos, quos milites Romani expugnaverant, reginae **dono** dedit et ita **regnum** eius **auxit**. Quae res Cleopatrae quidem **gaudio erat**, sed senatores Romae maxime sollicitavit[5]. Itaque Octavianum cum exercitu **ingenti** in Antonium mittere statuerunt.

Apud Actium[6] oppidum hostes, qui **antea** socii fuerant, proelium commiserunt. E quo proelio Cleopatra, quod **cladem** Antonii timebat, cum **classe** sua in patriam fugit. Antonius, ubi reginae fugam[7] **animadvertit**, etiam copias suas reliquit et ipse in Aegyptum contendit. Itaque Octavianus brevi tempore Antonii exercitum vicit et paulo post Alexandriam occupavit. Tum Marcus Antonius gladio se necavit et in manibus Cleopatrae e vita **cessit**.

Octavianus, quod Cleopatram Romam ferre ibique civibus Romanis in triumpho[8] monstrare constituerat, reginam in eius palatio[9] **clausit** et **custodes** ante portas **posuit**. Ita regina neque fugere neque se ipsam interficere potuit: Octavianus **enim** omnia arma **abstulerat**. Sed Cleopatra Octaviano prudentior erat. Serpentem[10], quam **servae** clam ad reginam tulerant, in corpore suo posuit. Quae Cleopatram statim morsu[11] necavit.

? Welche Übersetzung ist die bessere?

(Antonius) amore Cleopatrae adductus fines latos reginae dono dedit. (vgl. Z. 5–7) =	
1. Durch die Liebe **der** Kleopatra veranlasst, schenkte Antonius der Königin weite Gebiete.	
2. Durch die Liebe **zu** Kleopatra veranlasst, schenkte Antonius der Königin weite Gebiete.	

1 **oriens**,-entis m.: „Orient", „Osten"
2 **Aegyptus**,-i f.: „Ägypten"
3 **excito** 1: „entfachen", „entflammen"
4 **Alexandria**,-ae f.: „Alexandria" (Stadt in Ägypten)
5 **sollicito** 1: „beunruhigen"
6 **Actium**,-i n.: „Aktium" (Stadt an der griechischen Küste)
7 **fuga**,-ae f.: „Flucht"
8 **triumphus**,-i m.: „Triumph(zug)"
9 **palatium**,-i n.: „Palast"
10 **serpens**,-entis f.: „Schlange"
11 **morsus**,-us m.: „Biss"

DE ROMANIS

Kleopatra

Die letzte Königin des Herrschergeschlechts der Ptolemäer sah es als ihr Lebenswerk an, ihrem ägyptischen Reich die Unabhängigkeit von Rom zu erhalten. Sie galt aufgrund ihrer legendären Nase als nicht übermäßig schöne Frau, faszinierte aber durch ihre Intelligenz, Bildung und Sprachkenntnisse die Männer. Mit Cäsar hatte sie einen Sohn, Kaisarion, mit dem sie sich zwei Jahre (46–44 v. Chr.) in Rom aufhielt – was ihr jede Menge Neider und Feinde einbrachte, nicht zuletzt deswegen, weil Cäsar ein verheirateter Mann war.
Nach Cäsars Tod und ihrer Heimkehr nach Ägypten gelang es ihr, auch den neuen Machthaber Marcus Antonius zu betören. Nach ihrer Hochzeit wurde sie von ihm zur „Königin der Könige" des geplanten hellenistischen Weltreiches bestimmt und Kaisarion zu ihrem Mitregenten.
Aus der verlorenen Seeschlacht von Aktium entkommen, veranlasste sie Marcus Antonius, Selbstmord zu begehen und bemühte sich vergeblich, den vergleichsweise spröden Octavi-

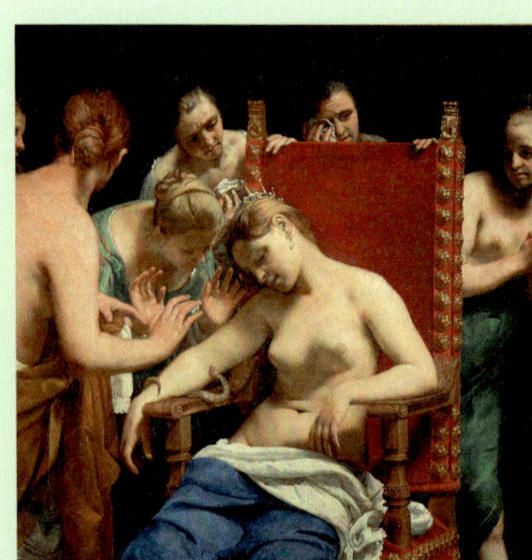

akg-images/Erich Lessing

Selbstmord der Kleopatra (Guido Cagnacci, 17. Jh.)

VOCABULARIUM

convenio,-is, convenire 4, conveni	zusammenkommen	*vgl. Konvent*
mulier, mulieris f.	Frau	*span. mujer; vgl. ital. moglie = „Ehefrau"*
finis, finis m.	Grenze; Ende	*vgl. Finale =*
fines, finium (Pl.)	Gebiet(e)	
donum, doni n.	Geschenk	*z. B. dono dare = als Geschenk geben*
regnum, regni n.	(König-)Reich; Herrschaft	*(siehe Kasten rechts unten)*
augeo,-es, augére 2, auxi	vergrößern, steigern, vermehren	*vgl. Auktion =*
mihi gaudio est	es bereitet mir Freude	*(Zweckdativ, siehe Grammatica)*
ingens (m./f./n.), **ingentis** (2.F.)	riesig, gewaltig	
antea (Adv.)	vorher	*span. antes; ⟷ ante (Präp.) =*
clades, cladis f.	Niederlage	
classis, classis f.	Flotte	*auch: Abteilung (davon „Klasse")*
animadverto,-is,-ere 3, animadverti	bemerken, wahrnehmen	*aus: animum vertere ad … =*
cedo,-is, cédere 3, cessi	weggehen, weichen	*vgl. Re-zession =*
claudo,-is, cláudere 3, clausi	einschließen, verschließen	*ital. chiudere; vgl. Klausur =*
custos, custodis m.	Wächter	*ital. custode, vgl. Küster =*
pono,-is, pónere 3, posui	legen, stellen	*engl. put, span. poner; posui ⟷ potui =*
enim (nachgestellt)	nämlich, denn	*= nam (siehe unten)*
aufero, aufers, auférre, abstuli	wegtragen, wegnehmen	*aus: ab + ferre =*
serva, servae f.	Sklavin, Dienerin	*vgl. servus,-i =*

VOKABELLERN-TIPP

Viele „kleine Wörter" im Lateinischen sind besonders schwer zu merken, da sie keine Parallelen in den romanischen Sprachen haben. Trotzdem kann man sie sich fallweise mithilfe einiger Tricks leichter einprägen:

E N I M
N A M
= N Ä M L I C H

Gleich und gleich gesellt sich gern

enim und *nam* sind Wörter, die dasselbe bedeuten. Solche Wörter nennt man **Synonyme** (sinnverwandte Wörter). Im Deutschen gibt es z.B. für das Verbum „glauben" jede Menge Synonyme: „vermuten", „meinen", „schätzen", „der Ansicht sein" etc. Je mehr Synonyme man in einer Sprache beherrscht, desto größer wird der Wortschatz und desto besser kann man sich ausdrücken!

(Wort-)Familie gesucht!

Wenn von ein und demselben Wortstamm mehrere Wörter abgeleitet sind, spricht man von einer Wortfamilie. Das Gute daran: Kennt man das „Oberhaupt" der Familie, kann man ganz leicht die übrigen „Familienmitglieder" erkennen – wie du hoffentlich leicht an der folgenden „Königsfamilie" zeigen kannst!

regnare = ______________________

regnum = ______________________

regina = ______________________

rex = ______________________

anus zu einer Teilherrschaft zu überreden. Im Jahr 30 v. Chr. tötete sie sich durch den Biss einer Kobra – und Ägypten wurde römische Provinz.

Marcus Antonius

Dass ein römischer Feldherr der ägyptischen Königin Kleopatra mit Haut und Haar verfiel, sich in ihrer Heimat mit ihr vermählte und erobertes Land an sie verschenkte, sorgte in Rom für einen gehörigen Skandal. Octavian ließ das Testament des Antonius, in dem er noch zu Lebzeiten die Landschenkungen an Kleopatra und ihre gemeinsamen Kinder bekräftigte, verlesen und erhielt vom Senat den Auftrag, gegen die beiden Staatsfeinde in den Kampf zu ziehen.

Ein Monument, das Marcus Antonius zeigt, befindet sich neben der Wiener Sezession (siehe Abb.).

Wolfram Kautzky, Wien

Mark-Anton-Monument vor der Wiener Sezession (Anton Strasser, 1901): Antonius, der sich angeblich in Kleinasien und Ägypten als Dionysos feiern ließ, ist nach dem Vorbild dieses Gottes auf einem Löwengespann dargestellt.

GRAMMATICA

PLUSQUAMPERFEKT

Das Plusquamperfekt (Plqpf., Vorvergangenheit) drückt eine Handlung aus, die **vor einer anderen vergangenen** Handlung stattgefunden hat:

*Hostes, qui antea socii **fuerant**, proelium commiserunt.*
= „Die Feinde, die vorher Verbündete ***gewesen waren***, begannen den Kampf."

(→ zuerst waren sie Verbündete gewesen, danach Feinde)

Das Plusquamperfekt drückt also die ***Vorzeitigkeit*** zu einer anderen vergangenen Handlung aus.
Am besten, du prägst dir die folgende Zeitleiste gut ein:

Plqpf.	Perfekt / Imperfekt*	Präsens

*) Perfekt und Imperfekt sind „gleich weit" vom Präsens entfernt, drücken aber Unterschiedliches aus (vgl. Seite 68)!

Bildung:
Der Indikativ Plusquamperfekt aktiv wird vom Perfektstamm (→ Seite 64) gebildet, weist aber folgende Endungen auf:

Sg. 1.P	*-eram*	Pl. 1.P	*-eramus*
2.P	*-eras*	2.P	*-eratis*
3.P	*-erat*	3.P	*-erant*

NOTA BENE!
Die größte Verwechslungsgefahr zwischen Perfekt und Plqpf. besteht in der 3. P. Pl.:

- *duxérunt* = „sie haben geführt (sie führten)"
- *dúxerant* = „sie hatten geführt"

	a-Konj.	e-Konj.	kons. Konj.	i-Konj.	Mischkonj.	*esse*	*posse*
Sg.	*amáveram*	*habúeram*	*míseram*	*audíveram*	*céperam*	*fúeram*	*potúeram*
	amáveras	*habúeras*	*míseras*	*audíveras*	*céperas*	*fúeras*	*potúeras*
	amáverat	*habúerat*	*míserat*	*audíverat*	*céperat*	*fúerat*	*potúerat*
Pl.	*amaverámus*	*habuerámus*	*miserámus*	*audiverámus*	*ceperámus*	*fuerámus*	*potuerámus*
	amaverátis	*habuerátis*	*miserátis*	*audiverátis*	*ceperátis*	*fuerátis*	*potuerátis*
	amáverant	*habúerant*	*míserant*	*audíverant*	*céperant*	*fúerant*	*potúerant*

ZWECKDATIV *(Dativus finalis)*

Ist ein Dativ mit einer Form von *esse* verbunden, wird diese Wortgruppe meist mit „dienen zu ..." oder „**bereiten**" übersetzt:

Haec res Cleopatrae gaudio fuit. = „Diese Sache diente Kleopatra zur Freude (= bereitete ihr Freude)."

Folgende Wendungen solltest du dir als Phrasen merken:

gaudio esse = „Freude bereiten"
dolori esse = „Schmerz bereiten"
exemplo esse = „als Beispiel dienen"
curae esse = „Sorge bereiten"

Der Zweckdativ steht auch bei einigen anderen Verba wie *venire* oder *mittere*:

auxilio venire = „zu Hilfe kommen"
auxilio mittere = „zu Hilfe schicken"

EXERCITATIONES

I. Setze ins Imperfekt, Perfekt und Plusquamperfekt und übersetze das Plusquamperfekt:

1. ponis 2. tradimus 3. cedunt 4. aufert

II. Ordne die folgenden Verbalformen nach den Zeiten und übersetze:

monstrabas, ieratis, statuis, coeperunt, tulisti, moverat, properas, occiderunt, poterat, canunt, agitis, amiserant, fuerunt, eramus, vertit (2 Mögl.), superavisti, vidimus, ducimus

III. Ergänze die in Klammer stehenden Prädikate im Plusquamperfekt und übersetze:

1. Narravistisne mihi omnia, quae de ea re ____________________ ? (audio)
2. Eadem nave celerrima, qua Romam ____________________ , paulo post urbem iterum reliqui. (venio)
3. Cur mihi non hos libros tulisti, quos a te ____________________ ? (peto)
4. Nonnulli senatores, qui dictatorem interficere ____________________ , Caesarem circumvenerunt. (statuo)
5. Di Tantalum, qui iis antea semper gratus ____________________ , summis poenis affecerunt. (sum)

IV. Übungssätze zum Dativus finalis:

1. Mors filiae, quam maxime amaverat, Ciceroni magno dolori erat.
2. Libros Latinos legere, quamquam facillimum non est, nobis tamen gaudio est.
3. Mores temporum illorum Ciceroni magnae curae erant.
4. Lucretia, illa uxor honestissima, multis mulieribus Romanis exemplo erat.
5. Scipioni, illi imperatori clarissimo, proelium, quo Hannibalem vicit, magno honori erat.
6. Vercingetorix, ubi copias, quas ceterae civitates auxilio miserant, vidit, proelium committere statuit.

V. Die folgenden Wörter können verschiedene Bedeutungen haben:

1. is: ____________________
____
2. veni: ____________________
____
3. capitis: ____________________
____
4. filiis: ____________________
____
5. isti: ____________________
____
____

VI. Ptolemaeus[1] caedem crudelem committit

Pompeius et Caesar imperatores clarissimi erant. Dum hic bellum in Gallia gerit, ille consul Romae erat et sibi potestatem maximam paravit. Quae res Caesari minime placuit. Itaque cum legionibus suis Romam iit et deinde, quod Pompeius iam fugerat, in Graeciam[2] contendit, ubi eius exercitum vicit. Pompeius ipse iterum fugere potuit et se ad Ptolemaeum regem, fratrem[3] Cleopatrae, recepit. Ille autem, qui auxilio Caesaris regnum suum augere cupiebat, secum cogitavit: „Pompeii mors Caesari certe summo gaudio erit[4]." Ita Pompeium interfecit et eius caput ad Caesarem misit. Caesar autem, cui hoc donum atrocissimum dolori magno erat, diu flebat. Quamquam enim hostes erant, tamen virtus illius viri honesti Caesari semper admirationi[5] erat. Paulo post Caesar bellum contra Ptolemaeum paravit et Cleopatram, mulierem pulcherrimam, reginam fecit.

1 **Ptolemaeus**,-i m.: „Ptolemäus" (ägyptischer König); 2 **Graecia**,-ae f.: „Griechenland"; 3 **frater**,-tris m.: „Bruder"; 4 **erit**: Futur zu est; 5 **admiratio**,-onis f.: „Bewunderung"

21 DE PARIDIS[1] IUDICIO

Der folgende Mythos beschreibt den ersten Schönheitswettbewerb der Geschichte: Paris, der trojanische Königssohn, muss die undankbare Rolle übernehmen, als Juror zwischen drei rivalisierenden Göttinnen zu entscheiden – eine Entscheidung, die weitreichende Folgen haben sollte.

Iuppiter omnes deos deasque ad nuptias[2] Thetidis[3] et Pelei[4] invitaverat – omnes **praeter** **Discordiam**, deam **controversiarum**. Quae tamen venit et a porta malum[5] medios inter deos **iecit**, dum dicit: „Hoc malum pulcherrimae deae est!" Quod Iuno, **Venus**, Minerva statim de isto malo **certare** coeperunt, Iuppiter deas ad Paridem, filium Priami[6] regis, misit eumque iudicare iussit.

Prima Iuno huic dixit: „Me **delige**! Tibi magnum **praemium** dabo: In omnibus terris regnabis! **Praeterea** omnium **di(vi)tissimus** eris!" Deinde Minerva dixit: „Si mihi malum dederis, nemo te **fortitudine** superabit!" Postremo autem Venus dixit: „Si me delegeris, Helenam, pulcherrimam omnium mulierum, uxorem accipies!" Quod id praemium ei maxime placuit, Paris Veneri malum dedit.

Quia Helena uxor Menelai[7], regis Lacedaemoniorum[8], erat, Paris **Graeciam** petere **decrevit**. Postquam **eo** venit, rex Paridem summo hospitio[9] recepit et paulo post, quod in Cretam[10] insulam navigare constituerat, uxorem **fidei** eius **mandavit**. Eam **occasionem** Paris non praetermisit[11]: Helenam his verbis adiit: „Regina pulcherrima, nonne amor, quem Venus dea dedit, nos **iungit**? Si mecum in patriam meam veneris, tibi **maritus** bonus ero!" Deinde, **sive** his aliisque **eiusmodi** verbis mulieri persuasit, **sive** eam vi secum venire coegit, Helenam **Troiam** duxit.

? Welche Versprechungen machen die Göttinnen? Trage die entsprechenden lateinischen Satzteile ein und finde deutsche Begriffe, die das jeweilige Geschenk prägnant charakterisieren!

Iuno:	
Minerva:	
Venus:	

1 **Paris**,-idis m.: „Paris" (trojan. Prinz)
2 **nuptiae**,-arum f.: „Hochzeit"
3 **Thetis**,-idis f.: „Thetis" (Meeresnymphe)
4 **Peleus**,-i m.: „Peleus" (griechischer König)
5 **malum**,-i n.: „Apfel"
6 **Priamus**,-i m.: „Priamos" (König von Troja)
7 **Menelaus**,-i m.: „Menelaos"
8 **Lacedaemonii**,-orum m.: „die Spartaner"
9 **hospitium**,-i n.: „Gastfreundschaft"
10 **Creta**,-ae f.: „Kreta"
11 **praetermitto** 3, praetermisi: „vorübergehen lassen"

DE GRAECIS ET ROMANIS

Venus

Die römische Göttin der Liebe entspricht der griechischen **Aphrodite**. Diese trägt den Beinamen „Schaumgeborene": Einer etwas blutrünstigen Sage zufolge soll Kronos, der Vater des Zeus, den regierenden Himmelsfürsten Uranos mittels einer Sichel entmannt haben. Das Blut soll in den Meeresschaum getropft sein und dort Aphrodite erzeugt haben. Abgespielt hat sich die Szene angeblich bei der Insel Kypros (Zypern), die sich heute noch mit dem klingenden Namen „Insel der Aphrodite" schmückt. Einer anderen Sagenversion nach ist die Göttin am Strand der südgriechischen Insel Kythera aus einer Muschel gestiegen – so hat sie der italienische Renaissancemaler Sandro Botticelli in seinem Bild „Geburt der Venus" dargestellt (siehe Abb.).

Trotz ihrer Schönheit und ihrer Zuständigkeit für alle Liebesangelegenheiten hatte Aphrodite Probleme in ihrem eigenen Liebesleben. Ihr Ehemann war ausgerechnet Hephaistos (lat. Vulcanus), der hässlichste aller olympischen Götter. In seiner Zuständigkeit für Feuer und Schmiedekunst passte er so ganz und gar nicht zu der anmutigen Venus. Sie suchte sich auch bald diverse Liebhaber – unter ihnen Mars

Die Geburt der Venus (Sandro Botticelli, um 1485; Florenz, Uffizien)

VOCABULARIUM

praeter (Präp. + Akk.)	außer	
discordia,-ae f.	Zwietracht, Streit	*ital. + span. discordia; ⟷ concordia =*
controversia,-ae f.	Auseinandersetzung	*vgl. Kontroverse; aus: contra + vertere!*
iacio,-is, iácere M, ieci	werfen	*vgl. projizieren, Projektor*
Venus, Véneris f.	Venus	*Göttin der Liebe; griech. =*
certo,-as, certáre 1, certavi	streiten, wetteifern	*vgl. Kon-zert*
iudico,-as, iudicáre 1, iudicavi	urteilen, richten	*vgl. iudicium,-i =*
déligo,-is, delígere 3, delegi	auswählen	*vgl. die Delegierten =*
praemium,-i n.	Belohnung, Preis	*Prämie, prämieren*
praeterea	außerdem	*aus: praeter + ea =*
dives (m./f./n.), **divitis** (2.F.)	reich	*vgl. divitiae,-arum =*
fortitudo, fortitudinis f.	Tapferkeit	*vgl. fortis/e =*
quia	weil	*= quod (Einleitung eines Kausalsatzes)*
Graecia,-ae f.	Griechenland	*vgl. Graeci,-orum = ; Graecus 3 =*
decerno,-is, decérnere 3, decrevi	beschließen	*vgl. Dekret =*
eo (Adv.)	dorthin	
fides, fidei f.	Treue, Vertrauen	*ital. fede*
mando,-as, mandáre 1, mandavi	anvertrauen	*aus: in manum dare =* *vgl. Mandant, Mandat*
occasio, occasionis f.	Gelegenheit	*engl. occasion, frz. occasion, ital. occasione, span. ocasión*
iungo,-is, iúngere 3, iunxi	verbinden	*vgl. con-iungo =*
maritus,-i m.	Gatte, Ehemann	*frz. mari, ital. marito, span. marido*
sive ... sive (= seu ... seu)	sei es (dass) ... sei es (dass)	
eiusmodi	derartig	*wörtl.: „dieser Art"*
Troia,-ae f.	Troja	*(siehe De Graecis S. 98 f.)*

LATEIN IM ALLTAG

CON-

Das Präfix *co(n)-* bzw. *com-* (verwandt mit der Präposition *cum*) bedeutet „zusammen". Concordia, die Göttin der Eintracht, bringt also die Menschen zusammen und stiftet Frieden.

? Kannst du herausfinden, wieso das (mittlerweile eingemottete) Überschallflugzeug Concorde so benannt wurde?

? Finde die Bedeutung folgender Fremdwörter heraus:

Konsonant: ______________ Konklave: ______________

Kondolenz: ______________ Konsens: ______________

Kongress: ______________ Konkurrent: ______________

DIS-

Dieses Präfix bedeutet meistens „auseinander" oder „entzwei". Die Göttin Discordia ist folglich eine Gottheit, die die Herzen (lat. *cor, cordis*, vgl. frz. *coeur* und ital. *cuore*) „entzweit" und für Zwietracht und Streit sorgt.

? Was bedeuten die folgenden Fremdwörter?

Dissonanz: ______________ Disput: ______________

Diskriminierung: ______________ Disqualifikation: ______________

Diskrepanz: ______________ Distanz: ______________

(griech. Ares) und der trojanische Fürst Anchises. Dieser Verbindung entsprang Äneas, der von den Römern als Stammvater ihres Volkes verehrt wurde.

Amor

Ebenfalls zum Gefolge der Venus gehört ihr Sohn Amor (griech. Eros, vgl. Erotik!). Er wird in der bildenden Kunst immer als geflügelter Knabe mit Pfeil und Bogen dargestellt. Durch das Verschießen seiner Liebespfeile sorgt er für Liebesverwicklungen unter den Menschen. Später wurde er gewissermaßen „vervielfältigt" und zum Ziergegenstand degradiert: Die sogenannten *Putti* wurden zu den barocken Zierengeln.

Eros (Picadilly Circus, London)

GRAMMATICA

FUTUR (Zukunft)

Das Futur wird nicht für alle Konjugationen gleich gebildet:

a) a- und e-Konjugation → „*bo/bis/bunt*"-Futur b) übrige Konjugationen → „*a/e*"-Futur

	a-Konj.	e-Konj.	kons. Konj.	i-Konj.	Mischkonj.	*esse*	*ire*
Sg.	*amábo*	*monébo*	*míttam*	*aúdiam*	*cápiam*	*éro*	*íbo*
	amábis	*monébis*	*míttes*	*aúdies*	*cápies*	*éris*	*íbis*
	amábit	*monébit*	*míttet*	*aúdiet*	*cápiet*	*érit*	*íbit*
Pl.	*amábimus*	*monébimus*	*mittémus*	*audiémus*	*capiémus*	*érimus*	*íbimus*
	amábitis	*monébitis*	*mittétis*	*audiétis*	*capiétis*	*éritis*	*íbitis*
	amábunt	*monébunt*	*míttent*	*aúdient*	*cápient*	*érunt*	*íbunt*

NOTA BENE!
Während das „*bo/bis/bunt*"-Futur normalerweise leicht zu erkennen ist (es sei denn, du verwechselst es mit dem *-ba-* des Imperfekts), besteht beim „*a/e*"-Futur die Verwechslungsgefahr mit dem Präsens der e-Konjugation:

- *mittes* (konsonantische Konjugation) → *Futur* („du wirst schicken")
- *habes* (e-Konjugation) → *Präsens* („du hast")

Steht in einem Hauptsatz Futur, muss im lateinischen Gliedsatz bei Gleichzeitigkeit ebenfalls Futur stehen (sog. „**Parallelfutur**"):

Gaudebo, si venies. (Futur!)
= „Ich werde mich freuen, wenn du kommst." (Im Deutschen Präsens!)

FUTURUM EXACTUM (Vorzukunft)

Das Futur Exakt (Futur 2, Vorzukunft) drückt eine Handlung aus, die **vor einer anderen zukünftigen Handlung** stattfinden wird:

Si mihi malum dederis, nemo te fortitudine superabit.

= „Wenn du mir den Apfel gegeben haben wirst (gibst*), wird dich niemand an Tapferkeit übertreffen."
(→ Zuerst wird er ihr den Apfel geben, danach wird er der Tapferste sein.)

* Die wörtliche Übersetzung des Futur Exakt ist im Deutschen unüblich, stattdessen wird meist das **Präsens** oder **Perfekt** verwendet!

Bildung:
Das Futurum Exactum wird vom Perfektstamm (!) gebildet und hat folgende Endungen:

	a-Konj.	e-Konj.	kons. Konj.	i-Konj.	Mischkonj.	*esse*	*ire*
Sg.	*amávero*	*monúero*	*mísero*	*audívero*	*cépero*	*fúero*	*íero*
	amáveris	*monúeris*	*míseris*	*audíveris*	*céperis*	*fúeris*	*íeris*
	amáverit	*monúerit*	*míserit*	*audíverit*	*céperit*	*fúerit*	*íerit*
Pl.	*amavérimus*	*monuérimus*	*misérimus*	*audivérimus*	*cepérimus*	*fuérimus*	*iérimus*
	amavéritis	*monuéritis*	*miséritis*	*audivéritis*	*cepéritis*	*fuéritis*	*iéritis*
	amáverint	*monúerint*	*míserint*	*audíverint*	*céperint*	*fúerint*	*íerint*

DIE ZEITEN (Zusammenfassung)

Plqpf. → Perfekt[1]/ Imperfekt[2] → Präsens → Futur Exakt[3] → Futur

1) Das Perfekt drückt eine **einmalige Handlung** in der Vergangenheit aus (im Dt.: meist Präteritum!).
2) Das Imperfekt drückt eine **länger andauernde** oder **wiederholte** Handlung aus.
3) Das Futur Exakt wird im Deutschen als **Präsens** oder **Perfekt** wiedergegeben.

EXERCITATIONES

I. Setze ins Futur:

1. certant: ______________________
2. neglego: ______________________
3. monetis: ______________________
4. vivit: ______________________
5. ambulo: ______________________
6. gerunt: ______________________
7. itis: ______________________
8. sunt: ______________________
9. fers: ______________________

II. Setze in alle Zeiten (Futur, Imperfekt, Perfekt, Plusquamperfekt und Futur exakt):

1. mandant 2. decernis 3. habet 4. adestis

III. Übersetze:

Daedalus Icaro dixit: „Minos nos semper patria prohibebit. Nisi mox consilium prudens capiam, patriam non iam videbo. Alas[1] faciam, quibus per caelum fugere poterimus. Iter, quod faciemus, difficillimum erit. Tamen hoc facere audebimus. Si per caelum fugiemus, milites regis nos capere non poterunt. Praeterea iam in tuto[2] erimus, cum Minos fugam[3] nostram intellexerit. At sole te prohibe! Si enim soli appropinquabis, alas[1] amittes et in mare cades."

1 **ala**,-ae f.: „Flügel"; 2 **tutum**,-i n.: „Sicherheit"; 3 **fuga**,-ae f.: „Flucht"

IV. Ordne die folgenden Verbalformen nach den fünf Zeiten und übersetze:

movimus, parent, ponebam, poterunt, vicerit, potuerant, restiteris, iungetis, sederatis, dederimus, statuisti, poterant, solvet, clausit, potuerunt, placueras, tangebant, deletis, eram, timuerat, augent, potuerint, deliges, agimus

V. Welches Prädikat ist das richtige? Übersetze auch!

1. Cicero ad Catilinam: „Si Roma *exieras / exieris / exis*, nos omnes timore magno liberabis."
2. Cassius et Brutus, quem Caesar ut filium *amabat / amabit / amavit*, eius caedem decreverunt.
3. Theseus omnes liberos, quos parentes ei magna cum cura *mandabant / mandaverant / mandaverunt*, iterum in patriam duxit.
4. Caesar secum cogitat: „Si totam Galliam *occupaveram / occupavero / occupo*, gloria mea maxima erit."
5. Spartacus multis Gallis persuasit: „Si vos quoque in exercitu servorum *pugnabatis / pugnabitis / pugnatis*, Romanos vincere poterimus."
6. Tantalus, quia facinus atrocissimum *commiserat / commisit / committebat*, poenam crudelem tolerare debet.

VI. Et Paris et Helena miro[1] modo[2] nati sunt

Hecubae[3], Priami uxori, priusquam Paridem[4] peperit[5], somnium[6] atrocissimum erat. Statim regi omnia, quae viderat, narravit: „In somnio non puerum, sed flammas[7] magnas peperi[5]." Priamus, cui id magnae curae erat, sacerdotem[8] quendam adiit et de hoc somnio interrogavit. Qui respondit: „Filius, quem uxor pariet[5], olim Troiam clade maxima afficiet." Quibus verbis adductus rex decrevit: „Si uxor filium pepererit[5], eum Troia in montes auferam."
Ita Paris diu vitam inter pastores[9], qui eum casu invenerant, agebat.
Helena quoque, Ledae[10] filia, miro[1] modo[2] nata est. Iuppiter enim pater eius erat. Qui, ut iam audivimus, saepe non forma[11] sua, sed forma animalium feminis appropinquabat. Quod autem forma oloris[12] cum Leda convenerat, illa non filiam, sed ovum[13] ingens peperit[5], e quo nonnullis diebus post Helena nata est.

1 **mirus** 3: „seltsam"; 2 **modus**,-i m.: „Art", „Weise"; 3 **Hecuba**,-ae f.: „Hekabe"; 4 **Paris**,-idis m.: „Paris"; 5 **pario** M, peperi: „zur Welt bringen"; 6 **somnium**,-i n.: „Traum"; 7 **flamma**,-ae: „Flamme"; 8 **sacerdos**,-otis m.: „Priester"; 9 **pastor**,-oris m.: „Hirte"; 10 **Leda**,-ae f.: „Leda"; 11 **forma**,-ae f.: „Gestalt"; 12 **olor**,-oris m.: „Schwan"; 13 **ovum**,-i n.: „Ei"

22 DE IRA ACHILLIS[1]

Die Entführung Helenas durch Paris blieb nicht ohne Folgen: Menelaos, der betrogene Ehemann, rief alle Fürsten Griechenlands zu Hilfe und brach mit einem gewaltigen Heer nach Troja auf. Jahrelang belagerten die Griechen die Stadt, konnten sie aber nicht einnehmen. In der folgenden Episode des zehnten und letzten Kriegsjahres spielt Achill, der Tapferste aller Griechen, die Hauptrolle.

Iam diu Graeci **moenia alta** oppugnabant. Quamquam fortiter pugnabant, tamen **Troianos**, qui oppidum summa vi defendebant, vincere non potuerunt. Decimo autem anno Achilles[1], qui semper fortius quam ceteri Graeci pugnaverat, iratus proeliis se **abstinebat**. Agamemnon enim, qui summum **imperium** exercitus Graeci **obtinebat**, Achilli[1] servam pulcherrimam, quam ille maxime amabat, abstulerat.

Quodam die, dum Achilles solus in castris est, Troiani exercitum Graecum pugna vicerunt. Postquam multos Graecos interfecerunt, etiam castra eorum occupare et **incendere** coeperunt. Tum Patroclus, Achillis amicus, illum his verbis adiit: „Nisi mihi arma tua dederis, Troiani nos certe superabunt!“

Ubi Achilles amico arma dedit, ille his armis indutus[2] celeriter in proelium contendit. Troiani, quod eum Achillem **putaverunt**, metu adducti fugerunt. At Hector[3], filius Priami regis fortissimus, cum Patroclo pugnare non timuit eumque pugna acerrima interfecit. Quae res

? Wie kann man das Demonstrativpronomen *his* (Z. 14) im folgenden Satz noch übersetzen:

Patroclus Achillem his verbis adiit: [...] =
1. Patroklos wandte sich mit diesen Worten an Achill: [...]
2. Patroklos wandte sich mit ______________ Worten an Achill: [...]

Achilli magno dolori erat; diu flebat, priusquam proelio iterum **interesse** constituit. Atrocissime pugnavit: Non solum **complures** hostes crudeliter **cecidit**, sed etiam Hectorem ipsum occidit. Neque iram **deposuit**, sed Hectoris corpus **equis** iterum et iterum per pulverem[4] **traxit**. Denique Priamus rex ipse in castra venit, ubi **magis precibus** quam **auro** animum Achillis movit. Itaque ei filium mortuum secum Troiam ferre licuit.

Troiani, postquam Hectorem sepeliverunt[5], iterum pugnare coeperunt. Quo in proelio Paris, **frater** Hectoris, Achillem interfecit: Auxilio **Apollinis** dei sagittam[6] in calcem[7] Achillis coniecit[8].

1 **Achilles**,-is m.: „Achill“
2 **indutus** 3: „bekleidet“
3 **Hector**,-oris m.: „Hektor“
4 **pulvis**,-eris m.: „Staub“
5 **sepelio** 4,-ivi: „bestatten“
6 **sagitta**,-ae f.: „Pfeil“
7 **calx**, calcis f.: „Ferse“
8 **conicio** M, conieci: „schießen“

DE GRAECIS

Die „homerische Frage“

Die Geschichte vom Trojanischen Krieg, genauer gesagt dessen zehntes, letztes Kriegsjahr, wird in dem berühmten Heldenepos ***Ilias*** (Ilion = Troja) beschrieben. Als dessen Verfasser gilt **Homer** (griech. *Hómeros*), der älteste griechische Dichter. Das zweite Epos, das ihm zugeschrieben wird, ist die ***Odyssee*** (Irrfahrten des Odysseus nach dem Untergang Trojas), das so wie die *Ilias* 24 Bücher umfasst.

Die Person des Homer hat die Wissenschaftler jahrhundertelang vor viele Rätsel gestellt:

- War Homer, wie überliefert ist, blind? Möglicherweise könnte diese Ansicht auch auf eine falsche Deutung seines Namens (*ho mé horón* = „der nicht Sehende“) zurückgehen.
- Wann lebte Homer? Nach dem heutigen Stand der Wissenschaft in der 2. Hälfte des 8. Jh. v. Chr.
- Wo wurde Homer geboren? Neben der griechischen Insel Chios beanspruchten auch einige kleinasiatische Städte (u. a. Smyrna und Kolophon) diese Ehre für sich.
- Ist Homer tatsächlich der Autor von *Ilias* und *Odyssee* oder gab es zwei oder mehr verschiedene Autoren? Grundlage dieser Überlegungen ist, dass die beiden Werke zwar in der Antike Homer zugeschrieben wurden, bei näherer Betrachtung aber große Unterschiede aufweisen.
- Wurden *Ilias* und *Odyssee zunächst* mündlich durch fahrende Sänger (Rhapsoden) überliefert und erst

VOCABULARIUM

ira,-ae f.	Zorn	*ital. + span. ira; vgl. iratus/a/um =*
moenia, moenium n. (Pl.)	(Stadt-)Mauern	
altus/a/um	hoch; tief	*ital. + span. alto*
Troiani,-orum m.	die Trojaner	
abstineo,-es, abstinére 2, abstinui	(sich) fernhalten (von)	*aus: ab- und tenere; vgl. abstinent =*
imperium,-i n.	Befehl; Herrschaft; Reich	*engl. empire, frz. empire; vgl. Imperialismus =*
obtineo,-es, obtinére 2, obtinui	innehaben, besitzen	*engl. obtain =*
incendo,-is, incéndere 3, incendi	anzünden	
puto,-as, putáre 1, putavi	glauben; halten für	*(siehe Grammatica)*
intérsum,-es, interesse, intérfui	beiwohnen, teilnehmen (an)	*vgl. Interesse*
complures (m.+ f.), **complura** (n.)	mehrere	*↔ plurimi/ae/a = „die meisten"*
caedo,-is, cáedere 3, cecídi	töten	*vgl. caedes,-is =*
depono,-is, depónere 3, deposui	ablegen	*vgl. deponieren, Deponie*
equus,-i m.	Pferd	
traho,-is, tráhere 3, traxi	ziehen	*vgl. Traktor, subtrahieren („unten wegziehen")*
magis	mehr	*vgl. magister!*
preces, precum f. (Pl.)	Bitten	*vgl. ital. pregare*
aurum,-i n.	Gold	*chem. Zeichen für Gold = Au*
frater, fratris m.	Bruder	*frz. frère, ital. fratello*
Apollo, Apóllinis m.	Apoll	*griech.-röm. Gott der Weissagekunst (Delphi!); siehe S. 154f.*

LATEIN IM ALLTAG

Citius, altius, fortius

„Schneller, höher, weiter" – das ist das Motto der Olympischen Spiele. Pierre de Coubertin, der 1896 die antiken Spiele wieder aufleben ließ, formulierte diesen Spruch.

? Was ist die eigentliche Bedeutung von *fortius*?

Achillesferse

Da ihn seine Mutter Thetis als Kind in heiliges Feuer gehalten hatte, war Achill – mit Ausnahme der Ferse – am ganzen Körper unverwundbar.

? a) Was versteht man heute unter einer „Achillesferse"?
b) Auch zwei andere gängige Begriffe gehen auf antike Erzählungen zurück, die du schon kennengelernt hast: Worauf lassen sich die Ausdrücke „Leitfaden" und „Zankapfel" zurückführen?

später schriftlich fixiert? Einigermaßen sicher ist, dass die *Ilias* um 730 v. Chr. und die *Odyssee* zirka 20 Jahre später entstand.

- Gab es den Kampf um Troja wirklich? Vermutlich wurde Troja tatsächlich um 1200 v. Chr. von den Mykenern, als deren König in der *Ilias* Agamemnon genannt wird, zerstört. Das bedeutet aber, dass zwischen dem Kampf um Troja und der Entstehung der *Ilias* fast 500 Jahre lagen!

Trotz vieler ungelöster Fragen steht aber fest, dass Homers Werk auch heute noch zu den Klassikern der Weltliteratur zählt: Das Nachrichtenmagazin *profil* befragte 2001 zirka 10.000 Österreicherinnen und Österreicher nach ihren Lieblingsbüchern – dabei landete die ***Odyssee*** (hinter Goethes *Faust*, Shakespeares *Hamlet* und der Bibel) auf Platz vier.

Im Jahr 2004 war der Film „Troja" einer der größten Erfolge in Österreichs Kinos. Die Hauptrolle des Achill spielte der Hollywood-Star Brad Pitt.

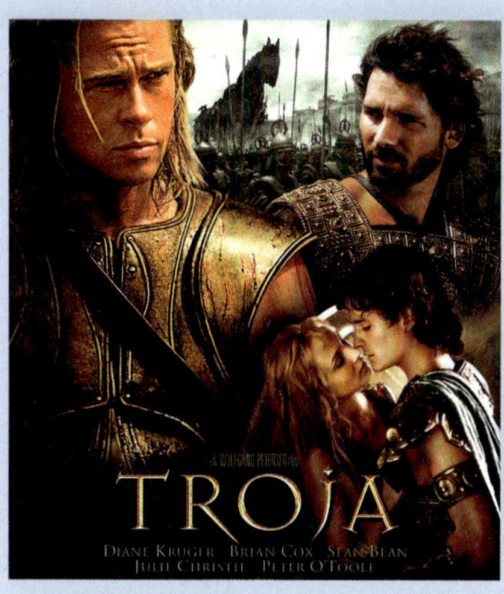

Filmplakat (USA, 2004)

GRAMMATICA

ADVERBIA (Umstandswörter)

Aus Adjektiva können auch Adverbia gebildet werden. Ein Adverb bestimmt, wie der Name sagt (*ad verbum* = „zum Verb"), ein Zeitwort näher. Es hat im Lateinischen (im Gegensatz zum Deutschen!) eine eigene (nicht deklinierbare) Form* und steht auf die Frage „**auf welche Weise?**".

Graeci fortiter pugnabant. = „Die Griechen kämpften tapfer." (→ auf welche Weise kämpften sie?)

* vgl. im Englischen die Silbe *-ly: quick* → *quickly*

1) Adverbbildung in der Grundstufe

In der Grundstufe hängt die Bildung des Adverbs von der Deklination ab, zu der das Adjektiv gehört:

	ADJEKTIV	ADVERB
Adj. der **a-/o-Dekl.** → *-e*	*certus, certa, certum* *pulcher, pulchra, pulchrum*	→ *certe* („sicher") → *pulchre* („schön")
Adj. der **3. Dekl.** → *-iter*	*fortis, forte* *atrox, atrocis* *celer, celeris, celere*	→ *fortiter* („tapfer") → *atrociter* („wild") → *celeriter* („schnell")
Adj. auf *-ns* → *-nter*	*prudens, prudentis*	→ *prudenter* („klug")

NOTA BENE!
Beachte folgende Ausnahmen:
bonus → ***bene***, *facilis* → ***facile***

2) Steigerung des Adverbs

Im Komparativ und Superlativ sind die Adverbendungen für alle Adjektiva dieselben:

a) **Komparativ**: Stamm der Grundstufe + *-ius*

*cert**ius*** („sicherer"), *pulchr**ius*** („schöner"), *fort**ius*** („tapferer"), *atroc**ius*** („wilder"), *facil**ius*** („leichter") etc.

*Achilles fort**ius** pugnavit quam ceteri Graeci.* = „Achill kämpfte tapferer als die übrigen Griechen."

? Mit welcher Form ist das Adverb im Komparativ identisch?

b) **Superlativ**: Superlativstamm + *-e*

*cert**issime*** („am sichersten"), *pulch**errime*** („am schönsten"), *fort**issime*** („am tapfersten"), *atroc**issime*** („am wildesten"), *fac**illime*** („am leichtesten")

*Achilles fort**issime** pugnavit.* = „Achill kämpfte am tapfersten (sehr tapfer)."

DOPPELTER AKKUSATIV

Manche Verba können mit zwei Akkusativen verbunden sein und haben dann eine eigene Bedeutung:

- ***putare*** (eigtl. „glauben") + doppelter Akkusativ = **„halten ... für"**
  Troiani Patroclum Achillem putaverunt. = „Die Trojaner hielten Patroklus für Achill."
- ***dicere*** (eigtl. „sagen") + doppelter Akkusativ = **„nennen"**
  Quintus Iuliam amicam dicit. = „Quintus nennt Julia eine Freundin."
- ***vocare*** (eigtl. „rufen") + doppelter Akkusativ = **„nennen"**
  Iulia Quintum non amicum vocat. = „Julia nennt Quintus nicht einen Freund."

EXERCITATIONES

I. Bilde zu den folgenden Adjektiva die Adverbia:

1. crudelis: ______________________
2. magnificus: ______________________
3. pessimus: ______________________
4. brevis: ______________________
5. facilior: ______________________
6. clarus: ______________________
7. melior: ______________________

II. Welche der folgenden Formen sind Adverbia, welche Adjektiva und welche können beides sein? Lege eine Tabelle an!

acre – longe – honestius – breve – diviti – peius – celerrime – atrociter – pulchrius – difficile – altiora – parvus – improbe – male – bene – miseriorum – laetior – minus

III. Übersetze:

1. Omnes cives Romulum, qui iam diu prudenter regnat, regem bonum putant.
2. Paris, quod ei praemium Veneris maxime placuit, eam deam pulcherrimam dixit.
3. Menelaos, quod Paridem virum honestum putabat, uxorem fidei eius mandavit.
4. Caesar Cleopatram, postquam eius fratrem vicit, reginam fecit.
5. Multi homines Caesarem, quia omnia bella prudenter gessit, imperatorem optimum dicunt.

IV. Setze in den folgenden Sätzen die Adjektiva und Adverbia in den Komparativ und Superlativ:

1. Imperator milites fortiter pugnare iussit.
2. Etiam discipuli prudentes non semper prudenter respondent.
3. Tuam vocem pulchram facile cognoscimus.
4. Iuliam discipulam bonam putamus.

V. Setze die richtige Form des Adjektivs oder das Adverb (in der Grundstufe) in die Sätze ein und übersetze:

1. Vercingetorix statim omnes viros ______________________ ad concilium convocavit. (nobilis)
2. Quod Orpheus ______________________ cecinit, Proserpina ei uxorem reddidit. (pulcher)
3. Priusquam magister intravit, discipuli ______________________ certaverunt. (acer)
4. Nuntii regis, quia iis equi ______________________ erant, iam tribus horis post Romam venerunt. (celer)
5. Illa verba ______________________ didicisti, Gai! (bonus)
6. Achilles Hectorem superavit, quamquam ille ______________________ pugnabat. (fortis)

VI. Thetis[1] Achillem occultat[2]

Thetis, Achillis mater[3], olim ab oraculo[4] audiverat: „Si filius tuus bello Troiano intererit, hostes eum interficient." Nonnullis annis post Agamemnon bellum contra Troianos paravit et viros totius Graeciae cogere coepit. Quae ubi Thetis audivit, celeriter filium ad se vocavit dixitque: „Magno in periculo eris, mi fili, nisi bello te abstinebis. Propera ad Lycomedem[5] regem, qui te inter filias suas occultabit[2]. Ita omnes te virginem putabunt neque Troiam ibis, ubi mors te exspectat." Itaque Achilles, ille vir fortissimus, veste[6] mulierum indutus[7] inter filias regis se occultabat[2]. At Ulixes[8], quem Agamemnon Achillem quaerere iusserat, Thetide[1] prudentior erat. Nam filiis Lycomedis complura dona pulcherrima tulit, inter quae etiam arma erant. Haec dona Ulixes[8] media in domo posuit, deinde autem, dum virgines magno cum gaudio ea spectant, amicum quendam signa canere[9] iussit. Virgines celerrime fugerunt, Achilles autem statim arma cepit. Ita omnes virum inter virgines facillime cognoverunt.

1 **Thetis**,-idis f.: „Thetis"; 2 **occulto** 1,-avi: „verstecken"; 3 **mater**,-tris f.: „Mutter"; 4 **oraculum**-i n.: „Orakel"; 5 **Lycomedes**,-is m.: „Lykomedes" (König von Skyros); 6 **vestis**,-is f.: „Gewand"; 7 **indutus** 3: „bekleidet"; 8 **Ulixes**,-is m.: „Odysseus"; 9 **signa canere**: „zum Angriff blasen"

23 DE EQUO TROIANO

Nach Achills Tod unternahmen die Griechen noch weitere, zunächst vergebliche Versuche, Troja zu erobern.

Tum **Ulixes**, vir prudentissimus Graecorum, intellexit: „**Etsi** fortissime pugnabimus, moenia altissima ac **firmissima** tamen **numquam** superabimus. Oppidum non nisi dolo[1] expugnare poterimus." Itaque consilium prudens cepit: Ingens equus ligneus[2] aedificatus est, in quo nonnulli viri fortissimi **inclusi** sunt. Deinde Graeci, postquam hunc equum ante oppidi portas statuerunt, navibus insulam vicinam[3] petiverunt. Troiani, ubi castra a Graecis relicta conspexerunt, oppido exierunt et equum in litore invenerunt.

Tum Sinon, quem Graeci solum reliquerant, **apparuit** iisque narravit: „Graeci me dis immolare[4] in animo habebant. Paene necatus sum, sed fugere potui et me sub hoc equo occultavi[5]. Equus donum Minervae est. Quem si **intra** moenia posueritis, dea vobis semper **favebit**."

Quod his verbis Troianis persuadere potuit, equus magno cum clamore ad oppidum tractus est. Ibi, quia equus portis maior erat, Troiani partem moenium diruerunt[6]. Ita equum in oppidum trahere et in **arce** statuere potuerunt.

Deinde Troiani **victoriam** multo **vino celebraverunt**. At paucis horis post, dum **universi** vino fessi[7] somno[8] se dant, Graeci inclusi equo exierunt. Auxilio ceterorum Graecorum, qui **interea** clam ab insula **redierant** et porta **aperta** oppidum intraverant, multa aedificia incenderunt. Troiani frustra se defendere studuerunt: Plurimi eorum crudeliter necati sunt, oppidum autem **flammis consumptum** est.

? Beantworte die folgenden Aussagen zum Text mit RICHTIG oder FALSCH:

	R/F
1. Die Griechen ziehen sich auf eine Insel zurück und lassen Sinon zurück.	
2. Sinon belügt die Trojaner.	
3. Die Griechen trinken sich Mut an, bevor sie das Pferd verlassen.	

1 **dolus**,-i m.: „List"
2 **ligneus** 3: „hölzern"
3 **vicinus** 3: „benachbart"
4 **immolo** 1: „opfern"
5 **occulto** 1: „verstecken"
6 **diruo** 3,-rui,-rutum: „einreißen"
7 **fessus** 3: „müde"
8 **somnus**,-i m.: „Schlaf"

DE GRAECIS

Troja

Der trojanische Krieg beruht auf historischen Grundlagen. Vermutlich zwischen 1250 und 1200 v. Chr. haben die griechischen Mykener die kleinasiatische Stadt Troja (griech. *Ilion*) zerstört. Lange Zeit wusste man nicht, wo sich Troja tatsächlich befunden hatte. Erst **Heinrich Schliemann** (1822–1890), ein deutscher Kaufmann, der alle seine Ersparnisse für sein Hobby, die Archäologie, verwendete, konnte die Lage der antiken Stadt bestimmen. Im Gegensatz zu seinen Vorgängern nahm er nämlich die Landschaftsbeschreibungen Homers für bare Münze und fand so, gewissermaßen mit der Ilias in der Hand, die Reste der sagenumwobenen Stadt.

Nachbildung des trojanischen Pferdes aus dem Film „Troja" (2004)

VOCABULARIUM

Ab dieser Lektion findest du im Vokabular bei den Verben statt 2. Pers. Präs. und Infinitiv nur mehr die entsprechende Ziffer bzw. den Buchstaben angegeben: **1** = a-Konjugation, **2** = e-Konj., **3** = konsonantische Konj., **4** = i-Konj., **M** = Mischkonj. (vgl. Seite 36). Als letzte Form ist immer das Partizip Perfekt Passiv (PPP) angeführt.

Troianus/a/um	trojanisch	↔ *Troiani,-orum =*
Ulixes, Ulixis m.	Odysseus	*vgl. James Joyces Roman „Ulysses"*
etsi	wenn auch, obwohl	
firmus/a/um	stark	*vgl. Firmung = „Stärkung"*
numquam	niemals	
includo 3, inclusi, inclusum	einschließen	*vgl. inkludieren; inklusive*
appareo 2, apparui, —	erscheinen	*engl. appear, ital. apparire, span. aparecer*
intra (+ Akk.)	innerhalb	*vgl. intravenös, intramuskulär etc.*
faveo 2, favi, fautum (+ Dat.)	begünstigen, fördern	*vgl. favorisieren*
arx, arcis f.	Burg	↔ *ars, artis =*
victoria,-ae f.	Sieg	*engl. victory, frz. victoire, ital. vittoria, span. victoria*
vinum,-i n.	Wein	*frz. vin, ital. + span. vino*
celebro 1,-avi,-atum	feiern	*vgl. zelebrieren, engl. celebrities*
universi/ae/a	alle (zusammen)	*ital. universale; vgl. universal, Universum*
interea	inzwischen	*aus: inter + ea =*
redeo,-is,-ire, redii, reditum	zurückkehren	↔ *reddo 3, reddidi, redditum =*
aperio 4, aperui, apertum	öffnen	*frz. ouvrir, ital. aprire, span. abrir; vgl. Aperitif*
flamma,-ae f.	Flamme	*ital. fiamma (fiammifero = Streichholz)*
consumo 3, consumpsi, consumptum	vernichten; verbrauchen	*vgl. konsumieren, Konsument, Konsum*

VOKABELLERN-TIPP

1) Ab diesem Stück stehen im *Vocabularium* die kompletten Stammformen der Verben. Da in einem Text meistens nicht ausgerechnet die 1. Person Sg. Präsens vorkommt, sondern sehr oft eine Perfektstammform, ist es wichtig, dass du immer erkennst, von welchem Wort diese Formen abgeleitet sind: z.B. *fautum* → von *faveo* etc. Lass dich also von Zeit zu Zeit die PPP-Formen abfragen und gib zu ihnen jeweils den Präsensstamm und die Bedeutung an!

2) Wiederhole die Verba, die du bisher gelernt hast, und präge dir das PPP dazu ein. Du findest die Formen in der Liste auf Seite 197 f. zusammengestellt.

LATEIN IM ALLTAG

Ein Großteil der aus dem Lateinischen stammenden Fremdwörter ist nicht vom Präsens-, sondern vom Perfektstamm abgeleitet: z.B. Konvent (Zusammenkunft) → von *conventum* (PPP von *convenire*).

? Auf welche lateinischen Verba könnten die folgenden Fremdwörter zurückgehen?

Affekt = ______________________

Advent = ______________________

Motor = ______________________

Intellekt = ______________________

Datum = ______________________

Relikt = ______________________

Danaer-Geschenk

Eng verbunden mit dem Trojanischen Pferd ist der Begriff „Danaer-Geschenk". In Vergils Epos Äneis warnt der trojanische Priester **Laokoon** (vgl. Text S. 105) seine Landsleute davor, das Pferd in die Stadt zu ziehen, und zwar mit den Worten: „Was auch immer es ist, ich fürchte die Danaer (= Griechen), auch wenn sie Geschenke bringen". (lat.: *Quidquid id est, timeo Danaos et dona ferentes*). Da er recht behalten hat, ist ein Danaer-Geschenk also ein Unheil bringendes Geschenk.

Computer-„Trojaner"

Der Begriff „Trojanisches Pferd" bzw. „Trojaner" hat übrigens auch in die **Computersprache** Eingang gefunden: So wird ein Virus bezeichnet, das sich über ein E-Mail-Attachment oder Freewaredateien in einen Computer einschleust und dort spionieren kann. Trojaner verbergen listenreich ihre Anwesenheit und versenden unbemerkt Kreditkarteninfos, Passwörter und Codes an den Absender.

GRAMMATICA

PARTIZIP PERFEKT PASSIV (PPP)

Das PPP ist die letzte Stammform. Dieses Partizip (Mittelwort) wird folgendermaßen gebildet:

	Präsensstamm (vgl. S. 36)	Perfektstamm aktiv (vgl. S. 64)	Partizip Perfekt passiv
a-Konjugation:	*amo,-as, amáre*	*amav-i*	*-atus/a/um* (*amátus 3*)
e-Konjugation:	*moneo,-es, monére*	*monu-i*	*-itus/a/um* (*mónitus 3*)
konsonant. Konj.:	*mitto,-is, míttere*	*mis-i*	verschieden (z.B. *missus 3*)
i-Konjugation:	*audio,-is, audíre*	*audiv-i*	*-ítus/a/um* (*audítus 3*)
Mischkonjugation:	*capio,-is, cápere*	*cep-i*	verschieden (z.B. *captus 3*)

Das PPP dekliniert wie ein Adjektiv der a-/o-Deklination und passt sich dem Geschlecht und der Zahl des Nomens an, mit dem es übereingestimmt ist:

Gaius amatus est. *Iulia amata est.* *Gaius et Quintus amati sunt.*

Das PPP ist **passiv** und **vorzeitig**. Es wird wie das deutsche Mittelwort der Vergangenheit übersetzt:
amatus = „geliebt" (= „einer, der geliebt worden ist")

Verwendung: Das PPP wird verwendet:

a) als **Adjektiv**: *Graeci inclusi* = „die eingeschlossenen Griechen"
b) zur Bildung der **passiven Perfektstammformen** (siehe unten)
c) als **Nomen**: *inclusi* = „die Eingeschlossenen"

PASSIVE PERFEKTSTAMMFORMEN

Alle Formen des passiven Perfektstammes (Perfekt passiv, Plqpf. passiv und Futur Exakt passiv) setzen sich aus **zwei Teilen** zusammen: aus dem **PPP** und einer Form von *esse*.

		a-Konj.	e-Konj.	kons. Konj.	i-Konj.	Mischkonj.	+ Form von *esse*
Perfekt passiv	Sg.	*amatus 3**	*monitus 3*	*missus 3*	*auditus 3*	*captus 3*	*sum* *es* *est*
	Pl.	*amati 3**	*moniti 3*	*missi 3*	*auditi 3*	*capti 3*	*sumus* *estis* *sunt*
Plqpf. passiv	Sg.	*amatus 3*	*monitus 3*	*missus 3*	*auditus 3*	*captus 3*	*eram* *eras* *erat*
	Pl.	*amati 3*	*moniti 3*	*missi 3*	*auditi 3*	*capti 3*	*eramus* *eratis* *erant*
Futur Exakt passiv	Sg.	*amatus 3*	*monitus 3*	*missus 3*	*auditus 3*	*captus 3*	*ero* *eris* *erit*
	Pl.	*amati 3*	*moniti 3*	*missi 3*	*auditi 3*	*capti 3*	*erimus* *eritis* *erunt*

Übersetzungsbeispiele:

- *amatus est* = „er ist geliebt worden" (Perfekt)
- *amati estis* = „ihr seid geliebt worden" (Perfekt)
- *amatus erat* = „er war geliebt worden" (Plqpf.)
- *amata est* = „sie ist geliebt worden" (Perfekt)
- *amatum est* = „es ist geliebt worden" (Perfekt)
- *amata erat* = „sie war geliebt worden" (Plqpf.)

* Die Ziffer 3 steht im Sg. für die Endungen *-us/a/um*, im Pl. für *-i/ae/a*.

EXERCITATIONES

I. Übersetze:

1. urbis defensae: ______________________
2. homines puniti: ______________________
3. domui aedificatae: ______________________
4. montes ascensos: ______________________
5. locum occupatum: ______________________
6. urbem incensam: ______________________
7. tempus actum: ______________________

II. Bilde das Partizip der angegebenen Verba , setze es im richtigen Fall ein und übersetze:

1. Paris cum muliere ____________ celerrime domum navigavit. (rapio)
2. Orpheus, quod caput verterat, uxorem ____________ iterum amisit. (amo)
3. Octavianus imperator Cleopatram __________ Romam ferre constituerat. (vinco)
4. Incolae urbis ____________________ iam diu auxilia exspectant. (oppugno)

III. Setze ins Passiv:

1. inclusit: ______________________
2. traxeram: ______________________
3. liberavimus: ______________________
4. neglexerant: ______________________
5. tetigistis: ______________________

IV. Setze die folgenden Sätze ins Passiv!

Bsp.: Magister discipulos laudavit.
Discipuli a magistro laudati sunt.

1. Omnes haec verba improba legerunt.
2. Iulia amicas semper adiuvit.
3. Claudia amicos diu exspectavit.
4. Gaius fratrem parvum domi reliquit.
5. Quis hunc librum pulcherrimum scripsit[1]?
6. Magister discipulis pensum magnum dedit.

1 **scribo** 3, scripsi, scriptum: „schreiben“

V. Verbinde die Satzhälften und übersetze:

1. Isti pueri iam diu in schola …
2. Vos cum parentibus in foro …
3. Maritus apud amicam …
4. Haec animalia Romae numquam …
5. Claudia cum amico novo …
6. Tu quoque nocte ibi …
7. Opus pulchrius numquam …

a) visa est. b) visa sunt. c) visus est. d) visi non sunt. e) visi estis. f) visa es. g) visum est.

VI. Was machten die Griechen alles vor Troja? Bei den folgenden Infinitiven sind leider die Buchstaben durcheinandergeraten.

1. garepun ______________________
2. arecert ______________________
3. meraa ______________________
4. brorlaae ______________________
5. redoimr ______________________
6. ebreib ______________________

VII. De amore miserrimo

Postquam Hector, vir fortissimus, interfectus est, spes[1] victoriae apud Troianos minima erat. Tum autem magnus exercitus apparuit. Nam Amazones[2], ille populus mulierum fortissimarum, Troianis inclusis auxilio venire constituerant. Magno cum gaudio Amazones ad regem ductae sunt, ubi ad earum honorem cena magnifica parata est. Postero[3] die copiae Amazonum et Troianorum iam hora prima oppidum reliquerunt ac castra Graecorum adierunt. Qui, ubi hostes animadverterunt, celerrime arma ceperunt et se summa vi defendebant. Amazones fortiter pugnabant, fortissima autem omnium erat earum regina nomine Penthesileia. Complures Graecos interfecit, deinde ad Achillem quoque venit. Qui hastam[4], quae a Penthesileia iacta erat, vidit et se celeriter scuto[5] defendit. Tum ipse hastam[4] iecit reginamque vulnere gravissimo[6] affecit. Paene mortua de equo in manus Achillis cecidit. Qui tum sub galea[7] mulierem pulcherrimam conspexit et amore maximo captus est. Sed paulo post Penthesileia in eius manibus e vita cessit.

1 **spes**,-ei f.: „Hoffnung“; 2 **Amazones**,-um f.: „Amazonen“; 3 **posterus** 3: „ der nächste“; 4 **hasta**,-ae f.: „Speer“; 5 **scutum**,-i n.: „Schild“; 6 **gravis**,-e: „schwer“; 7 **galea**,-ae f.: „Helm“

24 DE CASSANDRA

Eine besonders tragische Gestalt unter den Trojanern war Kassandra, die Tochter des Königs Priamos. Weil sie Apoll, den Gott der Weissagekunst, nicht erhört hatte, wurde sie von ihm mit einer außergewöhnlichen Strafe belegt.

Apollo deus, quod Cassandrae amorem sibi conciliare[1] **voluit**, eam his verbis adiit: „Virgo pulcherrima, visne mecum venire? Tibi donum magnum dabo: Omnes res futuras videre poteris!" Hoc donum Cassandrae placuit. Quis enim res futuras scire **non vult**? Itaque primo amorem **verum** simulavit[2]. Deinde autem, postquam donum a deo **promissum** accepit, deo gaudia **sperata praebere** noluit. Magna erat Apollinis ira. Quod autem id, quod promiserat, revocare[3] non potuit, dixit: „**Scientiam** rerum futurarum quidem habes, sed ea tibi magno **usui** non erit. Etsi semper **veritatem** dices, tamen homines tuis verbis numquam **credent**."

Inde Troiani verba Cassandrae neglegebant. Postquam Helena a Paride rapta et in patriam ducta est, Cassandra monuit: „Ista mulier nobis magno periculo erit! Oppidum enim nostrum **ardere** video." At Troianis persuadere non potuit. Decem annis post, dum Troiani equum ligneum[4] illum in oppidum trahunt, Cassandra iterum non **tacuit**: „Nolite equum in oppidum trahere!", clamavit, „Equus perniciem[5] nostram secum fert. Hac nocte nos omnes **interibimus**!" Iterum eius vox a Troianis neglecta est. Cassandra autem non **erravit**: Troia a Graecis incensa est plurimique Troianorum interfecti sunt. Cassandra ipsa e templo Minervae, ubi manibus **sublatis** auxilium **orabat**, rapta et stuprata[6] est. Deinde serva Agamemnonis[7] in Graeciam ducta est.

? Fasse den Inhalt der Zeilen 1–14 mit eigenen Worten in max. vier Sätzen zusammen!

1 **concilio** 1: „gewinnen"
2 **simulo** 1: „vortäuschen"
3 **revoco** 1: „rückgängig machen"
4 **ligneus** 3: „hölzern"
5 **pernicies**,-ei f.: „Untergang"
6 **stupro** 1: „vergewaltigen"
7 **Agamemnon**,-onis m.: „Agamemnon" (Heerführer der Griechen, König von Mykene)

DE GRAECIS

Kassandra

Kassandra ist eine der tragischsten Figuren des trojanischen Krieges. Nicht nur, dass wegen der Strafe Apolls keiner mehr ihren Prophezeiungen glaubte – sie selbst erlitt auch ein grausames Schicksal. Nachdem sie bei der Eroberung Trojas im Minerva-Tempel von dem Griechen Ajax vergewaltigt worden war, fiel sie bei der Verteilung der Siegesbeute dem Agamemnon zu und musste ihm als Sklavin in seine Heimat folgen. Dort wurden die beiden von Agamemnons Gattin Klytaimnestra ermordet. Heute noch versteht man unter einem „Kassandraruf" eine Unheil verheißende Warnung, auf die niemand hört.

akg-images/Nimatallah

Laokoon

Der Priester Laokoon (siehe Text auf Seite 105) hat ebenfalls wegen seiner nicht gehörten Warnungen traurige Berühmtheit erlangt. Als er die Trojaner davon zu überzeugen versuchte, das von den Griechen zurückgelassene Pferd nicht in die Stadt zu ziehen, wurde er gemeinsam mit seinen zwei Söhnen von einem Schlangenpaar getötet. Die Trojaner sahen darin die Bestätigung, dass Laokoon die Unwahrheit gesprochen hatte.

Der Tod der Kassandra (Vasenmalerei, 5. Jh. v. Chr.)

VOCABULARIUM

volo, vis, velle, volui —	wollen	*(siehe Grammatica); frz. vouloir, ital. volere*
nolo, non vis, nolle, nolui —	nicht wollen	*(siehe Grammatica)*
verus/a/um	wahr, echt	*frz. vrai, ital. vero, span. verdadero*
promitto 3, promisi, promissum	versprechen	*engl. promise, frz. promettre, ital. promettere, span. prometer*
spero 1,-avi,-atum	hoffen, erhoffen	*frz. espérer, ital. sperare, span. esperar*
praebeo 2,-ui,-itum	bieten, anbieten	
scientia,-ae f.	Wissen, Kenntnis	*vgl. scire; engl. science, frz. science, ital. scienza, span. ciencia*
usus, usus m.	Nutzen; Gebrauch	*engl. use, frz. utilité; vgl. „es ist Usus" =*
usui esse	nützlich sein	*wörtl. (vgl. S. 88) =*
veritas, veritatis f.	Wahrheit	*frz. verité, ital. verità, span. verdad; (siehe auch Kasten unten!)*
credo 3, credidi, creditum	glauben	*ital. credere; vgl. das Credo, Kredit (Gläubiger!)*
inde	von da an; von dort	
ardeo 2, arsi, —	brennen	*vgl. ital. ardente, span. ardiente = brennend*
taceo 2,-ui , —	schweigen	*frz. taire, ital. tacere*
intereo,-is,-ire, interii, interitum	sterben, untergehen	
erro 1,-avi,-atum	(sich) irren	*ital. errare; vgl. engl. error*
tollo 3, sústuli, sublatum	aufheben, (er)heben	
oro 1,-avi,-atum	bitten; beten	*ital. orare, span. orar; vgl. Oratorium*
auxilium orare	Hilfe erbitten	

PROVERBIUM

In vino veritas

„Im Wein (liegt) die Wahrheit" bedeutet dieses Sprichwort. Man versteht darunter, dass Alkoholgenuss die Zunge lockert – ein Betrunkener sagt also meist die Wahrheit und plaudert Geheimnisse aus.

? Dieses Logo hat übrigens nichts mit Wein-, sondern mit „Lern-Genuss" zu tun. Wofür steht es?

VER1TAS

LATEIN IM ALLTAG

Ora et labora

„Bete und arbeite" ist das Motto der Benediktiner. Dieser erste europäische Mönchsorden wurde im 6. Jh. n. Chr. vom heiligen Benedikt von Nursia in Monte Cassino (Italien) gegründet und widmete sich besonders der Landwirtschaft und der Kultivierung neuer Gebiete. Die Betonung bei diesem Wahlspruch liegt also auf dem zweiten Teil: Nicht nur das Beten, sondern auch die praktische Arbeit steht im Vordergrund. In Österreich gibt es mehrere Benediktinerklöster, z.B. in Göttweig, Melk, Altenburg, Kremsmünster, Seitenstetten, Michaelbeuern, Admont und St. Paul im Lavanttal.

Tatsächlich musste er aber gerade deswegen sterben, weil er die Wahrheit gesagt hatte: Die Götter hatten nämlich zuvor beschlossen, dass die Griechen nun endlich die Stadt erobern sollten. Eine der bedeutendsten Skulpturen der Antike aus dem 1. Jh. n. Chr. zeigt den Todeskampf des Laokoon und seiner Söhne mit den beiden Schlangen.
Der Dichter Vergil (70–19 v. Chr.) beschreibt die Szene folgendermaßen (Äneis 2, 213 ff.):

„... zuerst um die Söhne / legt sich das Schlangenpaar, um die beiden kindlichen Leiber / ringelt es sich und zernagt – o Jammer! – die Glieder mit Bissen. / Ihn dann ergreifen sie selbst, da zur Hilfe er naht mit den Speeren, / schlingen um ihn ihre Leiber, die übergewaltigen, und schon / zweimal die Mitte umfassend, am Hals die schuppigen Rücken / zweimal geschlungen, so ragen sie hoch mit Haupt und mit Nacken."

Vergil (Übers. Wilhelm Plankl); Aeneis: Verlag Philipp Reclam jun., Ditzingen S. 36

Laokoon-Gruppe (Vatikan, 1. Jh. n. Chr.)

GRAMMATICA

VELLE/NOLLE („wollen"/„nicht wollen")

Die Modalverba *velle* („wollen") und *nolle* („nicht wollen") werden im Präsensstamm unregelmäßig abgewandelt.

Präs. Sg. 1.P.	*volo*	*nolo*
2.P.	*vis*	*non vis*
3.P.	*vult*	*non vult*
Pl. 1.P.	*volumus*	*nolumus*
2.P.	*vultis*	*non vultis*
3.P.	*volunt*	*nolunt*
Infinitiv	*velle*	*nolle*
Imperativ	–	*noli!/nolíte!**

* *noli(te)* wird verwendet, um ein Verbot an die 2. P. auszudrücken (siehe unten).

NOTA BENE!
vis ist doppeldeutig:

a) 2.P. Sg. Präsens von ***velle*** = „du willst"
b) Nom. Sg. von ***vis, vim, vi*** (→ S. 63)
= „die Kraft"

Die Formen der übrigen Zeiten sind regelmäßig:

Futur		Imperfekt		Perfekt		Plusquamperfekt		Futur exakt	
volam	*nolam*	*volebam*	*nolebam*	*volui*	*nolui*	*volueram*	*nolueram*	*voluero*	*noluero*
voles	*noles*	*volebas*	*nolebas*	*voluisti*	*noluisti*	*volueras*	*nolueras*	*volueris*	*nolueris*
↓	↓	↓	↓	↓	↓	↓	↓	↓	↓
volent	*nolent*	*volebant*	*nolebant*	*voluérunt*	*noluérunt*	*volúerant*	*nolúerant*	*volúerint*	*nolúerint*

VERBOT MIT *NOLI* + INFINITIV

Im Lateinischen kann das Verbot nicht durch die Verneinung des Imperativs (z.B. *Non trahe!*) ausgedrückt werden. Eine der Möglichkeiten, das Verbot zu umschreiben, ist die Verwendung von ***noli*** (Sg.) bzw. ***nolíte*** (Pl.) mit einem **Infinitiv**:

Sg.: ***Noli** equum in oppidum **trahere**!* = „**Zieh** das Pferd **nicht** in die Stadt!"
(wörtl.: „Wolle das Pferd nicht in die Stadt ziehen!")
Pl.: ***Nolite** equum in oppidum **trahere***! = „**Zieht** das Pferd **nicht** in die Stadt!"
(wörtl.: „Wollet das Pferd nicht in die Stadt ziehen!")

TIPP: Diese Art des Verbots kannst du dir leicht mithilfe zweier bekannter lateinischer Sprüche merken:

- ***Noli me tangere!*** = „Berühr mich nicht!" soll Jesus nach seiner Auferstehung zu Maria Magdalena gesagt haben. *Nolimetangere* ist heute auch noch die Bezeichnung für die Pflanzengattung der Mimosen, die bei leisester Berührung ihre Blätter zusammenklappen.
- ***Noli turbare circulos meos!*** = „(Zer-)Störe meine Kreise nicht!" waren angeblich die letzten Worte des Archimedes, als ein römischer Soldat bei der Eroberung der sizilianischen Stadt Syrakus die in den Sand gezeichneten geometrischen Figuren des berühmten Mathematikers verwischen wollte. Erbost über diese Provokation tötete der Römer Archimedes. Heute wird dieser Spruch im übertragenen Sinn verwendet: „Lass mich in Ruhe!"

EXERCITATIONES

I. Setze die Formen von „volo“ oder „nolo“ (im Präsens) ein und übersetze:

Parentes, qui ante meridiem ambulare __________, e filiis quaerunt: „__________-ne nunc nobiscum ambulare, Gai et Marce?“ Gaius, qui cum parentibus ambulare __________, celeriter librum Graecum aperit respondetque: „Libenter vobiscum ambulare __________, sed difficillima verba Graeca discere debeo.“
Marcus quoque, qui nunc dormire __________, hoc solum respondet: „________.“ At pater iratus clamat: „Quamquam __________, tamen nunc nobiscum venies! Dormire nocte poteras!“ Ita parentes paulo post cum Marco ambulant, dum Gaius domi bene dormit.

II. Verwandle die Befehle in Verbote und übersetze:

Bsp.: Intrate! – Nolite intrare!

1. Legite hunc librum!
2. Omnes homines improbos puta!
3. Diu apud amicos mane multumque vini bibe!
4. Omnibus credite!
5. Mox redi!

III. Übersetze:

Gaius ad Quintum, qui multis verbis magnam Cleopatrae pulchritudinem laudaverat, dixit: „Cleopatram basiare[1] iterum volo.“ – „Cur dicis ‚iterum‘? Visne me illudere[2]? Num eam iam antea basiavisti?“, amicus interrogavit. – „Minime, sed iam antea volui“, ei responsum est.

1 **basio** 1: „küssen“; 2 **illudo** 3: „verspotten“

IV. Setze die angegebenen Partizipia an der richtigen Stelle ein und übersetze:

deleto – expugnatum – incensae – missae – occisi – promissum – raptae

Paris e tribus deis, quae ei a Iove __________ erant, pulcherrimam deligere debuit. Postquam Venerem pulcherrimam dixit, Spartam contendit, unde[1] Helenam, praemium ______________, domum duxit. At Menelaus, maritus mulieris __________, exercitum paravit et cum eo Troiam navigavit. Post decem annos hoc oppidum postremo ______________ est. Domus __________________ et plurimi incolarum __________ sunt. Pauci homines ex oppido __________ fugere potuerunt.

1 **unde**: „woher“, „von wo“

V. De Laocoontis[1] verbis neglectis

Postquam Graeci navibus quandam insulam petiverunt, Troiani equum relictum invenerunt, qui summa arte aedificatus erat. Quia hunc equum donum deorum putabant, eum in oppidum trahere voluerunt. Tum Laocoon sacerdos[2] ex oppido appropinquavit clamavitque: „O miseri! Hoc donum certe periculum magnum secum fert, sive hic equus viros inclusos continet sive alius dolus[3] ab Ulixe inventus est.“ Deinde hastam[4] in equum iecit.

Paulo post, dum Laocoon in litore taurum immolat[5], subito duo serpentes[6] ingentes e mari apparuerunt. Homines convocati spectaculum crudele viderunt: Serpentes celeriter Laocoontis filios parvos adierunt atque corpora eorum implicaverunt[7]. Laocoon statim pueris comprehensis auxilio venit, sed mox ipse implicatus[7] est. Ita sacerdos[2] eiusque filii crudeliter necati sunt. Troiani territi deinde dixerunt: „Ii serpentes[6] a d(e)is missi sunt, quod Laocoon hastam[4] in illum equum iecerat.“ Deinde equum in oppidum traxerunt.

1 **Laocoon**,-ontis m.: „Laokoon“; 2 **sacerdos**,-otis m.: „Priester“; 3 **dolus**,-i m.: „List“; 4 **hasta**,-ae f. „Speer“; 5 **immolo** 1: „opfern“; 6 **serpens**,-entis m./f.: „Schlange“; 7 **implico** 1: „umschlingen“

25 DE ULIXE

Nach dem Fall Trojas brachen die griechischen Helden wieder in ihre Heimat auf. Besonders für Odysseus sollte diese Fahrt keine Vergnügungsreise sein: Zehn Jahre lang irrte er auf den Meeren umher, wobei er immer wieder neue Abenteuer bestehen musste – eines davon auf der Insel der Zyklopen, der einäugigen Riesen.

Apud Homerum[1] **poetam** legimus Ulixem cum sociis in quadam insula ad speluncam[2] **pervenisse**. Graeci, quamquam Cyclopem[3] ibi habitare sciebant, tamen speluncam[2] **inierunt**. Paulo post autem Cyclops ille, cui erat nomen Polyphemus, cum ovibus[4] rediit **exitum**que clausit. Ubi Graecos conspexit, statim duos ex iis necavit editque[5].

Ulixes, quod exitum saxo ingenti clausum esse intellexerat, amicis dixit: „Solum auxilio Polyphemi speluncam[2] relinquere possumus. Nos dolum[6] adhibere[7] necesse est." Itaque Ulixes Cyclopem adiit eique vinum **dulce**, quod **forte** secum habuit, dedit.

Ille magno cum gaudio bibit, deinde plus vini ab Ulixe **postulavit**. Quod ubi accepit, Polyphemus dixit: „**Gratias** tibi **ago**. Quia mihi vinum dedisti, te ultimum interficiam. Visne mihi nomen tuum dicere?" Ulixes, ille vir prudentissimus, respondit: „Mihi nomen est Nemo."

Tandem Polyphemus vini **plenus** dormiebat. Celeriter Ulixes cum amicis magnum truncum[8] ex **igne sumpsit** et Polyphemi oculum, qui erat media in **fronte**, exussit[9].

Polyphemus magna voce ceteros Cyclopes auxilio vocavit; iterum atque iterum clamabat neminem[10] se **laesisse**. Cyclopes **vero** convocati, quod illa verba audiverant, dixerunt: „Polyphemum adiuvare non possumus – eum insanum[11] esse **constat**!"

Postero die Polyphemus saxum iterum abstulit. Quia lumine[12] caruit, oves[4], quae speluncam[2] relinquebant, manibus **diligenter** tetigit. Ita nemo nisi oves[4] exire potuit. Iterum prudentia Ulixis Graecis **profuit**: Se et amicos sub ovibus[4] alligavit[13]. Ita Polyphemus viros speluncam[2] relinquere non animadvertit.

? Welche Übersetzung ist die beste? Erstelle eine Rangliste von 1. bis 3.!

Polyphemus vini plenus dormiebat. (Z. 20) =	
Polyphem schlief vom Wein betrunken ein.	
Polyphem schlief des Weines voll ein.	
Polyphem schlief voll mit Wein ein.	

1 **Homerus**,-i m.: „Homer"
2 **spelunca**,-ae f.: „Höhle"
3 **Cyclops**,-opis m.: „der Zyklop"
4 **ovis**,-is f.: „Schaf"
5 **edo** 3, edi, esum: „essen"
6 **dolus**,-i m.: „List"
7 **adhibeo** 2,-hibui,-hibitum: „anwenden"
8 **truncus**,-i m.: „Holzpfahl"
9 **exuro** 3,-ussi,-ustum: „ausbrennen"
10 **neminem**: Akk. zu „nemo"
11 **insanus** 3: „verrückt"
12 **lumen**,-inis n.: „Augenlicht"
13 **alligo** 1: „anbinden"

DE GRAECIS

Der erste Weltreisende

Die in Homers Epos „Odyssee" besungenen Irrfahrten haben der Forschung seit der Antike viele Rätsel aufgegeben. Abgesehen vom Ausgangspunkt Troja und vom Ziel, der Insel Ithaka, ist fast jede Station des berühmten Seefahrers bis heute heiß umstritten. Über 80 Theorien, mitunter auch absurde, wurden aufgestellt: Ihnen zufolge soll Odysseus nicht nur bis Irland oder zum Polarkreis gelangt sein, sondern sogar Afrika bzw. die ganze Welt umsegelt haben. Erst 1959 haben zwei Deutsche, die Brüder Armin und Hans-Helmut Wolf, eine interessante Theorie aufgestellt: Sie nahmen Ho-

VOCABULARIUM

E-Book AUDIO Vokabeltraining

poeta,-ae m.	Dichter	*Poet; frz. poète, ital. + span. poeta*
pervenio 4,-veni,-ventum	kommen, gelangen	*wörtl. =*
ineo,-is,-ire, inii, initum	hineingehen, betreten	*vgl. initiieren, Initiative, Initialen*
exitus,-us m.	Ausgang; Ende, Tod	*engl. exit*
dulcis/e	süß	*frz. doux/douce, ital. dolce, span. dulce*
forte (Adv.)	zufällig	↔ *fortis/e =*
postulo 1,-avi,-atum	fordern	*vgl. postulieren, Postulat =*
gratia,-ae f.	Dank	*vgl. gratis: „um den (bloßen) Dank"; ital. grazie, span. gracias*
gratias agere	danken	
tandem	endlich, schließlich	*= postremo, denique*
plenus/a/um (+ Gen.)	voll (mit/von)	*frz. plein, ital. pieno, span. lleno*
ignis, ignis m.	Feuer	
sumo 3, sumpsi, sumptum	nehmen	*vgl. consumo 3 =*
frons, frontis f.	Stirn	*ital. fronte, span. frente; vgl. Front, frontal, Konfrontation*
laedo 3, laesi, laesum	verletzen	*vgl. lädiert =*
vero	aber	↔ *verus/a/um =*
constat, constitit (+ ACI)	es steht fest (dass)	*vgl. konstant, Konstante*
posterus/a/um	folgend	
diligens (m./f./n.), diligentis (2.F.)	sorgfältig, genau	*engl. diligent, ital. + span. diligente*
prosum, prodes, prodesse, profui	nützen	

PROVERBIUM

Plenus venter non studet libenter.

„Ein voller Bauch studiert nicht gern." Diese pädagogische Weisheit solltest du dir auch als **Lerntipp** merken: Nach dem Essen ist eine (Lern-)Pause angesagt! Dass dieser lateinische Spruch nicht aus der Antike, sondern aus dem Mittelalter stammt, ist übrigens daran zu erkennen, dass er gereimt ist. Das war in der antiken lateinischen Literatur nicht üblich.

LATEIN UND DIE ROMANISCHEN SPRACHEN (I)

Wie du wahrscheinlich bemerkt hast, sind viele lateinische Wörter mit geringen Veränderungen ins Französische, Spanische und Italienische übergegangen. Abgesehen davon, dass du die Bedeutung dieser Wörter leicht erkennen kannst, hast du noch einen weiteren praktischen Nutzen: Das **Geschlecht** der lateinischen Substantiva blieb in den romanischen Sprachen großteils erhalten*. Ausnahme sind **neutrale** Wörter: Sie wurden im Französischen, Italienischen und Spanischen maskulin. Einige Beispiele:

LATEINISCH		FRANZÖSISCH	ITALIENISCH	SPANISCH
poeta m.	→	***le** poète*	***il** poeta*	***el** poeta*
amor m.	→	***l'** amour (m.)*	***l'**amore (m.)*	***el** amor*
occasio f.	→	***l'**occasion (f.)*	***l'**occasione (f.)*	***la** ocasión*
veritas f.	→	***la** verité*	***la** verità*	***la** verdad*
vinum n.	→	***le** vin*	***il** vino*	***el** vino*
tempus n.	→	***le** temps*	***il** tempo*	***el** tiempo*

* Fast 100-prozentig gilt diese Faustregel für das Italienische und Spanische; im Französischen gibt es auch Abweichungen (z. B. lat. *frons* fem. → frz. ***le** front*, lat. *dolor* mask. → frz. ***la** douleur*).

mer (wie schon Heinrich Schliemann, der Entdecker Trojas, vgl. Seite 98) wörtlich und lasen die Odyssee wie ein Logbuch. Demgemäß habe Odysseus nur 45 Tage und Nächte auf See verbracht, was während des Rests der zehn Jahre an Land passiert sei, gehöre in den Bereich der Dichtung. Die Reise habe Odysseus bis in die Randzone der damaligen Welt geführt – nach Tunesien, Malta und Sizilien, aber sicher nicht nach Irland, Norwegen oder Kuba.

Blendung des Polyphem: Rekonstruktion der Statuengruppe von Sperlonga nach Andreae (1999; Antikenmuseum in der Kunstsammlung der Ruhr-Universität Bochum)

GRAMMATICA

INFINITIV PERFEKT

Die Perfektinfinitive werden vom Perfektstamm gebildet:
- Infinitiv Perfekt Aktiv: aktiver Perfektstamm + *-isse*
- Infinitiv Perfekt Passiv: passiver Perfektstamm (PPP) + *esse*

	Infinitiv Perfekt aktiv	Infinitiv Perfekt passiv
a-Konjugation:	*amav-ísse* „geliebt (zu) haben"	*amátum* esse* „geliebt worden (zu) sein"
e-Konjugation:	*monu-ísse* „ermahnt (zu) haben"	*mónitum* esse* „ermahnt worden (zu) sein"
konsonant. Konj.:	*mis-ísse* „geschickt (zu) haben"	*missum* esse* „geschickt worden (zu) sein"
i-Konjugation:	*audiv-ísse* „gehört (zu) haben"	*audítum* esse* „gehört worden (zu) sein"
Mischkonjugation:	*cep-ísse* „gefangen (zu) haben"	*captum* esse* „gefangen worden (zu) sein"

* Der passive Perfektinfinitiv wird im Akkusativ angegeben, da er fast ausschließlich im ACI (siehe unten) vorkommt: *amatum esse* steht hier also für *amatum/am/um esse* (Sg.) bzw. *amatos/as/a esse* (Pl.).

ACCUSATIVUS CUM INFINITIVO (ACI)

Der ACI ist ein aus einem Akkusativ und einem Infinitiv bestehender Satzteil, der im Deutschen meistens **nicht wörtlich übersetzt** werden kann, sondern zu einem „dass"-Satz umgeformt wird:

*Legimus **Ulixem** ad speluncam **pervenisse**.*
(wörtl.: „Wir lesen Odysseus zu einer Höhle gekommen zu sein.")
= „Wir lesen, **dass Odysseus** zu einer Höhle **gekommen ist**."

Wie du aus diesem Beispiel siehst, wird der lateinische Akkusativ im Deutschen zum Subjekt („**Subjektsakkusativ**") und der Infinitiv zum Prädikat des „dass"-Satzes:

lat. ACI:		Subjektsakkusativ	Infinitiv
↓		↓	↓
dt. Gliedsatz:	„dass" +	Nominativ	Prädikat

Der **Infinitiv** drückt im ACI keine bestimmte Zeit, sondern ein **Zeitverhältnis** aus:

Inf. Präsens → gleichzeitig:	*Scio Iuliam venire.*	„Ich weiß, dass Julia kommt."
	Scivi Iuliam venire.	„Ich wusste, dass Julia kam."
Inf. Perfekt → vorzeitig:	*Scio Iuliam venisse.*	„Ich weiß, dass Julia gekommen ist."
	Scivi Iuliam venisse.	„Ich wusste, dass Julia gekommen war."

Bei der Übersetzung des Infinitivs musst du also immer die Zeit **des übergeordneten Verbums** mitberücksichtigen!

NOTA BENE!
Das Reflexivpronomen ***se*** wird als Subjektsakkusativ im ACI mit „**dass er**" bzw. „**dass sie**" (je nach dem Subjekt im Hauptsatz) übersetzt:

*Ulixes intellexit **se** ad speluncam Polyphemi pervenisse.*
= „Odysseus erkannte, dass **er** zur Höhle des Polyphem gekommen war."

*Graeci intellexerunt **se** ad speluncam Polyphemi pervenisse.*
= „Die Griechen erkannten, dass **sie** zur Höhle des Polyphem gekommen waren."

EXERCITATIONES

I. Bilde die Infinitive Perfekt aktiv und passiv:

1. laedere: ______________________
2. augere: ______________________
3. parare: ______________________
4. tangere: ______________________
5. punire: ______________________
6. tollere: ______________________

II. Unterstreiche den Subjektsakkusativ und den Infinitiv und übersetze:

1. Qui poeta narrat Graecos decem annos summa vi ad Troiam pugnavisse?
2. Audivimus Achillem iratum diu proeliis abstinuisse neque socios adiuvisse.
3. Constat moenia firmissima Troiae decem annos frustra oppugnata esse.
4. Troiani Graecos domum navigare putabant.
5. Constat Troiam, illud oppidum pulcherrimum, olim deletam esse.

III. Achte bei der Übersetzung der folgenden Sätze besonders auf die Reflexivpronomina:

1. Magister clamat se pensa quorundam discipulorum magna cum ira legisse.
2. Gaius et Quintus dicunt se pensa diligentissime fecisse.
3. Magister respondet se pensis eorum minime delectatum esse.
4. Deinde autem intellegit se eadem etiam apud Iuliam legisse.

IV. Setze die folgenden Sätze ins Passiv:

Bsp.: Graeci Troiam incenderunt.
Troia a Graecis incensa est.

1. Dea iuveni mulierem pulcherrimam promisit.
2. Helena navem ascendit.
3. Graeci urbem hostium diu oppugnaverunt.
4. Cassandra Troianos frustra monuit.

V. Forme die (aktiven und passiven!) Sätze aus Übung IV jeweils zu einem ACI (abhängig von „legimus") um!

Bsp.: Graecos Troiam incendisse legimus.
Troiam a Graecis incensam esse legimus.

VI. Was könnten die angegebenen Personen am Abend über ihren Tag erzählt haben? Bilde Sätze nach folgendem Muster und übersetze:

Bsp.: Quintus: „Multum didici."
Quintus narrat se multum didicisse.

Sisyphus, Cicero, Achilles, Romulus, Hannibal, Caesar, Cassandra

1. Cives Romani meam orationem audire noluerunt.
2. Vox mea iterum neglecta est.
3. Moenia oppidi novi aedificare coepi.
4. De elephanto maximo cecidi.
5. Veni, vidi, vici.
6. Illud saxum iam paene summo in monte fuit.
7. Serva pulcherrima mihi ablata est.

VII. De carminibus Sirenum[1]

Postquam Troia occupata est, Ulixes diu per maria errabat. Quo in itinere ad insulam Sirenum quoque pervenit. Sirenes, quibus corpus avis[2] et caput virginis erat, in saxo alto sedebant et pulcherrime canere solebant, cum navem appropinquare videbant. Omnes homines, qui ea carmina pulcherrima audiverant, insulam petiverunt. Sciebat autem Ulixes illos insulam numquam reliquisse, sed ibi interisse. Quod haec carmina tamen ipse audire volebat, sociis dixit: „Aures[3] vestras cera[4] occludam[5]. Me autem diligenter in malum[6] constringite[7]! Etiam si postea[8] aliud imperabo, nolite verbis meis parere!" Ita factum est et paulo post Ulixes dulces Sirenum voces audivit. Pulchriora carmina numquam audiverat. Magna voce clamavit: „Me liberate! Auditisne haec carmina? Hoc litus petere debemus!" At viri neque Ulixem neque Sirenes audire poterant et cursum[9] tenebant[10]. Tandem, quia Ulixem voces non iam audire intellexerant, eum liberaverunt. Qui tum sociis gratias egit, quod eius iussa neglexerant.

1 **Sirenes**,-um f.: „die Sirenen"; 2 **avis**,-is f.: „Vogel"; 3 **auris**,-is f.: „Ohr"; 4 **cera**,-ae f.: „Wachs"; 5 **occludo** 3: „verschließen"; 6 **malus**,-i m.: „Mastbaum"; 7 **constringo** 3: „festbinden"; 8 **postea**: „später"; 9 **cursus**,-us m.: „Kurs"; 10 **teneo** 2: „halten"

26 DE INCENDIO ROMAE

Mit dem Tod des Marcus Antonius endete ein Jahrhundert der Bürgerkriege, gleichzeitig aber auch die römische Republik. Octavian erhielt vom Senat 27 v. Chr. den Ehrentitel Augustus (= „der Erhabene“) und wurde der erste Prinzeps. Während er selbst als Friedenskaiser in die Geschichte einging, gelangten einige seiner Nachfolger zu zweifelhafter Berühmtheit – wie etwa Nero.

Temporibus Neronis[1] **principis** Romae incendium **gravius** atque atrocius quam omnia priora incendia **exstitit**. Apud quosdam **auctores** Romanos legimus urbem igne **vastatam** esse: Magnus **numerus** et **privatorum** et **publicorum** aedificiorum hoc incendio delebatur. Multi homines flammis necabantur. **Fama** autem erat Neronem ipsum auctorem incendii fuisse: Nam apud Tacitum, auctorem clarissimum, legimus principem, dum urbs flammis vastatur, incendium spectavisse et Troiae excidium[2] cecinisse.

Nam ignis, quo urbs vastabatur, principi magno usui erat: Postquam finis incendii factus est, media in urbe domum magnificam sibi aedificavit. Quae domus ingentis **magnitudinis**, quia multo auro **ornata** erat, **postea** Domus Aurea[3] **appellabatur**. Ceterae quoque partes urbis novis aedificiis restitutae[4] sunt. Nero enim gloriae **cupidus** novam Romam **condere** et nomine suo appellare in animo habebat. Tamen, ut scimus, urbs **usque ad** nostrum tempus Roma neque Neropolis appellatur.

Quod fama urbem **iussu** principis incensam esse non decedebat[5], Nero **Christianos**, quorum parvus numerus tum in urbe erat, illius **criminis accusavit**. Multi eorum comprehensi et poenis crudelissimis affecti sunt: Alii crucibus affixi[6] aut bestiis[7] dati sunt. Alii autem incendebantur atque in hortis[8] Neronis[1], quos ille huic spectaculo crudelissimo aperuerat, **quasi** faces[9] noctem illustrabant[10].

? **Analysiere, ob es sich bei den einzelnen Satzteilen um Haupt- (HS) oder Gliedsatz (GS) handelt!**

Textabschnitte (Z. 22–25):	HS / GS
Quod fama urbem iussu principis incensam esse non decedebat,	
Nero Christianos,	
quorum parvus numerus tum in urbe erat,	
illius criminis accusavit.	

1 **Nero**,-onis m.: „Nero“
2 **excidium**,-i n.: „Untergang“
3 **aureus** 3: „golden“
4 **restituo** 3,-ui,-utum: „wiederherstellen“
5 **decedo** 3,-cessi,-cessum: „vergehen“
6 **affigo** 3,-fixi,-fixum: „befestigen“, „schlagen“
7 **bestia**,-ae f.: „wildes Tier“
8 **hortus**,-i m.: „Garten“
9 **fax, facis** f. „Fackel“
10 **illustro** 1: „erhellen“

DE ROMANIS

Die Julisch-Claudischen Kaiser

Nero ist der letzte Vertreter des Julisch-Claudischen Kaiserhauses, das mit dem Prinzipat des Augustus (27 v.–14 n. Chr.) an die Macht gekommen war. Während **Augustus** in seiner über 40-jährigen Regierungszeit durch besonnene Politik für stabile innenpolitische Verhältnisse gesorgt hatte, fielen seine Nachfolger eher durch ihre exzessive Machtausübung auf: **Tiberius** (14–37 n. Chr.), der Stiefsohn des Augustus, galt als düsterer Regent, der sich im Alter verbittert auf die Insel Capri zurückzog (wo heute noch seine Villa besichtigt werden kann). Sein Nachfolger Caius (37–41 n. Chr.), besser bekannt unter seinem Spitznamen **Caligula** („Stiefelchen“), galt als geisteskrank, ruinierte den Staat durch enorme Ausgaben und soll beabsichtigt haben, sein Lieblingspferd *Incitatus* („Heißsporn“) zum Konsul zu machen. Auf ihn folgte sein Onkel **Claudius** (41–54 n. Chr.), der aufgrund diverser körperlicher Behinderungen (Hinken, Sprachfehler) zunächst als Notlösung galt, sich aber letztlich als passabler Herrscher entpuppte. Er wurde allerdings

Nero Claudius Caesar regierte 54 – 68 n. Chr.

VOCABULARIUM

incendium,-i n.	Brand	*frz. incendie, ital. + span. incendio; vgl. incendo 3 =*
princeps, príncipis m.	der Erste; Prinzeps, Kaiser	*vgl. Prinz, der Prinzipat =*
gravis/e	schwer; schwerwiegend	*gravierend, Gravitation; frz. grave, ital. + span. grave*
exsisto 3,-stiti, —	entstehen	*engl. exist, ital. esistere, span. existir; vgl. existieren, Existenz*
auctor, auctoris m.	Autor; Urheber, Anstifter	*frz. auteur, ital. autore, span. autor; vgl. auctoritas,-atis =*
vasto 1,-avi,-atum	verwüsten	*vgl. devastieren =*
numerus,-i m.	Zahl, Anzahl	*Nummer; vgl. Numerus clausus*
privatus/a/um	privat	*frz. privé, ital. privato, span. privado*
publicus/a/um	öffentlich	*vgl. res publica; engl. public; vgl. publizieren =*
fama,-ae f.	Gerücht; Ruf	*ital. + span. fama; vgl. famos =*
fama est	es gibt das Gerücht	
magnitudo, magnitudinis f.	Größe	*frz. magnitude*
orno 1,-avi,-atum	schmücken	*ital. ornare, span. ornar; vgl. Ornament =*
postea (Adv.)	später, danach	↔ *post (+ Akk.) =*
appello 1,-avi,-atum	nennen; rufen	*frz. appeler; vgl. appellieren =*
cupidus/a/um (+ Gen.)	gierig (nach)	*vgl. cupio M = cupiditas,-atis =*
condo 3,-didi,-ditum	gründen	*vgl. ab urbe condita (a. u. c., siehe unten)*
usque ad (Präp. + Akk.)	bis zu	
iussu	auf Befehl	*vgl. iubeo 2, iussi, iussum = , iussum,-i =*
Christiani,-orum m.	die Christen	*frz. chrétiens, ital. cristiani, span. cristianos*
crimen, críminis n.	Verbrechen; Vorwurf	*engl. crime, frz. crime, ital. crimine, span. crimen*
accúso 1,-avi,-atum	anklagen	*engl. accuse, frz. accuser, ital. accusare, span. acusar*
quasi	gleichsam (als), wie	↔ *ital. quasi, span. casi = „fast"!*

LATEIN IM ALLTAG

a.u.c.
Diese Abkürzung spielte für die römische Zeitrechnung eine wichtige Rolle. Die Buchstaben stehen für *ab urbe condita*, was so viel heißt wie „von der Gründung der Stadt (Rom) an". Da die Stadtgründung mit 753 vor Christus festgelegt war, bezeichnete also z.B. die Angabe „im 50. Jahr *a.u.c.*" das Jahr 703 v. Chr.

? a) Wer starb im Jahr 709 *a.u.c.*?
b) Welches Jahr *a.u.c.* schreiben wir jetzt?

LATEIN UND DIE ROMANISCHEN SPRACHEN (II)

Zur Bestätigung der These, dass das Geschlecht von Nomina im Lateinischen und in den romanischen Sprachen fast immer identisch ist (vgl. S. 107), hier einige weitere Beispiele:

? Ergänze die fehlenden Artikel (frz. *le/la*, ital. *il/la, span. el/la*). Beachte, dass neutrale lateinische Wörter maskulin werden!

LATEINISCH		FRANZÖSISCH	ITALIENISCH	SPANISCH
numerus m.	→	___ *numéro*	___ *numero*	___ *número*
auctor m.	→	___ *auteur*	___ *autore*	___ *autor*
crimen n.	→	___ *crime*	___ *crimine*	___ *crimen*
lex f.	→	___ *loi*	___ *legge*	___ *ley*

von seiner machtgierigen vierten Gattin Agrippina durch ein Pilzgericht vergiftet, sodass **Nero**, ihr Sohn aus erster Ehe, an die Macht kam (54–68 n. Chr.). Nero gelangte nicht nur durch den Brand Roms (ob er tatsächlich von Nero veranlasst wurde, ist umstritten) und die damit verbundene Christenverfolgung zu traurigem Ruhm, sondern auch durch seinen Größenwahn: Auf den Trümmern des niedergebrannten Rom ließ er sich die **Domus Aurea** („Goldenes Haus") errichten. Der römische Biograph Sueton berichtet über diesen gigantischen Palast: „Der ganze Bau war so ausgedehnt, dass eine Halle mit drei Säulenreihen in einer Länge von 1,5 km ihn schmückte. Die Speisezimmer hatten Decken aus beweglichen, durchlöcherten Elfenbeinplatten, sodass man von oben über die Gäste Blumen streuen oder Parfüm sprengen konnte. […] Als dieser Palast fertiggestellt war, sagte Nero, jetzt endlich könne er anfangen, wie ein Mensch zu wohnen." *

akg-images/M.G.M/Album

Peter Ustinov als Nero („Quo vadis", 1951)

Die *Domus Aurea* ist ein unbedingtes Muss für jeden Rom-Besuch – sofern sie nicht gerade wegen Restaurierung geschlossen ist.

* Sueton; Nero 31: Übers. aus: Helmut Vretska, Ursula Königshofer Latein in unserer Welt. Tacitus und Plinius. Braumüller, Wien 1992 S. 52 f.

GRAMMATICA

PASSIV IM PRÄSENSSTAMM

Die Passivendungen sind (ebenso wie die Aktivendungen, vgl. Seite 20) im Präsensstamm für alle Konjugationen gleich:

Sg.		Pl.	
1.P.	*-(o)r*	1.P.	*-mur*
2.P.	*-ris*	2.P.	*-mini*
3.P.	*-tur*	3.P.	*-ntur*

Zwischen den Stamm und die Endungen können, ebenfalls wie bei den Aktivformen, noch Bindevokale oder „Zeitzeichen" treten: *-ba-* für das Imperfekt, *-bo-/-be-/-bi-/-bu-* bzw. *-a-/-e-* für das Futur.

	a-Konj.	e-Konj.	kons. Konj.	i-Konj.	Mischkonj.	*ferre*
Präsens	*amor*	*moneor*	*mittor*	*audior*	*capior*	*feror*
	amaris	*moneris*	*mítteris*	*audiris*	*caperis*	*ferris*
	amatur	*monetur*	*mittitur*	*auditur*	*capitur*	*fertur*
	amamur	*monemur*	*mittimur*	*audimur*	*capimur*	*ferimur*
	amamini	*monemini*	*mittimini*	*audimini*	*capimini*	*ferimini*
	amantur	*monentur*	*mittuntur*	*audiuntur*	*capiuntur*	*feruntur*
Futur	*amabor*	*monebor*	*mittar*	*audiar*	*capiar*	*ferar*
	amaberis	*moneberis*	*mittéris*	*audieris*	*capieris*	*fereris*
	amabitur	*monebitur*	*mittetur*	*audietur*	*capietur*	*feretur*
	amabimur	*monebimur*	*mittemur*	*audiemur*	*capiemur*	*feremur*
	amabimini	*monebimini*	*mittemini*	*audiemini*	*capiemini*	*feremini*
	amabuntur	*monebuntur*	*mittentur*	*audientur*	*capientur*	*ferentur*
Imperf.	*amabar*	*monebar*	*mittebar*	*audiebar*	*capiebar*	*ferebar*
	amabaris	*monebaris*	*mittebaris*	*audiebaris*	*capiebaris*	*ferebaris*
	amabatur	*monebatur*	*mittebatur*	*audiebatur*	*capiebatur*	*ferebatur*
	amabamur	*monebamur*	*mittebamur*	*audiebamur*	*capiebamur*	*ferebamur*
	amabamini	*monebamini*	*mittebamini*	*audiebamini*	*capiebamini*	*ferebamini*
	amabantur	*monebantur*	*mittebantur*	*audiebantur*	*capiebantur*	*ferebantur*

NOTA BENE!
Bei der Übersetzung der Passivformen musst du im Deutschen genau auf den Unterschied zum aktiven Futur achten:

- ***audiam*** → Futur aktiv: „ich werde hören"
- ***audior*** → Präsens passiv: „ich werde gehört"
- ***audiar*** → Futur passiv: „ich werde gehört werden"

TIPP: Zur Unterscheidung von Aktiv und Passiv solltest du dir einprägen:

AKTIV: ich tue etwas

PASSIV: mit mir geschieht etwas

EXERCITATIONES

I. Setze ins Passiv:

1. condit: ____________________
2. spectabimus: ____________________
3. cognoscent: ____________________
4. deligebam: ____________________
5. exspecto: ____________________
6. invenient: ____________________
7. laedis: ____________________
8. puniebatis: ____________________
9. reliquit(!): ____________________

II. Übersetze:

1. videbo: ____________________
2. videor: ____________________
3. videbor: ____________________
4. amabimini: ____________________
5. favebimus: ____________________
6. constituitur: ____________________
7. includemur: ____________________

III. Setze die folgenden Sätze ins Passiv! (Der Sinn muss dabei derselbe bleiben.)

1. Incendium ingens urbem vastabat.
2. Homines oppidum iterum aedificabunt.
3. Cives Neronem auctorem incendii appellant.
4. Amici me per oppidum incensum ducunt.

IV. Setze in alle Zeiten:

1. ornatur 2. capior 3. vincuntur 4. videmur

V. Übersetze:

1. Ulixes a Polyphemo interrogatur: „Quomodo appellaris?" Ille respondet: „Nemo appellor!"
2. Ulixes et eius socii, qui a Polyphemo inclusi erant, putabant: „Numquam liberabimur."
3. Nero, qui ipse auctor incendii putabatur, Christianos Romam incendisse dixit.
4. Nocte victoria multo vino celebrabatur, cum subito hostes oppidum intraverunt.
5. Troiani a Cassandra monentur: „Si equum in oppidum traxeritis, omnes occidemur!"
6. Patroclus ab Achille petit: „A Troianis maxime timeris. Si mihi arma tua dederis, hostes maxime terrebo et castris prohibebo."

VI. Unterstreiche das passende Prädikat und übersetze:

1. Si multum didicerimus, certe a magistro *laudabamur / laudabimur / laudamur*.
2. Cur *punior / puniebar / punitus sum*, quamquam hoc facinus non commisi?
3. Nisi clamare desinetis, domum *mittebamini / mittemini / mittimini*.
4. Cur isti adulescentes, qui multos annos lingua Latina *docebantur / docti erant / docti sunt*, has litteras tamen legere non possunt?
5. Tuum scelus atrox certe mox *animadversum est / animadvertetur / animadvertitur*.

VII. De cantatore[1] maximo

Nero, ille princeps gloriae cupidissimus, se ceteros cantatores[1] arte superare putabat. Itaque etiam in theatro eius carmina saepe audiebantur. Ibi Nero, quamquam complures horas canere solebat, tamen homines usque ad finem manere et artem suam maxime laudare videbat. Portae enim theatri antea clausae erant. Praeterea quinque milia iuvenum iussu principis magna voce plaudere[2] debebant. Olim legati[3] cuiusdam civitatis Graecae Romam venerunt et artem Neronis maxime laudaverunt.
Graecis solum veram artis scientiam esse Nero clamavit et legatis promisit: „Omnes Graeci carminibus meis delectabuntur."
Deinde iter in Graeciam fecit, ubi per duos annos multis in oppidis canebat.
Etiam ultimis eius verbis intellegimus Neronem se cantatorem[1] clarissimum putavisse. Quod populus senatusque eius facinora atrocissima non iam tolerabant, principem Roma expulerunt. Qui celerrime fugit, deinde autem, priusquam captus est, se auxilio servi ipsum occidit clamavitque: „Qualis artifex pereo[4]!"

1 **cantator**,-oris m.: „Sänger"; 2 **plaudo** 3: „Beifall rufen"; 3 **legatus**,-i m.: „Gesandter"; 4 **Qualis artifex pereo!**: „Welch ein Künstler stirbt mit mir!"

27 DE MARTYRIO[1] SANCTI PETRI

Während der Christenverfolgung unter Kaiser Nero war auch der Apostel Petrus, der nach dem Tode Jesu in Rom das Evangelium verkündete, in den Kerker geworfen worden. Doch seine Freunde verschafften ihm Gelegenheit zur Flucht.

Ut multi alii Christiani, qui **cultum** deorum antiquorum repudiabant[2], Petrus quoque in carcerem[3] inclusus erat. Quia autem amici ei auxilio venerant, fugere difficillimum non erat. At Petrus liberari noluit. Quamquam socii diu ei persuadere studebant, ille tamen fugere **dubitabat**. Tandem eorum precibus **commotus** Petrus **fugae** se mandare constituit. **Proxima** nocte carcere clam exiit et ex urbe fugit. Iam Via Appia urbis moenia reliquerat, cum **repente** Christus ei **obviam** venire **videbatur**.

Petrus ab eo quaesivit: „**Domine, quo vadis**?" Et Christus respondisse **dicitur**: „Romam eo, ubi iterum crucifigar[4]." Tum Petrus animum flexit[5] clamavitque: „Domine, tecum veniam!" At Christus, postquam Petrus haec verba dixit, iterum in caelum ascendisse dicitur. Tum Petrus multis cum **lacrimis** intellexit: „Christus in me ipso iterum crucifigetur!" Deo gratias egit et cum gaudio in urbem rediit, ubi amicis se Dominum vidisse **rettulit**.

Deinde a militibus Romanis iterum comprehensus et paulo post ad crucem ductus est. Ibi carnificibus[6] dixisse dicitur: „Non licet me **sic** crucifigi[4], ut Christus pro **salute** totius **mundi** e vita cessit. Hoc mortis genere **dignus** non sum. Itaque a vobis peto: Me capite deorsum[7] in cruce figite[8]!" Ita factum est. Iam in cruce fixus[8] Petrus homines, qui aderant et flebant, consolari[9] coepit.

? Beantworte die folgenden Fragen zum Text:

a) Warum konnte Petrus die Flucht ergreifen?

____

b) Was bedeutet der Ausspruch: „Romam eo, ubi iterum crucifigar?"

____

c) Warum lässt sich Petrus mit dem Kopf nach unten kreuzigen?

____

1 **martyrium**,-i n.: „das Martyrium" (Opfertod)
2 **repudio** 1: „verweigern"
3 **carcer**,-eris m.: „Gefängnis"
4 **crucifigo** 3,-fixi,-fixum: „kreuzigen"
5 **flecto** 3, flexi, flexum: „ändern"
6 **carnifex**,-icis m.: „Henker"
7 **deorsum** (Adv.): „nach unten"
8 **figo** 3, fixi, fixum: „befestigen", „schlagen"
9 **consolari** (Inf.): „trösten"

DE ROMANIS

Quo vadis?

Die in dieser Lektion geschilderte Begegnung zwischen Jesus und dem Apostel Petrus geht auf eine mittelalterliche Legende zurück. Berühmt wurde die Episode durch den vor dem Hintergrund der Christenverfolgungen unter Kaiser Nero spielenden Roman „Quo vadis?" des polnischen Literaturnobelpreisträgers Henryk Sienkiewicz. Die gleichnamige Verfilmung mit Peter Ustinov in der Rolle des Nero (1951) wurde ein Kino-Welterfolg (siehe auch S. 111).

Via Appia

Die Redensart „Alle Wege führen nach Rom" weist darauf hin, dass in der Antike alle Straßen Italiens ihren Ausgang von der Hauptstadt nahmen. Deshalb befand sich auch auf dem Forum Roms ein zentraler Meilenstein (*Miliarium Aureum* = „Goldener Meilenstein"), auf dem die Entfernungen in alle Städte Italiens verzeichnet waren. Die „Königin der Straßen" war die Via Appia, benannt nach ihrem Bauherrn, dem Zensor Appius Claudius. Sie führte von Rom über ca. 540 km nach Brindisi und wurde in

Filmplakat (1951)

VOCABULARIUM

sanctus/a/um	heilig	*engl. saint, frz. saint, ital. + span. santo*
cultus, cultus m.	Verehrung	*vgl. Kult*
dubito 1,-avi,-atum	zögern; zweifeln	*engl. doubt, ital. dubitare, span. dudar*
commoveo 2,-movi,-motum	(heftig) bewegen; veranlassen	*vgl. moveo 2 =*
fuga,-ae f.	Flucht	*frz. fuite, ital. fuga; vgl. fugio M, Refugium =*
proximus/a/um	der nächste	*frz. prochain, ital. prossimo, span. próximo*
repente	plötzlich	*= subito; span. de repente*
obviam (Adv.)	entgegen	
videtur (+ NCI)	er/sie/es scheint (zu ...)	*(siehe Grammatica)*
dominus,-i m.	Herr	*vgl. dominieren =*
quo	wohin	*↔ eo =*
vado 3,—	gehen	*vgl. Invasion =*
dicitur (+ NCI)	er/sie/es soll (angeblich)	*(siehe Grammatica)*
lacrima,-ae f.	Träne	*frz. larme, ital. lacrima, span. lágrima*
réfero,-fers,-ferre, réttuli, relátum	berichten	*vgl. referieren; wörtl. =*
sic	so	*= ita, tam*
salus, salutis f.	Heil, Rettung; Gruß	*vgl. salutieren; Salut!*
mundus,-i m.	Welt	*frz. monde, ital. mondo, span. mundo; vgl. Minimundus*
dignus/a/um (+ Abl.)	würdig (+ Gen.)	*ital. degno, frz. digne, span. digno; vgl. engl. dignity =*

LATEIN IM ALLTAG

RE-

Das Präfix (die Vorsilbe) *re-* bedeutet meistens „zurück" oder „wieder". Du begegnest ihm nicht nur im Lateinischen, sondern auch im Französischen, Spanischen und (in der Form *ri-*) im Italienischen. Auch im Deutschen gibt es jede Menge Fremdwörter, die diese Silbe beinhalten:

? Was bedeuten die folgenden Begriffe:

Reformation: ____________________ Renaissance: ____________________

Reflektor: ____________________ renovieren: ____________________

reflexiv: ____________________ Reorganisation: ____________________

Refrain: ____________________ Repetent: ____________________

retour: ____________________ Reaktion: ____________________

Reinkarnation: ____________________ Restaurator: ____________________

? Gib die Bedeutung der folgenden Vokabel an:

reddo = ____________________ relinquo = ____________________

redeo = ____________________ se recipere = ____________________

Die Via Appia bei Rom

der damaligen Standardbreite von 4,10 m angelegt. Noch heute ist an manchen Stellen die Originalpflasterung der *Via Appia Antica* zu sehen. Da es im antiken Rom verboten war, die Toten innerhalb der Stadtmauern zu bestatten, ließen sich viele reiche Römer prunkvolle Gräber entlang der Via Appia errichten. Später kamen zu den heidnischen Gräbern noch die christlichen Katakomben dazu. Ganz am Anfang der Via Appia Antica, wo Petrus auf der Flucht Jesus begegnet sein soll, befindet sich heute die Kirche *Quo Vadis*.

Heiligengeschichten

Die Erzählung vom Martyrium des heiligen Petrus ist ein Beispiel für die so genannte **Hagiographie** (Lebensbeschreibung von Heiligen). Ziel derartiger Schriften war es aufzuzeigen, dass der betreffende Heilige ganz im Dienste Christi lebte. Die Schilderung des Martyriums schlug manchmal ins Komische um: So soll Laurentius, der auf einem Rost gemartert wurde, seine Peiniger dazu aufgefordert haben, ihn umzudrehen, da er auf einer Seite schon durchgebraten sei.

GRAMMATICA

INFINITIV PRÄSENS PASSIV

Der Infinitiv Präsens passiv endet bei der a-, e- und i-Konjugation auf *-ri*, bei den übrigen auf *-i*:

a-Konj.	e-Konj.	kons. Konj.	i-Konj.	Mischkonj.
amári	*monéri*	*mítti*	*audíri*	*cápi*
„geliebt zu werden"	„ermahnt zu werden"	„geschickt zu werden"	„gehört zu werden"	„gefangen zu werden"

NOTA BENE!

mitti = Infinitiv Präsens passiv („geschickt zu werden") ↔ *misi* = Perfekt 1.P. Sg. („ich habe geschickt")
capi = Infinitiv Präsens passiv („gefangen zu werden") ↔ *cepi* = Perfekt 1.P. Sg. („ich habe gefangen")
legi = Infinitiv Präsens passiv („gelesen zu werden") ↔ *legi* = Perfekt 1.P. Sg. („ich habe gelesen")

ÜBERBLICK: ALLE INFINITIVE

	a-Konj.	e-Konj.	kons. Konj.	i-Konj.	Mischkonj.
Präsens aktiv	*amáre*	*monére*	*míttere*	*audíre*	*cápere*
Präsens passiv	*amári*	*monéri*	*mítti*	*audíri*	*cápi*
Perfekt aktiv	*amavísse*	*monuísse*	*misísse*	*audivísse*	*cepísse*
Perfekt passiv	*amátum esse*	*mónitum esse*	*míssum esse*	*audítum esse*	*cáptum esse*

Zum Futur-Infinitiv siehe Seite 132!

NOTA BENE!

Der **Infinitiv Präsens** ist **gleichzeitig**. → Er drückt eine Handlung aus, **die zugleich mit der Haupthandlung** stattfindet.

- gleichzeitig: immer auf der gleichen Stufe:

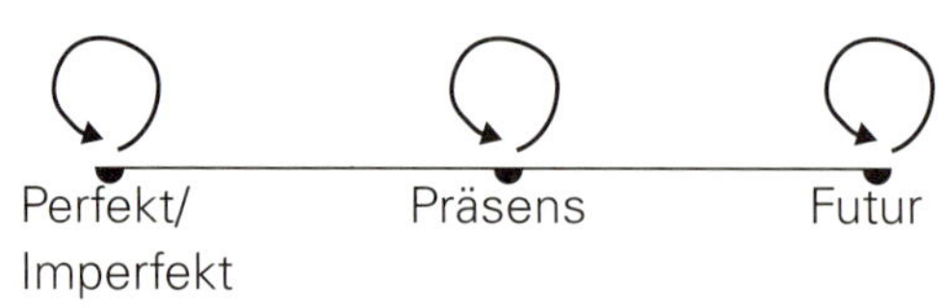

Der **Infinitiv Perfekt** ist **vorzeitig**. → Er drückt eine Handlung aus, die **vor der Haupthandlung** stattgefunden hat.

- vorzeitig: eine Stufe nach links:

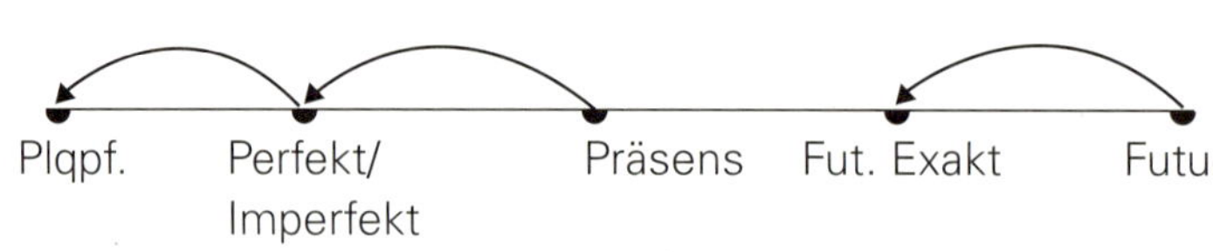

NOMINATIVUS CUM INFINITIVO (NCI)

Bei einigen **Verba** steht **im Passiv** der NCI, die Verbindung eines Nominativs mit einem Infinitiv.
Die beiden wichtigsten dieser Verba sind:

dicitur / dicuntur + NCI = „er/sie/es **soll**" (Sg.) / „sie **sollen**" (Pl.); „man sagt, dass er/sie/es" …
videtur / videntur + NCI = „er/sie/es **scheint**" (Sg.) / „sie **scheinen**" (Pl.); „es scheint, dass er/sie/es" …

Christus respondisse dicitur. = 1) „Christus soll geantwortet haben."
2) „Man sagt, dass Christus geantwortet hat."

Christus ei obviam venire videbatur. = 1) „Christus schien ihm entgegenzukommen."
2) „Es schien, dass Christus ihm entgegenkam."

EXERCITATIONES

I. Bilde alle vier Infinitive zu:

1. do 2. terreo 3. traho 4. refero

II. Übersetze:

1. Iulia cum amico novo visa esse dicitur.
2. Claudia dono meo non delectari videbatur.
3. Ii libri libenter legi dicuntur.
4. Totam noctem non dormivisse videmini.
5. Magister ipse discipulus malus fuisse dicitur.

III. Setze in den NCI (abhängig von dem angegebenen Verb, das du in die richtige Person setzen musst):

Bsp.: Iulia tibi placet. (videtur)
Iulia tibi placere videtur.

1. Amici Claudiae divites sunt. (dicitur)
2. Numquam a magistro laudamur. (videtur)
3. Hoc praemio digni non estis. (videtur)
4. Hunc librum diligenter legistis. (videtur)

IV. Setze in den NCI und ACI (abhängig von „dicitur/dicuntur“ bzw. von „homines dicunt“):

Bsp.: Magna pars urbis deleta est.
Magna pars urbis deleta esse dicitur.
Magnam partem urbis deletam esse homines dicunt.

1. Princeps ipse Romam incendit.
2. Christiani illius criminis accusati sunt.
3. Eiusmodi scelera a Christianis non committuntur.

V. Übersetze:

Magister interrogat: „Quinte, qui vir Graecus prudentissimus fuisse dicitur?“ – „Ulixes prudentissimus dictus est.“ – „Bene!“, magister dicit. „Multum didicisse videris. Et quid Ulixes prudenter egisse dicitur?“ – „Ulixes eam deam deligere debuit, quae ei pulcherrima esse videbatur. Venerem deligere non dubitavit. Illa enim ei Helenam promiserat, quae illo tempore mulier pulcherrima fuisse dicitur.“ – „Prudens mihi videbaris, priusquam haec narravisti!“, magister clamat. „Nam non Ulixes, sed Paris Venerem delegisse dicitur. Praeterea viri, qui nihil nisi mulieres pulchras petunt, prudentia carere videntur.“

VI. Welche Form passt nicht zu den anderen?

1.	2.	3.
☐ vixi	☐ timeri	☐ condi
☐ vixi	☐ moneri	☐ decerni
☐ duci	☐ sceleri	☐ rapi
☐ risi	☐ praeberi	☐ laesi

4.	5.	6.
☐ celeris	☐ vocor	☐ flebimus
☐ videris	☐ ducor	☐ dabimus
☐ tangeris	☐ vincor	☐ bibimus
☐ deligeris	☐ arbor	☐ orabimus

VII. De morte sanctae Barbarae

Barbara virgo pulcherrima fuisse dicitur, quam in matrimonium ducere multi adulescentes cupiebant. Ea autem inter Christianos esse malebat[1]. At eius pater, vir divitissimus, turrim[2] altam aedificari iussit, in quam filiam inclusit. Olim autem Barbara sacerdotem[3] clam ad se vocavit, a quo denique baptizata est[4]. Quod ubi pater intellexit, iratus filiam inclusam necare constituit. At paulo post portas turris[2] apertas esse filiamque fugisse vidit. Ita, quod omnes Christianos a principe supplicio[5] affici sciebat, filiam deos Romanos neglegere nuntiavit[6]. Itaque Barbara a militibus quaerebatur et mox comprehensa est. Dum autem ad carcerem[7] ducitur, in via cerasum[8] vidit, e qua ramum[9] sumpsit et secum portabat. Deinde multis cum lacrimis in carcere[7] mortem exspectabat. Sed repente ille ramus[9] cerasi[8] florere[10] coepit et Barbara intellexit Deum secum esse. Ita sine timore supplicium[5] suscepit[11]. At Barbara non a militibus necata est, sed pater ipse maxima ira commotus virgini caput praecidit[12].

1 **malebat**: „sie wollte lieber“; 2 **turris**,-is f.: „Turm“; 3 **sacerdos**,-otis m.: „Priester“; 4 **baptizo** 1: „taufen“; 5 **supplicium**,-i n.: „Todesstrafe“; 6 **nuntio** 1: „melden“; 7 **carcer**,-eris m.: „Kerker“; 8 **cerasus**,-i f.: „Kirschbaum“; 9 **ramus**,-i m.: „Zweig“; 10 **floreo** 2: „blühen“; 11 **suscipio** M: „auf sich nehmen“; 12 **praecido** 3,-cidi,-cisum: „abschlagen“

28 DE MARCO AURELIO

Etwa hundert Jahre nach Nero regierte Kaiser Mark Aurel, ein gebildeter und besonnener Herrscher, der sich auch als Philosoph betätigte. Da immer wieder fremde Völker ins römische Territorium einfielen, musste er gegen seine Überzeugung einen großen Teil seiner Regierungszeit Kriege führen. Lange Zeit hielt er sich dabei auch im Gebiet des heutigen Österreich auf.

Quod Marcomanni[1] et Quadi[2] saepe Danuvium[3], quo imperium Romanum a Germanis **divisum erat**, transibant[4], Marcus Aurelius contra illas **gentes** bellum gerere statuit. Quas postquam nonnullis proeliis superavit et e finibus Romanis expulit, copias Romanas trans Danuvium[3] in fines Quadorum[2] **traducere** decrevit.

At ibi Marcum Aurelium, qui **adhuc** multa bella **feliciter** gesserat, **fortuna** destituit[5]. Eius copiae enim ab ingenti exercitu Quadorum circumventae sunt. Romani se fortissime defendentes complures quidem hostes interfecerunt, sed Quadi subito se receperunt et **equitibus** suis celerrimis exercitum Romanum incluserunt.

Romani medio in **campo** ab hostibus inclusi magno in periculo erant. **Aestas** erat et iam diu aqua **deerat**. Milites et proelio et sole **fessi** sitim **vix** diutius[6] tolerare potuerunt. Hostium exercitum magnum vincere non potuerunt neque **ulla spes** auxilii erat. Sed quaedam res Marco Aurelio saluti erat: In exercitu eius nonnulli Christiani erant. Imperator, quod Christianos ad

deum suum orantes saepe e periculis servatos esse audiverat, eos id **rogavit**: „Orate ad deum vestrum!" Christiani orare coeperunt auxiliumque **divinum** petiverunt. **Ecce, miraculum accidit**: Nam subito tonuit[7], deinde pluere[8] coepit. Dum Romani cupidissime aquam galeis[9] captam bibunt, multi Quadi fulminibus[10] necati esse dicuntur. Deinde proelium iterum commissum est et Quadi hoc miraculo maxime territi brevi tempore victi sunt.

? Liste alle Verben zum Thema „Kriegsführung" aus dem Text auf (Angabe im Infinitiv, jedes Verb nur einmal)!

1 **Marcomanni**,-orum m.: „die Markomannen" (Volk)
2 **Quadi**,-orum m.: „die Quaden" (Volk)
3 **Danuvius**,-i m.: „Donau"
4 **transeo**,-ire,-ii,-itum: „überqueren"
5 **destituo** 3,-ui,-utum: „im Stich lassen"
6 **diutius**: Komparativ zu diu
7 **tono** 1, tonui: „donnern"
8 **pluere**: „regnen"
9 **galea**,-ae f.: „Helm"
10 **fulmen**,-inis n.: „Blitz"

DE ROMANIS

Marcus Aurelius

Er war einer der wenigen römischen Kaiser, die sich (wenn auch nicht unbedingt freiwillig) im heutigen Österreich aufgehalten haben. Während des sogenannten „Markomannenkrieges" verbrachte er längere Zeit in den Lagern Vindobona und Carnuntum, um persönlich das Kommando zu führen. Daran erinnert heute noch die Marc-Aurel-Straße im 1. Wiener Gemeindebezirk.

Berühmt ist das rechts abgebildete bronzene Reiterstandbild des Mark Aurel. Es befand sich lange Zeit auf dem Kapitolsplatz in Rom, wurde aber nach seiner Restaurierung in das daneben befindliche Museum übersiedelt (auf dem Platz steht nun eine Kopie). Ein Abguss der Statue ist seit 2002 in Tulln an der Donau (NÖ) zu sehen.

Gestorben ist der Kaiser im Jahr 180 n. Chr. möglicherweise in Vindobona.

Österreich in der Römerzeit

Auf dem Boden des heutigen Österreich befanden sich drei römische Provinzen: Pannonien, Noricum und

Mark Aurel-Statue (Rom)

VOCABULARIUM

dívido 3, divisi, divisum	trennen, teilen	*engl. divide; vgl. dividieren, Division*
gens, gentis f.	Volk	*frz. gens, ital. + span. gente = Leute*
traduco 3, traduxi, traductum	hinüberführen	*aus: trans + ducere*
adhuc	bis jetzt; bisher	
felix (m./f./n.), felícis (2.F.)	glücklich, erfolgreich	*ital. felice, span. feliz; vgl. frz. felicité*
fortuna,-ae f.	Glück; Schicksal	*engl. + frz. fortune, ital. + span. fortuna*
eques, équitis m.	Reiter; Ritter	*↔ equus,-i =*
campus,-i m.	Feld	*frz. champ, ital. + span. campo; vgl. Camping, der Uni-Campus*
aestas, aestatis f.	Sommer	*frz. été, ital. estate; ↔ aetas, atis f. =*
desum,-es, deesse, defui	fehlen	*wörtl.: „weg sein"*
fessus/a/um	erschöpft, müde	
vix	kaum	
ullus/a/um (2.F. ullíus)	irgendein(e)	*↔ nullus =*
spes, spei f.	Hoffnung	*frz. espoir, ital. speranza, span. esperanza; vgl. sperare =*
rogo 1,-avi,-atum	bitten; fragen	*vgl. interrogo 1 =*
divinus/a/um	göttlich	*engl. divine, frz. divin, ital. + span. divino; vgl. Diva*
ecce!	siehe!	
miraculum,-i n.	Wunder	*engl. miracle, ital. miracolo; vgl. Mirakel, Miraculix*
áccido 3, áccidi, —	geschehen	*vgl. engl. accident =*

PROVERBIUM

Bella gerant alii, tu, felix Austria, nube!
„Die anderen mögen Kriege führen, du, glückliches Österreich, heirate!" – Dieser Spruch stammt aus der Zeit Kaiser Maximilians I. (1508–1519) und spielt auf die Heiratspolitik der Habsburger an: Sie versuchten ihre Machtstellung oft durch politisch motivierte Heiraten mit anderen Dynastien zu sichern.

LATEIN IM ALLTAG

AEIOU
Diese Abkürzung stellt den Wahlspruch von Kaiser Maximilians Vater Friedrich III. (1452–1493) dar. Er wird verschieden gedeutet: Neben der deutschen Auflösung „Alles Erdreich ist Österreich untertan" gibt es auch zwei lateinische Varianten:

a) *Austria erit in orbe ultima.* = „Österreich wird bis ans Ende der Welt sein (= bestehen)."
b) *Austriae est imperare orbi universo.* = „Österreichs Aufgabe ist es, über die ganze Welt zu herrschen."

Österreich zur Römerzeit

Rätien. Sie bildeten seit dem 1. Jh. n. Chr. die Nordgrenze des Imperium Romanum gegen die Germanen. Grenzfluss war die Donau, entlang der die Römer als zusätzliche Sicherung den sogenannten „Limes" (Grenzwall) errichteten. Die Herrschaft der Römer in unserem Raum dauerte etwa 450 Jahre, bis im 5. Jh. die Germanen im Zuge der Völkerwanderung von Norden her das römische Reich eroberten.

? Versuche mithilfe der Karte folgende Fragen zu beantworten:

- Welche heutigen Bundesländer umfassten die drei römischen Provinzen? (Vgl. die Karte!)
- Welcher Teil Österreichs war nie römisch?
- Um welche Städte handelt es sich bei Lentia, Ovilava, Iuvavum und Brigantium?

GRAMMATICA

PARTIZIP PRÄSENS AKTIV (PPA)

Das Partizip Präsens (1. Mittelwort) wird vom Präsensstamm gebildet und ist an der Silbe *-ns* (1.F. Sg.) bzw. *-nt-* (übrige Fälle) zu erkennen. Es dekliniert wie die Mischstämme (siehe Seite 48):

	Singular		Plural	
	m. + f.	n.	m. + f.	n.
1/5	*amans*		*amantes*	*amantia*
2	*amantis*		*amantium*	
3	*amanti*		*amantibus*	
4	*amantem*	*amans*	*amantes*	*amantia*
6	*amante*		*amantibus*	

Übersetzung:
Das Partizip Präsens ist **aktiv** und **gleichzeitig**:
amans = „liebend" (= „einer, der liebt"); „ein Liebender"

Verwendung:
a) als **Adjektiv**: *Christiani orantes* = „die betenden Christen"
b) als **Participium Coniunctum** (siehe unten)
c) als **Nomen**: *orantes* = „die Betenden"

ebenso: *monens,-entis, ducens,-entis, capiens,-entis, audiens,-entis*

PARTICIPIUM CONIUNCTUM

Unter dem *Participium Coniunctum* (PC, „verbundenes Partizip") versteht man ein Partizip, das
- mit einem Nomen **übereingestimmt** ist,
- nicht unmittelbar neben diesem Nomen steht, sondern eine **Sperrung** (Klammer, Hyperbaton) bildet.

Da die wörtliche Übersetzung in solchen Fällen meist nicht wirklich „deutsch" klingt, musst du eine solche Sperrung auflösen, und zwar am besten in einen **Relativsatz***:

Christiani ad deum suum orantes e periculis servati sunt.
1.F. Pl. Partizip 1.F. Pl.

(„Die Christen, **zu** ihrem Gott **betend**, wurden aus Gefahren gerettet." =)
„Die Christen, **die** zu ihrem Gott **beteten**, wurden aus Gefahren gerettet."

* Der Relativsatz ist die einfachste Möglichkeit, ein Participium Coniunctum zu übersetzen. Weitere Möglichkeiten: mit „als" (temporal), „weil" (kausal), „obwohl" (konzessiv) oder mit einem Hauptsatz („und").

Bei der Übersetzung von Sperrungen musst du auf die **Art des Partizips** achten:

	Erkennungszeichen	Eigenschaften	Beispiel
Partizip Präsens (PPA)	*-ns,-ntis* (3. Dekl.)	aktiv + gleichzeitig	*amans* = „einer, der liebt"
Partizip Perfekt (PPP)	*-tus 3/-sus 3* (a/o-Dekl.)	passiv + vorzeitig	*amatus* 3 = „einer, der geliebt wurde"

- **Partizip Präsens** (→ gleichzeitig): Im Relativsatz steht **dieselbe Zeit** wie im übergeordneten Satz (Beispiel siehe oben).
- **PPP** (→ vorzeitig): Die Zeit im Relativsatz liegt **eine Zeitstufe vor** der Zeit im übergeordneten Satz (vgl. Seite 116):

Romani ab hostibus inclusi (PPP) *magno in periculo erant.* (Imperfekt)

= „Die Römer, die von den Feinden eingeschlossen worden waren (Plqpf.), befanden sich in großer Gefahr."

TIPP: Vorgangsweise beim Übersetzen:

1) Suche zu jedem Partizip das Bezugswort (steht meist davor) und unterstreiche die beiden Wörter: Bsp.: *Librum in schola lectum tibi dedi.*
2) Übersetze die so entstandene „Klammer" zunächst wörtlich: Bsp.: Ich gab dir das Buch (in der Schule gelesen).
3) Verwandle das Partizip in einen Relativsatz! Achte dabei auf das Zeitverhältnis: Bsp.: Ich gab dir das Buch, **das** in der Schule **gelesen worden war**.

EXERCITATIONES

I. Übersetze:

1. servus fugiens
2. amici dubitantes
3. domini intrantis
4. puellas canentes
5. discipulo erranti
6. patrem euntem
7. puerorum orantium
8. manu tangente

II. Ordne den Nomina die passenden Partizipia zu und übersetze:

1. milites	a) clamantium
2. frontis	b) contendentes
3. magistrum	c) laborantibus
4. puellarum	d) laesae
5. viris	e) monens
6. mons	f) narrantem
7. verbum	g) ascensus

III. Bilde das Partizip Präsens und setze es im richtigen Fall ein:

Quidam pueri magistrum ______________ (exspecto) magna voce certant. Ita magister ___________ (intro) ab illis pueris ______________ (certo) non intellegitur. At subito vocem magistri _______________ (clamo) audiunt: „Desinite! Cur vos semper ________________ (certo) conspicio?" Sed pueri magistro _________________ (interrogo) non respondent.

IV. Unterstreiche Partizip und Bezugswort und übersetze das Participium Coniunctum mit Relativsatz! Achte auf das Zeitverhältnis!

1. Nero de incendio Troiae canens flammas Romam vastantes spectabat.
2. Multa aedificia urbis a principe ipso clam incensae flammis deleta sunt.
3. Deinde Nero media in urbe igne vastata sibi domum ingentem aedificari iussit.
4. Partes illius domus summa arte aedificatae nostra quoque aetate spectari possunt.
5. Nero hominibus se ipsum auctorem incendii putantibus dixit: „Christiani multa eiusmodi scelera committentes urbem incenderunt."
6. Plurimi Christianorum illius criminis accusatorum poenas crudelissimas tulerunt.
7. Nobis de his rebus legentibus Nero imperator improbissimus fuisse videtur.

V. Forme in den folgenden Sätzen den Relativsatz jeweils zu einem Participium Coniunctum um und übersetze:

Bsp.: Hostes, qui fortiter pugnabant, vici.
Hostes fortiter pugnantes vici.

1. Marcus Aurelius gentes, quae saepe fines Romanos petebant, vicit.
2. Deinde hostes, qui imperio Romano expulsi erant, in eorum finibus vincere statuit.
3. Ibi autem ab imperatore hostium, qui copias prudenter ducebat, paene victus est.
4. Milites Romani, qui ab hostibus circumventi erant, auxilio divino servati esse videbantur.

VI. Marcus Aurelius graviter laeditur

Marcus Aurelius, imperator prudentissimus, multos annos bellum gerebat. Nam quasdam gentes fines Romanos saepe adeuntes imperio prohibere debebat. Ita complura castra et oppida firmissima aedificari iussit, in quibus ipse diu vitam agebat. Cum enim alia in parte hostes proelio victi se receperant, alia in parte iterum hostes campos vastantes irruperunt[1].

Olim imperator summo studio[2] pugnans gravissime laesus est. Medici[3] optimi celerrime e toto imperio convocati imperatorem dolores maximos ferentem iuvare non potuerunt. Forte Marcus Aurelius, cui spes salutis paene non iam erat, de fonte[4] quodam audivit, quem animalia laesa petere solebant. Incolae enim eius regionis[5] narrabant vulnera animalium ex illo fonte[4] bibentium celeriter sanari[6]. Ita imperator aquam illius fontis[4] sibi ferri iussit et cupidissime bibit. Paulo post eius vires redisse dicuntur. Inde multi homines cura salutis commoti hunc fontem adibant. Aqua illius fontis[4] nostris quoque temporibus nomine „fons Romanorum" ignota non est.

1 **irrumpo** 3,-rupi,-ruptum: „einfallen"; 2 **studium**,-i n.: „Eifer"; 3 **medicus**,-i m.: „Arzt"; 4 **fons**, fontis m.: „Quelle"; 5 **regio**,-onis f.: „Gegend"; 6 **sano** 1: „heilen"

29 DE CONSTANTINO VICTORE

Am Ende des dritten Jahrhunderts führte Kaiser Diokletian, der den Zerfall des römischen Reiches befürchtete, eine Verwaltungsreform durch und teilte die Macht auf zwei gleichberechtigte Kaiser auf. Da er auch in den Christen eine Bedrohung sah, kam es zu den schwersten Christenverfolgungen. Bald nach seinem Tod kämpften Maxentius und Konstantin im Jahre 312 um die Herrschaft.

Iam diu inter copias Constantini et Maxentii bellum **civile** gerebatur. Constantino ipso in proelio pugnante Maxentius Roma exire **metuit**. Nam **oraculum** audiverat sibi **extra** urbem mortem imminere[1]. **Utriusque** exercitus milites fortissime pugnabant; neque his fuga **nota** erat neque illis. Quamquam Maxentio maiores copiae erant, tamen neuter[2] vincere potuit.

Quadam autem nocte Constantinus dormiens **signum** Christi vidisse dicitur, in quo **scriptum** erat: „In hoc signo vinces!“ Itaque postero die signum Christi in scutis[3] notari[4] iussit et exercitum contra hostes duxit. **Prope pontem** Mulvium[5] proelium grave commissum est.

Interea Romae Maxentius, quia proelio se abstinebat, a **plebe** acriter increpitatus[6] erat. **Qua de causa** quibusdam senatoribus convocatis libros Sibyllinos[7] **consulere** constituit. Hoc responsum[8] ei **nuntiatum** est: „**Hodie** hostis

Romanorum interibit.“ Quibus verbis auditis Maxentius, qui Constantinum illum hostem Romanorum esse putavit, in spem victoriae **adductus** est Romamque reliquit. Tiberim[9] ponte Mulvio transiit et in pugnam contendit.

Ab utraque parte summo **studio** pugnabatur; postremo Constantinus Deo iuvante hostem vicit. Quo viso Maxentius fugae se mandavit.

At ponte interea interrupto[10] Tiberim transire non iam potuit et multitudine fugientium **pressus** in flumen **pulsus** est.

? **Ergänze bei den folgenden Sätzen die Lücken!**

1. Christus erschien Konstantin im Schlaf und sagte:

   ____

2. Maxentius befragte die ____________________

   Bücher, die ihm eine zweideutige Antwort gaben:

   ____

3. Die Schlacht zwischen Maxentius und Konstantin fand

   312 an der ______________ Brücke bei _____ statt.

1 **immineo** 2: „drohen“, „bevorstehen“
2 **neuter**/tra/trum: „keiner von beiden“
3 **scutum**,-i n.: „der (!) Schild“
4 **noto** 1: „zeichnen“
5 **pons Mulvius**: „Milvische Brücke“ (Tiberbrücke nördlich von Rom)
6 **increpito** 1: „tadeln“
7 **libri Sibyllini**: „die Sibyllinischen Bücher“ (Orakelbücher)
8 **responsum**,-i n.: „Antwort“
9 **Tiberis**,-is m.: „der Tiber“
10 **interrumpo** 3,-rupi,-ruptum: „abbrechen“, „einreißen“

DE ROMANIS

Christenverfolgungen

Obwohl die Römer grundsätzlich gegenüber anderen Religionen tolerant waren, betrachteten sie die Christen misstrauisch. Vorgeworfen wurde ihnen einerseits die Weigerung, den Kaiser als Gott anzubeten (worin die Römer eine Erschütterung der Fundamente des Staates sahen). Andererseits waren sie den Römern durch ihre Tendenz zur Abkapselung (Fernbleiben von Zirkus- und Theaterspielen, geheime Zusammenkünfte) verdächtig: Man vermutete, sie würden kriminelle Handlungen (wie Ritualmorde, Genuss von Menschenfleisch und Inzest) begehen. Als das römische Reich im 3. Jh. in innen- und außenpolitische Krisen geriet, wurde den Christen die Schuld an den politischen oder Naturkatastrophen gegeben. Zahlreiche Christenverfolgungen waren die Folge, am schlimmsten 303–311 n. Chr. unter Kaiser Diokletian: Christen wurden aus Armee und Ämtern entfernt, christliche Gotteshäuser zerstört, Gottesdienste verboten und das Vermögen von Christen eingezogen.

Kaiser Konstantin

Nicht zuletzt wegen seines Sieges an der Milvischen Brücke unter dem Zeichen des Christogramms förderte Konstantin als Kaiser fortan die Christen. Im Jahr 313 einigte er sich in der sog. „Mai-

SuperStock/Michele Falzone

Kaiser Konstantin (Palazzo dei Conservatori, Rom)

VOCABULARIUM

victor, victóris m.	siegreich; Sieger	*vgl. Viktor; ↔ victoria,-ae =*
civilis/e	bürgerlich; Bürger-	*vgl. zivil; engl. + frz. civil, ital. civile, span. civil; ↔ civis =*
metuo 3, metui, —	fürchten	*vgl. metus,-us =*
oraculum,-i n.	Orakel(spruch)	*frz. oracle, ital. oracolo, span. oráculo*
extra (+ Akk.)	außerhalb	*vgl. E.T. (= Extraterrestris), das Extra, extravagant*
uterque, utraque, utrumque	jeder (-e,-es) von beiden	*(siehe Grammatica Lec. 30)*
notus/a/um	bekannt	*↔ ignotus/a/um =*
signum,-i n.	Zeichen	*frz. signe, span. signo, engl. sign; vgl. Signal, signieren =*
scribo 3, scripsi, scriptum	schreiben	*frz. écrire, ital. scrivere, span. escribir; vgl. Skriptum*
prope (+ Akk.)	nahe bei	*vgl. ap-propinquare =*
pons, pontis m.	Brücke	*frz. pont, ital. ponte, span. puente; vgl. Pontifex Maximus =*
plebs, plebis f.	(niedriges) Volk	*vgl. Plebejer; Plebiszit =*
causa,-ae f.	Grund, Ursache	*vgl. Kausalsatz =*
qua de causa	deshalb; weshalb	*wörtl. =*
cónsulo 3, consului, consultum	befragen	*vgl. konsultieren*
nuntio 1,-avi,-atum	melden	*vgl. nuntius,-i =*
hodie	heute	*aus: hoc + die =*
adduco 3,-duxi,-ductum	hinführen; veranlassen	*vgl. adductus/a/um =*
studium,-i n.	Eifer; Begeisterung	*vgl. Studium; vgl. studeo 2 =*
premo 3, pressi, pressum	drücken; bedrängen	*vgl. pressen; frz. presser; vgl. engl. pressure*
pello 3, pépuli, pulsum	schlagen, stoßen	*vgl. Puls; vgl. expello 3 =*

VOKABELLERN-TIPP

Die verschiedenen Paar Schuhe

Wenn du für mehrere verschiedene Fächer lernen musst, solltest du das nicht unmittelbar hintereinander tun. Besonders wenn es sich um ähnliche Sprachen (wie z.B. Latein und Französisch/Italienisch/Spanisch) handelt, könnte es nämlich passieren, dass sich die beiden Inhalte in die Quere kommen und sich gegenseitig blockieren.
Bestes Mittel dagegen: Dazwischen eine Pause einlegen!

LATEIN IM ALLTAG

Schon reif für die Uni?

So wie das Wort Studium (eigentl.: „Eifer") gehen auch viele andere Begriffe aus dem Universitätsleben auf das Lateinische zurück, da ja Latein bis ins 18. Jh. die Gelehrtensprache war.

? Finde heraus, was die folgenden Begriffe bedeuten, und gib ihre lateinische Wurzel an!

Universität – Auditorium maximum – Alma mater – Student – Klausur – Dozent – Professor – Kolloquium – Numerus clausus

länder Vereinbarung" mit seinem damaligen Mitregenten Licinius darauf, das bereits zwei Jahre zuvor erlassene Toleranzedikt des Kaisers Galerius beizubehalten. Damit war es den bisher verfolgten Christen gestattet worden, ihre Religion frei auszuüben. (Fälschlicherweise wird oft Konstantin als Schöpfer des Toleranzedikts bezeichnet – und zwar von christlichen Geschichtsschreibern, die dem heidnischen Kaiser Galerius diese „Ruhmestat" nicht zuschreiben wollten!)

Konstantin selbst ließ sich auf dem Totenbett (337) taufen. Von da an folgten mit einer Ausnahme nur mehr Christen auf dem Kaiserthron. 391 wurde das Christentum unter Kaiser Theodosius schließlich zur Staatsreligion erklärt.
Schon 330 hatte Kaiser Konstantin seinen Amtssitz nach Osten verlegt. Die nach ihm benannte Stadt Konstantinopel blieb bis ins 15. Jahrhundert Hauptstadt des Oströmischen Reiches – überdauerte also Rom, die Hauptstadt des weströmischen Reiches, um 1000 Jahre!

Christogramm und die Milvische Brücke in Rom

GRAMMATICA

ABLATIVUS ABSOLUTUS (ABL. ABS.)

Der Ablativus Absolutus (Abl. Abs., „losgelöster Ablativ") besteht
a) aus einem **Nomen** oder **Pronomen im Ablativ** und
b) einem damit übereingestimmten **Partizip** (Präsens oder Perfekt).

Diese Wortgruppe **darf nicht wörtlich übersetzt** werden, sondern muss zu einem **Gliedsatz** (meist einem Temporalsatz) umgeformt werden. Dabei gelten folgende Faustregeln:

- PARTIZIP PRÄSENS (PPA): gleichzeitig* (+ aktiv) – „**während**"
  Constantino ipso pugnante *Maxentius Roma exire metuit.*
  = „**Während** Konstantin selbst **kämpfte**, scheute sich Maxentius, Rom zu verlassen."

- PARTIZIP PERFEKT (PPP): vorzeitig* (+ passiv) – „**nachdem**"
  Ponte interrupto *Maxentius Tiberim transire non potuit.*
  = „**Nachdem** die Brücke **eingerissen worden war**, konnte Maxentius den Tiber nicht überqueren."

* Zum Zeitverhältnis vgl. auch das Participium Coniunctum (siehe Seite 120)!

TIPP: Vorgangsweise beim Übersetzen:

1) Suche zu jedem Partizip das Bezugswort (steht meist davor) und unterstreiche die beiden Wörter:
Bsp.: *Libro in schola lecto discipuli dormiverunt.*

2) Wenn die beiden Wörter im Ablativ stehen, handelt es sich um einen Abl. Abs.* → keine wörtliche Übersetzung!
(Falls anderer Fall → Participium Coniunctum, vgl. Seite 120)

3) Bestimme die Art des Partizips und verwandle die unterstrichene Wortgruppe in einen Temporalsatz
(PPA → „während" + aktiv, PPP → „nachdem" + passiv):
Bsp.: „Nachdem das Buch in der Schule gelesen worden war, schliefen die Schüler ein."

4) Wenn der Satz passiv nicht „deutsch" klingt, verwandle ihn in einen **aktiven** Satz:
Bsp.: „Nachdem sie das Buch in der Schule gelesen hatten, schliefen die Schüler ein."

* Ausnahme: Wenn vor dem Bezugswort eine Präposition steht, handelt es sich nicht um einen Ablativus Absolutus (z.B. *de libro lecto* = „über das gelesene Buch")!

NOTA BENE!
Statt eines Partizips können auch bestimmte **Nomina** mit einem Bezugswort einen Ablativus Absolutus bilden:

imperatore Augusto	„unter Kaiser Augustus" (eig.: „als Augustus Kaiser war")
Caesare ***duce***	„unter der Führung Cäsars" (eig.: „als Cäsar Führer war")
Romulo ***rege***	„unter König Romulus" (eig.: „als Romulus König war")
Caesare Bibulo ***consulibus***	„unter den Konsuln Cäsar und Bibulus" (eig.: „als C. und B. Konsuln waren")

ZUSAMMENFASSUNG: Participium Coniunctum und Ablativus Absolutus

	Participium Coniunctum	Ablativus Absolutus
besteht aus:	Nomen + Partizip	
steht im:	1. bis 6*. F.	6. F.**
Erstübersetzung:	**„der/die/das"** **(Relativsatz)**	**„während"** (P. Präsens) **„nachdem"** (P. Perfekt)
Weitere Übersetzungsmöglichkeiten:	**„als"** (temporal) **„weil"** (kausal) **„obwohl"** (konzessiv) **„wenn"** (konditional)	

* Im Ablativ allerdings nur nach Präpositionen. ** ohne Präposition

EXERCITATIONES

I. Übersetze:

1. oraculum consultum
2. cives tacentes
3. plebem sperantem
4. puero scribenti
5. rem relatam
6. gentis expulsae

II. Übersetze jeweils mit einem Temporalsatz: (Gehe dabei von einem Hauptsatz im Präteritum aus.)

1. facinore animadverso
2. copiis pugnantibus
3. his rebus neglectis
4. rege expulso
5. magistro narrante
6. amicis ludentibus

III. Unterstreiche Partizip und Bezugswort und übersetze das Participium Coniunctum mit einem Relativsatz:

1. Quintus amore Iuliae ardens puellam cum alio adulescente ambulantem in foro vidit.
2. Amici nobis multum de itinere aestate in Graeciam facto narrant.
3. Litteras a te Romam missas numquam accepimus.
4. Magister summo studio de bellis Romanorum narrans discipulos iam diu dormire non animadvertit.
5. Ii libri Latini a poetis clarissimis scripti magno cum gaudio leguntur.

IV. Unterstreiche Partizip und Bezugswort und übersetze den Ablativus Absolutus mit einem Temporalsatz:

1. Troianis victoriam multo vino celebrantibus Graeci equum clam reliquerunt urbemque incenderunt.
2. Ulixe complures annos per maria errante multi viri summo honore eius uxorem in matrimonium ducere studebant.
3. Omni spe victoriae amissa exercitus Romanus auxilio divino servatus est.
4. Romulo rege cives Romani mulieribus carentes filias Sabinorum rapuerunt.
5. Hostibus victis Caesar Romam rediit.

V. Forme die Temporalsätze jeweils zu einem Ablativus Absolutus um:

Bsp.: Dum Gaius legit, pater intrat.
Gaio legente pater intrat.

1. Dum quidam discipuli dormiunt, magister nova verba Graeca docet.
2. Postquam pensum difficile discipulis datum est, magister laetus ad cenam contendit.
3. Post meridiem, dum magister per campos ambulat, liberi pensa diligenter faciunt.
4. Postquam omnia pensa scripta sunt, liberi quoque domum relinquunt.

VI. Übersetze den folgenden Text über einen römischen Pantoffelhelden und unterstreiche alle Partizipia (PPA und PPP) samt ihren Bezugswörtern:

Titus, miles Romanus, in caupona[1] sedet et amicos intrantes conspicit: „Venite, amici!" Titus clamat, „Vobis de bellis feliciter gestis referam!" Illi autem has res iam saepe narratas audire nolunt respondentque: „Haec omnia iam narravisti." Quibus verbis auditis Titus tamen narrare incipit: „Audite res novissimas: Magno exercitu hostium appropinquante plurimi nostrorum militum celerrime fugerunt. Quo viso hostes se iam vicisse putabant. Ego autem nullum periculum timens solus multos hostes fortissime pugnantes vici. Ceteri hostes fortitudine mea territi se celerrime receperunt. Ita patriam iterum servavi." Postquam Titus multum vinum bibens diu eiusmodi res narravit, amici domum redire decernunt. Tito resistente amici iterum ac iterum causam quaerunt. Denique ille miles fortissimus amicis ridentibus dicit: „Iratam uxorem me iam multas horas domi exspectantem metuo."

1 **caupona**,-ae f.: „Wirtshaus"

30 DE BENEFICIO SANCTI MARTINI

Einer der populärsten christlichen Heiligen ist Martin, der – ebenso wie Kaiser Konstantin – im 4. Jh. n. Chr. lebte. Als Sohn eines römischen Offiziers diente er zunächst im römischen Heer, ließ sich aber später taufen und brachte es schließlich bis zum Bischof der französischen Stadt Tours. Berühmt geworden ist er jedoch durch seine „Mantelteilung".

Olim Martinus miles Romanus media **hieme** in porta Ambianensium civitatis[1] virum **pauperem** conspexit, qui **veste** carens frigus[2] vix **patiebatur**. Ceteris hominibus sine ulla **misericordia** praetereuntibus[3] Martinus se virum **nudum** adiuvare debere intellexit. Hoc autem ei facile non erat. Quia enim **reliquas** res in beneficium **simile** consumpserat, ipse nihil praeter arma et vestem **militarem** secum habebat. Itaque vestem gladio divisit; **alteram** partem pauperi dedit, **altera** iterum indutus[4] est. Nonnulli homines hoc videntes ridebant. Multi tamen, quibus **mens sanior** erat, **queri** coeperunt, quod Martinus solus se **humanum** praestiterat[5] ipsique plus **possidentes** virum pauperem non adiuverant.

Nocte, quae **secuta** est, Martinus somnio[6] Christum vidit veste indutum, qua pauperem **texerat**. Et Christus ad multitudinem angelorum[7] **locutus** est: „Martinus, qui adhuc catechumenus[8] est, me hac veste tegere **veritus** non est. **Quidquid** enim fecistis uni ex fratribus meis minimis, mihi fecistis." Quo viso Martinus bonitatem[9] Dei in suo opere cognoscens ad baptismum[10] contendit. Nec tamen statim militare[11] desiit: Tribuno[12] **hortante** duos annos militabat, priusquam miles Christi Deo soli **serviebat**.

? Welche Übersetzung ist die beste? Erstelle eine Rangliste von 1. bis 3.!

Multi, quibus mens sanior erat,… (Z. 12 f.) =	
Viele, denen ein vernünftigerer Geist war, …	
Viele, die vernünftiger waren, …	
Viele, die einen vernünftigeren Geist hatten, …	

1 **civitas Ambianensium**: „die Stadt Amiens" (frz. Stadt)
2 **frigus**,-oris n.: „Kälte"
3 **praetereo**,-is,-ire,-ii,-itum: „vorübergehen"
4 **indutus est**: „er bekleidete sich"
5 **se praestare** (Perf.: praestiti): „sich erweisen"
6 **somnium**,-i n.: „Traum"
7 **angelus**,-i m.: „Engel"
8 **catechumenus**,-i m.: „Taufschüler", „Taufanwärter"
9 **bonitas**,-atis f.: „Güte"
10 **baptismus**,-i m.: „Taufe"
11 **milito** 1: „Kriegsdienst leisten"
12 **tribunus**,-i m.: „Tribun" (Offizier)

DE ROMANIS

Martinigansl-Essen

Besonders verehrt wurde der aus Pannonien (Ungarn) stammende **Martin** in Gallien (heutiges Frankreich), wo er sich als Bischof von Tours um die Missionierung der letzten heidnischen Gebiete Galliens und um die Gründung der ersten Klöster im lateinischen Kulturbereich (z. B. Ligugé) verdient machte.

Wie bei Heiligen üblich, ranken sich auch um ihn allerlei Legenden. Neben der Mantelteilung ist vor allem die Erzählung von den Gänsen, die seine Ernennung zum Bischof „erzwungen" haben (vgl. Text Seite 129) bekannt. Auf diese Begebenheit ist der auch bei uns übliche Brauch zurückzuführen, dass zu Martini (11. November) eine Gans verspeist wird.

Die Mantelteilung (A. van Dyck, um 1618/20)

Der heilige Martin gilt als Patron der Bettler, Soldaten und Schneider. Dargestellt wird er meist auf einem weißen Pferd in römischer Soldatenkleidung, wie er mit einem Bettler den Mantel teilt, fallweise auch als Bischof mit Schwert und Gans.

VOCABULARIUM

beneficium,-i n.	Wohltat	*vgl. Benefizveranstaltung; aus: bene + facere*
hiems, hiemis f.	Winter	
pauper (m./f./n.), **pauperis** (2.F.)	arm	*frz. pauvre, ital. povero, span. pobre*
vestis, vestis f.	Gewand	*ital. vestiti; vgl. Weste, Transvestit, Investitur*
patior,-eris, pati M, passus sum (D)	ertragen, erdulden	*vgl. passiv, Passion, Patient*
misericordia,-ae f.	Mitleid	*ital. misericordia; vgl. miser =*
nudus/a/um	nackt	*frz. nu, ital. nudo, span. desnudo; vgl. Nudist*
reliquus/a/um	übrig	*↔ relictus (PPP von relinquo 3) =*
similis/e	ähnlich	*engl. similar, ital. simile, frz. similaire, span. similar*
militaris/e	militärisch, Militär-	*Adj. zu miles,-itis =*
alter/era/erum (2.F.: alterius)	der andere (von zweien)	*vgl. Alternative, das Alter Ego =*
alter – alter	der eine – der andere	*(siehe Grammatica)*
mens, mentis f.	Geist, Sinn	*ital. + span. mente; vgl. mental, Mentalität*
sanus/a/um	gesund; vernünftig	*engl. sane; vgl. Sanitäter; SPA (siehe S. 27)*
queror,-eris, queri 3, questus sum (D)	klagen	*↔ quaero 3, quaesivi, quaesitum =*
humanus/a/um	menschlich	*engl. human, frz. humain; vgl. Humanbiologie etc.*
possideo 2, possedi, possessum	besitzen	*engl. to possess, vgl. Possessivpronomen*
sequor,-eris, sequi 3, secutus sum (+ Akk.) (D)	folgen	*vgl. Sequenz =*
sequor te (Akkusativ!)	ich folge dir (Dativ!)	
tego 3, texi, tectum	bedecken	*vgl. Toga!*
loquor,-eris, loqui 3, locutus sum (D)	sprechen	*vgl. Kol-loquium =*
vereor,-eris, vereri 2, veritus sum (D)	fürchten; sich scheuen	*vereor 2 = timeo 2 / metuo 3*
quidquid	was auch immer; alles was	
hortor,-aris, hortari 1, hortatus sum (D)	auffordern, ermuntern	
servio 4,-ivi,-itum	dienen	*frz. + span. servir; vgl. servieren; ↔ servo 1 =*

(D = Deponens)

LATEIN IM ALLTAG

Roma locuta, causa finita.
„Rom hat gesprochen, die Angelegenheit ist beendet." – Diese Redewendung bezieht sich auf päpstliche Entscheidungen und bedeutet: Nach eingehenden Beratungen hat der Papst eine Entscheidung getroffen, die unumstößlich ist.

PROVERBIUM

Mens sana in corpore sano.
„Ein gesunder Geist in einem gesunden Körper." – Wieder einmal ein Beispiel für eine Abänderung der ursprünglichen Bedeutung einer Redensart: Heute versteht man diesen Spruch als Aufforderung, Sport zu betreiben. Im Gegensatz dazu verstand man in der Antike darunter den Wunsch an die Götter, sie mögen einem neugeborenen Kind sowohl einen gesunden Körper als auch eine gesunde (= tapfere) Gesinnung schenken.

„Österreichische" Heilige

Der **heilige Florian** erlitt 304 n. Chr., während der diokletianischen Christenverfolgung, im oberösterreichischen Lauriacum (Lorch) den Märtyrertod, indem er mit einem Stein um den Hals in der Enns ertränkt wurde. Er gilt als Helfer gegen Wasser- und vor allem Feuersnot. Als Schutzheiliger der Feuerwehren wird er meist als römischer Offizier dargestellt, der Wasser über ein brennendes Haus gießt. An seiner Begräbnisstätte befindet sich heute das Kloster St. Florian (OÖ).

Hl. Florian (um 1522; Zagreb)

Als „Apostel von Ufernoricum" wird der **heilige Severin** bezeichnet. Er wirkte zur Zeit der untergehenden Römerherrschaft im Donauraum (5. Jh.) zwischen Passau und Wien und gründete in Favianis (Mautern) ein Kloster. Er gilt als Schutzpatron der Weber, Winzer und Weinberge. Sein Grab befindet sich in Frattamaggiore bei Neapel. (Eine Reliquie des Severin wurde 2003 der Pfarrkirche von Tulln geschenkt.)

GRAMMATICA

DEPONENTIA

Deponentia (Sg.: Deponens, von *deponere* = „ablegen") sind Verba mit **passiver Form**, aber **aktiver Bedeutung**. Sie sind entstanden aus der reflexiven (medialen) Übersetzung des Passivs:

- lat. Aktiv: *lavo* = „ich wasche"
- lat. Passiv: *lavor* = a) „ich werde gewaschen" (→ echtes Passiv)
  b) „ich wasche mich" (→ Medium) = „ich bade" (→ Aktiv!)

Deponentia gibt es von allen Konjugationen. Ihre **Stammformen** werden wie bei aktiven Verben angegeben: 1.P. + 2.P. Sg. + Infinitiv Präsens + 1.P. Sg. Perfekt.

- **a-Konjugation:** *hortor, hortáris, hortári 1, hortatus sum* („auffordern")
- **e-Konjugation:** *vereor, veréris, veréri 2, véritus sum* („fürchten")
- **kons. Konjugation:** *loquor, lóqueris, loqui 3, locútus sum* („sprechen")
- **i-Konjugation:** *experior, experíris, experíri 4, expértus sum* („versuchen", vgl. Lec. 34)
- **Mischkonjugation:** *patior, páteris, pati M, passus sum* („erleiden")

Infinitive + Partizipia:

Infinitiv Präsens	*loqui*	„(zu) sprechen"
Infinitiv Perfekt	*locutum **esse***	„gesprochen (zu) haben"
Partizip Präsens	*loquens,-entis*	„sprechend"
Partizip Perfekt*	*locutus,-a,-um*	(„gesprochen habend")

*) Das Partizip Perfekt von Deponentia ist – im Gegensatz zum PPP – aktiv!

Imperative: Diese Formen musst du dir extra merken!

Imperativ Sg.*	*lóquere!*	„sprich!"
Imperativ Pl.*	*loquímini!*	„sprecht!"

*) Der Imperativ Singular schaut aus wie ein aktiver Infinitiv Präsens, der Imperativ Plural ist identisch mit der 2.P. Pl.

TIPP: Ob ein Wort ein Deponens ist, kann man nicht „erkennen", sondern das muss man lernen!
Handelt es sich um ein Deponens, bestimme Zeit, Zahl und Person und übersetze das Wort einfach aktiv statt passiv, z. B.

loquitur → 3.P. Sg. Präsens passiv → „er spricht" (aktiv!)
secuti sunt → 3.P. Pl. Perfekt passiv → „sie sind gefolgt" (aktiv!)

PRONOMINALE DEKLINATION

Einige Adjektiva haben im Genetiv und Dativ Sg. die für viele Pronomina typischen Endungen *-ius* (2. F. Sg. m./f./n.) und *-i* (3. F. Sg. m./f./n.), deklinieren aber sonst nach der a-/o-Deklination:

solus/a/um = „allein"
unus/a/um = „ein", „einzig"
totus/a/um = „ganz"
ullus/a/um = „irgendein"
nullus/a/um = „kein"

alius, alia, aliud (2.F. Sg. alteríus) = „der andere" (von mehreren)
alter, altera, alterum = „der andere" (von zweien)
uterque, utraque, utrumque = „jeder von beiden", „beide"

DATIV DES INTERESSES (Dativus Commodi)

Wenn ein Dativ ausdrückt, **wofür** oder **für wen** etwas geschieht, wird er mit „für" übersetzt:

*Hoc **Martino** facile non erat.* = „Das war **für Martin** nicht leicht."
*Non **scholae**, sed **vitae** discimus.* = „Nicht **für die Schule**, sondern **fürs Leben** lernen wir." (vgl. S. 10)

EXERCITATIONES

I. Übersetze die folgenden Verbalformen:

1. passi sunt: ______________________
2. secuta erat: ______________________
3. loquebaris: ______________________
4. sequimini: ______________________
____
5. veremur: ______________________
6. pati: ______________________

II. Setze die Prädikate in der richtigen Person im Präsens und im Perfekt ein:

1. Quomodo hos dolores ______________________
/ ______________________ Iulia? (patior)
2. Quintus puellam clam ______________________
/ ______________________. (sequor)
3. Cur mecum non ______________________
/ ______________________, puellae? (loquor)
4. Nos quoque poenam ______________________
/ ______________________. (vereor)

III. Übersetze:

1. Ille miles fortissimus nihil nisi uxorem vereri videbatur.
2. Spartacus, quod servitutem non iam passus est, cum compluribus servis fugere statuit.
3. Ille canis, quamquam eum hortatus non sum, me tamen sua sponte sequitur.

IV. Unterstreiche jeweils das Partizip und das Bezugswort, stelle fest, ob es sich um ein Part. Coni. oder einen Abl. Abs. handelt, und übersetze! Achte auf die Deponentia!

Marcus Aurelius gentes campos Romanos saepe vastantes imperio Romano expellere constituit. Hostibus victis imperator in finibus hostium bellum gerere veritus non est. Copiis traductis Marcus Aurelius ingentem exercitum advenire animadvertit. Quod milites maiorem hostium exercitum verentes pugnare dubitabant, imperator eos verbis acerrimis hortatus est. Imperatore locuto proelium atrox commissum est. At Romani, qui hostes fortissime pugnantes vincere non potuerunt, circumventi sunt. Quamquam militibus iam diu aqua carentibus spes victoriae non iam erat, tamen questi non sunt. Postremo exercitus Romanus Deo iuvante servatus est.

V. Durch Anfügen der Silbe -or an den Stamm eines PPP werden Nomina (sog. Nomina agentis) gebildet (z. B.: imperare → imperator). Übersetze also:

1. jemand, der lehrt: ______________________
2. jemand, der lobt: ______________________
3. jemand, der liest: ______________________
4. jemand, der siegt: ______________________
5. etwas, das bewegt: ______________________
6. etwas, das zieht: ______________________

VI. De anseribus[1] clamantibus

Olim anseres clamore suo Romanos bene dormientes excitavisse[2] et magno periculo liberavisse nobis ignotum non est. Multis annis post anseres magna voce clamantes iterum hominem prodidisse[3] dicuntur.

Martinum, illum virum magnae misericordiae, exercitum Romanum reliquisse iam legimus. Deinde solum Deo servire ac exemplum Christi sequi studebat. Ne minimos quidem homines adiuvare verebatur et nonnulla miracula confecisse dicitur. Quod beneficiis suis magnam gratiam apud plebem sibi paravit, homines eum episcopum[4] facere voluerunt. At Martinus, qui se hac re dignum esse non putavit, celerrime fugit et se in stabulo[5], in quo praeter alia animalia anseres[1] quoque erant, abdidit[6]. Martinus se ibi inveniri non posse putabat, sed subito hominibus appropinquantibus anseres clamare coeperunt. Homines clamorem audientes stabulum[5] intraverunt et Martinum invenerunt. Qui tum non iam resistens homines in ecclesiam[7] secutus est, ubi paulo post episcopus[4] factus est.

1 **anser**,-eris m.: „Gans"; 2 **excito** 1: „aufwecken"; 3 **prodo** 3,-didi,-ditum: „verraten"; 4 **episcopus**,-i m.: „Bischof"; 5 **stabulum**,-i n.: „Stall"; 6 **abdo** 3,-didi,-ditum: „verstecken"; 7 **ecclesia**,-ae f.: „Kirche"

31 DE IRA DIANAE

Nachdem Europa verschwunden war (vgl. Lec. 11), gab ihr Vater Agenor seinen Söhnen den Auftrag, sie zu suchen. Sollten sie Europa nicht finden, dürften sie nicht mehr heimkehren. Einer der Söhne, Kadmos, blieb nach der vergeblichen Suche in Griechenland und gründete die Stadt Theben. Er führte ein glückliches Leben, bis seinen Enkel Aktäon auf der Jagd ein grausames Schicksal ereilte.

Nonnullas horas Actaeon[1] sociique venabantur[2], deinde – iam meridies erat – quiescere[3] statuerunt. Dum amici in umbra[4] arborum otio **fruuntur**, Actaeon solus **profectus** est per **silvam** ambulaturus.

Media in silva erat **fons**, ubi Diana dea venatu[5] fessa lavari[6] solebat. Eo quoque die dea ad hunc fontem venerat et veste deposita cum amicis aqua frigida[7] fruebatur. Casu Actaeon ad eundem locum pervenit virginesque nudas conspexit.

Quo animadverso puellae magna voce clamaverunt et nudum Dianae corpus tegere frustra **conatae sunt**. Dea autem, quam nemo **umquam** nudam spectare **ausus** erat, irata haec verba locuta est: „Nunc tibi narrare licet me nudam visam esse – si poteris narrare!" Et statim Actaeonis in capite cornua[8] cervi[9] **crescere** coeperunt. **Aures** quoque **mutatae** sunt, deinde **os** et **pedes**, postremo totum corpus cervi[9] erat. Tum ille diu de fortuna sua questus est: Nam in silvis manere **propter** metum bestiarum[10] non potuit, domum **reverti** propter pudorem[11] noluit. Interea socii Actaeonis, qui eum mox rediturum esse **arbitrabantur**, cura adducti amicum quaerere constituerant. Qui ubi socios ac canes suos audivit, **gavisus** est speravitque se nunc **tutum fore**. At canibus appropinquantibus clamaturus erat: „Actaeon ego sum, dominum cognoscite vestrum!" – sed voce humana **uti** non iam potuit. Itaque canes **officium** crudele, quo **fungi soliti** erant, confecerunt: Dominum suum non cognoscentes cervum[9] **dentibus** necaverunt.

? Liste aus dem Text alle Nomina auf, die den Körper oder Körperteile bezeichnen (Angabe im Nominativ + Genetiv)!

1 **Actaeon**,-onis m.: „Aktäon"
2 **venor** 1: „jagen"
3 **quiesco** 3, quievi: „ruhen"
4 **umbra**,-ae f.: „Schatten"
5 **venatus**,-us m.: „Jagd"
6 **lavor** 1: „baden"
7 **frigidus** 3: „kühl"
8 **cornu**,-us n.: „Horn", „Geweih"
9 **cervus**,-i m.: „Hirsch"
10 **bestia**,-ae f.: „wildes Tier"
11 **pudor**,-oris m.: „die Scham"

DE GRAECIS

Diana

Artemis, von den Römern Diana genannt, war eine Tochter des Zeus und der Titanentochter Leto. Ursprünglich verkörperte sie die jungfräuliche Natur der Berge, Wälder und Wiesen und musste daher auch selbst auf Dauer jungfräulich bleiben. Sie umgab sich auf ihren Streifzügen durch die Wälder stets mit einem Gefolge von jungen und keuschen Nymphen.

Bekannt ist sie als Jagdgöttin (dargestellt mit Pfeil und Bogen sowie Köcher), sie wurde aber auch als Mondgöttin verehrt (daher die Mondsichel

SuperStock/Peter Willi

Diana steigt aus dem Bad (François Boucher, Paris 1742)

VOCABULARIUM

fruor 3, – (fruiturus) (+ Abl.) (D)	genießen	*vgl. Frucht*
proficiscor 3, profectus sum (D)	aufbrechen, sich auf den Weg machen	
silva,-ae f.	Wald	*ital. + span. selva*
fons, fontis m.	Quelle	*ital. fonte, span. fuente; vgl. Fontäne*
conor 1, conatus sum (D)	versuchen	
umquam	jemals	*↔ numquam =*
audeo 2, ausus sum (SD)	wagen	*frz. oser, ital. osare, span. osar*
cresco 3, crevi, cretum	wachsen	*vgl. Crescendo*
auris, auris f.	Ohr	*frz. oreille, ital. orecchio, span. oreja*
muto 1,-avi,-atum	verändern, verwandeln	*vgl. mutieren, Mutant, Mutation*
os, oris n.	Mund; Gesicht	*vgl. oral*
pes, pedis m.	Fuß	*frz. pied, ital. piede, span. pie; vgl. Pedal, Pediküre*
propter (+ Akk.)	wegen	
revertor 3, reverti, reversum (SD)	zurückkehren	*vgl. reversieren =*
arbitror 1, arbitratus sum (D)	glauben	*= credo 3, puto 1*
gaudeo 2, gavisus sum (+ Abl.) (SD)	sich freuen (über)	
tutus/a/um	sicher, geschützt	*vgl. Tutor; ↔ totus/a/um=*
fore (= futurum esse)	sein werden	*Futurinfinitiv von esse (siehe S. 132)*
utor 3, usus sum (+ Abl.) (D)	gebrauchen, benützen	*vgl. engl. use; vgl. Utensilien; ↔ usus,-us =*
officium,-i n.	Pflicht, Dienst	*vgl. engl. + frz. office, ital. ufficio, span. oficio*
fungor 3, functus sum (+ Abl.) (D)	verrichten; erfüllen	*vgl. funktionieren, fungieren*
soleo 2, solitus sum (SD)	gewohnt sein, pflegen	*vgl. ital. solito, span. sólito = gewohnt*
dens, dentis m.	Zahn	*frz. dent, ital. dente, span. diente; vgl. Dentist, Dentalhygiene*

D = Deponens (siehe S. 128), SD = Semideponens (siehe S. 132)

LATEIN IM ALLTAG

Per pedes

Wer *per pedes* (wörtl.: „durch die Füße") unterwegs ist, geht also zu Fuß. Der vollständige Wortlaut der Redewendung ist *per pedes apostolorum* (= „zu Fuß wie die Apostel"): So lautete der Auftrag Jesu zur Verbreitung seiner Lehre.

LATEIN IM ALLTAG

Fremdwörter leicht erkannt

? Von welchen lateinischen Vokabeln leiten sich die folgenden Fremdwörter ab?

populistisch: ______________________ Funktion: ______________________

Appell: ______________________ Pediküre: ______________________

Reklamation: ______________________ Visier: ______________________

Advent: ______________________ Relikt: ______________________

in ihren Haaren). Artemis/Diana war von der Renaissance an ein beliebtes Motiv für Maler und Bildhauer – besonders die Badeszenen mit ihren Gespielinnen.

Delos

Als Geburtsort der Artemis und ihres Zwillingsbruders Apoll gilt Delos. Diese winzige Insel bildet den Mittelpunkt der Kykladen (von griech. *kyklos* = „Kreis", da all diese Inseln kreisförmig um Delos angeordnet sind). Hier fand der Sage nach die schwangere Leto Zuflucht, nachdem die eifersüchtige Hera aller Welt verboten hatte, Leto die Geburt der Zwillinge zu ermöglichen. Zum Schutz ihrer Mutter sollen Apoll und Artemis ein Heiligtum auf der Insel errichtet haben. Tatsächlich war Delos für alle Griechen der Antike eine der wichtigsten gemeinsamen Kultstätten – vor allem weil sich die untereinander rivalisierenden Griechen auf keine der größeren Inseln einigen konnten.
Die heilige Insel ist noch heute unbewohnt und darf nur bis zum frühen Nachmittag besucht werden (Anfahrt per Schiff von Mykonos).

SuperStock/Angelo Cavalli

Tempel-Anlage auf Delos

GRAMMATICA

PARTIZIP FUTUR (PFA)

Das Partizip Futur wird vom passiven Perfektstamm gebildet, wobei die Endung *-us (-a,-um)* des PPP durch ***-urus*** *(-a,-um)* ersetzt wird:

amare 1 → PPP: *amatus 3* → Partizip Futur: *amat**urus** 3*
monére 2 → PPP: *monitus 3* → Partizip Futur: *monit**urus** 3*
dícere 3 → PPP: *dictus 3* → Partizip Futur: *dict**urus** 3*
cápere M → PPP: *captus 3* → Partizip Futur: *capt**urus** 3*
audire 4 → PPP: *auditus 3* → Partizip Futur: *audit**urus** 3*
esse → PPP: --- → Partizip Futur: ***futurus** 3*

Das Futurpartizip ist **aktiv** und **nachzeitig**: z.B. *amaturus* = „einer, der lieben wird"

Verwendung:
1) Am häufigsten: mit *esse* zur Bildung des aktiven **Futur-Infinitivs** (→ Nachzeitigkeit im ACI):

amaturum esse* *dicturum esse* *auditurum esse*
moniturum esse *capturum esse* *futurum esse (= fore)*

*) Da der Futurinfinitiv meist im ACI vorkommt, ist er in der Regel mit einem Akkusativ übereingestimmt, d.h. das Futurpartizip hat im Sg. die Endungen *-um/am/um* bzw. im Pl. *-os/as/a:*

Socii Actaeonis eum mox rediturum esse arbitrabantur.
= „Die Gefährten des Aktäon glaubten, dass er bald zurückkehren werde."

Quintus et Gaius amicas mox redituras esse sperant.
= „Quintus und Gaius hoffen, dass ihre Freundinnen bald zurückkehren werden."

Iulia et Claudia amicos mox redituros esse non sperant.
= „Julia und Claudia hoffen nicht, dass ihre Freunde bald zurückkehren werden."

2) Als **Participium Coniunctum** („**um zu**"):
Actaeon solus profectus est per silvam ambulaturus.
= „Aktäon brach alleine auf, um durch den Wald zu spazieren."

3) Mit einer Form von *esse* zur **Umschreibung des Futurs** („**wollen**", „**im Begriff sein zu**"):
Actaeon clamaturus erat. = „Aktäon wollte schreien."

ZUSAMMENFASSUNG PARTIZIPIA

	Erkennungszeichen	Eigenschaften	Bsp.
Part. Präsens (PPA)	*-ns/ntis* (3. Dekl.)	aktiv + gleichzeitig	*amans* = „liebend"
Part. Perfekt (PPP)	*-tus/sus* (a-/o-Dekl.)	passiv* + vorzeitig	*amatus* = „geliebt"
Part. Futur (PFA)	*-turus/surus* (a-/o-Dekl.)	aktiv + nachzeitig	*amaturus* (s.o.)

*) Das Partizip Perfekt der Deponentia ist **aktiv**, z. B. *secutus* = „einer, der gefolgt ist".

SEMIDEPONENTIA

Semideponentia („Halbdeponentia") sind „Zwitter", d.h. sie haben aktive Präsensstamm-, aber passive Perfektstammformen (oder umgekehrt): Die wichtigsten, die du dir merken solltest, sind:

*audeo 2, **ausus sum*** = „wagen"
*gaudeo 2, **gavisus sum*** = „sich freuen"
*soleo 2, **solitus sum*** = „gewohnt sein"
*(con)fido 3, **(con)fisus sum*** = „vertrauen" (→ Lec. 37)
***revertor** 3, reverti, reversum* = „zurückkehren"

EXERCITATIONES

I. Übersetze:

1. arbitramur: ______________________
2. proficiscere: ______________________
3. sequentur: ______________________
4. sequuntur: ______________________
5. revertit: ______________________
6. revertitur: ______________________
7. gavisi erant: ______________________
8. solita est: ______________________

II. Bilde die drei Partizipia und die fünf (bei Deponentia: drei) Infinitive zu:

1. muto 2. claudo 3. vereor 4. proficiscor

III. Übersetze:

1. Quintus amicae novae promittit se eam semper amaturum esse.
2. Meridie discipuli domum proficiscuntur, alii pensa scripturi, alii in campis lusuri.
3. Magister putat discipulos librum Latinum magno cum gaudio lecturos esse.
4. Spero amicam hoc dono gavisuram esse.
5. Hodie parentes quoque in scholam veniunt cum magistro de facinoribus filii locuturi.

IV. Setze in den ACI (Nota bene: Das Futur wird dabei immer zum Infinitiv Futur!)

Bsp.: Dicis: „Id non iterum faciam."
Dicis te id non iterum facturum/facturam esse.

1. Magister arbitratur: „Discipuli pensum ipsi scribent."
2. Iulia scit: „Gaius me semper amabit."
3. Spero: „Mox dives ero."
4. Amici promittunt: „Media nocte revertemur."

V. Ergänze die fehlenden Endungen und übersetze (Achtung: Einige der Verben verlangen einen anderen Fall als im Deutschen!):

1. Ille vir vetus[1], quia ei dentes desunt, cen______ frui non potest.
2. Magister discipulos de officiis monet, qu______ fungi debent.
3. Nolite ist______ verb______ uti!
4. Milites imperator______ sine ullo metu sequebantur.
5. Quis vestrum ill______ praemi______ gavisus non est?
6. Qu______ poen______ maxime veremini?

1 **vetus**,-eris: „alt"

VI. Ein weiteres Beispiel für Jagderlebnisse der besonderen Art:

Olim Cephalus[1], maritus Procridis[2], dum in silvis venatur[3], de fide uxoris, quae domi manserat, dubitare coepit. Qua de causa domum reverti et eius fidem probare[4] constituit. Ita Cephalus forma[5] mutata domum suam intravit et uxori, quae maritum non cognovit, hoc promisit: „Tibi magnas divitias dabo, si mecum unam noctem egeris!" Quae diu restitit, postremo autem divitiis ingentibus commota resistere desiit. Statim ille clamavit: „Cephalus sum, maritus adulterae[6]!" Procris tum maritum reliquit et se numquam reversuram esse dixit. At mox Cephalus maximo Procridis amore ardens cognovit se improbe egisse et ab uxore veniam[7] oravit. Inde nonnullos annos dulces agebant.
Quodam autem die Cephalus, postquam diu venatus est[3], fessus ad fontem consedit et aura[8] gelida[9] fruiturus clamavit: „Veni, aura! Te semper delector!" Quae verba forte audita Procridi relata sunt. Tum illa, quia „auram" esse nomen puellae arbitrabatur, ipsa de fide mariti dubitare coepit et postero die Cephalum clam in silvas secuta est. Qui ubi iterum consedit auramque vocavit, subito uxore appropinquante sonitum[10] audivit et summa vi telum[11] iecit. Ubi autem vocem eius audivit, intellexit se non animal, sed Procridem occidisse.

1 **Cephalus**,-i m.: „Kephalos"; 2 **Procris**,-idis f.: „Prokris"; 3 **venor** 1: „jagen"; 4 **probo** 1: „auf die Probe stellen";
5 **forma**,-ae f.: „Aussehen"; 6 **adultera**,-ae f.: „Ehebrecherin"; 7 **venia**,-ae f.: „Verzeihung"; 8 **aura**,-ae f.: „Lufthauch"; 9 **gelidus** 3: „kühl";
10 **sonitus**,-us m.: „Geräusch"; 11 **telum**,-i n.: „Speer"

32 DE CALLISTONE[1]

Auch in einer anderen Geschichte führt ein Bad Dianas zu Komplikationen, allerdings mit weniger tragischen Folgen. Jupiter hatte sich nämlich in Kallisto verliebt, eine der Begleiterinnen Dianas, denen alle näheren Bekanntschaften mit Männern verboten waren. Also griff der Göttervater wieder einmal zu einer List.

Forma Dianae sumpta pater deorum virgini appropinquavit. „**Ave**, Diana", Callisto clamavit, „quae es – audiat ipse! – Iove maior." Iuppiter **valde** gavisus est se sibi ipsi praeferri[2] et virgini oscula[3] dedit, sed non **talia**, **qualia** amica amicae dare solet. Cupidissime puellam complexus[4] est, quae subito se non a Diana **teneri sensit**. Summa vi se ex eius manibus **eripere** studet. Frustra – nam quis Iovem superare possit?

Diu Callisto, quae se semper virginem mansuram esse **pollicita erat**, **turpe factum** Iovis a Diana occultare[5] potuit. Nonnullis autem **mensibus** post virgines venantes[6] ad rivum[7] venerunt et Diana **laboribus** fessa clamavit: „Hic maneamus et aqua fruamur!" Libenter puellae deae paruerunt, at sola Callisto gravida[8] vestem deponere verita est. **Ergo** dubitanti vestis erepta est: Nudo in corpore crimen visum est.

„**Abi**!", Diana irata clamavit. „Nemo nisi virgo me sequatur!" Illa deinde summo cum dolore per silvas errabat: „Quid nunc faciam?", secum cogitabat. „Quis me adiuvet? Quo eam?" At fortuna gravior imminebat[9]. Nam postquam filius Callistonis **natus** est, Iuno **odio** commota locuta est: „**Ne** iterum Iuppiter amore Callistonis capiatur!" Deinde illam in ursam[10] mutavit.

Inde Callisto in silvis vitam ursae agebat. Multis annis post filium, cui erat nomen Arcas, conspexit. Magno cum gaudio appropinquavit, ille autem adulescens eam **matrem** suam esse **nesciens** ursam interfecturus erat. At Iuppiter celerior erat: Utrumque ad astra[11] sustulit.

? Beantworte die folgenden Aussagen zum Text mit RICHTIG oder FALSCH:

	R/F
1. Jupiter küsst Kallisto wie ein Geliebter die Geliebte.	
2. Diana freut sich über Kallistos Schwangerschaft.	
3. Kallisto wird von ihrem Sohn getötet.	

1 **Callisto**,-onis f.: „Kallisto"
2 **praefero**,-ferre,-tuli,-latum: „vorziehen"
3 **osculum**,-i n.: „Kuss"
4 **complector** 3, complexus sum: „umarmen"
5 **occulto** 1: „verbergen"
6 **venor** 1: „jagen"
7 **rivus**,-i m.: „Bach"
8 **gravidus** 3: „schwanger"
9 **immineo** 2: „bevorstehen"
10 **ursa**,-ae f.: „Bärin"
11 **astrum**,-i n.: „Stern"

DE ROMANIS

Die Rolle der Frau bei den Römern

Diana hatte unter den römischen Göttinnen eine Sonderrolle, da sie sich aufgrund ihrer Jungfräulichkeit ausschließlich mit weiblichen Wesen, den schönen Nymphen (sterbliche Mädchen, die Wälder, Berge und Gewässer bevölkerten), umgab. Auf keinen Fall durfte sich ihr – wie das Schicksal des Aktäon zeigt – ein männliches Wesen nähern.

Im „wirklichen" Leben war die Frau bei den Römern weitgehend der Gewalt des Vaters bzw. des Gatten unterstellt. Sie durfte aber (im Gegensatz zu den Griechinnen) durchaus am gesellschaftlichen Leben teilnehmen und z.B. Theater und Tempel besuchen.

Alles in allem unterschied sich die Stellung der römischen Frauen doch deutlich von unserer Gegenwart:

- Nur Töchter aus reichem Haus hatten die Möglichkeit, sich mithilfe von Privatlehrern eine höhere (meist literarische oder musische) Ausbildung anzueignen.
- Römische Frauen waren in erster Linie für die Leitung des Haushaltes und die Erziehung der Kinder zuständig.
- Nur wenige Römerinnen übten Berufe aus (meist Näherinnen oder Hebammen).
- Frauen durften bei Gastmählern weder wie die Männer bei Tisch liegen noch Wein trinken.
- Sie besaßen keinerlei politische Rechte.

Scheidungen waren hingegen schon damals möglich – zunächst nur auf Betreiben des Mannes, in spätrepublikanischer Zeit auch auf Wunsch der Frau.

VOCABULARIUM

forma,-ae f.	Gestalt; Schönheit	*frz. forme, ital. + span. forma*
ave!	sei gegrüßt!	*= salve!*
valde	sehr	
talis/e	so (beschaffen), solch	*frz. tel(le), ital. tale, span. tal*
qualis/e	wie (beschaffen), welch	*vgl. Qualität (= Beschaffenheit)*
teneo 2, tenui —	halten	*ital. tenere, span. tener*
sentio 4, sensi, sensum	fühlen; wahrnehmen; meinen	*vgl. sensibel, sensitiv*
eripio M, eripui, ereptum	entreißen	*aus e(x) + rapio =*
polliceor 2, pollicitus sum (D)	versprechen	*polliceor 2 = promitto 3*
turpis/e	schändlich, hässlich	*ital. turpe, span. torpe*
factum,-i n.	Tat	*vgl. Fakt(um), Fakten*
mensis, mensis m.	der Monat	*ital. il mese, span. el mes; vgl. Menstruation; ↔ mens, mentis =*
labor, labóris m.	Arbeit; Mühe	*ital. lavoro; vgl. engl. Labour Party; vgl. laborare =*
ergo	also, folglich, daher	*Cogito, ergo sum. (siehe unten)*
abeo,-is,-ire, abii, abitum	weggehen	*vgl. Abitur*
nascor 3, natus sum (D)	geboren werden	*frz. naître, ital. nascere, span. nacer; vgl. natus, natio*
odium,-i n.	Hass	*ital. + span. odio; vgl. odios = „verhasst"*
ne (beim Konj. im HS)	nicht	
mater, matris f.	Mutter	*frz. mère, ital. + span. madre*
nescio 4, nescivi	nicht wissen	*↔ scio 4 =*

PROVERBIUM

Cogito, ergo sum.

„Ich denke, also bin ich." Dieser Grundsatz stammt von dem französischen Philosophen René Descartes (1596–1650).
Er wollte damit ausdrücken: Das Vorhandensein der Denkfähigkeit (*cogitare*) beweist unsere Existenz (*esse*). Dies ist seiner Meinung nach die erste und verlässlichste Erkenntnis.

PROVERBIUM

Per aspera ad astra

„Auf rauen Wegen zu den Sternen." – Diese Worte bedeuten, dass der Weg zum Erfolg meist hart und mühsam ist. Nach antiker Vorstellung wurden nämlich nur Menschen, die Außergewöhnliches geleistet hatten, von den Göttern als Sternbilder in den Himmel gehoben. Die Redewendung – diesmal ganz wörtlich verstanden – findet sich übrigens auch als Inschrift im amerikanischen Raumfahrtszentrum Cape Canaveral.

Römische Frauen trugen kunstvolle Frisuren, die mit Hilfe des calamistrum (einer Brennschere) verfertigt wurden.

In der Kaiserzeit lockerten sich die strengen Sitten und Beschränkungen für die Frauen. Augustus' Gattin Livia hatte die Rolle einer „First Lady" inne und besaß auch politischen Einfluss. Unter Kaiser Nero hatte (zumindest in der Oberschicht) schon eine gewisse Emanzipation Einzug gehalten, wie sein Erzieher Seneca berichtet: „Nicht weniger (als die Männer) bringen sie ganze Nächte wach zu, nicht weniger saufen sie. (...) Wie diese geben sie die Speisen, die den Verdauungsorganen gegen ihren Willen eingeflößt worden sind, durch den Mund wieder von sich. An Liebesgier schließlich stehen sie den Männern nicht nach."

Seneca: Zit. nach: Reinhard Pleticha/Otto Schönberger (Hrsg.). Die Römer. Gondrom Verlag, Bindlach 1992 S. 163

Eine Patrizierin wird für ein Fest vorbereitet (Gemälde aus Pompeji, um 50 v. Chr.)

GRAMMATICA

KONJUNKTIV PRÄSENS

Das Erkennungszeichen des Konjunktiv Präsens ist *-a-*. Eine Ausnahme ist die **a-Konjugation**: Da sie das *-a-* ja bereits im Stamm hat, wird es durch *-e-* ersetzt.

- Konj. Präsens aktiv:

	a-Konj.	e-Konj.	kons. Konj.	i-Konj.	Mischkonj.
Sg.	*ámem*	*móneam*	*míttam*	*aúdiam*	*cápiam*
	ámes	*móneas*	*míttas*	*aúdias*	*cápias*
	ámet	*móneat*	*míttat*	*aúdiat*	*cápiat*
Pl.	*amémus*	*moneámus*	*mittámus*	*audiámus*	*capiámus*
	amétis	*moneátis*	*mittátis*	*audiátis*	*capiátis*
	áment	*móneant*	*míttant*	*aúdiant*	*cápiant*

- Konj. Präsens passiv:

	a-Konj.	e-Konj.	kons. Konj.	i-Konj.	Mischkonj.
Sg.	*ámer*	*mónear*	*míttar*	*aúdiar*	*cápiar*
	améris	*moneáris*	*mittáris*	*audiáris*	*capiáris*
	amétur	*moneátur*	*mittátur*	*audiátur*	*capiátur*
Pl.	*amétur*	*moneámur*	*mittámur*	*audiámur*	*capiámur*
	amémini	*moneámini*	*mittámini*	*audiámini*	*capiámini*
	améntur	*moneántur*	*mittántur*	*audiántur*	*capiántur*

- Konj. Präsens der unregelmäßigen Verba:

esse	*posse*	*ire*	*ferre*	*velle*	*nolle*
sim	*possim*	*eam*	*feram*	*velim*	*nolim*
sis	*possis*	*eas*	*feras*	*velis*	*nolis*
↓	↓	↓	↓	↓	↓
sint	*possint*	*eant*	*ferant*	*velint*	*nolint*

KONJUNKTIV PRÄSENS IM HAUPTSATZ

Im Gegensatz zum Indikativ (= „Wirklichkeitsform") drückt der Konjunktiv (= „Möglichkeitsform") Präsens im Hauptsatz aus, dass etwas geschehen **soll** (→ Wunsch, Begehren) oder geschehen **könnte** (→ Möglichkeit). Daraus ergeben sich folgende Übersetzungsvarianten:

a) **„soll"**
Audiat ipse! = „Er soll es selbst hören!" (→ Begehren, *coniunctivus iussivus*)
Quid nunc faciam? = „Was soll ich nun tun?" (→ zweifelnde Frage, *con. dubitativus*)

b) **„lasst uns", „wir wollen"** (bei der 1.P. Pl.)
Hic maneamus! = „Lasst uns hier bleiben!", „Wir wollen hier bleiben!" (→ Aufforderung, *con. hortativus*)

c) **„könnte"**
Quis Iovem superet? = „Wer könnte Jupiter übertreffen?" (→ Möglichkeit, *con. potentialis*)

NOTA BENE!
Welche Übersetzung für den Konjunktiv die richtige ist, kannst du nur aus dem Zusammenhang erkennen!

EXERCITATIONES

I. Setze in den Konjunktiv Präsens:

1. cupio: ______________________
2. liberamus: ______________________
3. tenes: ______________________
4. quaerit: ______________________
5. abis: ______________________
6. utitur: ______________________
7. desunt: ______________________

II. Ordne die folgenden Verba in Futur, Indikativ Präsens und Konjunktiv Präsens! Übersetze die Formen auch!

cogitas, conemur, debetis, delectemur, discet, dormient, exspectes, fruantur, inveniat, iuvamini, manemus, negleges, oratis, postulat, queremur, scribent, tolletur, trahant

III. Setze die Formen in der angegebenen Person im Konjunktiv Präsens ein und übersetze:

1. Discipuli pensa domi ____________! (faciunt)
2. Pensum diligenter ____________! (scribimus)
3. Cur pensum solus ____________? (facio)
4. Magister ____________ te pensum non ipsum fecisse. (animadvertit)

IV. Übersetze die folgenden Redewendungen:

1. Audiatur et[1] altera pars[2]! *(Rechtsgrundsatz)*
2. Requiescat[3] in pace! *(Grabinschrift; Abk.: R.I.P.)*
3. Vivat, crescat, floreat[4]! *(Glückwunschformel)*
4. Gaudeamus igitur[5]! *(Titel eines bekannten Studentenliedes)*
5. Fiat[6] lux! *(Aus der Genesis)*
6. Prosit!
7. Referat!

1 **et** = etiam; 2 **pars**, partis f.: hier: „Seite"; 3 **requiesco** 3: „ruhen"; 4 **floreo** 2: „blühen"; 5 **igitur**: „also"; 6 **fiat**: zu fieri = „werden"

V. Wer sagte was?

1. Marcus Aurelius exercitum a hostibus circumventum hortatus est: …
2. Roma incendio ingenti vastata Nero imperavit: …
3. Apollo iratus ad Cassandram dixit: …
4. Troiani equo invento clamabant: …
5. Iunone, Venere, Minerva certantibus Iuppiter imperavit: …
6. Caesare more regis regnante Cassius et Brutus constituerunt: …

a) „Caesarem interficiamus!"
b) „Christiani comprehendantur ac puniantur!"
c) „Donum Graecorum in oppidum trahamus!"
d) „Fortissime pugnemus!"
e) „Nemo verbis tuis credat!"
f) „Paris pulcherrimam vestrum deligat!"

VI. De Ariadna relicta

Minotauro interfecto Theseus cum Ariadna in Naxum[1] insulam navigavit. Ibi autem Ariadna dormiente clam navem ascendit et, quamquam se eam in matrimonium ducturum esse promiserat, solus in patriam profectus est. Illa, ubi magno cum dolore animadvertit se a Theseo relictam esse, questa est: „Theseum adiuvi, quod speraveram me eius uxorem fore. Nonne hoc promiserat? Quis talia verba non credat? Di istum virum turpem puniant! Quid faciam? Maneamne hic? Quis me hac insula auferat? Quo eam? Domumne revertar?"
Tum autem intellexit se propter odium patris reverti non posse et flere coepit: „Quis me miserior est? Ubi patriam novam inveniam?"
Deinde haec accidisse dicuntur: Bacchus, deus vini, hanc virginem pulcherrimam multis cum lacrimis querentem vidit.
Et misericordia et amore commotus Ariadnam in matrimonium duxit. Ad maximum eius honorem coronam[2], qua illius caput ornatum erat, ad astra[3] sustulit, ubi nostris quoque temporibus spectari potest.

1 **Naxus**,-i f.: „Naxos"; 2 **corona**,-ae f.: „Krone"; 3 **astrum**,-i n.: „Stern"

33 DE HERONE[1] ET LEANDRO[2]

Hero war eine junge Priesterin der Aphrodite in der thrakischen Stadt Sestos (europäische Türkei). Sie verliebte sich in Leander, einen jungen Mann aus Abydos, das auf der kleinasiatischen Seite des Hellespont (der Meerenge der Dardanellen) lag. Da die Eltern beider gegen diese Liebe waren, mussten sie sich heimlich treffen.

Hero et Leander, qui suos parentes nuptias[3] numquam **concessuros** esse sciebant, tamen parentibus **invitis** convenire et amore clam frui statuerunt. **Cottidie** Leander **noctu** per mare ad Heronem natabat[4], quae **lumen** in turri[5], ubi habitabat, ponere solebat. Quo lumine **duce** Leander natans semper **cursum rectum** tenere et ad puellam amatam pervenire potuit. Hieme autem **nonnumquam** ventis[6] in mari saevientibus[7] ab amica prohibebatur. Iam novem noctes **afuerat**, tum per **nautam epistulam** misit: „**Quanto** desiderio[8] tui teneor! Quam libenter ipse pro[9] litteris **aliqua** nave ad te pervenirem! Sed **aliquis** me in **portu** navem ascendentem videat. Nemo amorem nostrum animadvertat! **Utinam** Daedalus mihi alas[10] daret! Omnia paterer, si corpus in caelum tollere mihi liceret. Utinam tecum essem! At spero me mox ad te venturum esse."

Quod autem venti[6] saevire[7] non desierunt, Leander **extrema** audere constituit. Amor enim Heronis superaverat **rationem**. „Brevi tempore **aut** tecum ero **aut moriar**!", clamavit, deinde per mare natabat. At subito lumen, quod cursum monstrabat, vento exstinctum[11] est. Itaque Leander, quod neque hoc neque illud litus videre potuit, cursu decessit[12] et postremo medio in mari mersus[13] est.

Ea quoque nocte Hero **adventum** adulescentis amati frustra exspectaverat. At tum eius corpus exanime[14] ad litus pelli vidit. Statim, quod sine Leandro vivere nolebat, se ipsam de turri[5] deiecit[15].

? Welche Übersetzung stimmt?

Quanto desiderio tui teneor! (Z. 12) =	R/F
Von wie großer Sehnsucht bist du erfasst!	
Von wie großer Sehnsucht nach dir bin ich erfüllt!	
Wie groß ist deine Sehnsucht nach mir!	

1 **Hero**,-onis f.: „Hero"
2 **Leander**,-dri m.: „Leander"
3 **nuptiae**,-arum f. (Pl.): „Hochzeit"
4 **nato** 1: „schwimmen"
5 **turris**,-is f.: „Turm" (i-Stamm!)
6 **ventus**,-i m.: „Wind"
7 **saevio** 4: „toben"
8 **desiderium**,-i n.: „Sehnsucht"
9 **pro** (+ Abl.): hier: „an Stelle"
10 **ala**,-ae f.: „Flügel"
11 **exstinguo** 3,-tinxi,-tinctum: „auslöschen"
12 **decedo** 3,-cessi: „abkommen"
13 **mergor** 3, mersus sum: „ertrinken"
14 **exanimis**,-e: „leblos"
15 **deicio** M,-ieci,-iectum: „herabstürzen"

DE ROMANIS

Navigare necesse est!

Im Gegensatz zu den Griechen und den Phönikern waren die Römer ursprünglich kein seefahrendes Volk. Erst in den punischen Kriegen wurden sie gezwungen, Schiffe zu bauen.

Da es – im Gegensatz zu römischen Handelsschiffen (*naves onerariae*) – keine Wrackfunde von Kriegsschiffen (*naves longae*) gibt, muss ihr Aussehen mit Hilfe bildlicher Darstellungen und literarischer Quellen rekonstruktiert werden. Typisches Merkmal und gleichzeitig die Hauptwaffe war der Sporn (*rostrum*). Mit ihm wurde das gegnerische Schiff gerammt und anschließend mittels Brücke geentert. So konnten die römischen Soldaten ihre Stärke, den Nahkampf, auch auf hoher See umsetzen. Eine Eigenheit römischer Schiffe war, dass die Ruderer auf mehrere Reihen aufgeteilt waren; in einer Triere (= Trireme, „Dreiruderer") saßen z.B. die Ruderer auf drei Reihen von Ruderbänken übereinander.

Da die Schiffe weder Laderaum noch Schlaf- und Aufenthaltsräume besaßen, waren sie auf Häfen oder begleitende Transportschiffe angewiesen. Die römische Kriegsflotte war fast ausschließlich mit Römern bemannt. Nur auf Handelsschiffen kamen Griechen und Afrikaner zum Einsatz, aber Ruderer und Matrosen wurden entgegen einschlägigen Klischees weder gefesselt noch geschlagen.

In der Kaiserzeit gab es zwei Hauptstützpunkte der römischen Flotte (mit

VOCABULARIUM

concedo 3, concessi, concessum	erlauben	*vgl. Konzession =*
invitus/a/um	unwillig, gegen den Willen	↔ *invito 1 =*
vobis invitis (Abl. Abs.)	gegen euren Willen	
cottidie (Adv.)	täglich	*frz. quotidien, ital. quotidiano, span. cotidiano; vgl. dies*
noctu	nachts	*vgl. nox, noctis =*
lumen, luminis n.	Licht	*frz. lumière; vgl. il-luminiert =*
dux, ducis m.	Führer, Feldherr	*ital. duce; vgl. ducere =*
cursus, cursus m.	Lauf, Kurs, Bahn	*frz. cours, ital. corso, span. curso; vgl. Kurs*
rectus/a/um	richtig, gerade	*vgl. kor-rekt, di-rekt*
nonnumquam	manchmal	↔ *numquam = , umquam =*
absum, abes, abesse, afui	abwesend sein	*vgl. Absenz, engl. absent*
nauta,-ae m.	Seemann	*vgl. Astro-naut =*
epistula,-ae f.	Brief	*vgl. Epistel*
quantus/a/um	wie groß	*vgl. Quantum =*
aliqui, aliqua, aliquod	(irgend)ein	*(Deklination wie qui, quae, quod; vgl. S. 56)*
aliquis, aliquid	(irgend)jemand, (irgend)etwas	*(Deklination wie quis, quid; vgl. S. 44)*
portus, portus m.	Hafen	*engl. (air)port, frz. port, ital. porto, span. puerto*
utinam	wenn doch	*(siehe Grammatica)*
extremus/a/um	äußerster, letzter	*vgl. extrem, Extremitäten*
ratio, rationis f.	Vernunft	*vgl. rational =*
aut – aut	entweder – oder	↔ *aut =*
morior M, mortuus sum (D)	sterben	*frz. mourir, ital. morire, span. morir;* ↔ *mortuus/a/um*
adventus, adventus m.	Ankunft	*aus: ad + venire; vgl. Advent*

PROVERBIUM

Ave, Caesar, morituri te salutant!
„Sei gegrüßt, Kaiser, die Todgeweihten grüßen dich!" Mit diesen Worten begrüßten die Gladiatoren beim Betreten der Arena den Kaiser. (*Caesar* war der Titel, den jeder Kaiser in seinem Namen trug.)

? Wieso bedeutet *morituri* „die Todgeweihten"?

VOKABELLERN-TIPP

esse & Co.
Vom Hilfsverb *esse* gibt es jede Menge Komposita. Was bedeuten die folgenden?

adesse: ____________ *prodesse:* ____________
abesse: ____________ *deesse:* ____________
interesse: ____________ *inesse:* ____________

je ca. 250 Schiffen): am Tyrrhenischen Meer Misenum (bei Neapel), an der Adria Ravenna. Daneben gab es weitere selbstständige Flotten, u.a. am Schwarzen Meer, am Bodensee, an der Donau etc.

akg-images/Peter Connolly

RÖMISCHES KRIEGSSCHIFF: Die Besatzung umfasste etwa 300 Matrosen und 120 Soldaten. Länge: 37 Meter. Die Römer kopierten den karthagischen Schiffstyp und statteten ihn zusätzlich mit einer sieben Meter langen Enterbrücke aus.

GRAMMATICA

KONJUNKTIV IMPERFEKT

Der Konjunktiv Imperfekt ist im Vergleich zum Konjunktiv Präsens leichter zu bilden und vor allem leichter zu erkennen: In ihm steckt immer der **aktive Infinitiv Präsens** (erweitert um die üblichen aktiven oder passiven Endungen des Präsensstammes)!

- Konj. Imperfekt aktiv:

	a-Konj.	e-Konj.	kons. Konj.	i-Konj.	Mischkonj.
Sg.	*amárem*	*monérem*	*mítterem*	*audírem*	*cáperem*
	amáres	*monéres*	*mítteres*	*audíres*	*cáperes*
	amáret	*monéret*	*mítteret*	*audíret*	*cáperet*
Pl.	*amarémus*	*monerémus*	*mitterémus*	*audirémus*	*caperémus*
	amarétis	*monerétis*	*mitterétis*	*audirétis*	*caperétis*
	amárent	*monérent*	*mítterent*	*audírent*	*cáperent*

- Konj. Imperfekt passiv:

	a-Konj.	e-Konj.	kons. Konj.	i-Konj.	Mischkonj.
Sg.	*amárer*	*monérer*	*mítterer*	*audírer*	*cáperer*
	amaréris	*moneréris*	*mitteréris*	*audiréris*	*caperéris*
	amarétur	*monerétur*	*mitterétur*	*audirétur*	*caperétur*
Pl.	*amarémur*	*monerémur*	*mitterémur*	*audirémur*	*caperémur*
	amarémini	*monerémini*	*mitterémini*	*audirémini*	*caperémini*
	amaréntur	*moneréntur*	*mitteréntur*	*audiréntur*	*caperéntur*

- Konj. Imperfekt der unregelmäßigen Verba:

esse	*posse*	*ire*	*ferre*	*velle*	*nolle*
essem	*possem*	*irem*	*ferrem*	*vellem*	*nollem*
esses	*posses*	*ires*	*ferres*	*velles*	*nolles*
↓	↓	↓	↓	↓	↓
essent	*possent*	*irent*	*ferrent*	*vellent*	*nollent*

KONJUNKTIV IMPERFEKT IM HAUPTSATZ

Der Konjunktiv Imperfekt bezeichnet – im Gegensatz zum Konjunktiv Präsens – eine **Unmöglichkeit** aus der Sicht der Gegenwart. Er wird daher mit **„würde"** oder dem Konjunktiv 2 wiedergegeben.

a) **„würde"** als **unerfüllbarer Wunsch** (mit *utinam*):

Utinam Daedalus mihi alas daret! = „Wenn Dädalus mir doch Flügel gäbe (= geben würde)!"
(→ aber er kann sie mir jetzt nicht geben)
Utinam tecum essem! = „Wenn ich doch bei dir wäre (= sein würde)!"
(→ aber ich bin jetzt nicht bei dir)

b) **„würde"** als **Irrealis (Unmöglichkeit) der Gegenwart** (kombiniert mit einem *si*-Satz*):

Omnia paterer, si corpus in caelum tollere mihi liceret! = „Ich würde alles ertragen, wenn es mir möglich wäre, meinen Körper in den Himmel zu erheben!"
(→ aber es ist mir jetzt nicht möglich)

* Zu den *si*-Sätzen vgl. Seite 144

EXERCITATIONES

I. Setze in den Konjunktiv Imperfekt:

1. intrat: ______________________
2. pares: ______________________
3. punimini: ______________________
4. laudor: ______________________
5. cedimus: ______________________
6. tollitur: ______________________
7. refers: ______________________
8. pollicetur: ______________________

II. Setze in den Konjunktiv Präsens und Imperfekt und übersetze beide Formen:

1. errat 2. ducitur 3. credimus
4. sequuntur 5. abest 6. abit

III. Lauter unerfüllbare Wünsche:

1. Utinam pensa nostra faciliora essent!
2. Utinam nunc domum proficisci liceret!
3. Utinam schola hora quarta inciperet!
4. Utinam a Iulia amarer!
5. Utinam aestas iam adesset!
6. Utinam pluribus horis Latinis delectaremur!

IV. Setze die Infinitive in die passenden Sätze ein und übersetze:

aucturam esse – liberaturas esse – profectum esse – secuturum esse – venturum esse – fructuros esse

1. Epistula accepta Hero speravit adulescentem amatum mox ipsum ad se __________ ________.
2. Vercingetorix exercitu Romano circumventus arbitrabatur copias ceterorum Gallorum se __________ ________.
3. Icarus, qui pollicitus erat se patrem semper __________ ________, tamen soli appropinquavit.
4. Legimus Theseum Ariadna dormiente clam __________ ________.
5. Cleopatra, mulier clarissima pulchritudine, sperabat se regnum suum auxilio Antonii __________ ________.
6. Sabini a Romulo invitati se Romae spectaculis pulcherrimis __________ ________ putabant.

V. Setze die angegebenen Verbalformen an richtiger Stelle in den folgenden Liebesbrief ein und übersetze:

ambularem – amet – exspectem – intellegerent – narret – puniant – venirem

Quintus Corinnae salutem dicit.

Sentio te iratam esse. Quae est causa irae tuae? Num iterum ab aliquo audivisti me cum alia amica visum esse? Di __________ eum, qui talia narrat! Querebaris me iam diu non apud te fuisse. Noli putare me te non amare! Quis te magis __________? Libenter ad te __________, sed parentes tui numquam absunt. Num nescis illos me venire nolle? Noctune veniam? Sed etiam media nocte me certe audirent. Utinam parentes __________ numquam finem amoris nostri fore! Si mihi liceret, cottidie tecum per forum __________. Sed aliquis nos videat et parentibus tuis de nobis __________. Ergo clam parentibus invitis conveniamus! Ubi te __________?

34 DE MIDA[1] REGE

Als der Gott Bacchus einst mit seinem Gefolge auf Reisen war, hatte der bockfüßige und gehörnte Satyr Silenus wieder einmal dem Wein zu sehr zugesprochen und den Anschluss an die Gruppe verpasst. In seinem ramponierten Zustand versuchte er Bacchus wiederzufinden.

Silenus iam diu per campos errabat. Bacchum numquam invenisset, nisi viri, qui tum haec **loca incolebant**, eum conspexissent et ad Midam regem tulissent. Midas, qui Silenum **comitem** Bacchi esse **noverat**, illum ad deum duxit.

Bacchus **reditu** socii maxime delectatus se Midae praemium magnum daturum esse pollicitus est. „Dic, amice", inquit, „quae est **voluntas** tua? Omnia, **quaecumque optaveris**, tibi dabo!" Midas autem, qui hoc dono male usurus erat, dixit: „Quidquid corpore tetigero, in aurum mutetur!" „Utinam meliora petivisses!", Bacchus secum cogitavit, neque tamen regi optatum **negavit**.

Hoc **malo** gaudens Midas abiit et statim donum **experiri** constituit. Saxum sustulit: Statim aurum **factum** est. Laetus ille vir auri cupidissimus ad **sedem regiam** revertit. „Nunc divitiis magnis **opes** maiores **addere** possum", cogitavit seque hominem **beatissimum** putavit. At tum cena apposita[2] est. **Panem** sumpsit – statim aurum factus est. Ceteros quoque **cibos**, ubi eos lingua **vel** dentibus tetigit, aurum fieri sensit. Ne vinum quidem bibere potuit. Tum donum a se ipso optatum **odisse** coepit. „Utinam **sapientior** fuissem!", dixit. „Si melius praemium optavissem, non ita punitus essem." Manibus ad caelum sublatis clamavit: „Da veniam[3], Bacche! Peccavi[4]!" Quibus verbis auditis deus misericordia commotus dixit: „I ad fontem Pactoli[5] fluminis! Cuius aqua crimen tuum elues[6]." Midas egit, ut erat imperatum, et illo malo liberatus est. In Pactolo autem flumine usque ad tempora nostra aurum inveniri dicitur.

? Beantworte die folgenden Fragen zum Text:

a) Warum hat Midas bei Bacchus einen Wunsch frei?

____

b) Durch welche Worte gibt Midas zu erkennen, dass sein Wunsch dumm war?

____

c) Wofür gibt die Midas-Erzählung eine Erklärung?

____

1 **Midas**,-ae m.: „Midas"
2 **appono** 3,-posui,-positum: „vorsetzen"
3 **venia**,-ae f.: „Verzeihung"
4 **pecco** 1: „sündigen"
5 **Pactolus**,-i m.: „Pactolus" (Fluss in Kleinasien)
6 **eluo** 3, elui, elutum: „abwaschen"

DE ROMANIS

Das liebe Geld

Das lateinische Wort für Geld lautet *pecunia* (vgl. Lec. 38). Dieser Begriff kommt von *pecus* („Kleinvieh"), woraus man sieht, dass die Römer ursprünglich Hühner, Schafe, Schweine etc. als Zahlungsmittel verwendeten. Im 3. Jh. v. Chr. begann man die ersten Münzen zu prägen. Eine Münzprägestelle wurde neben dem Tempel der *Iuno Moneta* („die Mahnerin", da sie durch ihre Warnung das Kapitol vor den Galliern gerettet haben soll, vgl. Lec. 9) auf dem Kapitol eingerichtet. Daher stammen übrigens die Begriffe „Moneten" und „Münzen", sowie engl. „money" und frz. „monnaie"! Die gängigsten römischen Münzen waren der As (aus Kupfer), der *sestertius* (Messing, = 2 1/2 Asse) der *denarius* (Silber, = 4 Sesterzen) und der *aureus* (Gold, = 25 Denare; der Metallwert dieser Münze entspricht nach heutiger Währung ungefähr 80 Euro). Im 4. Jh. n. Chr. führte Kaiser Konstantin als neue Goldmünze den *solidus* (wörtl.: „fest", „massiv") ein, wovon die Begriffe „Sold" und „Söldner" abgeleitet sind.
Bei der Bildgestaltung der Münzen gab es große Freiheiten, häufig wurden sie für Public Relations der Mächtigen genützt.

Römischer Denar, der auf der Vorderseite das Bildnis des Brutus, auf der abgebildeten Rückseite die Dolche der Verschwörer mit der Freiheitsmütze zeigt. Aufschrift: EID(ibus) MART(iis). (Nach 44 v. Chr.)

VOCABULARIUM

loca,-orum n. (Pl. zu locus,-i m.)	Gegend	*↔ locus,-i =*
incolo 3, incolui, incultum	bewohnen	*vgl. incola,-ae m. =*
comes, cómitis m.	Begleiter	*vgl. Komtess, Komitee*
nosco 3, novi, notum	erkennen; Pf.: kennen, wissen	*novi (Perfekt) = ich kenne, ich weiß (Präsens!)*
reditus, reditus m.	Rückkehr	*vgl. redire =*
voluntas, voluntatis f.	Wille, Wunsch	*ital. volontà, span. voluntad; vgl. volo, vis, velle =*
quicumque, quae-, quodcumque	welcher (-e,-es) auch immer	*(Deklination wie qui, quae, quod; vgl. S. 56)*
opto 1,-avi,-atum	wünschen	*vgl. Option =*
nego 1,-avi,-atum	verweigern; verneinen	*vgl. negieren, Negation =*
malum,-i n.	Übel, Unheil	*vgl. malus,-a,-um =*
experior 4, expertus sum (D)	erproben, versuchen	*vgl. Experiment*
fio, fis, fieri, factus sum	(gemacht) werden; geschehen	*(dient als Passiv zu facere); vgl. Fiat lux! =*
sedes, sedis f.	Sitz; Wohnsitz	*ital. + span. sede; vgl. sedeo 2 =*
regius/a/um	königlich	*vgl. rex, regina, regnare*
(ops) opis f.	Hilfe	
opes, opum f. (Pl.)	Reichtum; Schätze	*vgl. opulent =*
addo 3, áddidi, ádditum	hinzufügen	*aus: ad + do; vgl. Addition; ↔ adeo,-is,-ire =*
beatus/a/um	glücklich	*vgl. Beate*
panis, panis m.	Brot	*frz. pain, ital. pane, span. pan; vgl. Panier*
cibus,-i m.	Speise, Nahrung	*ital. cibo*
vel	oder	*= aut*
odi, odisti, odisse (Perfekt!)	hassen	*odi (Perfekt) = ich hasse (Präsens!)*
sapiens (m.,f.,n.), **sapientis** (2.F.)	weise, klug	*vgl. Homo sapiens =*

LATEIN IM ALLTAG

Mathe & Latein

Viele mathematische Begriffe stammen aus dem Lateinischen. Gib zu den folgenden Fachausdrücken die zugrunde liegenden lateinischen Wörter an!

addieren: ____________ multiplizieren: ____________

dividieren: ____________ Tangente: ____________

subtrahieren: ____________ Summe*: ____________

* Die Römer schrieben beim Addieren das Ergebnis nicht unter, sondern über die addierten Zahlen!

PROVERBIUM

Panem et circenses

„Brot und Spiele" (gemeint ist: Essen und seichte Unterhaltung) mussten die römischen Kaiser dem Volk bieten, um es bei Laune zu halten.

Si tacuisses, philosophus mansisses.

„Wenn du geschwiegen hättest, wärest du ein Philosoph geblieben." Der Satz bedeutet: Wer unwissend ist, sollte lieber nichts reden, um sich nicht zu blamieren. (Vgl. das deutsche Sprichwort „Reden ist Silber, Schweigen ist Gold.")

Der Euro und die alten Römer

Wie einst die römischen Münzen sind auch Euro und Cent (von *centesima pars* = „hundertster Teil") heute im Großteil Europas die Einheitswährung. Mehrere dieser Münzen zeigen antike Motive – um welche handelt es sich?

Italien *Griechenland* *Griechenland*

GRAMMATICA

KONJUNKTIV PLUSQUAMPERFEKT

- Konj. Plusquamperfekt aktiv:
  aktiver Infinitiv Perfekt + die Endungen *-m/-s/-t; -mus/-tis/-nt*

	a-Konj.	e-Konj.	kons. Konj.	i-Konj.	Mischkonj.
Sg.	*amavíssem*	*monuíssem*	*misíssem*	*audivíssem*	*cepíssem*
	amavísses	*monuísses*	*misísses*	*audivísses*	*cepísses*
	amavísset	*monuísset*	*misísset*	*audivísset*	*cepísset*
Pl.	*amavissémus*	*monuissémus*	*misissémus*	*audivissémus*	*cepissémus*
	amavissétis	*monuissétis*	*misissétis*	*audivissétis*	*cepissétis*
	amavíssent	*monuíssent*	*misíssent*	*audivíssent*	*cepíssent*

- Konj. Plusquamperfekt passiv:
  Diese Formen sind – wie alle Formen des passiven Perfektstammes – zweiteilig: Sie bestehen aus dem PPP und dem Konj. Imperfekt von *esse* (*essem/esses/esset; essemus/essetis/essent*):

	a-Konj.	e-Konj.	kons. Konj.	i-Konj.	Mischkonj.	+ Form von *esse*
Sg.	*amátus 3**	*mónitus 3*	*míssus 3*	*audítus 3*	*cáptus 3*	*essem* *esses* *esset*
Pl.	*amáti 3**	*móniti 3*	*míssi 3*	*audíti 3*	*cápti 3*	*essemus* *essetis* *essent*

* Die Ziffer 3 steht im Singular für die Endungen *-us/a/um*, im Plural für *-i/ae/a*.

KONJUNKTIV PLUSQUAMPERFEKT IM HAUPTSATZ

Der Konj. Plqpf. drückt aus, dass etwas **in der Vergangenheit unmöglich** war:

a) *„wäre" / „hätte" + Mittelwort der Vgh.* als **unerfüllter Wunsch** (mit *utinam*):
Utinam sapientior fuissem! = „Wenn ich doch klüger gewesen wäre!" (→ aber ich war es nicht)

b) *„wäre" / „hätte" + Mittelwort der Vgh.* als **Unmöglichkeit (Irrealis) der Vergangenheit** (+ *si*-Satz):
Silenus Bacchum numquam invenisset, nisi viri eum conspexissent.
= „Silen hätte Bacchus niemals gefunden, wenn ihn die Männer nicht gesehen hätten."
(→ aber sie hatten ihn gesehen)

BEDINGUNGSSÄTZE (Konditionalsätze)

Bedingungssätze sind eingeleitet durch ***si*** („wenn") oder ***nisi*** („wenn nicht"). Steht ein Konjunktiv, **muss** er nach den Regeln für den Konjunktiv im Hauptsatz folgendermaßen übersetzt werden:

a) **Konj. Präsens:** „sollte", „könnte" („angenommen, dass …") → **Möglichkeit *(Potentialis):***
Si taceas, philosophus maneas. = „Solltest du schweigen, könntest du ein Philosoph bleiben." (→ Vielleicht wirst du schweigen)

b) **Konj. Imperfekt:** „würde" → **Unmöglichkeit *(Irrealis)* der Gegenwart:**
Si taceres, philosophus maneres. = „Wenn du schweigen würdest, würdest du ein Philosoph bleiben."
(→ Du schweigst aber nicht.)

c) **Konj. Plqpf.:** „wär" / „hätte" + Mittelwort der Vgh. → **Unmöglichkeit *(Irrealis)* der Vergangenheit:**
Si tacuisses, philosophus mansisses. = „Wenn du geschwiegen hättest, wärest du ein Philosoph geblieben."
(→ Du hast aber nicht geschwiegen.)

EXERCITATIONES

I. Übersetze:

1. Quosdam discipulos linguam Latinam odisse certe verum non est.
2. Cives Romani Tarquinium regem propter eius facinora oderant.
3. Caesar, quod virtutem militum noverat, proelium committere non dubitavit.
4. Nemo nostrum omnia novisse potest.
5. Quintus, quem bene novistis, iterum scholam clam reliquit.

II. Übersetze:

1. Quid deinde factum est?
2. Quidam homines numquam prudentiores fiunt.
3. Tu numquam consul fies.
4. Dixitque Deus: „Fiat lux!" – Et facta est lux.
5. Oppido occupato multi homines, ut in bellis fieri solebat, in servitutem ducti sunt.
6. Uterque frater rex oppidi novi fieri voluit.
7. Multa scelera atrocissima non fierent, nisi homines tam cupidi opum alienarum essent.

III. Setze in den Konjunktiv Plusquamperfekt und übersetze:

1. spectat ____________________
2. intellegitis ____________________
3. possunt ____________________
4. decernitur ____________________
5. vocamini ____________________
6. sequeris ____________________

IV. Setze die folgenden Verba in den Konjunktiv (derselben Zeit) und übersetze dann nach den Regeln des Konjunktivs im Hauptsatz:

1. laborabant	2. fugerat	3. incipimus
4. factum erat	5. exsistebat	6. scit
7. verebaris	8. legitur	9. raptae erant

V. Verbinde die Satzhälften und übersetze:

1. Icarus, nisi verba patris neglexisset, …
2. Nisi Ulixes consilium prudens cepisset, …
3. Nisi Patroclus mortuus esset, …
4. Si Troiani verbis Cassandrae credidissent, …

a) Achilles semper proeliis abstinuisset.
b) in mare non cecidisset.
c) oppidum deletum non esset.
d) viri Graeci a Polyphemo necati essent.

VI. Übersetze:

1. Si semper pensa vestra ipsi faceretis, a magistro laudaremini.
2. Si Romam veniatis, certe magno cum gaudio illa templa pulcherrima spectetis.
3. Si me amares, non semper cum aliis puellis ambulares.
4. Si hunc librum legissemus, magistro quaerenti respondere potuissemus.
5. Nisi nobis pensum magnum esset, cum amicis otio frueremur.

VII. De auribus regiis

Olim Pan[1] dixerat suum tibiae cantum[2] ne carminibus Apollinis[3] quidem superari posse. Ergo Apollo et Pan certamen[4] artis fecerunt. Casu Midas[5] rex huic certamini[4] intererat. Utroque carmine audito clamavit: „Pan huius certaminis[4] victor est!" – Utinam tacuisset! Apollo enim his verbis maxime iratus locutus est: „Omnes homines videant tibi aures asini[6] esse!" Et statim e Midae capite aures asini[6] exstiterunt. Rex valde territus erat et ab hoc tempore aures tiara[7] tegebat.
Ita nemo praeter eum, qui regis capillos[8] resecare[9] solebat, aures a deo mutatas conspexit. Is vir poenam timens de auribus regis loqui non audebat, sed tamen tacere non potuit. „Cui id, quod vidi, narrem?", secum cogitabat. Deinde hoc fecit: Scrobem[10] effodit[11], cui parva voce de auribus regis rettulit. Postea scrobe[10] operto[12] domum revertit.
At nonnullis mensibus post ibi arundines[13] creverunt, quae hominibus, quicumque (in) his locis ambulabant, verba terrae mandata referebant.

1 **Pan**, Panos m.: „Pan" (Waldgottheit mit Ziegenfüßen); 2 **tibiae cantus**,-us m.: „Flötenspiel"; 3 **Apollo**,-inis m.: „Apollo" (Gott der Musik); 4 **certamen**,-inis n.: „Wettstreit"; 5 **Midas**,-ae m.: „Midas"; 6 **asinus**,-i m.: „Esel"; 7 **tiara**,-ae f.: „Tiara" (Kopfbedeckung); 8 **capillus**,-i m.: „Haar"; 9 **reseco** 1: „schneiden"; 10 **scrobis**,-is m.: „Grube"; 11 **effodio** M,-fodi,-fossum: „aufgraben"; 12 **operio** 4, operui, opertum: „verschließen"; 13 **arundo**,-inis f.: „Schilf(pflanze)"

35 DE AMORE ET PSYCHE[1]

Das einzige erhaltene Märchen der Antike berichtet von der schönen Königstochter Psyche, in die sich Amor, der Sohn der Venus, unsterblich verliebte.

Erant in quadam civitate rex et regina. Hi tres filias pulchras habuerunt, quarum pulcherrima erat Psyche. Quam etiam Venerem pulchritudine superare multi homines **censebant**. Hac fama audita Venus **invidia** commota Amorem filium his verbis ad Psychen misit: „Hoc, mi fili, sagittis[2] tuis **effice**: Virgo ista amore hominis turpissimi afficiatur!" Statim Amor profectus est, sed ubi formam illius puellae conspexit, ipse amore victus verba matris neglexit.

Proxima autem nocte cubiculum[3] Psyches intravit amoreque fruebatur non sine eius voluntate. Nam cui puellae ab Amore amari non placuerit? Pollicitus est se Psychen cottidie **visitaturum** esse. Hoc autem eam **vetuit**: „Ne formam meam spectare studueris! Si me **adspexeris**, amor noster **finitus** erit."

Ita Amor cottidie post lucem veniebat puellamque sole **oriente** iterum relinquebat. Quodam autem die Psyche curiositatem[4], quae **vitium** multarum mulierum esse dicitur, reprimere[5] non iam potuit: Amore dormiente lucernam[6] incendere ausa est.

Utinam ne hoc fecisset! Manus enim puellae, dum **vultum** et corpus pulcherrimum **admiratur**, trepidaverunt[7] et oleum[8] fervens[9] de lucerna[6] in corpus Amoris cecidit. Qui excitatus[10] est statimque avolavit[11].

Magnus erat dolor Psyches, multis cum lacrimis deum amatum **ubique** quaerebat. Denique etiam Venerem sibi **inimicam** adiit. Quae eam varios labores ac pericula **perferre** iussit. Postremo autem Iuppiter concilio deorum **immortalium** convocato Psychen uxorem Amoris facere constituit.

? Gib die Zeilen an, in denen die folgenden Geschehnisse beschrieben sind:

Zeile	
	Die Menschen halten Psyche für schöner als Venus.
	Amor verliebt sich in Psyche.
	Amor kommt niemals bei Tag zu Psyche.
	Venus quält Psyche.

1 **Psyche**,-es (Akk.: Psychen): „Psyche"
2 **sagitta**,-ae f.: „Pfeil"
3 **cubiculum**,-i n.: „Schlafzimmer"
4 **curiositas**,-atis f.: „Neugier"
5 **reprimo** 3: „unterdrücken"
6 **lucerna**,-ae f.: „Lampe"
7 **trepido** 1: „zittern"
8 **oleum**,-i n.: „Öl"
9 **fervens**,-entis: „heiß"
10 **excito** 1: „aufwecken"
11 **avolo** 1: „davonfliegen"

DE ROMANIS ET GRAECIS

Amor und Psyche

Die Geschichte von Amor und Psyche ist das einzige vollständig erhaltene Märchen aus der Antike (es ist ein Teil des Romans „Der Goldene Esel" des römischen Autors Apuleius). Der griechische Name *Psyche* („Seele") ist ein Hinweis darauf, dass die Erzählung ursprünglich aus dem griechischen Raum stammte. Apuleius erweitert den Märchenstoff in seiner lateinischen Fassung noch um das Element der Götterparodie: Venus versucht die Verbindung von Psyche mit ihrem Sohn Amor nicht nur deshalb zu hintertreiben, weil sie auf Psyches Schönheit eifersüchtig ist, sondern auch, weil sie Angst davor hat, demnächst Großmutter zu werden – und das als Göttin der Liebe! Auf Betreiben Jupiters kommt es aber dennoch zur Hochzeit, und auch der Nachwuchs lässt nicht lange auf sich warten: Die Tochter der beiden bekommt den sprechenden Namen *Voluptas* („Wollust") ...

Psyche und Amor, der Kuss (Antonio Canova, 1793)

VOCABULARIUM

E-Book AUDIO Vokabeltraining

censeo 2, censui, censum	schätzen, meinen, glauben	*vgl. zensurieren =*
invidia,-ae f.	Neid	*ital. invidia, span. envidia*
efficio M, effeci, effectum	bewirken	*vgl. effizient, Effekt =*
visito 1,-avi,-atum	besuchen	*frz. visiter, ital. visitare, span. visitar; vgl. Visite*
veto 1, vetui, vetitum (+ Akk.)	verbieten	*ital. vietare; vgl. Vetorecht (siehe unten)*
veto te (Akkusativ!)	ich verbiete dir (Dativ!)	
adspicio M, adspexi, adspectum	anschauen, betrachten	*vgl. Aspekt =*
finio 4,-ivi,-itum	beenden	*frz. finir, ital. finire; vgl. finis,-is =*
orior, óreris, oríri, ortus sum (D)	aufgehen, entstehen	*vgl. Orient (wo die Sonne aufgeht)*
vitium,-i n.	Laster, Fehler	↔ *vita,-ae =*
vultus, vultus m.	Gesicht, Miene	↔ *vultis = „ihr wollt" (2. P. Pl. von velle!)*
admíror 1, admiratus sum (D)	bewundern; sich wundern	*engl. admire, frz. admirer, ital. ammirare, span. admirar*
ubíque	überall	
inimicus/a/um	feindlich (gesinnt)	*aus: in + amicus*
perfero, perferre, pertuli, perlatum	(er)tragen	
immortalis/e	unsterblich	*engl. immortal, frz. immortel; vgl. mors, mortis =*

LATEIN IM ALLTAG

Vetorecht

Darunter versteht man politisch gesehen das Einspruchsrecht gegen gesetzliche Maßnahmen (z. B. des Nationalrats gegen Regierungsvorlagen). Bei den Römern war diese wirksame politische Waffe den Volkstribunen vorbehalten: Sie konnten jeden Beschluss des Senats durch den Ausruf *Veto!* („Ich verbiete!") zu Fall bringen.

PRAXISTIPP

Lexikonform gesucht!

Nur selten wird ein Vokabel in einem Text in genau der Form vorkommen, die im Vokabelverzeichnis steht. Du musst daher nicht nur bei den Stammformen bzw. den Genetiven sattelfest sein, sondern auch mit dem Wörterbuch gut umgehen können. Wenn du z.B. auf die Form *legum* stößt, wirst du sie so nicht im Lexikon finden. Also musst du dir überlegen, wie der Nominativ zu diesem Wort heißen könnte: *legus,-i* wäre naheliegend, ist aber falsch; folglich muss das Wort zur 3. Deklination gehören und den Genetiv Sg. *leg-is* haben. Der Schluss liegt nahe (und ist richtig!), dass es *lex* (analog zu *regis* → *rex*) heißt.

? Wie lauten die Lexikonformen (= 1. + 2. Fall Sg.) zu:

a) *opibus* ______________________

b) *pedum* ______________________

c) *itinera* ______________________

d) *genere* ______________________

SuperStock/Bridgeman Art Library

Das Amor-und-Psyche-Motiv wurde von vielen Dichtern und bildenden Künstlern weiterverarbeitet. Hier ein Beispiel für die literarische Rezeption („Wiederaufnahme", „Übernahme") des Stoffes:

Psyche und Amor (François Gérard, Paris, 1798)

Psyche (Heinrich Heine, 1797–1856)

In der Hand die kleine Lampe,
In der Brust die große Glut,
Schleichet Psyche zu dem Lager,
Wo der holde Schläfer ruht.

Sie errötet und sie zittert,
Wie sie seine Schönheit sieht –
Der enthüllte Gott der Liebe,
Er erwacht und er entflieht.

Achtzehnhundertjährge Buße!
Und die Ärmste stirbt beinah!
Psyche fastet und kasteit sich,
Weil sie Amorn nackend sah.

Heinrich Heine; Psyche: Romanzen 15

GRAMMATICA

KONJUNKTIV PERFEKT

- Konj. Perfekt aktiv:
  Die Formen sind identisch mit dem Futurum Exactum (Ausnahme: 1.P. Sg. *-erim* statt *-ero*):

	a-Konj.	e-Konj.	kons. Konj.	i-Konj.	Mischkonj.
Sg.	*amáverim*	*monúerim*	*míserim*	*audíverim*	*céperim*
	amáveris	*monúeris*	*míseris*	*audíveris*	*céperis*
	amáverit	*monúerit*	*míserit*	*audíverit*	*céperit*
Pl.	*amavérimus*	*monuérimus*	*misérimus*	*audivérimus*	*cepérimus*
	amavéritis	*monuéritis*	*miséritis*	*audivéritis*	*cepéritis*
	amáverint	*monúerint*	*míserint*	*audíverint*	*céperint*

- Konj. Perfekt passiv:
  Er wird aus dem PPP und dem Konj. Präsens von *esse* (***sim/sis/sit; simus/sitis/sint***) gebildet:

	a-Konj.	e-Konj.	kons. Konj.	i-Konj.	Mischkonj.	+ Form von *esse*
Sg.	*amátus 3**	*mónitus 3*	*míssus 3*	*audítus 3*	*cáptus 3*	*sim* *sis* *sit*
Pl.	*amáti 3**	*móniti 3*	*míssi 3*	*audíti 3*	*cápti 3*	*simus* *sitis* *sint*

* Die Ziffer 3 steht im Singular für die Endungen *-us/a/um*, im Plural für *-i/ae/a*.

KONJUNKTIV PERFEKT IM HAUPTSATZ

Der Konjunktiv Perfekt drückt zwei völlig verschiedene Dinge aus (die nichts mit der Vergangenheit zu tun haben!):

a) (+ *ne*): Verbot (*Con. prohibitivus*): verneinter Imperativ

Ne formam meam spectare studueris! = „Versuche nicht meine Schönheit zu betrachten!"
(Nota bene: Das Verbot kann auch durch *noli* + Infinitiv ausgedrückt werden, vgl. Lec. 24)

b) **Möglichkeit (*Con. potentialis*) in der Gegenwart** (vgl. Konj. Präs!): „könnte"

Cui puellae ab Amore amari non placuerit? = „Welchem Mädchen könnte es nicht gefallen, von Amor geliebt zu werden?"

ÜBERBLICK: KONJUNKTIV IM HAUPTSATZ

In Hauptsätzen drückt der lateinische Konjunktiv ein **Begehren**, eine **Möglichkeit** oder eine **Unmöglichkeit** aus. Der Konjunktiv **muss** übersetzt werden!

Konj. Präsens:	▪ „soll" (Begehren bzw. zweifelnde Frage) ▪ „lasst uns", „wir wollen" (Aufforderung) ▪ „könnte" (Möglichkeit)
Konj. Imperfekt:	▪ „würde" (Unmöglichkeit in der Gegenwart)
Konj. Perfekt:	▪ (+ *ne:*) verneinter Imperativ (Verbot) ▪ „könnte" (Möglichkeit) – wie Konj. Präsens!
Konj. Plqpf.:	▪ „wäre" / „hätte" + Mittelwort der Vgh. (Unmöglichkeit in der Vergangenheit)

EXERCITATIONES

I. Setze in den Konjunktiv Perfekt:

1. premunt: ______________________
2. concedis: ______________________
3. tollit: ______________________
4. consulitur: ______________________
5. punior: ______________________
6. fungimur: ______________________

II. Übersetze:

1. Quis talia verba crediderit?
2. Nemo negaverit Iuliam pulchram esse.
3. Cui haec puella non placuerit?
4. Ne semper alias puellas adspexeris!
5. Ne me vinum bibere vetueris!
6. Ne ante adventum meum profecti sitis!

III. Drücke die folgenden Verbote mit dem Konjunktiv Perfekt aus und übersetze:

1. Noli me tangere!
2. Noli reverti!
3. Nolite timere!
4. Noli me admirari!
5. Nolite in schola dormire!

IV. Setze in alle Konjunktive und übersetze:

1. veto 2. ducitur 3. hortamur 4. est

V. In jedem der folgenden Sätze findet sich ein (inhaltlicher) Fehler. Stelle die Sätze richtig!

1. Amor Psychen cottidie post lucem reliquit.
2. Midas, quod Ulixem vini plenum in silvis invenerat, donum a Baccho accepit.
3. Callisto, quod Dianam nudam adspexerat, a dea irata in animal mutata est.
4. Christus e Petro, qui Roma fugit, quaesivit: „Quo vadis?"

VI. Führe die folgenden französischen Vokabel auf lateinische Wörter zurück und gib ihre Bedeutung an:

le frère – le nom – la lettre – tout – la partie – montrer – majeur – meilleur – faire – le temps – l'amour – le corps – l'altitude – devoir – nous – populaire – entre – l'édifice – clos – cinq

VII. Welche Form passt nicht zu den anderen?

1.	2.	3.
☐ duxeris	☐ legeritis	☐ sequitur
☐ sceleris	☐ moverit	☐ hortatur
☐ dederis	☐ tegerem	☐ mutatur
☐ redieris	☐ solveris	☐ admiratur

4.	5.	6.
☐ iacio	☐ tanget	☐ novi
☐ facio	☐ optet	☐ novisse
☐ capio	☐ cadet	☐ noverit
☐ ratio	☐ includet	☐ novem

VIII. De amore Veneris

Olim Amor puer Venerem matrem casu sagittis[1] suis laesisse dicitur. Qua de causa Venus, dea amoris, ipsa amore ardere coepit. Itaque Adonidem[2], qui tum forte aderat, ab hoc tempore maxime amabat. Propter hunc adulescentem pulcherrimum dea etiam Cyprum[3], patriam suam, reliquit et eum, qui venari[4] amabat, per silvas sequebatur.
At metu maximo commota adulescenti persuadere studebat: „Ne extrema ausus sis, cum leonem[5] vel aprum[6] sequeris! Nam si incautior[7] sis, ab animali irato interficiaris." Utinam ne Adonis haec verba neglexisset! Paucis enim diebus post per silvas ambulans aprum[6] ingenti magnitudine conspexit et venabulum[8] in eum iecit. Aper[6] autem mortuus non erat, sed dolore ac ira adductus Adonidem adiit et dentibus occidit. Quo viso Venus multis cum lacrimis adulescentem amatum flebat[9]. Ita Proserpina, regina Tartari[10], dolore Veneris commota haec concessit: Adonis sex menses in Tartaro agere debet, sex autem menses in terra apud Venerem esse ei licet.

1 **sagitta**,-ae f.: „Pfeil"; 2 **Adonis**,-idis m.: „Adonis" (ein schöner Jüngling); 3 **Cyprus**,-i f.: „Zypern"; 4 **venor** 1: „jagen"; 5 **leo**, leonis m.: „Löwe"; 6 **aper**, apri m.: „Eber"; 7 **incautus** 3: „unvorsichtig"; 8 **venabulum**,-i n.: „Jagdspieß"; 9 **fleo** 2, flevi, fletum (+ Akk.): „jem. beweinen"; 10 **Tartarus**,-i m.: „Tartarus", „Unterwelt"

36 DE DIONYSIO TYRANNO[1]

Dionysius war im 4. Jh. v. Chr. Tyrann (Alleinherrscher) von Syrakus, der bedeutendsten griechischen Stadt auf Sizilien. Er galt als kluger, kunstsinniger, aber auch grausamer Herrscher. Über ihn werden seit der Antike zahlreiche Anekdoten erzählt.

Unus e comitibus Dionysii, Damocles[2], in **sermone** divitias eius magnificas admiratus est negavitque umquam **quemquam** beatiorem fuisse. Quo audito Dionysius, tyrannus **potentissimus**, dixit: „Visne **igitur**, o Damocles, **quoniam** te talis vita delectat, fortunam meam experiri?" **Cum** ille se id cupere dixisset, tyrannus Damoclem in triclinium[3] auro **argento**que ornatum duxit ac eum considere iussit. Deinde servis imperavit, **ut** epulas[4] optimas apponerent[5]. Damocles beatissimus esse sibi videbatur. At tum Dionysius, ut ei pericula tyranni **demonstraret**, gladium saeta equina[6] **supra** eius caput demitti[7] iussit. Inde Damocles gladium maxime timens neque epulas[4] neque divitias adspiciebat. Denique a Dionysio postulavit: „Peto a te, ut abire mihi liceat! Fortunam tuam **satis** expertus sum."

***

Damon[8] **quondam**, cum Dionysium interficere vellet, a militibus captus et **capitis damnatus** est. Tum a Dionysio petivit, ut in patriam ire et **sororem** collocare[9] sibi liceret. „Tertio die", inquit, „certe redibo. Tibi amicum **obsidem** relinquo, **ne** me fugiturum esse credas." Quod cum **permissum** esset, Damon profectus est et sorore collocata[9] **quam** celerrime reverti studebat. At tempestate[10] repente orta flumen ita increvit[11], ut **transiri** non posset. Damon consedit coepitque orare, ne amicus pro **se** interficeretur.

Interea, cum dies tertius advenisset, Dionysius Damone **absente** amicum eius ad supplicium[12] duci iussit. Iam apud crucem erat, cum subito vox Damonis audita est: „Ne illum interfeceritis! Me occidite!" Quibus verbis auditis Dionysius vitam utrique reddidit eosque rogavit, ut se tertium amicum reciperent.

? Ergänze bei den folgenden Sätzen die Lücken!

1. Das Schwert, das über Damokles' Kopf baumelt, symbolisiert ______________________.
2. Dionysios begnadigt Damon, weil er ______________________ ______________________.

1 **tyrannus**,-i m.: „Tyrann"
2 **Damocles**,-is m.: „Damokles"
3 **triclinium**,-i n.: „Speisezimmer"
4 **epulae**,-arum f. (Pl.): „Speisen"
5 **appono** 3,-posui,-positum: „auftischen"
6 **saeta** (-ae) **equina** f.: „Pferdehaar"
7 **demitto** 3: pass. „herabhängen lassen"
8 **Damon**,-onis m.: „Damon"
9 **colloco** 1: „verheiraten"
10 **tempestas**,-atis f.: „Unwetter"
11 **incresco** 3,-crevi: „anschwellen"
12 **supplicium**,-i n.: „Todesstrafe"

DE GRAECIS

Der Tyrann von Syrakus

Dionysios, seiner Herkunft nach Grieche, regierte in Syrakus auf Sizilien fast 40 Jahre lang (405 bis 367 v. Chr.) und baute die Stadt zur damals größten der Welt (1 Million Einwohner!) aus. Trotz (oder gerade wegen) seiner ungeheuren Macht und seines grenzenlosen Reichtums war er von ständigen Ängsten erfüllt: Reden pflegte er aus Sicherheitsgründen von einem Turm aus zu halten, seine Rasur ließ er nur von seinen Töchtern vornehmen (vgl. den Text auf S. 165), beim Schlafen schützte er sich durch einen um sein Bett gezogenen Wassergraben. Selbst die Gefangenen, die er in den berüchtigten Steinbrüchen von Syrakus eingekerkert hatte, belauschte er (vgl. Abb. links).

Wolfram Kautzky, Wien

Das sogenannte „Ohr des Dionysios" ist eine 65 m tiefe, 23 m hohe und 5–11 m breite, s-förmig gewundene Höhle mit der akustischen Besonderheit, dass auch sehr leise gesprochene Worte von einer am Eingang stehenden Person belauscht werden können. Die Klänge werden zirka 6-fach verstärkt.

VOCABULARIUM

sermo, sermonis m.	Gespräch, Rede	*vgl. „einen Sermon halten"*
quisquam, quidquam	irgendjemand, -etwas	*(Deklination wie quis, quid + -quam; vgl. S. 44)*
potens (m./f./n.), **potentis** (2.F.)	mächtig	*engl. potent; vgl. potent, Potenz*
igitur	also, daher	*= itaque, ergo*
quoniam	weil (ja)	*= quod, quia*
cum (+ Konjunktiv)	als; weil; obwohl	*(siehe Grammatica)*
argentum,-i n.	Silber	*frz. argent, ital. argento; vgl. chem. Zeichen für Silber: Ag*
ut (+ Konjunktiv)	dass, damit, sodass	*(siehe Grammatica)*
demonstro 1,-avi,-atum	zeigen	*= monstro 1; vgl. demonstrieren*
supra (+ Akk.)	über, oberhalb	*ital. sopra, span. sobre; vgl. Supraleiter*
satis	genug	*vgl. engl. satisfaction =*
quondam	einst	*↔ quoniam (siehe oben) =*
damno 1,-avi,-atum	verurteilen	*engl. damn =*
capitis damnare	zum Tod verurteilen	*vgl. Kapitalstrafe, Kapitalverbrechen*
soror, sororis f.	Schwester	*frz. sœur, ital. sorella*
obses, óbsidis m.	Geisel	
ne (+ Konjunktiv)	dass nicht, damit nicht	*(Verneinung von ut, siehe Grammatica)*
permitto 3, permisi, permissum	erlauben	*engl. permit, frz. permettre, ital. permettere, span. permitir*
quam (vor Superlativ)	möglichst	
quam celerrime	möglichst schnell	
tránseo,-is,-ire,-ii,-itum	hinübergehen, überqueren	*(siehe unten)*
se (im *ut/ne*-Satz)	ihn / sie	*sonst: se =*
absens (m./f./n.), **absentis** (2.F.)	abwesend	*engl. absent, vgl. Absenz*
patre absente	in Abwesenheit des Vaters	*Abl. Abs. mit Adjektiv statt Partizip*

LATEIN IM ALLTAG

TRANS-

Das Präfix (die Vorsilbe) *trans-* (bzw. *tra-*) bedeutet meistens „über" bzw. „jenseits". So werden z.B. in Wien jene Bezirke, die nördlich der Donau gelegen sind, im Volksmund als „Transdanubien" bezeichnet. Aber auch in unzähligen Fremdwörtern kehrt dieser Wortbestandteil wieder:

? Was bedeuten die folgenden Begriffe:

Transport: ____________________ Transvestit: ____________________

Transfer: ____________________ Transplantation: ____________________

Transfusion: ____________________ Transsexueller: ____________________

Translation: ____________________ Transit: ____________________

? Gib die Bedeutung der folgenden Vokabel an:

traduco = ____________________ trado = ____________________

Von diesem Verfolgungswahn getrieben, errichtete er schließlich eine grausame Gewaltherrschaft. Der Begriff „Tyrann", der zunächst nur „Alleinherrscher" bedeutet hatte, bekam erst durch ihn seine gänzlich negative Bedeutung.
Die Persönlichkeit des Dionysios faszinierte unter anderem Friedrich Schiller, der ihn in den Mittelpunkt seiner Ballade „Die Bürgschaft" stellte:

Zu Dionys, dem Tyrannen, schlich
Damon, den Dolch im Gewande.
Ihn schlugen die Häscher in Bande.
‚Was wolltest du mit dem Dolche, sprich!'
entgegnet ihm finster der Wüterich.
„Die Stadt vom Tyrannen befreien!'"
„Das sollst du am Kreuze bereuen!"
(...)

Heute sind in Syrakus nicht nur die kolossalen antiken Bauwerke (u.a. das griechische Theater) einen Besuch wert, sondern auch die idyllisch gelegene Quelle der Arethusa: Sie ist eine der wenigen Stellen Europas, wo Papyrus wächst.

Wolfram Kautzky, Wien

GRAMMATICA

UT-SÄTZE

ut ist eines der häufigsten lateinischen Bindewörter. Die Bedeutung dieses vielseitigen Wörtchens hängt davon ab, ob der dazugehörige Gliedsatz im Indikativ (= Wirklichkeitsform) oder Konjunktiv (= Möglichkeitsform) steht:

1) *ut* + INDIKATIV: „wie" (vgl. Lec. 16); „als"

Ut iam saepe audivimus, Caesar Idibus Martiis mortuus est.
= „Wie wir schon oft gehört haben, ist Cäsar an den Iden des März gestorben."

2) *ut* + KONJUNKTIV:

a) „dass" / „... zu ..." (begehrendes *ut*) – Verneinung: *ne* („dass nicht" / „... nicht zu ...")
Dionysius servis imperavit, ut epulas optimas apponerent.
= „Dionysius befahl den Sklaven, dass sie die besten Speisen auftischten (= die besten Speisen aufzutischen)."

b) „damit" / „um ... zu" (bezweckend/final) – Verneinung: *ne* („damit nicht", „um nicht ... zu")
Tibi amicum obsidem relinquo, ne me fugiturum esse credas.
= „Ich lasse dir den Freund als Geisel zurück, damit du nicht glaubst, dass ich fliehen werde."

c) „(so)dass" (folgernd/konsekutiv) – Verneinung: *ut non* („(so)dass nicht"); im Hauptsatz oft *sic, ita, tam* („so") oder Ausdrücke wie *fit, accidit* („es geschieht")
Flumen ita increvit, ut transiri non posset.
= „Der Fluss schwoll so an, dass er nicht durchquert werden konnte."

NOTA BENE!
Konjunktivische *ut*-Sätze sind immer gleichzeitig, d. h. es können nur Konj. Präsens oder Konj. Imperfekt vorkommen. Welcher Konjunktiv steht, hängt vom **Hauptsatz** ab:
- Hauptsatz im **Präsens** oder **Futur** → *ut*-Satz im Konj. **Präsens**
- Hauptsatz im **Imperfekt** oder **Perfekt** → *ut*-Satz im Konj. **Imperfekt**

TIPP: Gib zunächst den lateinischen Konjunktiv in der entsprechenden Zeit des Indikativs wieder (Konj. Präsens → Präsens, Konj. Imperfekt → Imperfekt). Wenn möglich, verwandle diesen „dass"- bzw. „damit"-Satz dann in eine Infinitivgruppe.

CUM-SÄTZE

Auch bei *cum* hängt die Bedeutung davon ab, ob das Prädikat im Indikativ oder Konjunktiv steht:

1) *cum* + INDIKATIV: „wenn", „sooft", „als" (vgl. Lec. 14)

Cum magister de Dionysio narrat, bene dormire possum.
= „Wenn der Lehrer über Dionysius erzählt, kann ich gut schlafen."

2) *cum* + KONJUNKTIV:

a) „als" (zeitlich/temporal):
Damon, cum Dionysium necare vellet, captus est.
= „Als Damon Dionysius töten wollte, wurde er gefasst."

b) „weil" (begründend/kausal):
Damon, cum sororem collocare vellet, amicum obsidem dedit.
= „Weil Damon die Schwester verheiraten wollte, gab er einen Freund als Geisel."

c) „obwohl" (einschränkend/konzessiv); Signalwort im Hauptsatz oft *tamen* („dennoch"):
Damocles, cum fortunam Dionysii experiri posset, tamen beatus non erat.
= „Obwohl Damokles das Los des Dionysius erproben konnte, war er dennoch nicht glücklich."

NOTA BENE!
- In *cum*-Sätzen können alle vier Konjunktive vorkommen. Sie drücken entweder Gleichzeitigkeit (→ Konj. Präsens und Imperfekt) oder Vorzeitigkeit (→ Konj. Perfekt und Plqpf.) aus (vgl. dazu S. 156).
- In *cum*-Sätzen **darfst** du den Konjunktiv **nicht übersetzen**, sondern musst ihn als Indikativ wiedergeben.

TIPP: Als Erstübersetzung für *cum* ist „als" meistens gut brauchbar.

EXERCITATIONES

I. Setze die passende Form des Adjektivs oder das Adverb ein und übersetze:

1. Scimus Orpheum ______________________ cecinisse. (pulcher)
2. Midas se hominem ______________________ putavit. (beatus)
3. Nero Christianos ______________________ interfici iussit. (crudelis)

II. Was kann „quam“ alles bedeuten?

Quam puellam maxime admiraris, Quinte? – Iulia, quam ibi vides, mihi maxime placet. Quam amici quoque amant. Quam pulchra Iulia est! Eam pulchriorem esse quam ceteras discipulas constat. Saepe ei epistulas verbis quam dulcissimis scriptas mitto. Quam beatus essem, si mihi responderet!

III. Verbinde die Satzhälften und übersetze:

1. Cum Psyche Amorem dormientem adspexisset, …
2. Cum Diana nuda aqua frueretur, …
3. Cum Christiani iussu imperatoris ad Deum oravissent, …
4. Cum ceteri homines virum pauperem neglegerent, …
5. Cum ante moenia summa vi pugnaretur, …

a) Achilles iratus in castris sedebat.
b) Actaeon illi fonti appropinquavit.
c) deus celerrime eius domum reliquit.
d) Martinus eum adiuvare non dubitavit.
e) miraculum factum est.

IV. Welche Übersetzung für „cum“ ist die beste: „als“, „weil“ oder „obwohl“?

1. Milites Romani, cum aqua iam diu carerent, summo in periculo erant.
2. Cum Cassandra magna voce moneret, tamen Troiani equum in oppidum traxerunt.
3. Midas, cum Bacchum reliquisset, statim eius donum experiri constituit.
4. Petrus, cum mortem minime timeret, tamen amicis hortantibus Roma fugere constituit.

V. Ist in den folgenden Sätzen „ut“ mit „dass“, „damit“ oder „sodass“ zu übersetzen?

1. Magister a discipulis postulabat, ut pensa quam diligentissime facerent.
2. Igitur nonnulli discipuli post meridiem domi manserunt, ut pensa diligenter facerent.
3. Gaius autem pensum iterum diligenter non fecit, ut postero die a magistro moneretur.
4. Ergo non iam fit, ut Gaius sine penso diligenter scripto in scholam veniat.
5. Quod autem non eo consilio facit, ut prudentior fiat, sed ne iterum moneatur.

VI. Setze „ut“ oder „ne“ ein und übersetze:

1. Actaeon a Diana in animal mutatus est, ______ de dea nuda narrare posset.
2. Paris, ______ mulierem pulcherrimam domum duceret, navem ascendit.
3. Cleopatra, ______ serva Romam duceretur, se ipsam necavit.
4. Romani a dis orabant, ______ Hannibal Romam quoque expugnaret.

VII. De tyranno[1] crudelissimo

Olim milites Dionysii mulierem quandam conspexerunt, quae magna voce a dis petivit, ut isti tyranno vitam longam darent. Cum ceteri homines Dionysium maxime timerent neque pro eius salute orarent, milites hanc mulierem Dionysium illudere[2] arbitrati sunt. Ita eam comprehenderunt ac ad tyrannum duxerunt. Ibi mulier a tyranno interrogata haec narravit: „Olim tyranno crudeliter regnante optabam, ut ab isto viro atroci liberaremur. Quod cum factum esset, tyrannus crudelior secutus est. Iterum orabam, ut ille moreretur. At post eius mortem tu, tyrannus crudelissimus, regnum occupavisti. Quod tyrannum, qui te crudelior est, ferre non possum, a dis orare coepi, ut vitam longissimam tibi donarent.“ Quibus verbis auditis omnes, qui aderant, censebant Dionysium eam nunc capitis damnaturum esse. Ille autem mulierem, quoniam veritatem dicere verita non erat, sine ulla poena domum misit.

primus tyrannus

secundus tyrannus

tertius tyrannus

1 **tyrannus**,-i m.: „Tyrann“; 2 **illudo** 3,-lusi,-lusum: „verspotten“

37 DE CROESO REGE

Auch Krösus, der wegen seiner unermesslichen Schätze sprichwörtlich gewordene König von Lydien (6. Jh. v. Chr.), musste erkennen, dass Reichtum allein noch keine Garantie für ein glückliches Leben ist.

Croesus olim Solonem[1], **senem** sapientissimum **iustissimumque**, invitavit ac per suam domum regiam duxit. Deinde, cum ei omnes divitias ingentes **ostendisset**, e Solone quaesivit, quem hominem beatissimum putaret. Croeso enim **persuasum** erat: „Certe Solon **ob** opes meas me hominem beatissimum dicet!" Ille autem respondit Croesum sine **dubio** divitem esse et populum magnum **regere**. „**Num** autem beatissimus sis", inquit, „dicere non potero, priusquam mortuus eris. Nam nemo ante mortem beatus appelletur."

Nonnullis annis post Croesus summa **diligentia** bellum contra Cyrum[2], Persarum[3] regem, paravit. **Timens, ne** ab hostibus vinceretur, oraculum consulere constituit. Cum autem nesciret, cui oraculo maxime **confidi** posset, varias **legationes** ad **singula** oracula misit. Omnibus imperavit, ut **certo** tempore ex oraculo quaererent, quid ipse eo tempore ageret. Cum[4] cetera oracula id **ignorarent, legatis** Delphis[5] hoc dictum est: „Rex vester eo ipso momento[6] carnem[7] agni[8] testudinisque[9] coquit[10]."

Croesus, qui id re vera[11] egerat, post illud responsum[12] iterum legatos Delphos[5] misit, ut quaererent, num Persas victurus esset. Responsum est eum illo bello regnum magnum deleturum esse. Rex, cum illud imperium sine dubio imperium Cyri fore putaret, copias in fines Persarum duxit ac hostes **aggressus est**. Paulo autem post exercitu superato multisque militibus amissis Croesus verborum oraculi **meminerat** intellexitque se non Cyri, sed suum regnum delevisse.

? Analysiere, ob es sich um Haupt- (HS) oder Gliedsatz (GS) handelt:

Textabschnitte (Z. 9–11):	HS / GS
Num autem beatissimus sis,	
dicere non potero,	
priusquam mortuus eris.	

1 **Solon**,-onis m.: „Solon" (athenischer Gesetzgeber, 6. Jh. v. Chr.)
2 **Cyrus**,-i m.: „Kyros" (Perserkönig, 6. Jh. v.)
3 **Persae**,-arum m.: „die Perser"
4 **cum**: „während" (Gegensatz)
5 **Delphi**,-orum m. (Pl.): „Delphi"
6 **momentum**,-i n.: „Augenblick"
7 **caro**, carnis f.: „Fleisch"
8 **agnus**,-i m.: „Lamm"
9 **testudo**,-inis f.: „Schildkröte"
10 **coquo** 3, coxi, coctum: „kochen"
11 **re vera**: „tatsächlich"
12 **responsum**,-i n.: „Antwort"

DE GRAECIS ET ROMANIS

Eindeutig zweideutig

Delphi war in der Antike nicht die einzige, aber die bei Weitem bekannteste Orakelstätte. Der Ort galt als Heiligtum des Apoll, der den dort lebenden Drachen Python getötet hatte. Wer privaten oder politischen Rat brauchte, begab sich zur Orakel-Priesterin Pythia, die in einer Kammer auf einem Dreifuß über einer Erdspalte auf inspirierende Dämpfe wartete. Dieser Riss wurde, nachdem er aufgrund eines Erdbebens jahrhundertelang verschwunden war, erst vor Kurzem wiederentdeckt. Die Dämpfe dürften in

Wolfram Kautzky, Wien

Das Theater in Delphi

VOCABULARIUM

senex, senis m.	Greis, alter Mann	*vgl. Senat (= Ältestenrat); senil =*
iustus/a/um	gerecht	*engl. just, frz. juste, ital. giusto, span. justo; vgl. iustitia =*
ostendo 3, ostendi, ostentum	zeigen	*= monstro 1*
mihi persuasum est	ich bin überzeugt	*vgl. persuadeo 2 =*
ob (+ Akk.)	wegen	*= propter*
dubium,-i n.	Zweifel	*engl. doubt, frz. doute, ital. dubbio; vgl. dubito 1 =*
rego 3, rexi, rectum	regieren, lenken, leiten	*vgl. rex, regina etc. (Lec. 20)*
num (im Nebensatz)	ob	↔ *num im Hauptsatz =*
diligentia,-ae f.	Sorgfalt	*vgl. diligens =*
ne (nach Verben des Fürchtens)	dass	*sonst: ne =*
timeo, ne ...	ich fürchte, dass ...	
confido 3, confisus sum (SD)	vertrauen	*(Semideponens, vgl. Seite 132)*
legatio, legationis f.	Gesandtschaft	vgl. Delegation
singuli/ae/a (Pl.)	einzelne, je ein	*vgl. Singular*
certus/a/um	sicher; bestimmt	*engl. certain, frz. certain, ital. certo; vgl. certe =*
ignoro 1,-avi,-atum	nicht wissen, nicht kennen	*vgl. Ignoranz =*
legatus,-i m.	Gesandter	↔ *legatio,-onis (siehe oben) =*
aggredior M, aggressus sum (D)	angreifen	*vgl. aggressiv =*
memini,-isse (+ Gen.)	sich erinnern (an)	
memini (Perfekt)	ich erinnere mich (Präsens!)	

VOKABELLERN-TIPP

Nur der Plural zählt!

Wie auch in anderen Sprachen (vgl. im Englischen *news* und *jeans*) gibt es auch im Lateinischen Wörter, die nur Pluralformen aufweisen.

? Gib zu den folgenden Nomina Genetiv, Geschlecht und Bedeutung an:

arma ______	*moenia* ______
castra ______	*preces* ______
divitiae ______	*opes* ______
liberi ______	*vires* ______

Nota bene! Viele Pluralwörter können mit dem Sg. oder dem Pl. übersetzt werden, z. B. *arma* = a) „die Waffe", b) „die Waffen".

PROVERBIUM

In dubio pro reo

„Im Zweifel für den Angeklagten" ist ein altrömischer Rechtsgrundsatz, der bis heute Gültigkeit besitzt: Wenn bei einem Prozess die Schuld des Angeklagten nicht eindeutig festgestellt werden kann, muss er freigesprochen werden.

Der Omphalos – das Zeichen für Delphi als „Nabel der Welt"

der dazugehörigen Quelle freigesetzt worden sein: Das Wasser enthielt das Gas Äthylen, das die Priesterin in eine Art Rauschzustand versetzte. Ihre gestammelten Laute wurden von Priestern für die Ratsuchenden „übersetzt". Dabei waren die meisten Auskünfte zweideutig formuliert – jeder konnte also seine Wahrheit darin finden (und sich dabei auch, so wie Krösus, kräftig täuschen).

Die Auskünfte waren übrigens nicht gratis. Die aus ganz Griechenland herbeigereisten Bittsteller brachten Weihegeschenke, die in sogenannten Schatzhäusern im heiligen Bezirk von Delphi deponiert wurden.

Obwohl das antike Griechenland in viele voneinander unabhängige und teilweise auch verfeindete Stadtstaaten *(Poleis)* zerfiel, wurde das Orakel von Delphi doch von allen Griechen als gemeinsame Kultstätte betrachtet. Deshalb wurden hier auch alle vier Jahre die „Pythischen Spiele" (musische und sportliche Wettkämpfe) veranstaltet, die ähnlich wie die Olympischen Spiele einen einigenden Einfluss auf ganz Griechenland ausübten. Auch die Römer holten in Delphi Rat ein und ließen das dortige Theater renovieren.

Delphi galt in der Antike als „Nabel der Welt": Der Sage zufolge ließ Zeus zwei Adler in entgegengesetzter Richtung um die Welt fliegen. Sie trafen einander in Delphi, woran der sog. *Omphalos* („Nabel"), ein heiliger Stein, erinnert.

GRAMMATICA

CONSECUTIO TEMPORUM

Welcher Konjunktiv jeweils in lateinischen Gliedsätzen verwendet wird, ist durch die **Consecutio temporum** (= Zeitenfolge) exakt geregelt:

Übergeordneter Satz steht im ...	Untergeordneter Satz ist ...		
	gleichzeitig	vorzeitig	nachzeitig
Präsens, Futur	Konj. Präs.	Konj. Perf.	*-urus sim (sis...)**
Imperfekt, Perfekt	Konj. Impf.	Konj. Plqpf.	*-urus essem (esses...)**

* Die Formen ***-urus sim** (sis, sit ...)* und ***-urus essem** (esses, esset ...)* bestehen aus dem Futurpartizip (vgl. Lec. 31) und dem Konj. Präsens bzw. Imperfekt von *esse*. Sie bilden eine Art Futur-Konjunktiv und werden ausschließlich in **nachzeitigen Gliedsätzen** verwendet.

Die Consecutio temporum zeigt dir beim Übersetzen, welches **Zeitverhältnis** der Gliedsatz zum Hauptsatz hat: Konj. Präsens und Imperfekt drücken die Gleichzeitigkeit, Konj. Perfekt und Plqpf. die Vorzeitigkeit, *-urus sim* bzw. *essem* die Nachzeitigkeit aus.

TIPP: Gib den Konjunktiv beim Übersetzen zunächst in der entsprechenden Zeit des Indikativs wieder!

Die *Consecutio temporum* gilt für folgende Gliedsätze:

- *ut*-Sätze (→ immer gleichzeitig)
- *cum*-Sätze (→ gleich- oder vorzeitig)
- **indirekte Fragesätze** (→ gleich-, vor- oder nachzeitig)

Sie gilt aber nicht für **Konditionalsätze**. Diese werden nach den Regeln des Konjunktivs im Hauptsatz übersetzt (siehe Seite 144).

INDIREKTE FRAGESÄTZE

Indirekte Fragesätze sind abhängige Gliedsätze, die von einem Fragewort eingeleitet werden. Sie stehen im Lateinischen mit dem Konjunktiv, der übersetzt werden kann (aber nicht muss):

Legati ex oraculo quaesiverunt, quid Croesus eo tempore ageret.
= „Die Gesandten fragten das Orakel, was Krösus in diesem Moment machte (mache)."

Indirekte Fragesätze können **gleich-**, **vor-** oder **nachzeitig** sein und richten sich nach der Consecutio temporum:

Rogo te,	*quid facias.* (→ Konj. Präs.)	Ich frage dich,	was du machst. (→ glz.)
	quid feceris. (→ Konj. Perf.)		was du gemacht hast. (→ vz.)
	quid facturus/a sis.		was du machen wirst. (→ nz.)
Rogavi te,	*quid faceres.* (→ Konj. Impf.)	Ich fragte dich,	was du machtest. (→ glz.)
	quid fecisses. (→ Konj. Plqpf.)		was du gemacht hattest. (→ vz.)
	quid facturus/a esses.		was du machen wirst (werdest). (→ nz.)

ÜBERSICHT: Konjunktivübersetzung

Der lateinische Konjunktiv **muss** übersetzt werden:

- in Hauptsätzen
- in Konditionalsätzen

Er **kann** übersetzt werden:

- in *ut*-Sätzen (Ausnahme: Folge-*ut* = „sodass")
- in indirekten Fragesätzen

Er **darf nicht** übersetzt werden:

- in *cum*-Sätzen
- in Folge-*ut*-Sätzen („sodass")

EXERCITATIONES

I. Übersetze:

1. Magister nobis narravit, quomodo Graeci decimo anno Troiam occupavissent.
2. Quintus ignorat, cum quo adulescente Iulia nunc per forum ambulet.
3. Amici mihi rettulerunt, quae artificia clarissima Romae spectavissent.
4. Credo vos omnes scire, quo anno Roma condita sit.
5. Claudia nescit, num amici Graeci se aestate visitaturi sint.

II. Verwandle die direkten Fragesätze in indirekte! Achte auf die Zeitenfolge!

1. Magister rogat / rogavit: „Quis pensum non fecit?"
2. Magister rogat / rogavit: „Cur Quintus non adest?"
3. Magister discipulos rogat / rogavit: „Legetisne hunc librum?"

III. Wie ist „ne" in den folgenden Sätzen zu übersetzen?

1. Milites Romani ab hostibus circumventi timebant, ne omnes interficerentur.
2. Daedalus filium hortatus est, ne soli appropinquaret.
3. Magnus erat timor Romanorum, ne Hannibal Romam quoque aggrederetur.
4. Theseus cum Minotauro pugnare constituit, ne plures liberi ab illo occiderentur.
5. Audivistisne de Spartaci morte?
6. Ne quemquam ante mortem beatum dixeris!

IV. Achte bei den folgenden Sätzen darauf, ob es sich um konjunktivische oder indikativische „ut"- bzw. „cum"-Sätze handelt:

1. Cum Orpheus voce dulci caneret, animalia ac arbores e silvis venisse dicuntur, ut eius carmina audirent.
2. Caesar paucis annis, ut in eius libris legimus, totam Galliam occupavit.
3. Europa, cum in Cretam insulam advenisset, intellexit se a Iove raptam esse.
4. Cum Dionysius complures annos crudelissime regnavisset, quidam homines, ut saepe fit, eum interficere constituerunt.

V. Welches Prädikat ist das richtige? Wähle aus und übersetze:

1. Parentes, priusquam iter trium dierum fecerunt, Quintum monuerunt, ne iterum domum *vastaret / vastavisset / vastavit.*
2. Cum parentes navem *ascendissent / ascenderint / ascenderunt,* Quintus statim plurimos amicos invitavit.
3. Ita factum est, ut posteram noctem multi amici magna voce clamantes ac vinum bibentes apud Quintum *egerunt / agebant / agerent.*
4. Prima autem luce parentes redierunt et filium interrogaverunt, quid in domo sua *accidit / accidisset / acciderit.*

VI. Achtung, Verwechslungsgefahr! Was heißt was?

1. addis – adis
2. reliquos – relictos
3. quidam – quisquam
4. quondam – quendam
5. quaeritur – queritur
6. equus – eques
7. alienus – alius
8. alter – altus

VII. Croesus verborum Solonis[1] meminit

Croesus, cum eius copiae a Cyro[2] rege victae essent, se celeriter e terra hostis recepit. Cyrus autem spe victoriae adductus exercitum ingentem in eius fines duxit et Croesum aggressus est. Quo in proelio Cyrus iterum victor erat. Croesus autem comprehensus et capitis damnatus est. Tum Croesus, cum iam in rogo[3] esset, verborum Solonis meminerat. Valde dolebat, quod eius verba neglexerat, et magna voce Solonem appellavit. Cyrus, cum hoc audiret, Croesum adiit interrogavitque, cur nomen illius hominis sapientissimi vocaret. Is respondit: „Olim, cum me hominem beatissimum esse crederem, Solon dixit neminem ante mortem beatum esse. Nunc, quoniam hoc atroci modo[4] moriturus sum, intellego eum veritatem dixisse." Quibus verbis commotus Cyrus Croeso vitam donavisse dicitur.

1 **Solo,-onis** m.: „Solon" (athenischer Politiker) 2 **Cyrus,**i m.: „Kyros" (Perserkönig)
3 **rogus**,-i m.: „Scheiterhaufen" 4 **modus**,-i m.: „Art", „Weise"

38 DE GRAECIS CLARIS

Obwohl die Römer Griechenland im 2. Jh. v. Chr. unterwarfen und zur Provinz machten, wurden sie doch durch die griechische Kultur stark beeinflusst und geprägt. Die folgenden Anekdoten handeln von drei griechischen Denkern, die auf sehr unterschiedliche Weise zu Berühmtheit gelangt sind.

Cum Athenienses[1] olim ex oraculo quaesivissent, quis esset vir sapientissimus, iis responsum est neminem Socrate[2] sapientiorem esse. Socrates, ubi id audivit, statim profectus est ad hominem sapientiorem quaerendum. Nonnullos homines, qui sapientes **habebantur**, adiit, ut eorum prudentiam **disputando exploraret**. At sua arte interrogandi demonstravit illos, cum se sapientes putarent, tamen multa nescire. Ita intellexit: „Hac in re prudentior sum quam isti: Scio me nihil scire!"

***

Diogenes[3] **philosophus** semper **operam** dabat, **ne quid** supervacuum[4] possideret. Vitam **tanta** modestia[5] egisse dicitur, ut non solum **pecunia** divitiisque, sed etiam domo carens in magno dolio[6] habitaret. Nam ei persuasum erat solum pauperem hominem esse **liberum** felicemque.

Notissima est haec **fabula**: Alexander, imperator magnus, olim Diogenem, qui sole fruendi **causa** ante dolium[6] consederat, visitavit. Postquam **salutavit**, eum hortatus est, ut diceret, **si quid** optaret. Ille autem respondisse dicitur: „I paululum[7] a sole!"

***

Archimedes[8], mathematicus[9] magni **ingenii**, ita mortuus esse dicitur: Milites Romani, cum Syracusas[10] expugnavissent, statim **initium** diripiendi[11] fecerunt. Abstulerunt omnia, quae **quisque** rapere potuit. Miles quidam etiam ad Archimedem venit, qui more suo cogitandi causa in hortum[12] se **contulerat**. Intentus[13] formis, quas in pulvere[14] scripserat, periculum neglexit et, cum militem conspexisset, clamavit: „Noli turbare[15] circulos[16] meos!" Miles autem, quod eum **superbia** adductum loqui arbitratus est, Archimedem interfecit.

1 **Athenienses**,-ium m.: „die Athener"
2 **Socrates**,-is m.: „Sokrates"
3 **Diogenes**,-is m.: „Diogenes"
4 **supervacuus** 3: „überflüssig"
5 **modestia**,-ae f.: „Bescheidenheit"
6 **dolium**,-i n.: „Fass"
7 **paululum**: „ein wenig"
8 **Archimedes**,-is m.: „Archimedes"
9 **mathematicus**,-i m.: „Mathematiker"
10 **Syracusae**,-arum f.: „Syrakus"
11 **diripio** M: „plündern"
12 **hortus**,-i m.: „Garten"
13 **intentus** 3 + Abl.: „vertieft in …"
14 **pulvis**,-eris m.: „Staub"
15 **turbo** 1: „(zer)stören"
16 **circulus**,-i m.: „Kreis"

? Beantworte die folgenden Fragen zum Text:

a) Was möchte Diogenes durch seinen Ausspruch (Z. 23) deutlich machen?

b) Welche Doppeldeutigkeit liegt im Ausruf des Archimedes (Z. 32 f.)?

DE GRAECIS

Antike Philosophen

Sokrates

Der wohl berühmteste Philosoph der Antike (469–399 v. Chr.) muss seinen athenischen Mitbürgern durch seine bohrenden Fragen, durch die er ihre Unwissenheit entlarvte, gehörig auf die Nerven gegangen sein. Dementsprechend wurde er wegen Gottlosigkeit (er pflegte „beim Hund" zu schwören) und wegen seiner „jugendgefährdenden" Gespräche zum Tod durch den Schierlingsbecher (Giftbecher) verurteilt. Seine Verteidigungsrede („Apologie") ist uns, wie auch der Großteil seiner Lehre, durch seinen Schüler Platon überliefert – Sokrates selbst hinterließ nämlich keine schriftlichen Aufzeichnungen.

Alamy/The Art Archive

Sokrates

Diogenes

Dieser etwas unkonventionelle Philosoph gehört zur Philosophenschule der Kyniker („Hundsphilosophen"), die ein „hündisches", das heißt bedürfnisloses, Leben bevorzugten. Indem Diogenes in einem Fass wohnte, wollte er seine Zivilisationsverweigerung zur Schau stellen. Er war somit

VOCABULARIUM

habeo 2,-ui,-itum (+ dopp. Akk.)	halten für	
habeo te amicum	ich halte dich für einen Freund	*= puto te amicum (vgl. Lec. 22)*
dísputo 1,-avi,-atum	erörtern, diskutieren	*vgl. Disput =*
exploro 1,-avi,-atum	ausforschen, erforschen	*engl. explore; vgl. Internet-Explorer*
philósophus,-i m.	Philosoph	
opera,-ae f.	Mühe	
operam dare	sich bemühen	*wörtl.: „Mühe geben"*
ne quis / ne quid	dass (damit) niemand / nichts	*quis/quid nach ne = aliquis/aliquid*
tantus/a/um	so groß	*ital. + span. tanto ↔ quantus (siehe Lec. 33) =*
pecunia,-ae f.	Geld	*von pecus,-oris („Vieh", vgl. S. 142); vgl. pekuniär =*
liber/era/erum	frei	*↔ liber, libri =*
fabula,-ae f.	Erzählung, Geschichte	*ital. favola; vgl. Fabel; fabulieren*
causa (nach Gen.)	wegen; um zu	*(siehe Grammatica)*
saluto 1,-avi,-atum	(be)grüßen	*vgl. salutieren; vgl. salus =*
si quis / si quid	wenn jemand / wenn etwas	*quis/quid nach si = aliquis/aliquid*
ingenium,-i n.	Geist; Talent	*vgl. Ingenieur, Genie*
initium,-i n.	Anfang	*vgl. Initialen*
quisque, quidque	jeder, jedes	*(Deklination wie quis, quid + -que; vgl. S. 44)*
cónfero,-ferre, contuli, collatum	zusammentragen; vergleichen	*cf. = confer („vergleiche")*
se conferre	sich begeben	
superbia,-ae f.	Stolz	*ital. superbia, span. soberbia*

VOKABELLERN-TIPP

Frage oder Antwort?

Nicht immer bereitet das Vokabellernen ungetrübte Freude – besonders dann nicht, wenn es sich um die berüchtigten „kleinen Wörter" handelt. Hier eine Hilfe, die dir das Leben bei den Pronomina leichter machen könnte:

qu- → Frage (dt.: „wie …"), *t-* → Antwort (dt.: „so …")

? Was bedeuten die folgenden Pronomina?

fragend: *QU-*	antwortend: *T-*
qualis/e = ______	*talis/e* = ______
quantus 3 = ______	*tantus 3* = ______
quam = ______	*tam* = ______

PROVERBIUM

Pecunia non olet

Die Wendung „Geld stinkt nicht" geht auf folgende Anekdote zurück: Kaiser Vespasian (68–79 n. Chr.) hatte für die öffentlichen Bedürfnisanstalten eine neue Steuer eingeführt. Als ihm sein Sohn Titus deswegen Vorwürfe machte, soll ihm Vespasian eine Münze unter die Nase gehalten und gefragt haben, ob sie stinke. Als Titus verneinte, meinte der Kaiser, dennoch stamme sie vom Urin. Heute bedeutet der Spruch soviel wie: Es ist völlig egal, woher das Geld kommt; Hauptsache, man bekommt es.

Diogenes im Fass (Jean Leon Gerome)

einer der ersten Vertreter der „Zurück-zur-Natur"-Bewegung. Vom Begriff „kynisch" leitet sich übrigens „zynisch" („spöttisch", „bissig") ab: Die Kyniker lebten zwar anspruchslos, andererseits fielen sie aber gleichsam die Menschen an, um ihnen ihre Lehre aufzudrängen.

Archimedes

Die Heimatstadt des berühmten Mathematikers und Physikers war die sizilianische Metropole Syrakus (vgl. Lec. 36).
Als sich die Syrakusaner im zweiten punischen Krieg auf die Seite Karthagos schlugen, konstruierte Archimedes diverse Kriegsmaschinen, darunter auch riesige Sonnenspiegel, die die römische Flotte in Brand setzen sollten – was die Eroberung der Stadt und seine Ermordung im Jahr 212 v. Chr. allerdings nicht verhindern konnte. Bekannt ist auch die Anekdote von der Entdeckung des spezifischen Gewichts: Nachdem Archimedes durch den Vergleich einer echten und einer gefälschten Goldkrone in der Badewanne erkannt hatte, dass verschiedene Metalle unterschiedlichen Auftrieb haben, soll er nackt durch die Stadt gelaufen sein und ausgerufen haben: *„Heureka!"* („Ich hab's gefunden!").

GRAMMATICA

GERUNDIUM

Das Gerundium entspricht dem **hauptwörtlich gebrauchten Zeitwort**. Abgesehen vom Nominativ, der dem Infinitiv entspricht, dekliniert es wie ein neutrales Nomen (der o-Deklination) im Singular. Erkennungszeichen des Gerundiums ist die Buchstabengruppe *-nd-*:

1. F.	*(dormire)*	das Schlafen
2. F.	*dormiendi* *dormiendi causa*	des Schlafens um zu schlafen
3. F.	*dormiendo**	dem Schlafen*
4. F.	*ad dormiendum*	um zu schlafen, zum Schlafen
6. F.	*dormiendo* *in dormiendo*	durch das Schlafen beim Schlafen

ebenso:
ama-nd-i (etc.)
mone-nd-i
mitte-nd-i
audie-nd-i
capie-nd-i

* Der Dativ des Gerundiums kommt nur selten vor.

1. F.: *Dormire mihi semper placet.* = „(Zu schlafen =) Das Schlafen gefällt mir immer."
2. F.: *Mea cupiditas dormiendi magna est.* = „Meine Begierde (des Schlafens =) zu schlafen ist groß."
4. F.: *Ad dormiendum domum venio.* = „Ich komme nach Hause, um zu schlafen."
6. F.: *Dormiendo iram magistri commoveo.* = „Durch das Schlafen errege ich den Zorn des Lehrers."
In dormiendo nihil audio. = „Beim Schlafen höre ich nichts."

NOTA BENE!
causa (nach Gerundium im 2. F.) und ***ad*** (vor Gerundium im 4. F.) drücken finalen Sinn (= einen Zweck) aus → Übersetzung mit „um zu":
discendi causa (= *ad discendum*) = „um zu lernen"

ÜBERSETZEN – GEWUSST WIE! (I)

Wie du (vermutlich zu deinem Leidwesen) schon bemerkt hast, kommen in den Texten nun öfter längere Sätze vor, bei denen man leicht den Überblick verlieren kann. Deshalb ist es wichtig, die Struktur eines Satzes zu „durchleuchten", damit du Haupt- und Gliedsätze, Ablativi Absoluti, Sperrungen, ACI etc. erkennst.
Die einfachste und am wenigsten aufwendige Methode ist die sogenannte „**Unterstreichmethode**". Zentraler Punkt dabei sind die Verba, die ja den Kern eines Satzes darstellen. Bevor du zu übersetzen anfängst, solltest du den Satz zur Gänze durchlesen und Folgendes tun:

1) Unterstreiche alle Verba des Satzes einfach;
2) setze alle unterordnenden Bindewörter in ein [Kästchen];
3) unterstreiche das Prädikat des Hauptsatzes doppelt
4) unterstreiche „satzwertige Konstruktionen" (Abl. Abs., Part. Coni., ACI) strichliert.

NOTA BENE!
- Ob es sich um einen Hauptsatz oder einen Nebensatz handelt, erkennst du daran, ob am Anfang ein unterordnendes **Bindewort** (*cum, ut, dum, ubi, postquam* etc.) steht oder nicht. Solche Bindewörter (Konjunktionen) sollten dir also immer sofort ins Auge stechen! Ebenfalls wichtig zur Strukturierung sind die Satzzeichen, besonders die Beistriche.
- Wenn du nach dem Unterstreichen mit dem Übersetzen beginnst, beginne immer **von vorne** und übersetze Satzglied für Satzglied nach hinten. Lediglich das Prädikat des Hauptsatzes muss im Deutschen an die zweite Stelle im Satz vorgezogen werden (Prädikate von Gliedsätzen stehen im Deutschen an letzter Stelle):
  [Cum] Athenienses quaesivissent, [quis] esset vir sapientissimus, iis responsum est neminem Socrate sapientiorem esse.

? a) Wie lautet hier der Hauptsatz? b) Wie viele Gliedsätze gibt es?
c) Wo ist eine satzwertige Konstruktion (sK)?

EXERCITATIONES

I. Übersetze:

1. Quidam discipuli dormiendi causa in scholam venire videntur.
2. Nisi isti pueri ridendo magistrum a docendo prohibuissent, ille nobis pensum magnum non dedisset.
3. Facite finem loquendi!
4. Utinam mihi tempus discendi esset!
5. Magistri discipulos magis laudando quam monendo ad discendum adducere possunt.
6. Legistisne iam illum clarissimum librum Latinum de arte amandi?
7. Quidam viri mulieresque non ad spectandum in theatrum veniunt, sed ut ipsi spectentur.
8. Quam magna est mea cupiditas dormiendi!

II. Setze das Gerundium im richtigen Fall ein:

1. Cleopatra, cum intellegeret sibi occasionem ____________________ non esse, se ipsa necavit. (fugio)
2. Marcus Aurelius a Christianis petivit, ut ____________________ exercitum Romanum periculo magno liberarent. (oro)
3. Scimus Caesarem cupidissimum ____________________ fuisse. (regno)

III. Übersetze die folgenden Wortgruppen und achte besonders darauf, ob es sich um ein Partizip (Präsens oder Perfekt) oder ein Gerundium handelt!

1. occasio fugiendi
2. spes redeundi
3. hosti dormienti
4. viri docti
5. viri docentes
6. cupiditas docendi
7. studium legendi
8. discipulo legenti
9. discipuli legentes
10. libri lecti
11. diligenter legendo
12. salutandi causa

IV. Achte auf die richtige Übersetzung der Konjunktive:

Claudia nonnullos amicos interrogavit, num secum diem natalem[1] celebrare vellent. Quintus, cum hoc audivisset, respondit se magno cum gaudio ad eam venturum esse. Deinde cogitavit: „Certe Claudia optat, ne quis sine dono veniat. Quid ei donem? Quis hoc sciat?" Tum intellexit: „Claudia certe valde gaudeat, si coculum[2] accipiat!" Ita Quintus, cum illud consilium sibi optimum esse videretur, postero die cum coculo[2] ad Claudiam venit. Quae illo dono minime gaudens irataque puero coculum[2] in caput iecit. „Utinam Claudiae flores[3] donavissem!", Quintus cogitavit. „Si mihi flores[3] in caput iecisset, dolores minores essent."

1 **dies natalis**: „Geburtstag"; 2 **coculum**,-i n.: „Kochtopf"; 3 **flos**, floris m.: „Blume"

V. Gliedere im folgenden Text die Sätze mit der Unterstreichmethode und übersetze:

Quondam, cum Diogenes philosophus meridie cum lumine per forum iret, homines ex eo quaesiverunt, cur illud lumen secum portaret, cum sol medio in caelo esset. Ille respondit: „Spero me auxilio illius luminis melius videre posse. Hominem enim quaero, sed solum animalia, non homines, qui hoc nomine digni sunt, conspicio." Vir quidam olim in ambulando casu Diogenem conspexit, qui, ut erat eius mos, sibi cenam modicam[1] paravit. Ille, cum ipse vitam sine cenis magnificis beatam non esse arbitraretur, ad Diogenem, quem hominem miserum putabat, haec locutus est: „Si regi verba blanda[2] diceres, te cenam tam modicam[1] edere[3] necesse non esset." Ille autem, qui semper dabat operam, ut liber esset, respondit: „Si tu quoque cenam modicam[1] ederes[3], te regi verba blanda[2] dicere necesse non esset."

1 **modicus** 3: „bescheiden"; 2 **blandus** 3: „schmeichelnd"; 3 **edo** 3, edi, esum: „essen"

DE VIDUA[1] ET MILITE

Eine bekannte antike Novelle (= kurze Erzählung) handelt von der für ihre Keuschheit berühmten Witwe von Ephesos.

Mulier quaedam Ephesi[2] maritum amatum amiserat. In eius **memoriam monumentum** aedificari iussit et corpus in conditorio[3] positum more **maiorum** custodire[4] coepit. At propter dolorem maximum diutius in conditorio mansit, quam **pietas religio**que poposcerunt[5]. Dies noctesque vidua flens et cibo abstinens ibi agebat.

Interea autem fiebat, ut duo latrones[6] prope illud conditorium crucibus affigerentur[7]. Ne quis sepeliendi[8] causa corpora auferret, miles ad cruces custodiendas positus est. Qui proxima nocte vocem audivit et, cum animadvertisset, **unde** oriretur haec vox, conditorium intravit. Statim intellexit, quae esset causa flendi, et mulieris consolandae[9] causa cibum vinumque **attulit**.

At viduam dolore superatam frustra ad cibum capiendum hortabatur. Denique ancilla[10], quae aderat, militem in vidua hortanda adiuvit effecitque, ut illa finem querendi faceret et militis dona acciperet. Cum mulier post cenam iam **multo minus** doleret, miles eam ceteris quoque **voluptatibus** abstenturam non esse speravit.

Qua in re iterum victor erat: Portis conditorii clausis totam noctem apud viduam manebat.

Diligens ille custos, cum proximo die conditorium relinqueret, conspexit ex una cruce corpus ablatum esse. Poenam gravem timens ad viduam **cucurrit** rettulitque, quid accidisset. „Quid faciam?", clamavit. „**Sententiam iudicis** non exspectabo, sed gladio me interficiam!" Illa autem, cum post maritum hunc quoque virum amatum amittere nollet, militis servandi causa consilium prudens cepit. Ita factum est, ut paulo post in nulla cruce corpus deesset – conditorium autem **vacuum** esset.

1 **vidua**,-ae f.: „Witwe"
2 **Ephesus**,-i m.: „Ephesos" (Stadt!)
3 **conditorium**,-i n.: „Gruft"
4 **custodio** 4: „bewachen"
5 **posco** 3, poposci: „verlangen", „fordern"
6 **latro**,-onis m.: „Räuber"
7 **affigo** 3,-fixi,-fixum: „befestigen", „schlagen"
8 **sepelio** 4, sepelivi, sepultum: „bestatten"
9 **consolor** 1: „trösten"
10 **ancilla**,-ae f.: „Magd", „Dienerin"

? Welche Übersetzung ist die beste? Erstelle eine Rangliste von 1. bis 3.!

intellexit, quae causa esset flendi (Z. 14) =	
… was der Grund des Weinens war.	
… was der Grund für das Weinen war.	
… warum sie weinte.	

DE GRAECIS ET ROMANIS

Eine antike Weltstadt

Ephesos, der Schauplatz der oben erzählten Geschichte, war die größte Metropole des antiken Kleinasien (heutige Türkei). Hier befand sich das von König Krösus erbaute Artemision, ein Artemis-Tempel, der als eines der sieben Weltwunder galt. Seine Grundfläche soll sechsmal so groß wie die des Parthenon-Tempels in Athen gewesen sein. Er wurde im Jahr 356 v. Chr. von einem gewissen Herostratos, der Berühmtheit erlangen wollte, angezündet und zerstört. (Der Brandstifter erreichte dadurch sein Ziel: Noch heute wird ein Verbrecher aus Ehrgeiz „Herostrat" genannt.)
Neben König Krösus machten noch viele andere „Promis" der damaligen Weltstadt ihre Aufwartung: Alexander der Große, Kleopatra, die Gottesmutter Maria, Johannes der Täufer und der Apostel Paulus hielten sich zeitweilig hier auf. Seit 1895 ist das Österreichische Archäologische Institut damit beschäftigt, die Reste der einst blühenden Stadt auszugraben. Aus diesem Grund wurde in Wien auch ein eigenes Ephesos-Museum (1. Bezirk, Heldenplatz) eingerichtet.

Celsus-Bibliothek in Ephesos

VOCABULARIUM

memoria,-ae f.	Erinnerung	*frz. memoire, ital. + span. memoria, engl. memory; vgl. Memoiren*
in memoriam (+ 2.F.)	zur Erinnerung (an)	
monumentum,-i n.	Denkmal	*frz. monument, ital. + span. monumento; vgl. Monument*
maiores, maiorum m. (Pl.)	Vorfahren	*wörtl. =*
pietas, pietatis f.	Pflichtgefühl, Frömmigkeit	*vgl. Pietät = Ehrfurcht, Rücksicht*
religio, religionis f.	Gottesfurcht; Religion	*engl. religion, frz. religion, ital. religione, span. religión*
unde	woher	↔ *inde =*
áffero, afferre, áttuli, allátum	heranbringen	*aus: ad + ferre (siehe Kasten unten!)*
multo (beim Komparativ)	viel, um vieles	*z.B. multo melius = viel besser*
minus (Adv.)	weniger	*ital. meno, span. menos; vgl. Minus-Zeichen*
voluptas, voluptatis f.	Vergnügen, Lust	↔ *voluntas =*
curro 3, cucurri, cursum	laufen	*frz. courir, ital. correre, span. correr; vgl. Kurier, Cursor*
sententia,-ae f.	Meinung; Satz	*engl. sentence*
iudex, iúdicis m.	Richter	*ital. giudice; vgl. iudicium, iudicare*
vacuus/a/um	leer; frei	*vgl. Vakuum, evakuieren =*

VOKABELLERN-TIPP

Präfix mit vielen Gesichtern: *ad-*

Analog zur Präposition *ad* („zu", „an", bei") hat das Präfix (die Vorsilbe) *ad-* die Bedeutung „hin-", „heran-".

? Was bedeuten die folgenden Fremdwörter?

Advent = ______________________ Adhäsion = ______________________

Adduktoren = ______________________ Advokat = ______________________

Die Vorsilbe *ad-* hat fallweise chamäleonartige Eigenschaften: Sie passt sich an ihre Umgebung an. Konkret bedeutet das, dass sich z. B *ad-ferre* in *af-ferre* verwandelt. Dieser Vorgang heißt (wie auch in der Biologie) ***Assimilation*** („Angleichung")*.

? Wie haben die folgenden Verba ursprünglich gelautet? Gib auch ihre Bedeutung an!

aggredior = ______________________ afficio = ______________________

accipio = ______________________ appropinquo = ______________________

*) Eine besondere Vorliebe für Assimilationen hat auch das Italienische: z.B. lat. *optimus* → ital. *ottimo*

Sieben antike Weltwunder

Neben dem Artemision von Ephesus wurden in der Antike noch sechs weitere Bauwerke als Weltwunder bezeichnet:

1. Die Pyramiden von Gizeh
2. Der Koloss von Rhodos
3. Die Zeusstatue von Olympia
4. Das Grabmal des Königs Mausolos in Halikarnassos
5. Die hängenden Gärten der Semiramis in Babylon
6. Der Leuchtturm von Alexandria

GRAMMATICA

GERUNDIV

Wie das Gerundium ist auch das Gerundivum von einem Verbum abgeleitet und ebenfalls an der Silbe -*nd-* zu erkennen. Im Gegensatz zum Gerundium ist es allerdings kein Nomen, sondern ein **Adjektiv** (und kann daher auch im Plural stehen):

amandus/a/um; monendus/a/um; mittendus/a/um; audiendus/a/um; capiendus/a/um

Nota bene: Das Gerundiv ist daher immer mit einem Nomen übereingestimmt!

Das Gerundiv wird auf zwei ganz unterschiedliche Arten verwendet:
- im Nominativ zusammen mit einer Form von *esse* (→ „müssen-Gerundiv", siehe Lec. 40!)
- im Genetiv / Akkusativ / Ablativ ohne *esse* (→ GERUNDIVKONSTRUKTION)

GERUNDIVKONSTRUKTION („Gerundivum pro gerundio"):
Das Gerundiv steht statt eines Gerundiums mit Objekt (und wird wie dieses übersetzt!). Dabei nimmt das Objekt den Fall des Gerundivs und das Gerundiv die Zahl des Objekts an.
Übersetzt wird die Gerundivkonstruktion praktischerweise genauso wie das Gerundium:

2.F. Sg.: *tempus cibi capiendi (= tempus cibum capiendi):* „die Zeit, eine Speise einzunehmen"
2.F. Pl.: *tempus ciborum capiendorum (= tempus cibos capiendi):* „die Zeit, Speisen einzunehmen"
6.F. Sg.: *in cibo capiendo (= in cibum capiendo):* „beim Einnehmen einer Speise"
6.F. Pl.: *cibis capiendis (= cibos capiendo):* „durch das Einnehmen von Speisen"

Am häufigsten ist auch bei der Gerundivkonstruktion die finale Verwendung mit ***ad*** oder ***causa*** (vgl. Seite 160):

ad + Akk.:	*ad cibum capiendum* (Sg.) = „um eine Speise einzunehmen"
	ad cibos capiendos (Pl.) = „um Speisen einzunehmen"
Gen. + ***causa***:	*cibi capiendi causa* (Sg.) = „um eine Speise einzunehmen"
	ciborum capiendorum causa (Pl.) = „um Speisen einzunehmen"

ÜBERSETZEN – GEWUSST WIE! (II)

Eine Alternative zur „Unterstreichmethode" (vgl. Lec. 38), besonders bei Satzgefügen mit mehreren untergeordneten Gliedsätzen, ist die so genannte „**Einrückmethode**". Sie ist zwar etwas aufwändiger, weil du den Satz noch einmal aufschreiben musst, bietet dir aber eine wirkungsvolle optische Hilfe beim Erfassen der Satzstruktur. Auch hier geht es wieder in erster Linie darum, Haupt- und Gliedsätze voneinander zu unterscheiden. Um die Hierarchie der einzelnen Sätze zu verdeutlichen, musst du Folgendes machen:

- Schreibe **Hauptsätze** (HS) an den **linken Rand** der Seite;
- rücke **Gliedsätze erster Ordnung** (GS 1; hängen vom Hauptsatz ab) nach **rechts** ein;
- rücke **Gliedsätze zweiter Ordnung** (GS 2; hängen von Gliedsätzen ab) **noch weiter nach rechts** ein;
- rücke auch jene „satzwertigen Konstruktionen" ein, die im Deutschen zu Gliedsätzen umgeformt werden, also **ACI, Ablativus Absolutus, Participium Coniunctum, Gerundium/Gerundiv**.

```
Jeder,
        der einen Satz nach der Einrückungsmethode aufgeschrieben hat,
kann,
        wenn er die Satzglieder,
                die ganz links stehen,
        betrachtet,
leicht erkennen,
        was der Hauptsatz ist.
HS      GS 1    GS 2
```

NOTA BENE!
Entscheidend beim Übersetzen ist, dass du die einzelnen Satzglieder nicht vertauschst, sondern immer der Reihe nach **von vorne nach hinten** übersetzt! Nur das erste Verbum des Hauptsatzes (im Beispiel unten *adiuvit*) musst du im Deutschen an die **zweite Stelle** (hier also zwischen *denique* und *ancilla*) vorziehen.

Diese Methode kannst du noch zusätzlich mit der Unterstreichmethode kombinieren. Versuche das anhand des folgenden Satzes und beantworte die Fragen:

Denique ancilla, quae aderat, militem in vidua hortanda adiuvit effecitque, ut illa finem querendi faceret et militis dona acciperet.

? a) Wie lautet der Hauptsatz?
b) Wie viele Verba hat der Hauptsatz?
c) Wie viele Gliedsätze gibt es?

EXERCITATIONES

I. Übersetze:

1. in currendo 2. explorandi causa 3. docendo 4. spes vincendi 5. ad scribendum 6. ad epistulam scribendam 7. in periculis perferendis 8. voluntas fabulae Latinae audiendae 9. ad puellas terrendas 10. vini fruendi causa 11. obsidibus dandis

II. Übersetze:

1. Croesus bellum parans nonnullas legationes ad oracula consulenda misit.
2. Marcus Aurelius hostium vincendorum causa magnum exercitum in eorum fines traduxit.
3. Cum Roma condita esset, cives Romani virginibus rapiendis sibi uxores paraverunt.
4. Leander puellae visitandae causa ne maxima quidem pericula timebat.
5. Midas, quia cupidissimus auri possidendi erat, donum malum a Baccho deo optavit.

III. Drücke die „ut"-Sätze mit Gerundiva aus (jeweils mit „ad" und „causa")!

Bsp.: Proficiscor, ut Iuliam visitem.
= Proficiscor ad Iuliam visitandam.
= Proficiscor Iuliae visitandae causa.

1. Gaius domum contendit, ut pensum faciat.
2. Romam veni, ut artificia clara spectarem.
3. Complures menses in Graecia eram, ut linguam Graecam discerem.
4. Discipuli, ut magistrum delectarent, pensa summa cum diligentia scripserunt.

IV. Setze die richtigen Gerundivformen ein:

1. Martinus vestem gladio divisit ad virum pauperem ____________________. (iuvo)
2. Diana aquae ____________________ causa vestem deposuit. (fruor)
3. Theseus Minotauri ______________ causa in Cretam navigare constituit. (occido)
4. In Troia ____________________ multi viri fortissimi laesi aut occisi sunt. (oppugno)
5. Utinam ne Psyche tam cupida Amoris ____________________ fuisset! (adspicio)

V. Führe die folgenden englischen Vokabel auf lateinische Wörter zurück und gib ihre Bedeutung an:

to admire – confident – to punish – ridiculous – trade – to finish – to add – contents – anniversary* – cruel – inhabitant – library – prime time* – mortal — pressure – question – to use – invisible – voluntary – to possess

* (2 Wörter)

VI. Bei den folgenden Verba haben sich die Vorsilben durch Assimilation verändert. Wie lauteten die Verba ursprünglich? Was bedeuten sie?

1. accedo	4. alloquor	7. effugio
2. effero	5. appono	8. immitto
3. attraho	6. acclamo	9. appeto

VII. Gliedere im folgenden Text die Sätze mit der Einrückmethode und übersetze:

Dionysius tyrannus, cum crudelissime regnaret, non sine causa semper timebat, ne quis se interficeret. Quod etiam verebatur, ne a tonsore[1] ferro[2] occideretur, filias suas barbam[3] tondere[4] docuit. Quae cum adultae[5] essent, ne iis quidem confidebat, sed iis ferrum[2] abstulit imperavitque, ut ab illo tempore candentibus[6] iuglandium putaminibus[7] barbam[3] sibi adurerent[8].
Cum olim, ut erat eius mos, pila[9] ludere vellet vestemque deponeret, adulescenti, quem amabat, gladium tradidit. Cum quidam ex eius comitibus iocans[10] dixisset eum nunc huic adulescenti vitam committere[11] risissetque adulescens, utrumque iussit interfici: Alterum capitis damnavit, quia viam tyranni occidendi demonstravisset, alterum, quia ea verba ridendo approbavisset[12].

1 **tonsor**,-oris m.: „Friseur"; 2 **ferrum**,-i n: hier: „Messer"; 3 **barba**,-ae f.: „Bart"; 4 **tondeo** 2, totondi, tonsum: „schneiden"; 5 **adultus** 3: „erwachsen"; 6 **candens**,-entis: „glühend"; 7 **iuglandium putamen**,-inis n.: „Nussschale"; 8 **aduro** 3,-ussi,-ustum: „versengen"; 9 **pila**,-ae f.: „Ball"; 10 **iocor** 1: „scherzen"; 11 **committo** 3: hier: „anvertrauen"; 12 **approbo** 1: „gutheißen"

40 LINGUA LATINA ADHUC VIVIT

Nicht nur die alten Römer haben Lateinisch geschrieben, sondern auch heute noch werden Texte in Latein verfasst. Bei den folgenden zwei Kostproben handelt es sich um „Nuntii Latini" (Lateinische Nachrichten), die regelmäßig in einer großen österreichischen Tageszeitung erscheinen.

Polonia[1] appellat!

In **Germanica** urbe Zittau litterae **falsae** Saxonii[2] ministerii rerum internarum[3] animos civium commoverunt. Omnes incolae illius oppidi, quod in **Germania** prope fines Poloniae **situm** est, in suis receptaculis cursualibus[4] epistulam invenerant, qua nuntiatum erat oppidum eorum ab anno 2002 partem rei publicae Poloniae futurum esse. Qua in epistula hoc scriptum erat: „Cum hac in **regione** fines **nuper** iterum terminati sint[5], Zittau oppidum mox in agris Polonicis[6] situm erit. Qua de causa civibus usque ad mensem Martium[7] anni 2001 diploma civium[8] rei publicae Polonicae petendum est. Praeterea omnibus quam celerrime cursus linguae Polonicae visitandus est."

Jürgen Kloß, summus **magistratus** urbis Zittau, dixit hanc epistulam sine dubio falsam esse cunctaque, quae scripta essent, minime veritati respondere[9]. **Interim** custodes publici auctores litterarum quaerere coeperunt – exempli gratia[10] in quadam officina linguae[11] Polonicae urbis Zittau.

Palaeolithicum[1] vivit!

Qui adhuc putavit familiam Lapisfulminarem[2] solum in televisione[3] aut in cinemate[4] videri posse, erravit. Iuvavi[5] enim femina habitat, cui non solum nomen Wilma Lapisfulminaris, sed etiam capilli[6] rubri[7] sunt. Quamquam neque maritum nomine Alfredi habet neque inter eius amicos quidam Barnie Ruderadomumis[8] est, vera Wilma interim cognovit nomen tam clarum **haudquaquam** semper **commodo** esse: „Nuper ad secretariam[9] psychoanalystae[10] cuiusdam telephonavi[11]. Cum nomen meum dixissem, illa me his verbis sedare[12] conata est: ‚**Quieta** maneas! Tibi domus relinquenda non est! Currus valetudinarius[13] mox apud te erit!'"

1 **Polonia**,-ae f.: „Polen"
2 **Saxonius** 3: „sächsisch"
3 **ministerium** (-i) **rerum internarum** n.: „Innenministerium"
4 **receptaculum** (-i) **cursuale** n.: „Postkasten"
5 **termino** 1: „vermessen"
6 **Polonicus** 3: „polnisch"
7 **mensis** (-is) **Martius** m.: „März"
8 **diploma** (-atis) **civium** n. = „Staatsbürgerschaft"
9 **respondeo** 2: hier: „entsprechen"
10 **exempli gratia**: „zum Beispiel" (vgl. engl. e.g.)
11 **officina** (-ae) **linguae** f.: „Sprachinstitut"

1 **palaeolithicum**,-i n.: „Steinzeit"
2 **Lapisfulminaris**,-is m.: „Feuerstein"
3 **televisio**,-onis f.: „Fernsehen"
4 **cinema**,-atis n.: „Kino"
5 **Iuvavum**,-i n.: „Salzburg"
6 **capillus**,-i m.: „Haar"
7 **ruber**,-bra,-brum: „rot"
8 **rudera**,-um n.: „Geröll"
9 **secretaria**,-ae f.: „Sekretärin"
10 **psychoanalysta**,-ae m.: „Psychiater"
11 **telephono** 1: „telefonieren"
12 **sedo** 1: „beruhigen"
13 **currus** (-us) **valetudinarius** m.: „Krankenwagen"

DE ROMANIS

Latein – eine tote Sprache?

Die lateinische Sprache ist ca. 2500 Jahre alt und hat sich in diesem Zeitraum gewaltig verändert. Als Inbegriff des „guten" Latein gelten auch heute noch die berühmten Autoren des 1. Jh. v. Chr. wie Cäsar und Cicero. Für sie wurde der Begriff des **„Goldenen Latein"** geprägt, da sie selbst für ihre Zeitgenossen das stilistisch beste Latein sprachen (und schrieben).

Mit dem Ende des römischen Reiches im 5. Jh. n. Chr. kam es auch zu einem Verfall der lateinischen Hochsprache. Stattdessen setzte sich die Volkssprache (das sog. **„Vulgärlatein"**, von *vulgus,-i* = „niedriges Volk") immer mehr durch, in der kompliziertere Konstruktionen wie ACI, Ablativus Absolutus etc. nach und nach verschwanden. Aus dem Vulgärlatein entwickelten sich zwischen 800 und 1000 n. Chr. schließlich die romanischen Sprachen (siehe Karte ganz vorne). Gleichzeitig blieb aber Latein im Mittelalter (**„Mittellatein"**) die Sprache der Kirche sowie der Gelehrten.

Einen Boom erlebte Latein in der Renaissance (15./16. Jh.), da man sich zu dieser Zeit wieder intensiv mit der griechisch-römischen Antike zu beschäftigen begann. Das Latein von dieser Zeit bis in die Gegenwart nennt man **„Neulatein"**.

Bis ins 18. Jh. wurden fast alle wissenschaftlichen Arbeiten in lateinischer Sprache verfasst (so schrieben z.B. Kopernikus, Galilei, Newton, Kepler u.a. ihre Traktate ausschließlich in Latein), und auch heute noch sind die Fachausdrücke in vielen Wissenschaften (besonders der Medizin) großteils lateinischen Ursprungs. Darüber hinaus ist

VOCABULARIUM

Germanicus,-a,-um	deutsch; germanisch	*engl. German*
falsus/a/um	falsch	*ital. + span. falso*
Germania,-ae f.	Deutschland; Germanien	*engl. Germany, ital. Germania*
situs/a/um	gelegen	*vgl. Situation (= Lage)*
regio, regionis f.	Gegend, Region	*regional*
nuper	neulich, vor Kurzem	
magistratus,-us m.	Beamter	*vgl. Magistrat*
interim	inzwischen	*vgl. interimistisch =*
haudquaquam	keineswegs	
commodum,-i n.	Vorteil	*vgl. kommod =*
quietus/a/um	ruhig	*engl. quiet*

PROVERBIUM

Ceterum censeo Carthaginem esse delendam
„Im Übrigen bin ich der Meinung, dass Karthago zerstört werden muss!", soll der konservative römische Politiker Cato der Ältere am Ende jeder seiner Senatsreden gerufen haben, egal ob es gerade zum Thema passte oder nicht. Seine stereotype Forderung hatte Erfolg: Im Jahr 146 v. Chr. zerstörten die Römer die Hauptstadt des Erzrivalen bis auf die Grundmauern. Cato selbst war allerdings schon drei Jahre zuvor gestorben.

LATEIN IM ALLTAG

quod erat demonstrandum (q.e.d.)
„Was zu beweisen war" (= Was man beweisen musste) hat deine Mathematiklehrerin/dein Mathematiklehrer sicher schon das eine oder andere Mal unter das Ergebnis eines Rechenbeispiels geschrieben – und dir dabei schon früher, ohne dass du es wusstest, das Gerundiv an den Kopf geworfen.

Pacta sunt servanda
„Verträge sind einzuhalten" (= Verträge müssen eingehalten werden) ist ein nicht ganz unbekannter juristischer Grundsatz, den schon die alten Römer formuliert haben.

? In dieser Lektion hast du zum ersten Mal in das so genannte **Neulatein** (siehe auch unten) hineingeschnuppert. Sicher wird es dir mithilfe deines nunmehr schon ganz passablen lateinischen Wortschatzes nicht schwerfallen, die Bedeutung der folgenden neulateinischen Wörter zu erschließen! Ordne die Übersetzungen richtig zu!

Landstraße, CD, Striptease, Single, Polizist, Kaugummi, Spital, Computer, Flughafen, Außerirdischer, Fußball, Reißverschluss

pediludium = ______	*vir solitarius* = ______	*valetudinarium* = ______
cummis Americana = ______	*custos publicus* = ______	*clausura tractilis* = ______
computatrum = ______	*discus compactus* = ______	*aeriportus* = ______
extraterrestris = ______	*via transregionalis* = ______	*nudatio delicata* = ______

Latein bis heute die offizielle Sprache der römisch-katholischen Kirche. Päpstliche Rundschreiben (Enzykliken) werden nach wie vor in lateinischer Sprache verfasst. Deshalb ist im Vatikan eine eigene Kommission damit beschäftigt, alle Begriffe unserer Zeit ins Lateinische zu übersetzen. Dabei wird aber versucht, nicht willkürlich vorzugehen, sondern von klassischen lateinischen Begriffen auszugehen. Einige Beispiele dafür findest du oben!

ars edition, München, 1992: Meine ersten Wörter und Sätze LATEIN

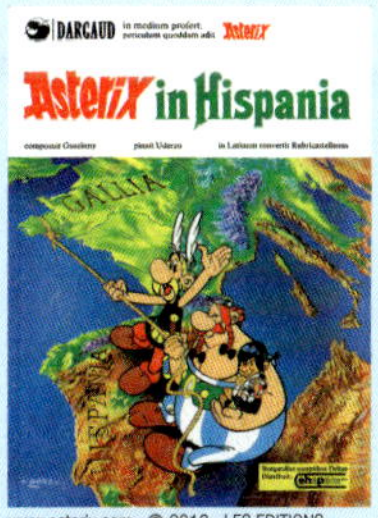

www.asterix.com © 2012 LES EDITIONS ALBERT RENE / GOSCINNY-UDERZO

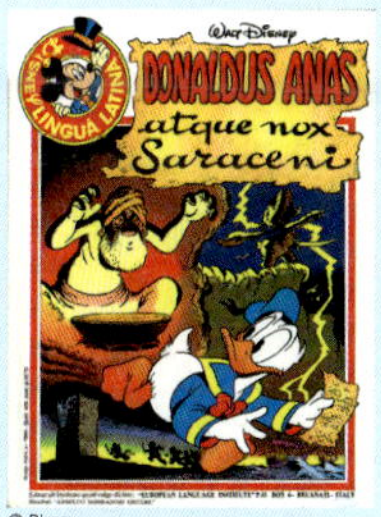

© Disney

VERITAS-VERLAG, Linz

© 2010 Bibliographisches Institut/Artemis & Winkler, Mannheim

Philipp Reclam jun. GmbH & Co., Stuttgart, 2008: Schlosser/ Cantate Latine

Dorling Kindersley Verlag, München, 2010: Latein – Deutsch Über 6000 Wörter und Redewendungen

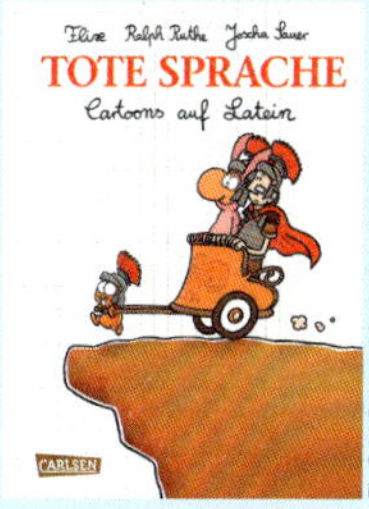

Flik, Ralph Ruthe und Joscha Sauer, Tote Sprache © Carlsen Verlag GmbH, Hamburg 2009

GRAMMATICA

PRÄDIKATIVES GERUNDIV („müssen-Gerundiv")

Das Gerundiv hat noch eine zweite Bedeutung, die von der ersten dir bekannten (vgl. Lec. 39) deutlich abweicht. Wenn es mit dem Subjekt übereingestimmt ist (d.h. im Nominativ steht) und gemeinsam mit einer Form von ***esse*** das Prädikat bildet, drückt es aus, dass etwas **gemacht werden muss**:

Domus relinquenda est. =
(das Haus ist zu verlassen →) a) „Das Haus muss verlassen werden."
b) „Man muss das Haus verlassen."

Tibi domus relinquenda est.* =
(dir ist das Haus zu verlassen →) „Du musst das Haus verlassen."

* Der Dativ, der beim Gerundiv denjenigen bezeichnet, der etwas tun muss, heißt ***Dativus auctoris*** (Dativ des Urhebers).

TIPP: Vorgangsweise beim Übersetzen:

- Ein prädikatives Gerundiv erkennst du daran, dass es im 1. Fall (im ACI: im 4. Fall) und gemeinsam mit einer Form von *esse* steht.
- Übersetze das prädikative Gerundiv zunächst mit „zu".
- Forme diesen Hilfssatz anschließend zu einem „muss"-Satz um!

NOTA BENE!
Wenn das prädikative Gerundiv durch *non* **verneint** ist, musst du es mit **„darf nicht"** übersetzen (vgl. engl. *must not* = „nicht dürfen")!

Tibi domus relinquenda non est. =
(dir ist das Haus nicht zu verlassen →)
„Du **darfst** das Haus **nicht** verlassen."

ZUSAMMENFASSUNG: Gerundium + Gerundiv

In der Praxis ist der Umgang mit Gerundium und Gerundiv gar nicht so kompliziert, wenn du dir die folgenden Regeln gut einprägst:

HAUPTREGEL:

Versuche es bei jeder „ND"-Form zunächst mit der **Erstübersetzung „zu"** (Ausnahme: 6.F., siehe unten):

- Gerundium: *tempus scribendi* → „die Zeit **zu** schreiben"
- Gerundivkonstruktion: *tempus pensi scribendi* → „die Zeit, die Aufgabe **zu** schreiben"
- prädikatives Gerundiv: *pensum scribendum est* → („die Aufgabe ist **zu** schreiben"=) „man **muss** die Aufgabe schreiben"

AUSNAHMEN:

„ND"- Form mit ***causa*** (+ 2.F.) oder ***ad*** (+ 4.F.) → **„um zu"**

- Gerundium: *scribendi causa (= ad scribendum)* → „**um zu** schreiben"
- Gerundivkonstruktion: *pensi scribendi causa (= ad pensum scribendum)* → „**um** die Aufgabe **zu** schreiben"

Gerundium/Gerundiv im **Ablativ** → **„durch"** (mit *in*: → **„bei"**)

- Gerundium: *scribendo* → „**durch** das Schreiben"
  in scribendo → „**beim** Schreiben"
- Gerundivkonstruktion: *penso scribendo* → „**durch** das Schreiben der Aufgabe"
  in penso scribendo → „**beim** Schreiben der Aufgabe"

EXERCITATIONES

I. Übersetze:

1. studium discendi 2. in discendo 3. ad discendum 4. discendi causa 5. studium linguae Graecae discendae 6. linguis alienis discendis 7. ad multa discenda 8. in his verbis discendis 9. Nunc est discendum. 10. Lingua Latina discenda est. 11. Discipulis multum discendum est. 12. Cur mihi lingua Graeca discenda non est? 13. Scimus nobis multas res difficiles discendas esse.

II. Übersetze:

1. Silenus, quod multum vini biberat, domum ducendus erat.
2. Croesus rex arbitratus est sibi ante bellum oraculum consulendum esse.
3. Cassandra monuit: „Hic equus in oppidum trahendus non est!"
4. Tantalo, quod filium necavit, semper fames sitisque tolerandae sunt.

III. Welche Form passt nicht zu den anderen?

1. ☐ petendi ☐ delendi ☐ petenti ☐ fugiendi
2. ☐ ducet ☐ docet ☐ dicet ☐ discet
3. ☐ occidis ☐ confidis ☐ concedis ☐ obsidis
4. ☐ fruitur ☐ oritur ☐ sequitur ☐ finitur
5. ☐ fero ☐ fere ☐ fers ☐ ferent
6. ☐ disputat ☐ currat ☐ ignorat ☐ explorat

IV. Gib an, um welche der drei Arten von „ND"-Formen es sich bei den fett gedruckten Wörtern handelt, und übersetze:

In aliquo gymnasio urbis Americanae Chicago iam complures menses carmina Francisci Sinatrae, cantatoris[1] clarissimi, audiri possunt. Illis autem carminibus magistri non ad discipulos **delectandos**, sed ad eos **puniendos** utuntur. Si quis aliquod facinus commisit, includitur et totum diem carmina velut[2] „Peregrini[3] nocturni[4]" audire cogitur. Magistri hunc morem **puniendi** laudant: „Nemo nos crudeles dicat, quod in discipulis **educandis**[5] iis carminibus pulchris utimur. Liberi autem illa carmina oderunt. Discipuli, quibus ea **audienda** erant, postea semper magistris parent, ne sibi iterum haec poena crudelis **solvenda** sit."

1 **cantator**,-oris m.: „Sänger"; 2 **velut**: „wie zum Beispiel"; 3 **peregrinus**, -i m.: „Fremder"; 4 **nocturnus** 3: „nächtlich", „in der Nacht"; 5 **educo** 1: „erziehen"

V. Drücke mit dem prädikativen Gerundiv aus und übersetze:

Bsp.: Discipuli multum perferre debent.
Discipulis multum perferendum est.

1. Hora prima discipuli verba nova discere debent.
2. Hora secunda pueri et puellae librum Graecum legere debent.
3. Hora tertia omnes fabulam brevem scribere debent.
4. Hora quarta Quintus facinora Caesaris referre debet.
5. Etiam hora quinta scholam relinquere discipulis non licet.
6. Post meridiem liberi pensum facere debent.

VI. Eine weitere Kostprobe aus den Nuntii Latini (Die unbekannten Vokabel kannst du dir sicher selbst herleiten!)

Illi magistri, qui aestate superiore[1] in quodam oppido Britanniae cursum ferialem[2] instituerunt[3], valde admirati sunt. Nam non, ut exspectaverant, quinquaginta[4], sed plus quam centum discipuli nomina dederunt[5]. At illi quoque, qui cursui, cui titulus „Audio, Video, Disco" erat, intererant, valde admirati sunt: Nam contra exspectationem iis neque musicam audire neque spectaculis cinematographicis[6] interesse neque discothecas frequentare[7] licuit, sed cottidie iis complures lectiones Latinae perferendae erant. Interim causam erroris[8] sui intellexerunt: „Audio", „Video", „Disco" verba Latina sunt …

1 **superior**,-oris: „der vorige"; 2 **cursus** (-us) **ferialis**: „Ferialkurs"; 3 **instituo** 3,-stitui,-stitutum: „veranstalten"; 4 **quinquaginta**: „fünfzig"; 5 **nomen dare**: „sich anmelden"; 6 **spectaculum** (-i) **cinematographicum** n.: „Filmvorführung"; 7 **frequento** 1: „besuchen"; 8 **error**,-oris m.: „Irrtum"

REPETITIONES 1–5

I. Bestimme Fall und Zahl und übersetze!

1. aquam: ______________________________
2. spectacula ______________________________

   ____
3. vitae: ______________________________

   ____
4. oculorum: ______________________________
5. gladii: ______________________________

   ____

II. Setze die angegebenen Verba in der richtigen Form ein!

1. Quid ______________, pueri? –
   Templum novum ______________. (specto)
2. Quis post Iuliam ______________? – Gaius
   Quintusque post Iuliam ______________. (sedeo)
3. Cur ______________, Quinte? –
   ______________, quod pensum non habeo.
   (gaudeo)
4. Placetne vobis puellas ______________?
   – Libenter puellas ______________. (terreo)
5. Ubi amicas ______________, puellae? – In
   foro amicas ______________. (exspecto)

III. Ergänze die Endungen und übersetze!

Claudia cum amic______ (Pl.) ad schol______ properat. Ante schol______ Iulia iam amicam exspectat. Numquam[1] sine amic______ (Sg.) in aedifici______ intrat. Tum magister multum de vir______ clar______ narrat. Discipuli iam diu in schol______ sunt. Postremo a schol______ domum[2] properare licet. Post schol______ otium discipulos exspectat. Alii cum magn______ gaudi______ spectacula vident, aliis diu per Rom______ pulch______ ambulare placet.

1 **numquam**: „niemals"; 2 **domum**: „nach Hause"

IV. Ergänze die fehlenden Endungen der Imperative und Vokative und übersetze!

1. Proper______ ad scholam, Quint______ et Iuli______!
2. Narr______ nobis de viris claris, Gai______!
3. Pugn______ pro vita vestra, vir______!
4. Respond______ magistro, Claud______!
5. Monstr______ nobis aedificia clara, amic______! (Sg.)
6. Laud______ discipulos tuos, magist______!
7. Gaud______ et rid______, puer______! (Pl.)

V. De nova amica Quinti

Quintus cum puella pulchra per vias Romae ambulat. Tum Gaius amicum videt clamatque: „Salve, Quinte! Ambulatisne ad forum? Certe mihi vobiscum ambulare licet!" Nunc Gaius amicum interrogat: „Quis est haec[1] puella?" „Haec[1] puella est Corinna, amica mea", Quintus inquit. „Nonne Corinna puella pulchra est?" Gaius puellam spectat respondetque: „Certe Corinna puella pulchra est, sed cunctae[2] amicae tuae mihi placent." Verba Gaii puellam minime delectant. „Cur Gaius dicit[3] ‚cunctae[2]'?", Corinna clamat. „Num multas amicas habes, Quinte?" „Minime, solum te amo. Aliae puellae mihi non placent!" Sed Corinna Gaium quoque interrogat: „Responde, Gai: Habetne Quintus alias amicas?" „Non habet. Claudia Iuliaque amicae Quinti non sunt. Etiam Cornelia Quinto non placet et Lydia ..." „Nunc Gaio nobiscum ambulare non iam[4] licet – habet enim[5] multa pensa!", Quintus iratus clamat et cum Corinna ad forum properat.

1 **haec**: „diese(s)"; 2 **cuncti,-ae,-a**: „alle"; 3 **dicit**: „er sagt"; 4 **non iam**: „nicht mehr"; 5 **enim**: „nämlich"

VI. Übersetze die folgenden Sätze! Überlege jeweils, ob „suus“ mit „sein“ oder „ihr“ zu übersetzen ist!

1. Discipuli magistro pensa sua monstrant.
2. Puellae Gaium et magistrum suum in foro vident.
3. Discipuli saepe de schola et magistro suo narrant.
4. Gaius iam diu Iuliam et amicam suam exspectat.
5. Iulia et Claudia amicos suos exspectant.

VII. Setze die Pronomina im richtigen Fall ein!

1. Nonne spectacula ________________ delectant? (tu)
2. Cur magister ________________ non laudat? (ego)
3. Narra ________________ de ________________! (ego/tu)
4. Cur statuae deorum ________________ non placent? (tu)
5. Amici ________________ Romam pulchram monstrant. (nos)

VIII. Welches Wort passt nicht zu den anderen? Warum?

1. ☐ puella ☐ monstra ☐ aqua ☐ vita
2. ☐ nos ☐ nobiscum ☐ nostris ☐ nobis
3. ☐ deas ☐ feminas ☐ linguas ☐ donas
4. ☐ delecto ☐ animo ☐ cogito ☐ narro
5. ☐ vita ☐ copia ☐ gaudia ☐ statua
6. ☐ terris ☐ terres ☐ terrae ☐ terra

IX. Übersetze ins Lateinische!

1. Claudia zeigt dem Lehrer ihre Aufgabe.
2. Quintus hat seine Aufgabe nicht bei sich.
3. Der Lehrer fragt: „Warum arbeitest du nicht, Quintus?“
4. Der Bub antwortet: „Ich liebe es zu arbeiten. Unsere Aufgaben erfreuen mich.“
5. Die Mädchen lachen über die Worte des Buben.
6. Der Lehrer gibt[1] nun Quintus viele Aufgaben.
7. „Sicher sind dir die Aufgaben eine große Freude!“

1 **er gibt**: „dat“

X. Kreuze die richtige Antwort an!

1. Quis est primus[1] magister discipulorum Romanorum?
   ☐ grammaticus ☐ rhetor
   ☐ litterator ☐ professor
2. Ubi gladiatores pugnant?
   ☐ in circo ☐ in theatro
   ☐ in thermis ☐ in amphitheatro
3. Quid Romani in theatris plerumque[2] spectant?
   ☐ comoedias ☐ gladiatores
   ☐ tragoedias ☐ puellas nudas[3]
4. Quid in foro Romano non est?
   ☐ basilica ☐ templum
   ☐ curia ☐ theatrum

1 **primus/a/um**: „der erste“; 2 **plerumque**: „meistens“; 3 **nudus/a/um**: „nackt“

XI. Setze die gesuchten Formen ein!

Die Lösung ist ein Schimpfwort, mit dem, wie wir aus Kritzeleien an den Wänden einer Schule in Pompeji wissen, Schüler ihren Lehrer bedacht haben (auf Deutsch etwa: „Weichling“, „Weichei“, „Warmduscher“).

1. schau an!
2. den Freundinnen
3. du kämpfst
4. (zu) arbeiten
5. ihr freut euch
6. das andere
7. wir haben
8. die Buben (Akk.)

I. Ordne die Adjektiva bzw. Pronomina den passenden Nomina zu:

1. virtute ____________ 5. timore ____________

2. vocum ____________ 6. hostis ____________

3. militibus ____________ 7. parti ____________

4. imperatorem _______ 8. vocem ____________

a) ceteris b) magna c) magnae d) magno
e) multarum f) nostrum g) sui h) tuam

II. Setze die bei Übung I. gebildeten Wortpaare in die folgenden Sätze ein und übersetze:

1. Manlius, vir ____________ ____________, Gallos Capitolio prohibere potest.
2. Quod Romani multos milites occidunt, hostes cum ____________ ____________ fugiunt.
3. Dum foro appropinquamus, clamorem ____________ ____________ audimus.
4. Copiae hostium nocte castra expugnant et ____________ ____________ occidunt.
5. Neque imperatori neque ____________ ____________ in castris manere placet.
6. Scipio quoque virtutem ____________ ____________ laudat.
7. ____________ ____________ discipulorum otium placet.

III. Setze die angegebenen Verba in der richtigen Form in den Text ein und übersetze:
amo – contendo – interrogo – maneo – monstro – placeo – possum – specto – venio

Quintus Alexandrum, amicum Graecum, ____________: „Placetne tibi mecum in circum[1] ____________?" Alexander autem respondet: „Amicus equorum[2] non sum." Quintus nunc dicit: „Multi homines, quamquam equos[2] non ____________, tamen in circo[1] sunt. Nam ibi non solum equos[2], sed etiam multas puellas pulchras ____________ potes." Ita Alexander paulo post ad Lydiam dicit: „Hora decima Quintus mihi circum[1] ____________ in animo habet." – „Bene!", Lydia inquit. „Ego quoque libenter tecum venio, Quinte!" – „Pulchrum ibi non est", Alexander clamat, „____________ domi! Clamor multorum hominum tibi certe non ____________" – „Si ibi pulchrum non est, cur vos in circum[1] ____________"?, Lydia interrogat. „Vobiscum venire certe necesse est!" Ita Alexander, quod amicam circo[1] prohibere non ____________, cum Quinto et Lydia in circum[1] properat.

1 **circus**,-i m.: „Zirkus", „Rennbahn"; 2 **equus**,-i m.: „Pferd"

IV. De Carthagine[1]

Regi[2] Tyri[3] duo liberi sunt, Dido[4] et Pygmalion[5]. Post mortem[6] regis populus Pygmalionem regem facit. Sychaeus, vir summo honore, Didonem in matrimonium ducit[7]. Sed paulo post Pygmalion Sychaeum, cui[8] magna copia auri[9] est, occidit. Itaque Dido magno in timore est et cum multis aliis hominibus e patria in Africam ad alium regem fugit, ubi urbem novam aedificare in animo habet.

Rex[2] autem de consilio hominum alienorum audit et Didoni terram non donat. Itaque Dido, femina summa prudentia[10], ad regem dicit: „Donasne nobis terram, quae[11] corio taurino[12] tegi[13] potest?" Rex respondet: „Terram tam parvam vobis libenter dono!" Deinde autem Dido corium taurinum[12] in tenues[14] partes secat[15]. Quod ita corium taurinum magnam partem terrae continet[16], Dido auxilio ceterorum hominum Carthaginem, magnificam urbem, aedificare potest.

1 **Carthago**,-inis f.: „Karthago"; 2 **rex**, regis m.: „König"; 3 **Tyrus**,-i f.: „Tyrus" (Stadt in Phönikien); 4 **Dido**,-onis f.: „Dido"; 5 **Pygmalion**,-onis m.: „Pygmalion"; 6 **mors**, mortis f.: „Tod"; 7 **in matrimonium ducere**: „heiraten"; 8 **cui**: wörtl. „dem" (Relativpronomen); 9 **aurum**,-i n.: „Gold"; 10 **prudentia**,-ae f.: „Klugheit"; 11 **quae**: „die" (Relativpronomen); 12 **corium taurinum**: „Rinderhaut"; 13 **tegi** (Infinitiv passiv): „bedeckt werden"; 14 **tenues** (Akk. Pl.): „dünn"; 15 **seco** 1: „schneiden"; 16 **contineo** 2: „einschließen"

V. Rätsel zur Konjugation:

Waagrecht: **1.** ich sehe **4.** du siehst **5.** sagt! **7.** sie sieht **10.** sie kommen **11.** ich komme **12.** du bist

Senkrecht: **1.** ihr seht **2.** (zu) sagen **3.** (zu) sein **4.** du kommst **6.** ihr kommt **8.** du sagst **9.** ich sage

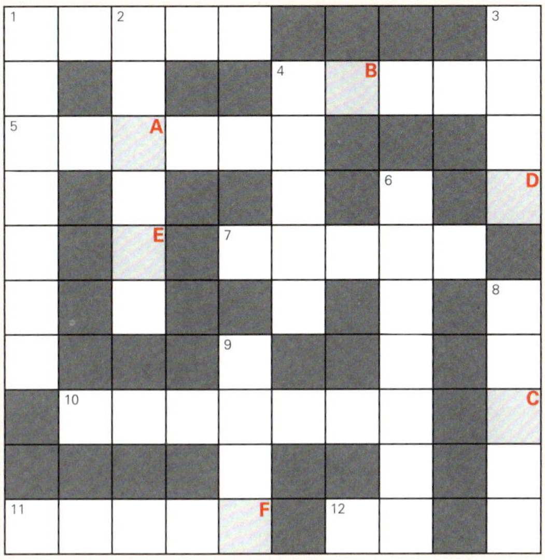

Die Lösung ergibt einen berühmten Römer, dessen Name übersetzt „Kichererbse" heißt:

A	B	C	D	E	F

VI. Kreuze die richtige Antwort an:

1. Quis est pater[1] Romuli?
   - ☐ Remus ☐ Iuppiter
   - ☐ Mars ☐ Numitor

2. Quis Hannibalem vincit?
   - ☐ Alexander ☐ Dido
   - ☐ Scipio ☐ Caesar

3. Quot[2] reges[3] Romae[4] regnant?
   - ☐ quattuor ☐ decem
   - ☐ septem ☐ centum

4. Quis est primus rex[3] Romanorum?
   - ☐ Tarquinius ☐ Romulus
   - ☐ Amulius ☐ Procas

1 **pater**,-tris: „Vater"; 2 **quot**: „wie viele"; 3 **rex**, regis m.: „König"; 4 **Romae**: „in Rom"

VII. Welche lateinischen Wörter stecken hinter den folgenden Begriffen?

1. Marinade: ______________________
2. Honorar: ______________________
3. Triangel: ______________________
4. renovieren: ______________________
5. Armee: ______________________
6. Partei: ______________________

VIII. Setze die fehlenden Endungen ein und übersetze:

De Romulo

Amulius Romulum et Remum, fili_____ Rheae Silviae, in flum_____ exponit[1]. Sed pastores[2] liber_____ vident et secum domum portant. Ita pueri diu apud pastores[2] habit_____. Multis annis post Romulus Remusque pastores[2] relinqu_____. Arma cap_____ et Amulium occidunt. Deinde oppidum novum aedific_____ in animo habent. Dum autem Romulus vallum[3] oppid_____ nov_____ aedificat, Remus venit et de vall_____[3] parv_____ ridet. Itaque Romulus iratus Remum gladi_____ necat.

Quod in oppid_____ nov_____ feminae non sunt, Romulus consilium capit: Sabinos[4] in oppid_____ su_____ invitat[5]. Dum autem spectacul_____ pulchr_____ exspectant, Romani filias Sabinorum rap_____. Ita Romulus Romanis femin_____ parat. Sabini autem irati in patriam contendunt et filias arm_____ liberare constituunt. Itaque paulo post milit_____ Sabinorum ad urb_____ veniunt. Quod autem viri Romani puell_____ placent, Sabini et Romani pac_____ faciunt. Romulus deinde diu magna iustitia[6] regn_____. Post mult_____ ann_____ autem, dum orationem[7] ad milit_____ suos habet, subito magn_____ nube[8] ex oculis hominum evanescit[9]. Paulo post Romulus non iam inter homines, sed apud deos est.

1 **expono** 3: „aussetzen"; 2 **pastor**,-oris m.: „Hirte"; 3 **vallum**,-i n.: „Wall"; 4 **Sabini**,-orum m.: „die Sabiner"; 5 **invito** 1: „einladen"; 6 **iustitia**,-ae f.: „Gerechtigkeit"; 7 **orationem habere**: „eine Rede halten"; 8 **nubes**,-is f.: „Wolke"; 9 **evanesco** 3: „verschwinden"

REPETITIONES 11–15

I. Verbinde die Pronomina mit den passenden Nomina und übersetze:

1. quoddam	a) metu
2. eandem	b) virgines
3. illius	c) dies
4. hac	d) domum
5. ipsis	e) adulescenti
6. quo	f) re
7. illi	g) carminum
8. eae	h) animal
9. hos	i) periculi
10. eorundem	j) parentibus

II. Setze die richtigen Formen von „idem, eadem, idem" ein, ordne den Hauptsätzen die passenden Relativsätze zu und übersetze:

1. Quidam homines semper ______________ oppida petunt, ...
2. Gaius ______________ die multos amicos invitavit, ...
3. Quintus pulchritudinem Iuliae ______________ verbis laudat, ...
4. Liberi iam multas horas ______________ carmen canunt, ...
5. Ibi venit ______________ puella, ...
6. Amici ___________ nave domum navigant, ...

a) qua venerunt b) quibus Claudiam laudare solet
c) quae iam saepe spectaverunt d) quam iam in foro vidimus e) quo parentes urbem reliquerunt
f) quod magister eos docuit

III. Übersetze die folgenden Sätze! Beachte, dass „quam" und „quod" nicht nur von „qui, quae, quod" kommen können!

1. Audivistisne iam de facinore, quod Tantalus commisit?
2. Quod facinus ille amicus deorum commisit?
3. Tantalus illud facinus commisit, quod prudentiam deorum probare[1] in animo habebat.
4. Quam improbum hoc facinus fuit!
5. Quam poenam Tantalus solvere debet?
6. Quod Tantalus tam improbum facinus commisit, poena, quam di ei dederunt, magna erat.

1 **probo** 1: „auf die Probe stellen"

IV. Setze die folgenden Verba ins Imperfekt und Perfekt:

1. quaerit: ______________________________
2. neglegitis: ______________________________
3. do: ______________________________
4. stas: ______________________________
5. reddimus: ______________________________
6. sunt: ______________________________

V. Welches Wort passt nicht zu den anderen?

1. ☐ reddis	2. ☐ cani	3. ☐ dicimus
☐ sitis	☐ nomini	☐ ludimus
☐ tangis	☐ inveni	☐ petimus
☐ facis	☐ virgini	☐ movimus
4. ☐ regi	5. ☐ rapit	6. ☐ viri
☐ misi	☐ vidit	☐ vires
☐ iuvi	☐ cupit	☐ viros
☐ vici	☐ ducit	☐ viris

VI. Hercules[1] quoque Tartarum[2] petit

Non solum Orpheo, sed etiam Herculi ante mortem Tartarum intrare licuit. Nam ille vir magnae virtutis duodecim opera, quae ei Eurystheus[3] rex imperavit, conficere debuit. Postquam Hercules iam nonnulla animalia summa magnitudine[4] interfecit, Eurystheus[3] ei hoc quoque imperavit: „Descende[5] in Tartarum et apporta[6] Cerberum canem!" Ille canis, cui tria capita sunt, ad portam Tartari mortuos custodit[7]. Ita nemo Tartarum relinquere potest. Hercules, qui ne hoc quidem periculum timebat, paruit atque Tartarum petivit. Ibi a Plutone petivit: „Da mihi Cerberum! Eum ad Eurystheum[3] portare debeo!" Is respondit: „Cerberum tibi dare non possum. Si autem illum sine armis superare potes, Cerberum tecum ducere tibi licet." Et Hercules, postquam diu summa vi cum illo cane pugnavit, eum manibus superavit et ad Eurystheum[3] portavit. Quod is autem Cerberum maxime timebat, Hercules illum paulo post Plutoni reddidit.

1 **Hercules**,-is m.: „Herkules"; 2 **Tartarus**,-i m.: „Tartarus" (Unterwelt); 3 **Eurystheus**,-ei m.: „Eurystheus" (König von Mykene); 4 **magnitudo**,-inis f.: „Größe"; 5 **descendo** 3, descendi: „hinabsteigen"; 6 **apporto** 1: „herbeibringen"; 7 **custodio** 4: „bewachen"

VII. Setze die Interrogativpronomina ein und übersetze den Brief:

cui – qua – quae – quae – quas – quem – quis – quid – quocum – quos

Iulia Claudiae salutem[1] dicit.

Certe gaudes, quod tibi nunc cum parentibus in insulis Graecis esse licet. ________________ nostrum iter in Graeciam facere non placet? ________________ ad mare ludere et templa clara spectare non delectat? ________________ insulas visistis[2]? ________________ insula tibi maxime placuit? In ________________ insula nunc estis? ________________ ibi facitis? ________________ montes ascenditis? ________________ oppida spectatis? ________________ vobis aedificia clara monstrat? Suntne ibi adulescentes pulchri? ________________ nocte ambulare soles? Certe non solum cum parentibus! Te iam exspecto! Certe multum narrare potes.

1 **salus**,-utis f.: „Gruß"; 2 **viso** 3, visi: „besichtigen"

VIII. Übungssätze zur Kasuslehre:

1. Quis amicorum me hac cura liberat?
2. Ne magnis quidem poenis magister illos pueros facinoribus prohibere potest.
3. Magister nos semper pensis huius generis delectat.
4. Nemo adulescentium Iuliam, virginem et magnae pulchritudinis et summae prudentiae, non amat.
5. Cui vestrum hoc die pulchro in schola esse placet?
6. Illum virum, cui uxor summo honore est, iam saepe cum quibusdam puellis vidimus.

IX. Worum handelt es sich bei den folgenden Begriffen?

1. Pönale
   - ☐ Endspiel ☐ Filmfestival
   - ☐ Strafsumme ☐ Haarfett

2. Diäten (2 Möglichkeiten)
   - ☐ Taggelder ☐ fremde Währungen
   - ☐ Vorwürfe ☐ Ernährungsvorschriften

3. Auditorium
   - ☐ Wagnis ☐ Prophezeiung
   - ☐ Zuhörerschaft ☐ Hoheitsgebiet

4. Akklamation
   - ☐ Beschwerde ☐ Anpassung
   - ☐ Zuruf ☐ Eingewöhnung

X. Setze die gesuchten Begriffe im Nominativ Sg. (außer bei Pluralwörtern) ein!

Waagrecht: **1.** Ii in scholam venire debent, si facinus commisisti. **5.** Romani multos eorum habebant, nos unum habemus. **7.** Duodecim earum dies apud Romanos habebat. **9.** Ea post vitam nos exspectat. **11.** Iis videmus. **14.** Ea iter per mare facimus. **15.** Ea milites semper secum habent. **16.** Ibi multa templa sunt.

Senkrecht: **1.** Eam solvimus, si scelus commisimus. **2.** Ea post diem venit. **3.** Tres et quattuor sunt … **4.** Eam tolerare debemus, si diu nihil bibimus. **6.** Eo in aedificio liberi ante meridiem esse solent. **8.** Per eam domum intramus. **10.** Ea est uxor regis. **12.** Is meridie summo in caelo est. **13.** Id discipuli post meridiem sine magno gaudio faciunt.

Lösung: Eine (zumindest in den Asterix-Bänden) häufige Frage nach dem geistigen Gesundheitszustand des anderen

A	B	C	D	E	F	G	H	I

?

REPETITIONES 16–20

I. Ergänze den Lückentext zur Grammatik:

1. Zeiten

Das Imperfekt erkennt man an der Silbe __________

Die Endungen des Perfekts lauten: _______________

____

Das Plusquamperfekt besteht aus Perfektstamm und den Endungen ________, _______ etc.

2. *„qui, quae, quod"*

- bedeutet als Fragepronomen: _______________
- als Relativpronomen: _______________
- als relativer Anschluss: _______________

3. Steigerung

- Den Komparativ erkennt man an der Silbe _____ nach dem Stamm bzw. an der Endung _____ im 1. und 4. Fall Neutrum Sg.
- Der Superlativ hat meist die Endung _______________, gelegentlich aber auch _______________ oder _______________.

4. Kasuslehre

Der Genetiv der Eigenschaft und der Teilungsgenetiv werden mit _________ übersetzt. Beim Genetivus obiectivus ist jeweils eine passende _______________ zu suchen. Der Zweckdativ wird mit __________ übersetzt. Der Mittelsablativ wird mit __________ oder __________ wiedergegeben, der Ablativ der Eigenschaft und der Trennungsablativ mit __________. Der Vergleichsablativ (er steht beim __________________) wird mit _________ übersetzt, der Zeitablativ steht auf die Frage __________.

II. Welches Prädikat passt in den Satz?

1. Orpheus, quod uxorem *amiserat / amisit / amittebat / amittit*, diu flebat.
2. Quid mihi de Caesare, qui septem annos bellum in Gallia *gerebat / gerit / gesserat / gessit*, narrare potestis?
3. Hannibal, qui Romanos nonnullis proeliis *vicerat / vicit / vincebat / vincit*, denique copias suas in patriam ducere debuit.
4. Caesar nonnullos libros de bellis suis scripsit[1], quos nostris quoque temporibus discipuli *legerant / legerunt / legebant / legunt.*
5. Tantalus, quod facinus atrocissimum *commiserat / commisit / committebat / committit*, semper famem sitimque tolerare debet.

1 **scribo**,-is,-ere, scripsi: „schreiben"

III. Ordne die Adjektiva den passenden Nomina zu und übersetze:

1. manu	a) prudentem
2. iudicium	b) novae
3. civis	c) peius
4. legis	d) breves
5. senatoribus	e) atrocium
6. exercitui	f) honestis
7. rerum	g) improbus
8. virum	h) fortiori
9. litteras	i) celeriore

IV. Setze die folgenden Pronomina an passender Stelle ein und übersetze:

cui – eam – hoc – ille – illius – istas – quendam

Caesar, ____________ imperator clarissimus, priusquam bellum in Gallia gessit, a senatu Hispaniam provinciam acceperat. Dum iter per montes in ____________ provinciam facit, cum nonnullis sociis ad vicum[1] ____________ minimum venit, ubi pauci homines vivebant. Unus e sociis, __________ Caesaris cupiditas potestatis ignota non erat, risit dixitque: „Vide, Caesar, ____________ domus miserrimas! Incolis ____________ vici[1] potestas honoresque certe curae non sunt." Cui Caesar ____________ respondit: „Malo[2] in eo vico[1] primus esse, quam Romae secundus."

1 **vicus**,-i m.: „Dorf", 2 **malo**: „ich will lieber"

V. Übersetze die folgenden Begriffe und setze sie in den Komparativ und Superlativ:

1. dono grato
2. verbis acribus
3. oppida parva
4. classis magnae

VI. Ein Übungstext zur Kasuslehre:

Cui discipulorum horae Latinae non maxime placent? Nemo nostrum horas Latinas non amat. Nihil nos horis Latinis prohibere potest. Horae Latinae enim, quae omnibus ceteris horis pulchriores sunt, nobis semper magno gaudio sunt. Magister noster, vir summae prudentiae, nos semper pulchris libris Latinis delectat. Post meridiem quoque et nocte, cum nobis otium est, libenter libros Latinos legimus.

VII. Was kann „qui, quae, quod" alles bedeuten?

Qui orator clarior erat quam Cicero? Qui dum consul est, rem publicam servavit, quae erat summo in periculo. Nam Catilinam, qui consules interficere constituerat, Romam relinquere coegit. In senatu, quem ipse convocaverat, hanc orationem habuit: „Quod scelus non commisisti, Catilina? Omnia, quae fecisti, vidimus. Quam improba facinora tua sunt! Consilia quoque, quae cum sociis tuis improbissimis cepisti, nobis ignota non sunt. Libera rem publicam, quam sceleribus tuis iam diu terrebas, timore magno!" Ita Catilina sponte sua Roma exiit et se ad copias recepit, quas ante urbem coegerat.

VIII. Jeder der folgenden Sätze beinhaltet einen inhaltlichen Fehler. Stelle sie richtig!

1. Verres, qui multa artificia pulcherrima e Sicilia provincia abstulerat, oratione Ciceronis adductus Romam fugere constituit.
2. Iuppiter, quod Tantalus prudentior erat, facinus atrocissimum intellexit.
3. Cives Romani, quos Hannibal maxime timebat, magno cum metu clamaverunt: „Hannibal ante portas!"
4. Sabini, quod iis uxores non erant, feminas rapere constituerunt.
5. Caesar, qui paucis annis omnes fere civitates Germanorum vicerat, legiones suas Romam duxit.
6. Sisyphus, cuius carmina pulcherrima erant, uxorem in Tartaro quaerebat.

IX. Welche lateinischen Wörter stecken hinter den folgenden Begriffen?

1. isolieren: ____________________
2. Brief: ____________________
3. Kommissar: ____________________
4. Manager (2 Wörter!): ____________________
5. Reklame: ____________________
6. Kapitän: ____________________

X. Setze die gesuchten Formen von „ire" und „ferre" ein:

Waagrecht: **1.** ihr wart gegangen **2.** ich trug (Perf.) **4.** ihr gingt (Perf.) **8.** ich gehe **9.** wir gingen (Perf.) **11.** er ging (Imperf.) **12.** ich trug (Imperf.) **13.** du gehst **14.** ihr trugt (Perf.) **16.** sie gehen **17.** sie trug (Perf.)

Senkrecht: **1.** ihr geht **2.** du hattest getragen **3.** wir waren gegangen **5.** du gingst (Imperf.) **6.** wir trugen (Perf.) **7.** ich ging (Perf.) **10.** geht! **12.** tragt! **15.** sie ging (Perf.)

Lösung: So hieß die spanische Stadt Saragossa in der Antike:

C	(A)	(B)	(C)	(D)	(E)	–
(F)	(G)	G	(H)	(I)	(J)	(K)

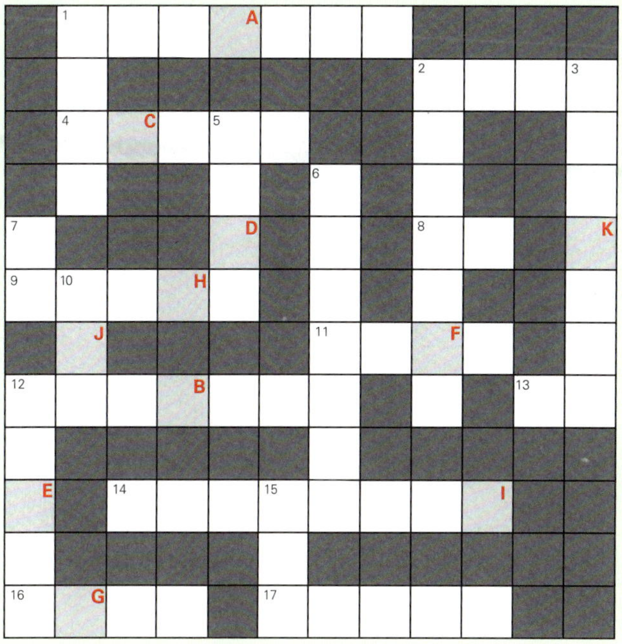

REPETITIONES 21–25

I. Setze ins Futur, Imperfekt, Perfekt und Plusquamperfekt:

1. orat 2. ponis 3. scio 4. adsumus 5. vis

II. Bilde die Infinitive Präsens aktiv und Perfekt aktiv und passiv:

1. augeo 2. tollo 3. punio 4. rapio 5. do

III. Ergänze die fehlenden aktiven bzw. passiven Formen:

1. sumpsit – ______________
2. ______________ – visus sum
3. receperant – ______________
4. ______________ – territa es
5. servavimus – ______________
6. ______________ – doctus erat
7. quaesiverat – ______________
8. ______________ – victi estis
9. tulisse – ______________
10. ______________ – caesum esse

IV. Ordne den Nomina die passenden Partizipia zu und übersetze:

1. libertatis	a) caesi
2. rem	b) conspectorum
3. pulchritudo	c) consumptum
4. tempus	d) incensis
5. domibus	e) invitatus
6. fratris	f) neglecta
7. exitui	g) cognitam
8. animalium	h) promissae
9. poeta	i) sperato

V. Bilde von den angegebenen Verba die Partizipia, setze sie im richtigen Fall ein und übersetze:

1. Apollo virgini ______________ (amo) donum maximum promisit.
2. Illa, postquam rem ______________ (promitto) accepit, deum celeriter reliquit.
3. „Donum sine usu ______________ (spero) erit", deus iratus dixit.
4. Dum Paris mulierem ______________ (rapio) domum ducit, Cassandra Troianos iterum ac iterum de periculo monuit.
5. At homines ab ea ______________ (moneo) eius verbis credere noluerunt.

VI. Setze die gesuchten Fremdwörter für die folgenden Begriffe ein! (Sie sind alle von lateinischen Perfektpartizipia abgeleitet.)

Waagrecht: 3. Tatsachen; Vorgänge, die wirklich geschahen (= **gemacht wurden**) (Pl.) **5.** Satzungen, **festgesetzte** Grundregeln (Pl.) **7.** anvertrautes Geld; **Glaube** an die Bereitschaft eines anderen, dieses Geld zurückzuzahlen **9.** Auftrag, der anderen (meist Politikern) **anvertraut** wurde **11.** jemand, der in Rechtsstreitigkeiten **herbeigerufen** wird **12. Auszug** aus pflanzlichen Stoffen **13.** Anweisung, welche Arzneien man **(auf-)nehmen** soll

Senkrecht: 1. Forderung 2. ursprünglich die Angabe, wann ein Schriftstück heraus**gegeben** wurde **4.** etwas (meist süß) Zubereitetes (= **Ausgeführtes**) **6. Sicht**vermerk im Reisepass **8.** etwas in vergangenen Zeiten **Zurückgelassenes 10.** schriftlicher **Beschluss**

Lösung: lateinischer Name von Preußen:

B	A	B	C	D	E	F	G

VII. Unterstreiche Subjektsakkusativ und Infinitiv und übersetze:

1. Magister discipulos sibi de feriis[1] suis narrare iubet.
2. Quintus se feriis[1] cum nonnullis puellis pulcherrimis convenisse narrat.
3. Gaius dicit se multum discere voluisse, sed semper ab amicis prohibitum esse.
4. Claudia dicit se summo gaudio ad insulas Graecas navigavisse.
5. Iulia se clam cum amico novo iter ad mare fecisse non narrat.
6. Nemo autem discipulorum magistro dicit se scholam et magistros iam magno cum gaudio exspectavisse.
7. Plurimos discipulos ferias[1] tempus pulcherrimum putare constat.

1 **feriae**,-arum f.: „Ferien"

VIII. Forme die folgenden Sätze jeweils zu einem ACI um (Achte dabei auf das Zeitverhältnis!):

1. Daedalus videt: „Filius meus mortuus est."
2. Theseus audit: „Minotaurus liberos interficit."
3. Constat: „Cleopatra se ipsam necavit."
4. Troiani putant: „Graeci domum navigant."
5. Legimus: „Galli a Caesaris copiis victi sunt."
6. Orpheus intellegit: „Uxorem iterum amisi."

IX. Bilde aus den folgenden Adjektiva Adverbia und setze dann beide Formen in den Komparativ und Superlativ:

1. clarus 2. acer 3. facilis 4. malus

X. Setze die angegebenen Wörter an passender Stelle ein und übersetze:

acerrime – atrocius – celerrime – fortes – fortissimus – iratus – magnifica – magnae – optimi

Scimus apud Troiam ________________ pugnatum esse. Graeci, quamquam iis vires ________________ erant, tamen oppidum frustra oppugnabant. Achilles enim, ________________ omnium Graecorum, ________________ proeliis abstinebat. Postquam autem de morte Patrocli, amici ________________, audivit, iram magnam deposuit. Nova arma ________________ accepit et ________________ in pugnam contendit. Proelium omnibus prioribus proeliis ________________ coepit. Quo in proelio Achilles multos Troianos ________________ occidit.

XI. Achtung, Verwechslungsgefahr! Übersetze:

1. reddis – redis
2. tamen – tandem
3. terras – terres
4. summus – sumus
5. manui – mansi
6. fere – ferre
7. intereo – interea
8. virium – virum
9. habeo – habito
10. liberi – libri

XII. Ergänze die fehlenden Endungen und übersetze:

Penelopa[1], uxor Ulixis, multos annos maritum amat______ exspectare debuit. Saepe, cum de mortibus quorundam virorum fort______ audiverat, metu magn______ affecta est. Speraba______ deos Ulixem adiuvare. Post decem annos magno cum gaudi______ a nuntiis audivit Troiam tandem expugnat______ esse. Iidem dixerunt Ulixem cum ceter______ Graec______ navem ascendisse et illam terram alienam reliquisse. Penelopa valde gaudebat, sed tamen Ulixes non redi______. Itaque nuntios ad alios reg______ Graecos, qui interea domum redi______, misit. Nemo autem Ulixem post illud bellum atro______ viderat.

Plurimi homin______ Ulixem interfectum esse putabant. Itaque multi viri apud Penelopam conven______, qui hanc feminam pulchram et divit______ in matrimonium ducere volebant. At fides illius mulier______ maxima erat. Nemo ei persuadere potuit Ulixem mortu______ esse.

1 **Penelopa**,-ae f.: „Penelope"

REPETITIONES 26–30

I. Ordne die folgenden Wörter in Adjektiva und Adverbia und übersetze sie! (Einige Formen können sowohl Adjektiva als auch Adverbia sein)

acerrimis, altius, celeribus, cupide, diligenter, dulciora, feliciter, facile, fortius, grave, humaniores, laetissimam, notissimum, pauperiori, peius, pulchre, sanos, simillime

II. Setze in alle Zeiten:

1. accusamus 2. scis 3. sunt 4. hortatur

III. Bilde von den folgenden Verba alle Infinitive, die Imperative und die Partizipia:

1. nuntio 2. scribo 3. tollo 4. patior

IV. Deponens oder echtes Passiv? Ordne die Formen in zwei Gruppen und übersetze auch!

hortamini, superamini, traditur, ornatum, referetur, dubitatur, rogari, metuebamur, sequi, locuti sunt, queruntur, quaeruntur, passa erat, divisum est, sequor, ducor, iuvaris, loquere

V. Unterstreiche die passenden Prädikate und übersetze:

1. Nero, quod multos homines crudeliter interfici iusserat, a plurimis civibus Romanis maxime *laudabatur / timebatur / verebatur*.
2. Orpheus, qui uxorem amatam amiserat, multis cum lacrimis de fortuna sua *fletus est / narratus est / questus est*.
3. Europa, quae a Iove rapta erat, a fratribus diu *quaerebatur / querebatur / spectabatur*.
4. Milites Romani ab exercitu hostium circumventi sitim vix *feruntur / patiuntur / tolerantur*.
5. Timore militum animadverso imperator *dictus est / locutus est / clamatus est*: „Nolite copias hostium *metui / timeri / vereri*!"

VI. Setze die folgenden Formen ins Passiv:

1. misi → ______
2. amat → ______
3. invitabit → ______
4. includebant → ______
5. laudaverat → ______
6. ducimus → ______

VII. Setze die gesuchten Fremdwörter für die folgenden Begriffe ein! (Sie sind diesmal alle von lateinischen Präsenspartizipia gebildet.)

Waagrecht: 1. widerstandsfähig (sich widersetzend) **4.** ein Leidender **7.** vieles ertragend **9.** ein Verb, das die aktiven Formen ablegt **10.** ein Vortragender, Berichtender **11.** vieles erkennend

Senkrecht: 2. den Kreis berührende Linie **3.** zusammenhaltendes Festland **5.** ein Verbrauchender **6.** ein Studierender **8.** ein Lehrender

Lösung: ein (die Klasse) Wiederholender:

A	B	C	D	E	F	G	H

VIII. Unterstreiche die Partizipia und deren Bezugsworte und übersetze:

1. Discipuli magno cum gaudio magistrum novos libros Latinos ferentem conspiciunt.
2. Nihil enim pulchrius est quam libros lingua Latina scriptos legere.
3. At libros ante nonnullos dies a magistro acceptos iam legerunt.
4. Nam discipulis linguam Latinam maxime amantibus eos libros non solum in schola, sed etiam domi legere placebat.

IX. Ordne den folgenden Sätzen jeweils den richtigen Ablativus Absolutus zu und übersetze:

1. ... Petrus deo gratias agens in urbem redire constituit.
2. ... equus in oppidum trahitur.
3. ... Maxentius metu mortis commotus Romam relinquere verebatur.
4. ... subito miraculum accidisse dicitur.
5. ... Graeci hostes vincere non possunt.
6. ... princeps Christianos comprehendi ac puniri iussit.
7. ... Ulixes decem annos patria prohibetur.
8. ... Spartacus cum copiis Romanis pugnare non dubitavit.
9. ... Galli Capitolium ascendere coeperunt.

a) Achille proelio abstinente b) Christo viso c) Militibus sitim vix tolerantibus d) Multis servis coactis e) Oraculo consulto f) Romanis dormientibus g) Troia occupata h) Urbe incendio vastata i) Verbis Cassandrae neglectis

X. In den folgenden Sätzen kommt jeweils ein ACI vor. Unterstreiche Subjektsakkusativ und Infinitiv und übersetze:

1. Daedalus cum Icaro per caelum fugiens intellexit filium se non iam sequi.
2. Legimus Helenam, mulierem pulcherrimam, raptam et Troiam ductam esse. Quam rem causam belli atrocis fuisse constat.
3. Marco Aurelio nuntiatum est Christianos ad deum suum orantes saepe periculis maximis liberatos esse.
4. Maxentius, quod animadverterat exercitum suum a copiis Constantini vinci, fugae se mandavit.
5. Martinus, qui virum pauperem a ceteris hominibus non adiuvari vidit, vestem suam gladio divisit.

XI. Die folgenden Wörter können verschiedene Bedeutungen haben:

1. consulis: ______________________

____

2. leges: ______________________

____

3. quo: ______________________

____

4. eo: ______________________

____

____

5. vis: ______________________

____

XII. Ergänze die fehlenden Endungen und übersetze:

Magister, qui nonnull______ discipul______ pensa iterum non fecisse animadvertit, eos verbis acerrim______ monet. Magistro locuto quidam discipul______ interrogare audent: „Scripsistine ips______ semper pensa tua?" – Magister respondet: „Nonne scitis me discipul______ optim______ fuisse? Numquam sine pensis diligentissim______ scriptis in scholam veni. Nam pensa facere mihi magn______ gaudio erat. Itaque saepe plur______ ac difficilior______ pensa a magistris postulabam. Iam puer[1] enim intellexeram nos non scholae, sed vitae disc______. Itaque pens______ factis saepe tot______ noctem libros lingua Latina aut Graeca script______ legebam. Aestat______ quoque amicis itinera facientibus magno studio disc______ solebam. Ita semper a magistris laudaba______ et omnibus discipulis exemplo eram." – Quibus verbis audit______ Quintus intellegit magistro iam puero[1] mentem sanam non fuisse.

1 **iam puer**: „schon als Bub"

REPETITIONES 31–35

I. Von welchen Vokabeln stammen die folgenden Wörter? Gib die vollständigen Formen an, wie sie im Vokabelverzeichnis angeführt sind!

1. aderas
2. ducum
3. secutus es
4. canam
5. fugam
6. sedis
7. divitibus
8. incolas
9. viribus

II. Ersetze die fett gedruckten Verba durch die angegebenen (Semi-)Deponentia und übersetze:

arbitramini – locutus est – ortus est – pati – pollicitus erat – revertar – veritos esse

1. Ulixes, postquam Troia profectus est, multa **perferre** / ____________________ debebat.
2. Virginibus raptis magnus clamor **exstitit** / ____________________.
3. Amor, priusquam Psychen reliquit, haec **dixit** / ____________________: „Post lucem ad te **redibo** / ____________________."
4. Bacchus praemium, quod **promiserat** / ____________________, non negavit.
5. Legimus Troianos Achillem maxime **timuisse** / ____________________.
6. Quem virum prudentissimum Graecorum **putatis** / ____________________?

III. Ordne die folgenden Verba in indikativische und konjunktivische Formen und übersetze sie! (Einige Formen können sowohl Indikativ als auch Konjunktiv sein!)

perveneras, visitavisset, mandata sunt, sedemus, trahes, toleratis, venisti, vetet, tegeretis, rapuerit, responsum esset, sentiam, quaerebat, reddatur, questus sit, vicit, riseritis, tacebunt, usus erat, paterer

IV. Suche aus den angegebenen Verbalformen die richtige aus und übersetze:

1. Si Spartacus exercitum Romanum iterum vincat, imperium magno in periculo *esset / sit / est*.
2. Nisi rex nobis navem dabit, alio modo hanc insulam *relinquimus / relinquemus / reliquimus*.
3. Hannibal, si Romam adisset, urbem certe *expugnavisset / expugnaret / expugnata esset*.
4. Midas, si sapientior esset, praemium melius *petat / petivisset / peteret*.
5. Nisi miraculum accidisset, Marcus Aurelius cladem *acciperet / accipiet / accepisset*.
6. Nisi Paris Helenam rapuisset, illud bellum atrox ortum non *erat / esset / sit*.

V. Setze die gesuchten Verbalformen ein! (Zusammengesetzte Formen sind als ein Wort einzutragen.)

Waagrecht: **1.** ich hätte geführt **3.** sie soll geführt werden **4.** führe! **5.** du führst **7.** ich werde geführt **8.** sie wird geführt werden **9.** er wäre geführt worden **10.** geführt (zu) werden **11.** sie werden führen

Senkrecht: **1.** er wurde geführt (Perf.) **2.** du wirst geführt werden **4.** er würde geführt werden **6.** sie führen

Lösung: So wurde Amor auch genannt. (Wenn du den letzten Buchstaben weglässt, erhältst du seinen englischen Namen.)

A	B		C	D	E
		P			

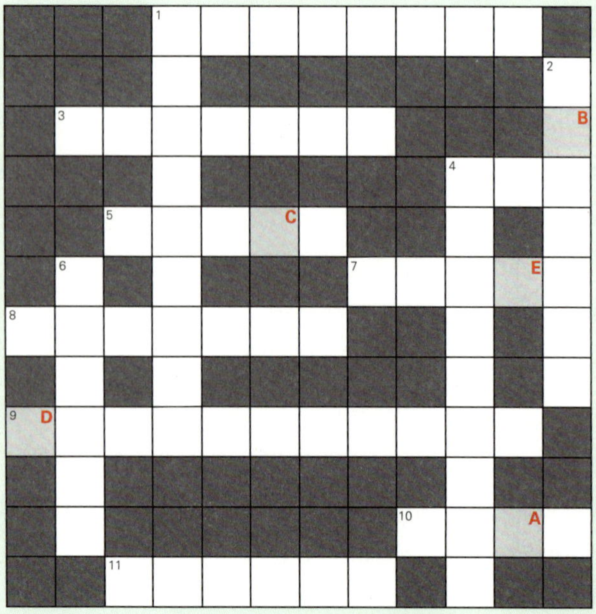

VI. Achte in den folgenden Sätzen auf die richtige Übersetzung der Konjunktive:

1. Hoc spectaculum crudele finiamus!
2. Utinam Iulia me visitaret!
3. Quis hoc patiatur?
4. Semper beatus sis!
5. Utinam ne hoc expertus essem!
6. Pensa diligentissime faciamus!
7. Ne iussa magistri neglexeritis!
8. Quid Claudiae donem?
9. Hoc vobis usui sit!
10. Utinam ne hanc domum umquam intravisses!

VII. Bilde von den angegebenen Verba alle Infinitive, setze sie in die Sätze ein und übersetze:

1. Constat Gallos saepe … (vinco)
2. Scio te saepe … (interrogo)
3. Putamus vos omnia … (conor)

VIII. Unterstreiche Subjektsakkusativ und Infinitiv und übersetze:

1. Theseus audiverat iam multos liberos a Minotauro occisos esse.
2. Itaque dixit se ipsum cum liberis in Cretam navigaturum esse.
3. Homines, qui Theseum virum fortissimum esse sciebant, eum Minotaurum occisurum esse arbitrabantur.
4. In Creta Theseus vidit Minotaurum in aedificio ingenti inclusum esse.
5. Ab Ariadna audivit iam nonnullos viros fortes Minotaurum interficere frustra conatos esse.
6. Virgo autem se Theseum iuturam esse pollicita est.

IX. Unterstreiche Partizip und Bezugswort, stelle fest, ob es sich um ein Participium Coniunctum oder einen Ablativus Absolutus handelt, und übersetze:

1. Casu homines in agris laborantes Silenum vini plenum conspexerunt.
2. Midas rex cum Sileno ad Bacchum amicum iam diu quaerentem profectus est.
3. Bacchus reditu amici valde delectatus promisit se regi magnum praemium daturum esse.
4. Quibus verbis auditis Midas statim postulavit: „Omnes res a me tactae aurum fiant!"
5. Baccho relicto Midas praemium statim expertus est.
6. Tum vidit nonnullas res manibus sublatas aurum fieri.
7. Mox autem intellexit hoc praemium a se ipso postulatum sibi non diu usui fore.
8. Nam comitibus laetis bibentibus Midas animadvertit vinum quoque in ore suo statim aurum fieri.

X. Aus der lateinischen Liturgie:

1. Oremus!
2. Credo in unum deum, patrem omnipotentem[1], factorem[2] caeli et terrae.
3. Sedet ad dexteram[3] patris, et iterum venturus est cum gloria iudicare vivos[4] et mortuos.
4. Adveniat regnum tuum, fiat voluntas tua!
5. Dominus vobiscum (ergänze: sit)!
6. Agnus[5] dei, qui tollis peccata[6] mundi, dona nobis pacem!
7. Gratias agamus domino, deo nostro!

1 **omnipotens**,-entis: „allmächtig"; 2 **factor**,-oris m.: „Schöpfer"; 3 **dextera**,-ae f.: „die rechte (Hand)"; 4 **vivus** 3: „lebend"; 5 **agnus**,-i m.: „Lamm"; 6 **peccatum**,-i n.: „Sünde"

XI. Übersetze und gib die grammatikalische Bezeichnung des Falles an, in dem die fett gedruckten Worte stehen (z.B. Teilungsgenetiv etc.):

De magistro Latino

Magistrum nostrum, virum **magnae auctoritatis**, nos omnes virum prudentissimum putamus. Quantus est eius amor **linguae Latinae**, quanta eius scientia **rerum antiquarum**! Quis **discipulorum** iam hominem **eo viro** prudentiorem vidit? Nos omnes hunc virum **summa prudentia** admiramur. Horas Latinas semper magno cum gaudio exspectamus. **Pensis** eius, quae **nobis** difficilia non sunt, valde delectamur. Quae nobis **magno gaudio** sunt. Praeterea magistrum semper **iniuria** abstinere constat. Nemo nostrum magistrum Latinum umquam **magna voce** clamare audivit. Semper laetus est. **Hora prima** quoque **aliis magistris oculos vix aperientibus**, magister noster **magno gaudio** docet. Is vir ceteris magistris **exemplo** sit! Utinam **nobis** plures magistri **huius modi**[2] essent! – Nunc Iulia, quae bene dormivit, lectum[1] relinquit et secum cogitat: „Utinam haec omnia vera essent!"

1 **lectus**,-i m.: „Bett"; 2 **modus**,-i m.: „Art"

REPETITIONES 36–40

I. Setze in alle Zeiten (im Indikativ und Konjunktiv) und übersetze:

1. venis 2. faciunt 3. visitatur 4. sunt

II. Bilde alle (fünf bzw. drei) Infinitive und (drei) Partizipia:

1. libero 2. capio 3. pono 4. vereor

III. Bestimme die fett gedruckten Verbalformen und ihre Verwendung und übersetze:

1. Quintus e Iulia quaesivit: „Ubi te **exspectem**?" Konj. Präsens, zweifelnde Frage
2. Magna enim erat eius voluntas Iuliae **exspectandae**. ____________________
3. Iulia saepe a Quinto frustra **exspectari** dicitur. ____________________
4. Quintus dixit: „Si id optares, te etiam multas horas **exspectarem**." ____________________
5. Iulia Quintum hortata est, ne se ante scholam **exspectaret**. ____________________
6. Iulia dixit: „Ne me ante scholam **exspectaveris**!" ____________________
7. Tamen puer ad Iuliam **exspectandam** meridie ante scholam fuit. ____________________
8. Nonnulli amici Quintum interrogaverunt, quem **exspectaret**. ____________________
9. Quintus respondit sibi nunc puellam quandam **exspectandam esse**. ____________________
10. Sciebant autem omnes Quintum Iuliam **exspectare**. ____________________
11. Sciebant quoque Quintum eam iam saepe frustra **exspectavisse**. ____________________
12. Quinto Iuliam **exspectante** amici domum contenderunt. ____________________
13. Iuliae **exspectandae** causa Quintus diu ad portam scholae stabat. ____________________
14. In **exspectando** Quintus etiam multas alias puellas pulchras vidit. ____________________
15. At Quintus Iuliam **exspectans** illas puellas non spectavit. ____________________
16. Iulia, cum **exspectaretur**, tamen pensa in schola scribere constituit. ____________________
17. Ita fiebat, ut Quintus Iuliam frustra **exspectaret**. ____________________
18. Iulia unam horam **exspectata** Quintus domum profectus est. ____________________
19. Secum cogitavit: „Utinam ne Iuliam tam diu **exspectavissem**!" ____________________
20. Denique Iulia a Quinto diu **exspectata** scholam reliquit. ____________________
21. Amici Iuliae referunt eam a Quinto diu **exspectatam esse**. ____________________
22. Postero die Quintum rogant, num Iuliam frustra **exspectaverit**. ____________________
23. Quintus dicit se Iuliam non iam **exspectaturum esse**. ____________________
24. Amici autem sciunt, quis postero die Iuliam iterum **exspectaturus sit**. ____________________

IV. Setze die angegebenen Verbalformen in die passenden Sätze ein und übersetze:

oppugnanda – oppugnandae – oppugnandam – oppugnandum – oppugnari – oppugnata

1. Graeci ad Troiam ____________________ patriam multis navibus reliquerunt.
2. Troia decem annos ____________________ Ulixes consilium prudentissimum cepit.
3. Exercitu Romano victo Hannibali occasio Romae ____________________ data est.
4. Galli in Roma ____________________ multa aedificia delebant.
5. Caesar oppidum Gallorum ____________________ iussit.
6. Militibus Romanis oppidum hostium diu ____________________ erat.

V. Die folgenden Wörter können jeweils zwei verschiedene Bedeutungen haben:

1. regno: ____________________ / ____________________
2. dona: ____________________ / ____________________
3. regis: ____________________ / ____________________
4. soli: ____________________ / ____________________
5. opera: ____________________ / ____________________
6. servis: ____________________ / ____________________

VI. De rumoribus[1] non malis

Dominus quidam laetus ex oppido alieno redibat, cum subito servum suum sibi obviam venire vidit. Quia timuit, ne servus aliquos rumores[1], ut mos eius erat, diceret, eum hortatus est:
„Ne mihi rumores[1] malos dixeris!" Ille respondit: „Non dicam rumores[1] malos, sed canis noster parvus mortuus est." Dominus de ea re non valde dolens tamen interrogavit, quomodo canis interisset. Statim servus narravit: „Mulus[2] noster territus est et, cum fugeret, sub pedibus suis canem occidit." Cum dominus ex eo quaesivisset, quid mulo[2] accidisset, servus respondit eum in puteum[3] cecidisse et mortuum esse. Dominus tum maiore cura commotus scire voluit, quomodo mulus[2] territus esset. Servus rettulit: „Filius tuus de solario[4] cecidit – ita, ut moreretur, et ea re territus est mulus[2]." Deinde dominus, cum rogavisset, quid uxor ageret, accepit eam dolore filii mortui ipsam mortuam esse. Postremo dominus interrogavit, quis nunc domum custodiret[5]. Servus dixit: „Nemo, quoniam domus et, quidquid in ea erat, combusta[6] est. Eadem enim nocte, qua domina[7] mortua est, serva, quae vigilabat[8] pro domina, oblita[9] est candelam[10] in thalamo[11], et ita tota domus flammis deleta est."

1 **rumor**,-oris m.: „Gerücht"; 2 **mulus**,-i m.: „Maultier"; 3 **puteus**,-i m.: „Brunnen"; 4 **solarium**,-i n.: „Balkon"; 5 **custodio** 4: „bewachen"; 6 **comburo** 3,-ussi,-ustum: „einäschern"; 7 **domina**,-ae f.: „Herrin"; 8 **vigilo** 1: „wachen"; 9 **obliviscor** 3, oblitus sum: „vergessen"; 10 **candela**,-ae f.: „Kerze"; 11 **thalamus**,-i m.: „Schlafzimmer"

VII. Setze die gesuchten Namen im 1. Fall ein:

Waagrecht: 1. Ea mulier a Iunone in animal mutata et postea a Iove in caelum sublata est. **4.** Is a fratre irato necatus est. **5.** Is vir voce dulcissima canebat. **6.** Eum Iuppiter deam pulcherrimam deligere iussit. **9.** Ea puella pulchra ab Amore amabatur. **12.** Id oppidum Graeci decem annos frustra oppugnabant. **13.** Virgines eius gentis Romani rapuerunt. **14.** Eo in oppido clarissimum oraculum Graecorum erat. **15.** Is deus pater Romuli Remique habebatur.

Senkrecht: 1. Ea in insula Minotaurus habitavisse dicitur. **2.** Is vir fortissimus multitudinem servorum ducens exercitum Romanum nonnullis proeliis vicit. **3.** Ille erat primus rex Romanus. **7.** Is est summus deorum. **8.** Ea puella multas noctes adulescentem amatum frustra exspectabat. **10.** Eam deam sequi solum virginibus licebat. **11.** Is erat rex Cretae insulae.

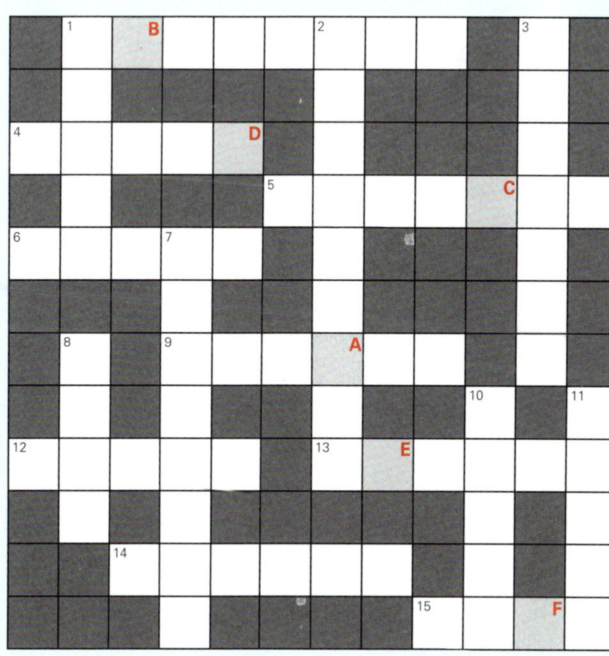

A	B	C	D	E	F

Lösung: Ille vir clarissimus praeter alia opera etiam librum de grammatica Latina scripsit!

Lateinische Sprichwörter

Die lateinische Sprache begegnet dir, wie du in diesem Buch sicher schon bemerkt hast, auch im Alltag auf Schritt und Tritt. Deshalb gibt's hier noch einmal einen Überblick über die häufigsten lateinischen Redensarten – so hast du für jede Gelegenheit den passenden Spruch auf Lager!
(Bei allen Sprichwörtern, die in diesem Buch näher besprochen wurden, ist die jeweilige Lektion angegeben. Die Bedeutung der übrigen findest du mithilfe deiner Eltern oder eines Lexikons leicht heraus!)

Alea iacta est. (→ Lec. 19)	
Ave, Caesar, morituri te salutant! (→ Lec. 33)	
Bella gerant alii, tu, felix Austria, nube! (→ Lec. 28)	
Carpe diem!	
Cave canem! (→ Lec. 9)	
Ceterum censeo Carthaginem esse delendam. (→ Lec. 40)	
Cogito, ergo sum. (→ Lec. 32)	
De gustibus non est disputandum.	
De mortuis nil (= nihil) nisi bene!	
Domine, quo vadis? (→ Lec. 27)	
Errare humanum est.	
Et tu, Brute? (→ Lec. 19)	
Hannibal ante (ad) portas! (→ Lec. 10)	
In dubio pro reo. (→ Lec. 37)	
In vino veritas. (→ Lec. 24)	
Manus manum lavat.	
Mens sana in corpore sano. (→ Lec. 30)	
Noli me tangere! (→ Lec. 24)	
Noli turbare circulos meos! (→ Lec. 24 + 38)	
Nomen est omen. (→ Lec. 9)	
Non scholae, sed vitae discimus. (→ Lec. 1)	
Ora et labora! (→ Lec. 24)	
Pacta sunt servanda. (→ Lec. 40)	
Panem et circenses. (→ Lec. 34)	
Pecunia non olet. (→ Lec. 38)	
Per aspera ad astra. (→ Lec. 32)	
Per pedes. (→ Lec. 31)	
Plenus venter non studet libenter. (→ Lec. 25)	
Quod erat demonstrandum. = q.e.d. (→ Lec. 40)	
Quod licet Iovi, non licet bovi. (→ Lec. 11)	
Roma locuta, causa finita. (→ Lec. 30)	
Si tacuisses, philosophus mansisses. (→ Lec. 34)	
Urbi et orbi. (→ Lec. 10)	
Variatio delectat. (→ Lec. 5)	
Veni, vidi, vici.	
Viribus unitis. (→ Lec. 14)	

Die Bedeutung lateinischer Vorsilben (Präfixe)

Viele lateinische Präpositionen werden auch für die Bildung zusammengesetzter Wörter (besonders Verba) verwendet. Wenn du die Bedeutung dieser Vorsilben weißt, kannst du dir beim Vokabellernen viel Mühe ersparen, da sich die Bedeutungen solcher Komposita (= Zusammensetzungen) dann von selbst ergeben:

EXEMPLUM: *ire* = „gehen" → *ab-ire* = „weg-gehen", *ex-ire* = „hinaus-gehen", *ad-ire* = „hin-gehen" (etc.)

Nota bene 1: Manche Vorsilben können sich auch verändern, indem sie sich an den nachfolgenden Buchstaben anpassen (→ **Assimilation**, siehe Seite 163). Besonders oft ist das bei ***ad-*** der Fall, wie man z.B. gut beim Wort *afferre* (aus *ad-ferre*) sieht: Perfekt ***at**tuli* (aus *ad-tuli*), PPP ***al**latum* (aus *ad-latum*).

Nota bene 2: Gelegentlich ändert sich bei Komposita gegenüber dem Grundwort auch der Vokal (sog. **Vokalschwächung**): Bsp.: *fácere* → *confícere, affícere, interfícere* etc.
tenére → *continére, abstinére, obtinére* etc.
cápere → *accípere, recípere, incípere* etc.

Präfix	Bedeutung	Beispiele
ab- (a-/abs-)	„weg-"	abire, abstinere, abesse; abscedere*
ad- (ac-/af-/ap-)	„hin-", „heran-"	adducere, adire, advenire, adspicere, afferre, accipere, appropinquare; accedere
ante-	„voran-"	anteire, anteponere
circum-	„herum-"	circumvenire; circumferre, circumfluere
con- (com-/co-)	„zusammen-"	convenire, coniungere, continere, convocare, conferre, concilium; coire, conclamare, componere
de-	„weg-", „(her)ab-"	deponere, desinere; desilire
dis- (di-)	„auseinander-", „weg-"	dividere, disputare, discordia; discedere, dimittere
ex- (e-)	„hinaus-"	exire, expellere, eripere, explorare, expugnare; excedere
in- (im-)	„hinein-" (bei Verben)	inire, includere; inducere, immittere
	„un-" (bei Adj./Nomen)	inimicus, immortalis; ingratus, incredibilis, incertus, incognitus
inter-	„(da)zwischen-"	interesse, interea; interregnum, intervenire
intro-	„hinein-"	introducere, introire
ne-	(„Gegenteil")	nescire, neglegere, negare; nefas, negotium
ob-	„entgegen-"	obviam, oppugnare; obire, offerre, opponere, occurrere
per-	„durch-"	pervenire, perferre; percurrere
	(Verstärkung: „sehr")	perpetuus; permagnus, permulti, perfacilis, perantiquus
post-	„(da)hinter-"	postea; postponere
prae-	„vor(an)-"	praeparare, praecurrere, praemittere, praeesse
pro-	„voran-"	procedere, progredi, prodoro
re-	„zurück-"	reddere, redire, referre, relinquere, reverti; resistere; revenire
se-	„auseinander-", „weg-"	separare, securus
sub-	„(da)runter-"	subesse, subire
trans- (tra-)	„hinüber-"	tradere, traducere, transire; transportare, transferre

*) Unter den Beispielwörtern sind zuerst diejenigen aufgelistet, die in diesem Buch vorkommen; die übrigen, kleiner gedruckten, werden dir zwar unbekannt sein, du wirst ihre Bedeutung aber leicht erschließen können!

Die Bedeutung lateinischer Nachsilben (Suffixe)

Ein Suffix ist eine Silbe, die entweder hinten an einen Wortstamm angefügt oder in der Mitte eines Wortes eingefügt ist und dem Wort eine bestimmte Bedeutung gibt.

Suffixe beim Nomen	Bedeutung	Beispiel
-tor (-toris)	Täter (Nomen agentis)	*genitor* = „Erzeuger", „Vater" (vgl. Dok**tor**)
-trix (-tricis)	Täterin	*genitrix* = „Erzeugerin", „Mutter"
-tudo (-dinis)	Eigenschaft (vgl. „-heit")	*pulchritudo* = „Schönheit" (vgl. Ampli**tude**)
-tas (-atis) *-tus (-utis)*	Eigenschaft (vgl. „-keit")	*crudelitas* = „Grausamkeit" (vgl. Quali**tät**, Mobili**tät**) virtus = „Tapferkeit"
-tio (-ionis)	Handl**ung** (vgl. „-ung")	*quaestio* = „Frage" (vgl. Reaktion, Korruption)
-mentum / -trum	Mittel, Werkzeug	*instrumentum* (vgl. Medika**ment**, Fundament)
-ulus, -olus, -ellus	Verkleinerung (Deminutiv; vgl. „-lein", „-chen")	*navicula* = „kleines Schiff", „Schiffchen" *filiolus* = „kleiner Sohn", „Söhnlein"

Adjektiv-Suffixe	Bedeutung	Beispiel
-ilis / -bilis (-e)	Fähigkeit (vgl. „-bar", „-haft", „-lich")	*mirabilis* = „wunderbar" (vgl. varia**bel**, sta**bil**)
-osus/a/um	Fülle (vgl. „-reich")	*numerosus* = „zahlreich" (vgl. nerv**ös**, dubi**os**)
-ax (-acis)	Hang zu etwas	*rapax* = „räuberisch" (zu *rapere* = „rauben")

Suffixe beim Verbum	Bedeutung	Beispiel
-sc-	Beginn (Incohativum)	*senesco 3* = „alt werden"
-(i)tare	Wiederholung (Frequentativum)	*agito 1* = „immer wieder tun" *clamito 1* = „immer wieder rufen"

Alltagslatein

Du möchtest ab sofort deine Alltagskommunikation auf Latein führen? Kein Problem – hier findest du alle unentbehrlichen Phrasen! Übrigens: Im Lateinischen gibt es keine eigene Höflichkeitsform, das heißt, dass man für „Sie" immer die 2. Person Sg. verwenden kann (vgl. *you* im Englischen!)

1) In der Schule

A) Basics	
Sei / Seid gegrüßt!	*Salve! / Salvete!*
Setzt euch!	*Considite!*
Wie geht es dir / euch?	*Quomodo vales / valetis?*
gut / bestens	*bene / optime (valeo)*
schlecht / sehr schlecht	*male / pessime (valeo)*
(ich) bitte	*quaeso*
(ich) danke	*gratias ago*
ja	*ita est*
nein	*minime*
Leb / Lebt wohl!, Auf Wiedersehen!	*Vale! / Valete!*

B) Wichtige Sätze für Lehrer:	
Ruhe!	*Silentium!*
Hör / Hört auf zu reden!	*Fac / facite finem loquendi!*
Wer kann mir antworten?	*Quis mihi respondere potest?*
Tiefes Schweigen.	*Altum silentium.*
Zeigt / Gebt mir eure Hausübungen!	*Monstrate / date mihi pensa vestra!*
Das hast du gut / bestens gemacht.	*Hoc bene / optime fecisti.*
Schläfst du?	*Dormisne?*
Woher kommst du / kommt ihr jetzt?	*Unde nunc venis / venitis?*
Wohin gehst du?	*Quo vadis?*
Macht das zu Hause fertig!	*Haec domi perficite!*
Spuck den Kaugummi aus!	*Cummem Americanam exspue!*
Gib die Zeitung / das Handy weg!	*Acta diurna / telephonum mobile repone!*
Könnte jemand das Licht aufdrehen?	*Aliquis lumen incendat!*
Es werde Licht!	*Fiat lux!*
Die Klasse schaut aus wie ein Saustall.	*Classis simillima est harae.*
Wo ist das Klassenbuch?	*Ubi est liber classiarius?*
Wer fehlt?	*Quis abest?*
… ist krank?	*… aeger/-gra est.*
… schwänzt die Schule?	*… scholam deserit.*
Du kommst / Ihr kommt zu spät!	*Sero venis / venitis.*
Spät, aber doch.	*Sero, sed tamen.*
Fangen wir an!	*Incipiamus!*
Wo sind deine (Latein- / Englisch- / …) Sachen?	*Ubi sunt tua utensilia (Latina / Anglica / …)?*
Machen wir Schluss!	*Finem faciamus!*

C) Wichtige Sätze für Schüler:	
Darf ich aufs Klo gehen?	*Licetne mihi abire in latrinam / locum secretum?*
Ich habe meine Aufgabe / mein Buch vergessen.	*Pensum / librum non mecum habeo.*

Ich weiß es nicht.	*Nescio.*
Der gibt / Die geben mir keine Ruhe!	*Iste / Isti me semper perturbat / perturbant!*
Ich versteh das nicht.	*Hoc non intellego.*
Könnten Sie das noch einmal wiederholen?	*Potesne hoc iterum repetere?*
Darf ich vorlesen?	*Licetne mihi recitare?*
Warum ich?	*Cur me?*
Darf ich das Fenster aufmachen / zumachen?	*Licetne mihi fenestram aperire / claudere?*
Schauen wir uns einen Film an?	*Spectamusne spectaculum cinematographicum?*
Darf ich das noch aufessen?	*Licetne mihi hoc comedere?*
Mir ist nicht gut. Darf ich zur Schulärztin gehen?	*Non valeo. Licetne mihi medicam scholasticam petere?*
Soll ich die Tafel löschen?	*Visne me tabulam purgare?*
Die (Latein-)Stunde hat uns sehr gefallen!	*Hora (Latina) nobis maxime placuit!*
Die U-Bahn war gestört.	*Ferrivia subterranea impedita erat.*
Ich habe verschlafen.	*Tempori indormivi.*

2) Außerhalb der Schule

Guten Morgen / Tag / Abend!	*Salve! (Sg.) / Salvete! (Pl.)*
Gute Nacht!	*Molliter cubes! / Nox tibi fausta sit!*
Glückliches Neujahr!	*Annum Novum faustum (et) felicem!*
Alles Gute zum Geburtstag!	*Dies natalis tibi felix, faustus fortunatusque sit!*
Ich wünsche dir alles Gute zu Weihnachten!	*Sollemnem Nativitatem Christi tibi exopto.*
Wie spät ist es?	*Quota hora est?*
Es ist 10 Uhr.	*Decima hora ante meridiem est*
Es ist 22 Uhr.	*Decima hora post meridiem est.*
Wie heißt du? / Wie heißen Sie?	*Quod nomen tibi est?*
Ich heiße Jessica / Kevin.	*Mihi nomen Jessica / Kevin est.*
Wie alt bist du?	*Quot annos natus/-a es?*
Ich bin 14 Jahre alt.	*Quattuordecim annos natus/-a sum.*
Woher stammst du?	*Unde oriundus/-a es?*
Ich bin aus Nieder-/Oberösterreich/Tirol.	*Ex Austria Inferiore / Superiore / Tyrolia oriundus/-a sum.*
Hast du einen Hund / eine Katze?	*Estne tibi canis / cattus?*
Mein Hund beißt alle Fremden.	*Canis meus omnes alienos mordere solet.*
Sprichst du / sprechen Sie Latein?	*Loquerisne Latine?*
Sehr geehrter Herr Bauer!	*Vir clarissime Agricola!*
Sehr geehrte Frau Bauer!	*Femina clarissima Agricola!*
Wo steht dein Auto?	*Ubi est vehiculum tuum / autoraeda tua?*
In der nächsten Gasse.	*In proximo vico.*
Ich habe Hunger/Durst!	*Esurio / sitio!*
Guten Appetit!	*Bene tibi / vobis sapiat!*
Ich möchte jetzt fernsehen!	*Nunc televisorium spectare volo!*
Gehen wir Tennis / Fußball spielen?	*Ludemus teniludio / pedifolle?*
Ich gehe lieber auf Julias Party.	*Ballationem Iuliae adire malo.*
Heute gehe ich ins Kino.	*Hodie cinema adibo.*
Ich halte dir den Daumen!	*Pollicem premam!*
Schickst du mir ein E-Mail?	*Mittesne mihi epistulam electronicam?*
Ich schicke dir lieber ein SMS.	*Tibi Brevem Nuntium Electronicum mittere malo.*
Happy birthday to you, (liebe Julia)!	*Dies felix tibi, (cara Iulia)!*

Stille Nacht, heilige Nacht

Sancta nox, placida nox,
nusquam est ulla vox.
Par sanctissimum vigilat,
crispo crine quiete se dat.
Puer dulcissimus,
puer dulcissimus.

Sancta nox, placida nox,
certior fit pastor mox,
angelorum Halleluia.
Sonat vox clarissima:
Iesus salvator adest,
Iesus salvator adest.

Sancta nox, placida nox,
Nate Dei, suavis vox
manat ex ore sanctissimo,
cum es nobis auxilio,
Christe, natalibus,
Christe, natalibus.

Circulare 11/1995 + C. Eichenseer, Latinitas viva. Pars cantualis, Saarbrücken 1986

O Tannenbaum

O abies, o abies,
quam es fideli fronde!
Aestivo vires tempore
ac tum, cum ningit hieme.
O abies, o abies,
quam es fideli fronde!

O abies, o abies,
quantopere me iuvas!
Quam saepe iam placebas mi
natali die Domini!
O abies, o abies,
quam es fideli fronde!

O abies, o abies,
me vestis vult docere,
ut spes det ac constantia
et vires et solacia.
O abies, o abies,
quam es fideli fronde!

Circulare 11/1995 + C. Eichenseer, Latinitas viva. Pars cantualis, Saarbrücken 1986

Jingle Bells

Tintinna-, tintinna-, tintinnabula
tintinnant in nivibus et dant gaudia.
Tintinna-, tintinna-, tintinnabula
tintinnant in nivibus et dant gaudia.

Vehimur trahis, trahimur equis,
vehimur per nemora, ridemus frigora.
Vehimur trahis, trahimur equis,
vehimur per nemora, ridemus frigora.

Tintinna-, tintinna-, tintinnabula …

Sonant cantica, resonant culmina,
rapimur per nemora et arva candida.
Sonant cantica, resonant culmina,
rapimur per nemora et arva candida.

Tintinna-, tintinna-, tintinnabula …

J. Hamacher, Der Altsprachliche Unterricht 6/95

Überblick über die römische Geschichte

Königszeit	753 v. Chr.	Gründung Roms durch ____________, Raub der ____________ (→ Lec. 6 + 7)
	510 v. Chr.	Selbstmord der ____________, Vertreibung des letzten Königs Tarquinius Superbus; Einführung der römischen Republik (→ Lec. 8)
Republik	390 v. Chr.	Die ____________ belagern das Kapitol in Rom (Geschichte von den kapitolinischen ____________, → Lec. 9)
	264–146 v. Chr.	Drei Punische Kriege gegen ____________, im zweiten bringt ____________ die Römer an den Rand der Niederlage. (→ Lec. 10)
	73–71 v. Chr.	Sklavenaufstand des ____________. (→ Lec. 16)
	63 v. Chr.	Cicero wird Konsul, Verschwörung des ____________. (→ Lec. 17)
	58–52 v. Chr.	Cäsar erobert ____________, Sieg über ____________. (→ Lec. 18)
	49–48 v. Chr.	Bürgerkrieg zwischen Cäsar und ____________; Cäsar wird Alleinherrscher
	46–44 v. Chr.	Kleopatra hält sich bei Cäsar in Rom auf.
	15. 3. 44 v. Chr.	Cäsar wird an den ____________ des März ermordet. (→ Lec. 19)
	42 v. Chr.	Mark Anton und Octavian besiegen die Cäsarmörder und teilen sich das römische Reich auf. Antonius bekommt die Osthälfte.
	42–31 v. Chr.	Mark Anton hält sich im Orient auf und heiratet Kleopatra. (→ Lec. 20)
	31/30 v. Chr.	Bürgerkrieg Mark Anton gegen Octavian; Sieg des ____________ in der Schlacht bei ____________; Selbstmord von Mark Anton und Kleopatra. (→ Lec. 20)
Kaiserzeit	27 v.–14 n. Chr.	Herrschaft des ____________ (= Octavian), Beginn der Kaiserzeit.
	54–68	Kaiser ____________: Brand Roms, erste Christenverfolgung; Tod des Apostels Petrus. (→ Lec. 26 + 27)
	98–117	Kaiser Trajan: Das römische Reich erreicht seine größte Ausdehnung.
	161–180	Herrschaft von Kaiser ____________________, der sich im Kampf gegen die Markomannen und Quaden auch in Österreich aufhält. (→ Lec. 28)
	284–305	Kaiser Diokletian lässt die Christen grausam verfolgen; Tod vieler christlicher Märtyrer, z. B. des Hl. ____________. (→ Lec. 30)
	313	Kaiser Konstantin lässt nach der Schlacht an der ____________ Brücke das Christentum zu („Mailänder Vereinbarung"). (→ Lec. 29)
	316–397	Der heilige ____________ wirkt in Südfrankreich (Mantelteilung; → Lec. 30)
	379–395	Kaiser Theodosius: Das Christentum wird Staatsreligion; Teilung in ein Ost- und ein Weströmisches Reich
	476	Ende des weströmischen Reiches: Der erst 16 Jahre alte Kaiser Romulus Augustulus wird vom Germanenfürst Odoaker abgesetzt.

Stammformen der Verba*
Lec. 1–13

ZUR WIEDERHOLUNG:

	Präsensstamm	aktiver Perfektstamm
a-Konjugation (1)	*amo,-as, amáre*	*amav-*
e-Konjugation (2)	*moneo,-es, monére*	*monu-*
i-Konjugation (4)	*audio,-is, audíre*	*audiv-*
konsonantische K. (3)	*mitto,-is, míttere*	unterschiedlich, z.B. *mis-*
Mischkonjugation (M)	*capio,-is,cápere*	unterschiedlich, z.B. *cep-*

ascendo,-is,-ere 3	ascendi	besteigen, hinaufsteigen
audeo,-es,-ére 2	**	wagen
cado,-is,-ere 3	cécidi	fallen
capio,-is,-ere M	cepi	fassen, ergreifen, fangen
accipio,-is,-ere M	accepi	erhalten, aufnehmen, annehmen
coniungo,-is,-ere 3	coniunxi	verbinden
conspicio,-is,-ere M	conspexi	erblicken
constituo,-is,-ere 3	constitui	beschließen, festsetzen
contendo,-is,-ere 3	contendi	eilen; kämpfen
cupio,-is,-ere M	cupivi	wünschen, begehren
deleo,-es,-ére 2	delevi	zerstören
dico,-is,-ere 3	dixi	sagen
do, das, dare 1	dedi	geben
duco,-is,-ere 3	duxi	führen
expello,-is,-ere 3	expuli	vertreiben
facio,-is,-ere M	feci	tun, machen
conficio,-is,-ere M	confeci	ausführen, beenden
interficio,-is,-ere M	interfeci	töten
fugio,-is,-ere M	fugi	flüchten
gaudeo,-es,-ére 2	**	sich freuen
gero,-is,-ere 3	gessi	(Krieg) führen
iuvo,-as,-are 1	iuvi	unterstützen
adiuvo,-as,-are 1	adiuvi	unterstützen
lego,-is,-ere 3	legi	lesen
ludo,-is,-ere 3	lusi	spielen
maneo,-es,-ére 2	mansi	bleiben
mitto,-is,-ere 3	misi	schicken
amitto,-is,-ere 3	amisi	verlieren
committo,-is,-ere 3	commisi	begehen (ein Verbrechen)

* Nicht angeführt sind Verba der a-/e-/i-Konjugation mit regelmäßiger Perfektstamm-Bildung.

** Die Perfektform zu diesem Verb lernst du in Lec. 31 kennen.

Eine Liste **aller Stammformen** findest du unter www.scook.at oder unter:
http://medias-in-res.veritas.at/key/604

neglego,-is,-ere 3	neglexi	missachten, ignorieren
occído,-is,-ere 3	occídi	töten
peto,-is,-ere 3	petivi	aufsuchen; anstreben; bitten
possum, potes, posse	potui	können
quaero,-is,-ere 3	quaesivi	suchen; fragen
rapio,-is,-ere M	rapui	rauben
relinquo,-is,-ere 3	reliqui	verlassen, zurücklassen
resisto,-is,-ere 3	restiti	sich widersetzen
respondeo,-es,-ére 2	respondi	antworten
rideo,-es,-ére 2	risi	lachen
sedeo,-es,-ére 2	sedi	sitzen
soleo,-es,-ére 2	**	gewohnt sein, pflegen
solvo,-is,-ere 3	solvi	(auf)lösen; büßen
sum, es, esse	fui	sein
tango,-is,-ere 3	tetigi	berühren
venio,-is,-ire 4	veni	kommen
invenio,-is,-ire 4	inveni	finden; erfinden
video,-es,-ére 2	vidi	sehen
vinco,-is,-ere 3	vici	siegen, besiegen

** Die Perfektform zu diesem Verb lernst du in Lec. 31 kennen.

Stammformen der Verba* (inkl. PPP) Lec. 1–22

ago,-is,-ere 3	egi, actum	tun; verbringen
cogo,-is,-ere 3	coegi, coactum	(ver)sammeln; zwingen
ascendo,-is,-ere 3	ascendi, ascensum	besteigen, hinaufsteigen
audeo,-es,-ére 2	**	wagen
augeo,-es,-ére 2	auxi, auctum	vergrößern, steigern
bibo,-is,-ere 3	bibi, –	trinken
cado,-is,-ere 3	cécidi, –	fallen
caedo,-is,-ere 3	cecídi, caesum	fällen, töten
occído,-is,-ere 3	occídi, occisum	töten
cano,-is,-ere 3	cecini, –	singen
capio,-is,-ere M	cepi, captum	fassen, ergreifen, fangen
accipio,-is,-ere M	accepi, acceptum	erhalten, aufnehmen
recipio,-is,-ere M	recepi, receptum	aufnehmen
cedo,-is,-ere 3	cessi, cessum	weichen, weggehen
claudo,-is,-ere 3	clausi, clausum	einschließen
includo,-is,-ere 3	inclusi, inclusum	einschließen
cognosco,-is,-ere 3	cognovi, cognitum	erfahren, erkennen
comprehendo,-is,-ere 3	comprehendi, comprehensum	ergreifen; erfassen
conspicio,-is,-ere M	conspexi, conspectum	erblicken
contendo,-is,-ere 3	contendi, contentum	eilen; kämpfen
cupio,-is,-ere M	cupivi, cupitum	wünschen, begehren
decerno,-is,-ere 3	decrevi, decretum	beschließen
defendo,-is,-ere 3	defendi, defensum	verteidigen
deleo,-es,-ére 2	delevi, deletum	zerstören
desino,-is,-ere 3	desii, desitum	aufhören, ablassen
dico,-is,-ere 3	dixi, dictum	sagen
disco,-is,-ere 3	didici, –	lernen
do, das, dare 1	dedi, datum	geben
reddo,-is,-ere 3	reddidi, redditum	zurückgeben
trado,-is,-ere 3	tradidi, traditum	ausliefern; überliefern
doceo,-es,-ere 2	docui, doctum	lehren, unterrichten
duco,-is,-ere 3	duxi, ductum	führen
eo, is, ire	ii, itum	gehen
adeo,-is,-ire	adii, aditum	hingehen, sich wenden an, angreifen
exeo,-is,-ire	exii, exitum	hinausgehen
intereo,-is,-ire	interii, interitum	untergehen, sterben
expello,-is,-ere 3	expuli, expulsum	vertreiben
facio,-is,-ere M	feci, factum	tun, machen
afficio,-is,-ere M	affeci, affectum	versehen mit, erfüllen mit
conficio,-is,-ere M	confeci, confectum	ausführen, beenden
interficio,-is,-ere M	interfeci, interfectum	töten
fero, fers, ferre	tuli, latum	tragen, bringen; ertragen
aufero,-fers,-ferre	ábstuli, ablátum	wegtragen, wegnehmen
fleo,-es,-ére 2	flevi, fletum	(be)weinen
fugio,-is,-ere M (+ Akk.)	fugi, –	flüchten (vor)
gaudeo,-es,-ére 2	**	sich freuen
gero,-is,-ere 3	gessi, gestum	(Krieg) führen
iacio,-is,-ere M	ieci, iactum	werfen
incendo,-is,-ere 3	incendi, incensum	anzünden
incipio,-is,-ere M	coepi, coeptum	beginnen

* Nicht angeführt sind Verba der a-/e-/i-Konjugation mit regelmäßiger Perfektstamm-Bildung.

** Die Perfektform zu diesem Verb lernst du in Lec. 31 kennen.

iubeo,-es,-ére 2 (+ Akk.)	iussi, iussum	befehlen; lassen
iungo,-is,-ere 3	iunxi, iunctum	verbinden
coniungo,-is,-ere 3	coniunxi, coniunctum	verbinden
iuvo,-as,-are 1	iuvi, iutum	unterstützen
adiuvo,-as,-are 1	adiuvi, adiutum	unterstützen
lego,-is,-ere 3	legi, lectum	lesen
deligo,-is, deligere 3	delegi, delectum	auswählen
intellego,-is, intellegere 3	intellexi, intellectum	erkennen, einsehen
neglego,-is, neglegere 3	neglexi, neglectum	missachten, ignorieren
ludo,-is,-ere 3	lusi, lusum	spielen
maneo,-es,-ére 2	mansi, mansum	bleiben
mitto,-is,-ere 3	misi, missum	schicken
amitto,-is,-ere 3	amisi, amissum	verlieren
committo,-is,-ere 3	commisi, commissum	begehen (Verbrechen), beginnen (eine Schlacht)
moveo,-es,-ére 2	movi, motum	bewegen
peto,-is,-ere 3	petivi, petitum	aufsuchen, anstreben; bitten
pono,-is,-ere 3	posui, positum	setzen, legen, stellen
depono,-is,-ere 3	deposui, depositum	ablegen
persuadeo,-es,-ére 2 (+ Dativ)	persuasi, persuasum	überreden; überzeugen
possum, potes, posse	potui, –	können
quaero,-is,-ere 3	quaesivi, quaesitum	suchen; fragen
rapio,-is,-ere M	rapui, raptum	rauben
relinquo,-is,-ere 3	reliqui, relictum	verlassen, zurücklassen
resisto,-is,-ere 3	restiti, –	sich widersetzen
respondeo,-es,-ére 2	respondi, responsum	antworten
rideo,-es,-ére 2	risi, risum	lachen
sedeo,-es,-ére 2	sedi, sessum	sitzen
consido,-is,-ere 3	consedi, consessum	sich niedersetzen
soleo,-es,-ére 2	**	gewohnt sein, pflegen
solvo,-is,-ere 3	solvi, solutum	(auf)lösen; büßen
statuo,-is,-ere 3	statui, statutum	beschließen; aufstellen
constituo,-is,-ere 3	constitui, constitutum	beschließen, festsetzen
sto,-as,-are 1	steti, statum	stehen
sum, es, esse	fui, –	sein
adsum,-es, adesse	adfui, –	da sein, anwesend sein
intersum,-es, interesse	interfui, –	beiwohnen
tango,-is,-ere 3	tetigi, tactum	berühren
teneo,-es,-ére 2	tenui, –	halten
abstineo,-es,-ére 2	abstinui, abstentum (+ Abl.)	sich fernhalten (von)
contineo,-es,-ére 2	continui, contentum	zusammenhalten
obtineo,-es,-ére 2	obtinui, obtentum	innehaben, besitzen
traho,-is,-ere 3	traxi, tractum	ziehen
venio,-is,-ire 4	veni, ventum	kommen
advenio,-is,-ire 4	adveni, adventum	hinkommen, ankommen
circumvenio,-is,-ire 4	circumveni, circumventum	umzingeln
convenio,-is,-ire 4	conveni, conventum	zusammenkommen
invenio,-is,-ire 4	inveni, inventum	finden; erfinden
verto,-is,-ere 3	verti, versum	wenden
animadverto,-is,-ere 3	animadverti, animadversum	bemerken
video,-es,-ére 2	vidi, visum	sehen
vinco,-is,-ere 3	vici, victum	siegen, besiegen
vivo,-is,-ere 3	vixi, –	leben

Mithilfe dieses Content Keys kannst du die Stammformen-Liste auch online abrufen: http://medias-in-res.veritas.at/key/994

** Die Perfektform zu diesem Verb lernst du in Lec. 31 kennen.

Eine Liste **aller Stammformen** (auch der der regelmäßigen Verben) findest du in deinem E-Book oder unter: http://medias-in-res.veritas.at/key/604

Vocabularium

	A	
4	a, ab (+ Abl.)	von
32	abeo,-is,-ire,-ii,-itum	weggehen
36	absens,-entis	abwesend
22	abstineo 2,-ui,-tentum (+ Abl.)	(sich) fernhalten (von)
33	absum,-es,-esse, afui	abwesend sein
12	ac (= atque)	und
28	accido 3, accidi	geschehen
9	accipio M,-cepi,-ceptum	erhalten, aufnehmen, annehmen
26	accuso 1,-avi,-atum	anklagen
18	acer, acris, acre	heftig; spitz, scharf
3	ad (+ Akk.)	zu, an, bei
34	addo 3,-didi,-ditum	hinzufügen
29	adduco 3,-duxi,-ductum	hinführen; veranlassen
16	adductus 3	veranlasst
17	adeo,-is,-ire,-ii,-itum	hingehen; angreifen; sich wenden (an)
28	adhuc	bis jetzt, bisher
7	adiuvo 1,-iuvi,-iutum	unterstützen
35	admiror 1, admiratus sum	bewundern, sich wundern
35	adspicio M,-spexi,-spectum	anschauen, betrachten
19	adsum,-es,-esse, adfui	da sein, anwesend sein
12	adulescens,-entis m.	junger Mann
18	advenio 4,-veni,-ventum	hinkommen, ankommen
33	adventus,-us m.	Ankunft
3	aedificium,-i n.	Gebäude
6	aedifico 1,-avi,-atum	(er)bauen
28	aestas,-atis f.	Sommer
18	aetas,-atis f.	Alter; Zeitalter, Zeit
39	affero,-fers,-ferre, attuli, allatum	heranbringen
17	afficio M,-feci,-fectum (+ Abl.)	versehen mit, erfüllen mit
15	ager, agri m.	Feld; Pl.: Gebiet(e)
37	aggredior M, aggressus sum	angreifen
16	ago 3, egi, actum	tun; verbringen
16	vitam agere	das Leben verbringen
4	alienus 3	fremd
33	aliqui,-qua,-quod	(irgend)ein
33	aliquis, aliquid	(irgend)jemand, (irgend)etwas
4	alius/a/ud	ein anderer
4	alius - alius	der eine - der andere
30	alter/era/erum	der andere (von zweien)
30	alter - alter	der eine - der andere
22	altus 3	hoch, tief
3	ambulo 1,-avi,-atum	gehen, spazieren
1	amica,-ae f.	Freundin
18	amicitia,-ae f.	Freundschaft
1	amicus,-i m.	Freund
10	amitto 3,-misi,-missum	verlieren
2	amo 1,-avi,-atum	lieben
13	amor,-oris m.	Liebe
20	animadverto 3,-verti,-versum	bemerken, wahrnehmen
15	animal,-alis n.	Tier; Lebewesen
5	animus,-i m.	Sinn, Geist; Mut
5	in animo habere	vorhaben
6	annus,-i m.	Jahr
2	ante (+ Akk.)	vor
20	antea	vorher
17	antiquus 3	alt
23	aperio 4, aperui, apertum	öffnen
22	Apollo,-inis m.	Apoll(o)
23	appareo 2, apparui	erscheinen
26	appello 1,-avi,-atum	nennen, rufen
6	appropinquo 1,-avi,-atum	sich nähern
7	apud (+ Akk.)	bei
5	aqua,-ae f.	Wasser
31	arbitror 1, arbitratus sum	glauben
14	arbor,-oris f.	Baum
24	ardeo 2, arsi, (arsurus)	brennen
36	argentum,-i n.	Silber
7	arma,-orum n. (Pl.)	Waffen
13	ars, artis f.	Kunst
13	artificium,-i n.	Kunstwerk
23	arx, arcis f.	Burg
9	ascendo 3,-scendi,-scensum	hinaufsteigen, besteigen
18	at	aber
12	atque (= ac)	und
16	atrox,-ocis	wild, grässlich
26	auctor,-oris m.	Autor; Urheber, Anstifter
18	auctoritas,-atis f.	Ansehen, Einfluss
10	audeo 2, ausus sum	wagen
7	audio 4,-ivi,-itum	hören
20	aufero,-fers,-ferre, abstuli, ablatum	wegtragen, wegnehmen
20	augeo 2, auxi, auctum	vergrößern, steigern, vermehren
31	auris,-is f.	Ohr
22	aurum,-i n.	Gold
18	aut	oder
33	aut – aut	entweder - oder
6	autem (nachgestellt)	aber
6	auxilium,-i n.	Hilfe; Pl.: Hilfstruppen
20	auxilio venire/mittere	zu Hilfe kommen/schicken
32	ave!	sei gegrüßt!
	B	
34	beatus 3	glücklich
7	bellum,-i n.	Krieg
4	bene (Adv.)	gut
30	beneficium,-i n.	Wohltat
14	bibo 3, bibi	trinken
1	bonus 3	gut
16	brevis,-e	kurz
	C	
13	cado 3, cécidi, (casurus)	fallen
22	caedo 3, cecídi, caesum	fällen, töten
19	caedes,-is f.	Ermordung, Mord
13	caelum,-i n.	Himmel; Wetter
28	campus,-i m.	Feld
9	canis,-is m.	Hund
15	cano 3, cecini	singen, besingen
7	capio M, cepi, captum	fassen, ergreifen, fangen
12	caput, capitis n.	Kopf; Haupt
36	capitis damnare	zum Tod verurteilen
9	careo 2,-ui, (-iturus) (+ Abl.)	frei sein (von ...), nicht haben
15	carmen,-inis n.	Lied
8	castra,-orum n. (Pl.)	Lager
13	casus,-us m.	Fall; Zufall
29	causa,-ae f.	Grund, Ursache
38	causa (nach Gen.)	wegen; um zu
20	cedo 3, cessi, cessum	weggehen, weichen
23	celebro 1,-avi,-atum	feiern
16	celer/eris/ere	schnell
14	cena,-ae f.	Mahl, Mahlzeit
35	censeo 2, censui, censum	schätzen, meinen, glauben
8	centum	hundert
3	certe (Adv.)	sicherlich
21	certo 1,-avi,-atum	streiten, wetteifern
37	certus 3	sicher, bestimmt
9	ceteri/ae/a	die übrigen
26	Christiani,-orum m. (Pl.)	Christen
34	cibus,-i m.	Speise, Nahrung
18	circumvenio 4,-veni,-ventum	umzingeln
29	civilis/e	bürgerlich, Bürger-
19	civis,-is m.	Bürger
18	civitas,-atis f.	Stamm; Gemeinde; Staat
20	clades,-is f.	Niederlage
9	clam	heimlich
1	clamo 1,-avi,-atum	rufen, schreien
9	clamor,-oris m.	Geschrei, Lärm
3	clarus 3	berühmt, hell
20	classis,-is f.	Flotte
20	claudo 3, clausi, clausum	einschließen, verschließen
18	coepi	(siehe: incipio)
2	cogito 1,-avi,-atum	denken, überlegen

16	cognosco 3, cognovi, cognitum	erfahren, erkennen
17	cogo 3, coegi, coactum	(ver)sammeln; zwingen
34	comes,-itis m.(f.)	Begleiter(in)
8, 18	committo 3,-misi,-missum	begehen, beginnen
40	commodum,-i n.	Vorteil
27	commoveo 2,-movi,-motum	bewegen, veranlassen
22	complures,-a (Pl.)	mehrere
17	comprehendo 3,-endi,-ensum	ergreifen; erfassen
33	concedo 3,-cessi,-cessum	erlauben
18	concilium,-i n.	Versammlung
15	condicio,-onis f.	Bedingung
26	condo 3,-didi,-ditum	gründen
38	confero,-fers,-ferre, contuli, collatum	zusammentragen; vergleichen
38	se conferre	sich begeben
11	conficio M,-feci,-fectum	ausführen, beenden
37	confido 3, confisus sum	vertrauen
13	coniungo 3,-iunxi,-iunctum	verbinden
31	conor 1, conatus sum	versuchen
15	consido 3,-sedi,-sessum	sich niedersetzen
7	consilium,-i n.	Plan, Rat, Beschluss
11	conspicio M,-spexi,-spectum	erblicken
25	constat, constitit (+ ACI)	es steht fest (dass)
9	constituo 3,-ui,-utum	beschließen, festsetzen
17	consul,-lis m.	Konsul
29	consulo 3,-sului,-sultum (+ Akk.)	um Rat fragen, befragen
23	consumo 3,-sumpsi,-sumptum	vernichten, verbrauchen
7	contendo 3,-tendi,-tentum	eilen; kämpfen
16	contineo 2,-tinui,-tentum	zusammenhalten
14	contra (+ Akk.)	gegen
21	controversia,-ae f.	Auseinandersetzung
20	convenio 4,-veni,-ventum	zusammenkommen
17	convoco 1,-avi,-atum	zusammenrufen
4;10	copia,-ae f.	Menge,Vorrat; Pl.: Truppen
11	corpus,-oris n.	Körper
33	cottidie	täglich
24	credo 3,-didi,-ditum	glauben
31	cresco 3, crevi, cretum	wachsen
26	crimen,-inis n.	Verbrechen; Vorwurf
16	crudelis/e	grausam
16	crux, crucis f.	Kreuz
9	cui	wem
8	culpa,-ae f.	Schuld
27	cultus,-us m.	Verehrung
4	cum (+ Abl.)	mit
14	cum (+ Ind.)	wenn, sooft, als
36	cum (+ Konj.)	als; weil; obwohl
15	cuncti/ae/a	alle
16	cupiditas,-atis f.	Begierde, Gier
26	cupidus 3 (+ Gen.)	gierig (nach ...)
13	cupio M, cupivi, cupitum	wünschen, begehren
1	cur	warum
12	cura,-ae f.	Sorge
39	curro 3, cucurri, cursum	laufen
33	cursus,-us m.	Lauf, Kurs, Bahn
20	custos,-odis m.	Wächter
	D	
36	damno 1,-avi,-atum	verurteilen
36	capitis damnare	zum Tod verurteilen
4	de (+ Abl.)	über, von (... herab)
3	dea,-ae f.	Göttin
12	debeo 2,-ui,-itum	müssen
8	decem	zehn
21	decerno 3,-crevi,-cretum	beschließen
8	decimus 3	der zehnte
19	defendo 3,-fendi,-fensum	verteidigen
6	deinde	dann
5	delecto 1,-avi,-atum	(jemanden) erfreuen
9	deleo 2, delevi, deletum	zerstören
21	deligo 3,-legi,-lectum	auswählen
36	demonstro 1,-avi,-atum	zeigen
13	denique	schließlich
22	depono 3,-posui,-positum	ablegen
31	dens, dentis m.	Zahn
15	desino 3, desii, desitum	aufhören, ablassen
28	desum,-es,-esse,-fui	fehlen
3	deus,-i m.	Gott
7;22	dico 3, dixi, dictum	sagen; nennen
27	dicitur / dicuntur (+ Inf.)	er/sie soll(en); man sagt, dass ...
19	dictator,-oris m.	Diktator
13	dies,-ei m.	Tag
16	difficilis/e	schwierig
27	dignus 3 (+ Abl.)	würdig
25	diligens,-entis	sorgfältig, genau
37	diligentia,-ae f.	Sorgfalt
1	discipula,-ae f.	Schülerin
1	discipulus,-i m.	Schüler
16	disco 3, didici	lernen
21	discordia,-ae f.	Zwietracht, Streit
38	disputo 1,-avi,-atum	erörtern, diskutieren
1	diu	lange
21	dives,-itis	reich
28	divido 3,-visi,-visum	teilen, trennen
28	divinus 3	göttlich
17	divitiae,-arum f. (Pl.)	Reichtum
12	do 1, dedi, datum	geben
2	doceo 2, docui, doctum	lehren, unterrichten
15	doleo 2, dolui	trauern, Schmerz empfinden
15	dolor,-oris m.	Schmerz
27	dominus,-i m.	Herr
15	domus,-us f.	Haus
7	domi	zu Hause
7	domum	nach Hause
4	dono 1,-avi,-atum	(be)schenken
20	donum,-i n.	Geschenk
8	dormio 4,-ivi,-itum	schlafen
27	dubito 1,-avi,-atum (de)	zögern; zweifeln (an)
37	dubium,-i n.	Zweifel
10	duco 3, duxi, ductum	führen
25	dulcis/e	süß
7	dum (+ Präs.)	während
6;8	duo, duae, duo	zwei
6	duodecim	zwölf
33	dux, ducis m.	Führer, Feldherr
	E	
4	e, ex (+ Abl.)	aus, von
28	ecce	siehe
35	efficio M,-feci,-fectum	bewirken
5	ego	ich
11	eius	dessen, deren
21	eiusmodi	derartig
20	enim (nachgestellt)	denn, nämlich
21	eo (Adv.)	dorthin
17	eo, is, ire, ii, itum	gehen
11	eorum	deren
33	epistula,-ae f.	Brief
28	eques,-itis m.	Reiter, Ritter
22	equus,-i m.	Pferd
32	ergo	also, folglich, daher
32	eripio M,-ripui,-reptum	entreißen
24	erro 1,-avi,-atum	(sich) irren
1	et	und
15	et – et	sowohl - als auch
2	etiam	auch, sogar
23	etsi	wenn auch, obwohl
8	exemplum,-i n.	Beispiel
17	exeo,-is,-ire,-ii,-itum	hinausgehen
16	exerceo 2,-ui,-itum	trainieren, üben
16	exercitus,-us m.	Heer
17	exilium,-i n.	Exil, Verbannung
25	exitus,-us m.	Ausgang; Ende; Tod
8	expello 3,-puli,-pulsum	vertreiben, verjagen

34	**experior 4, expertus sum**	versuchen, erproben
38	**exploro 1,-avi,-atum**	ausforschen, erforschen
9	**expugno 1,-avi,-atum**	erobern
26	**exsisto 3,-stiti**	entstehen
2	**exspecto 1,-avi,-atum**	erwarten
29	**extra** (+ Akk.)	außerhalb
33	**extremus 3**	äußerster, letzter
	F	
38	**fabula,-ae** f.	Erzählung, Geschichte
19	**facilis,-e**	leicht
14	**facinus,-oris** n.	Tat, Untat
8;10	**facio M, feci, factum**	tun, machen
15	**iter facere**	reisen, marschieren
32	**factum,-i** n.	Tat
40	**falsus 3**	falsch
26	**fama,-ae** f.	Gerücht; Ruf
14	**fames,-is** f.	Hunger
8	**familia,-ae** f.	Familie
23	**faveo 2, favi, fautum** (+ Dat.)	begünstigen, bevorzugen
28	**felix,-icis**	glücklich, erfolgreich
4	**femina,-ae** f.	Frau
17	**fere**	ungefähr; fast
17	**fero, fers, ferre, tuli, latum**	tragen, bringen; ertragen
28	**fessus 3**	erschöpft, müde
21	**fides,-ei** f.	Treue, Vertrauen
6	**filia,-ae** f.	Tochter
6	**filius,-i** m.	Sohn
35	**finio 4,-ivi,-itum**	beenden
20	**finis,-is** m.	Ende, Grenze; Pl.: Gebiet(e)
34	**fio, fis, fieri, factus sum**	(gemacht) werden; geschehen
23	**firmus 3**	stark
23	**flamma,-ae** f.	Flamme
15	**fleo 2, flevi, fletum**	(be)weinen
9	**flumen,-inis** n.	Fluss
31	**fons, fontis** m.	Quelle
31	**fore** (= futurum esse)	sein werden
32	**forma,-ae** f.	Gestalt; Schönheit
25	**forte** (Adv.)	zufällig
16	**fortis/e**	tapfer
21	**fortitudo,-inis** f.	Tapferkeit
28	**fortuna,-ae** f.	Glück, Schicksal
3	**forum,-i** n.	Forum (Marktplatz)
22	**frater,-tris** m.	Bruder
25	**frons, frontis** f.	Stirn, Front
31	**fruor 3,** (fruiturus) (+ Abl.)	genießen
18	**frumentum,-i** n.	Getreide
15	**frustra**	vergeblich
27	**fuga,-ae** f.	Flucht
9	**fugio M, fugi,** (fugiturus) (+ Akk.)	flüchten (vor)
31	**fungor 3, functus sum** (+ Abl.)	verrichten, erfüllen
19	**futurus 3**	zukünftig
	G	
9	**Galli,-orum** m. (Pl.)	die Gallier
18	**Gallia,-ae** f.	Gallien
1;31	**gaudeo 2, gavisus sum** (+ Abl.)	sich freuen (über)
4	**gaudium,-i** n.	Freude
28	**gens, gentis** f.	Volk
14	**genus,-eris** n.	Geschlecht; Art
40	**Germania,-ae** f.	Germanien; Deutschland
40	**Germanicus 3**	germanisch; deutsch
7	**gero 3, gessi, gestum**	(aus)führen
7	**bellum gerere**	Krieg führen
16	**gladiator,-oris** m.	Gladiator
4	**gladius,-i** m.	Schwert
9	**gloria,-ae** f.	Ruhm, Ehre
5	**Graeci,-orum** m. (Pl.)	Griechen
2	**Graecus 3**	griechisch
21	**Graecia,-ae** f.	Griechenland
25	**gratia,-ae** f.	Dank
25	**gratias agere**	danken
6	**gratus 3**	dankbar; lieb, angenehm
26	**gravis,-e**	schwer; schwerwiegend
	H	
2;38	**habeo 2,-ui,-itum**	haben; halten für
7	**habito 1,-avi,-atum**	(be)wohnen
40	**haudquaquam**	keineswegs
1	**hic** (Adv.)	hier
14	**hic, haec, hoc**	dieser, diese, dieses
30	**hiems, hiemis** f.	Winter
29	**hodie**	heute
9	**homo,-inis** m.	Mensch
18	**honestus 3**	ehrenhaft, ehrenvoll
10	**honor/os,-oris** m.	Ehre, Ansehen
8	**hora,-ae** f.	Stunde
30	**hortor 1, hortatus sum**	auffordern, ermuntern
10	**hostis,-is** m.	Feind
30	**humanus 3**	menschlich
	I	
21	**iacio M, ieci, iactum**	werfen
2	**iam**	schon
3	**ibi**	dort
11	**idem, eadem, idem**	derselbe, dieselbe, dasselbe
36	**igitur**	also, daher
25	**ignis,-is** m.	Feuer
37	**ignoro 1,-avi,-atum**	nicht wissen, nicht kennen
15	**ignotus 3**	unbekannt
15	**ille, illa, illud**	jener, jene, jenes
35	**immortalis,-e**	unsterblich
10	**imperator,-oris** m.	Feldherr; Kaiser
22	**imperium,-i n.**	Befehl; Herrschaft; Reich
11	**impero 1,-avi,-atum**	befehlen
14	**improbus 3**	schlecht, böse
5	**in** (+ Abl.)	in, auf; bei (Frage: wo?)
5	**in** (+ Akk.)	in, nach, gegen (Frage: wohin?)
22	**incendo 3,-cendi,-censum**	anzünden
26	**incendium,-i** n.	Brand
18	**incipio M, coepi, coeptum**	beginnen, anfangen
23	**includo 3,-clusi,-clusum**	einschließen
17	**incola,-ae** m.	Bewohner, Einwohner
34	**incolo 3,-colui,-cultum**	bewohnen
24	**inde**	von da an; von dort
25	**ineo,-is,-ire,-ii,-itum**	hineingehen, betreten
38	**ingenium,-i** n.	Geist, Talent
20	**ingens,-entis**	riesig, gewaltig
35	**inimicus 3**	feindlich (gesinnt)
38	**initium,-i** n.	Anfang
7	**iniuria,-ae** f.	Unrecht
5	**inquit**	er, sie, es sagt(e)
11	**insula,-ae** f.	Insel
14	**intellego 3,-lexi,-lectum**	erkennen, einsehen
7	**inter** (+ Akk.)	zwischen
23	**interea**	inzwischen
24	**intereo,-is,-ire,-ii,-itum**	untergehen, sterben
12	**interficio M,-feci,-fectum**	töten
40	**interim**	inzwischen
1	**interrogo 1,-avi,-atum**	fragen
22	**intersum,-es,-esse,-fui**	beiwohnen, teilnehmen
23	**intra** (+ Akk.)	innerhalb
2	**intro 1,-avi,-atum**	eintreten, betreten
12	**invenio 4,-veni,-ventum**	finden; erfinden
35	**invidia,-ae** f.	Neid
14	**invito 1,-avi,-atum**	einladen
33	**invitus 3**	unwillig; gegen den Willen
15	**ipse, ipsa, ipsum**	(er, sie, es) selbst
22	**ira,-ae** f.	Zorn
2	**iratus 3**	zornig, erzürnt
11	**is, ea, id**	dieser,-e,-es; er, sie, es
19	**iste, ista, istud**	dieser (-e,-es) da
5	**ita**	so
1	**itaque**	deshalb, daher

15	iter, itineris n.	Weg; Reise
15	iter facere	reisen, marschieren
5	iterum	wieder
17	iubeo 2, iussi, iussum (+ Akk.)	befehlen; lassen
39	iudex,-icis m.	Richter
17	iudicium,-i n.	Urteil
21	iudico 1,-avi,-atum	urteilen; richten
21	iungo 3, iunxi, iunctum	verbinden
9	Iuno,-onis f.	Juno
11	Iuppiter, Iovis m.	Jupiter
17	ius, iuris n.	Recht
11	iussum,-i n.	Befehl
26	iussu	auf Befehl
17	iustitia,-ae f.	Gerechtigkeit
37	iustus 3	gerecht
17	iuvenis,-is m.	junger Mann
12	iuvo 1, iuvi, iutum	unterstützen

L

32	labor,-oris m.	Arbeit, Mühe
1	laboro 1,-avi,-atum	arbeiten
27	lacrima,-ae f.	Träne
25	laedo 3, laesi, laesum	verletzen
1	laetus 3	froh; fröhlich
2	Latinus 3	lateinisch
16	latus 3	weit, breit
1	laudo 1,-avi,-atum	loben
37	legatio,-onis f.	Gesandtschaft
37	legatus,-i m.	Gesandter
18	legio,-onis f.	Legion
7	lego 3, legi, lectum	lesen
19	lex, legis f.	Gesetz
1	libenter (Adv.)	gern
38	liber/era/erum	frei
2	liber, libri m.	Buch
6	liberi,-orum m. (Pl.)	Kinder
10	libero 1,-avi,-atum	befreien
19	libertas,-atis f.	Freiheit
5	licet 2,-uit	es ist erlaubt, möglich
2	lingua,-ae f.	Sprache; Zunge
17	littera,-ae f.	Buchstabe; Pl.: Wissenschaft; Brief
11	litus,-oris n.	Küste
11	locus,-i m.	Ort, Stelle
34	loca,-orum n. (Pl.)	Gegend
15	longus 3	lang
30	loquor 3, locutus sum	sprechen
11	ludo 3, lusi, lusum	spielen
33	lumen,-inis n.	Licht
15	lux, lucis f.	Licht

M

22	magis	mehr
2	magister,-tri m.	Lehrer
40	magistratus,-us m.	Beamter; Behörde
6	magnificus 3	großartig, prächtig
26	magnitudo,-inis f.	Größe
1	magnus 3	groß
19	maior, maius	größer
39	maiores,-um m. (Pl.)	Vorfahren
34	malum,-i n.	Übel, Unheil
1	malus 3	schlecht
21	mando 1,-avi,-atum	anvertrauen
5	maneo 2, mansi, (mansurus)	bleiben
13	manus,-us f.	Hand
10	mare,-is n.	Meer
21	maritus,-i m.	Gatte, Ehemann
32	mater,-tris f.	Mutter
15	matrimonium,-i n.	Ehe
15	in matrimonium ducere	heiraten
8	maxime	am meisten, sehr
19	maximus 3	der größte, sehr groß
12	medius 3	der mittlere; in der Mitte
12	medio in labyrintho	mitten im Labyrinth
19	melior, melius	besser
37	memini,-isse (+ Gen.)	sich erinnern (an)
39	memoria,-ae f.	Erinnerung
39	in memoriam (+ Gen.)	zur Erinnerung an
30	mens, mentis f.	Geist, Sinn
32	mensis,-is m.	Monat
13	meridies,-ei m.	Mittag
29	metuo 3, metui	(sich) fürchten
13	metus,-us m.	Furcht, Angst
1	meus 3	mein
9	miles,-itis m.	Soldat
30	militaris,-e	militärisch, Militär-
8	mille (Pl.: milia,-ium)	tausend
5	minime	keineswegs, gar nicht
19	minimus 3	der kleinste
19	minor, minus	kleiner
39	minus (Adv.)	weniger
28	miraculum,-i n.	Wunder
12	miser/era/erum	arm, elend
30	misericordia,-ae f.	Mitleid
7	mitto 3, misi, missum	schicken
22	moenia,-ium n. (Pl.)	(Stadt-)Mauern
2	moneo 2,-ui,-itum	ermahnen
11	mons, montis m.	Berg
3	monstro 1,-avi,-atum	zeigen
39	monumentum,-i n.	Denkmal
33	morior M, mortuus sum	sterben
14	mors, mortis f.	Tod
13	mortuus 3	gestorben, tot
19	mos, moris m.	Sitte, Brauch
15	moveo 2, movi, motum	bewegen; beeindrucken
11	mox	bald
20	mulier,-eris f.	Frau
3	multi/ae/a (Pl.)	viele
11	multitudo,-inis f.	Menge
39	multo	viel, um vieles
3	multum	viel
27	mundus,-i m.	Welt
31	muto 1,-avi,-atum	verändern, verwandeln

N

7	nam	denn, nämlich
4	narro 1,-avi,-atum	erzählen
32	nascor 3, natus sum	geboren werden
16	natio,-onis f.	Volk
14	natura,-ae f.	Natur
16	natus 3 (+ Abl.)	geboren, abstammend (von)
33	nauta,-ae m.	Seemann
12	navigo 1,-avi,-atum	segeln, mit dem Schiff fahren
10	navis,-is f.	Schiff
3	-ne	(Fragepartikel, unübersetzt)
32;36	ne (+ Konj.)	dass/damit nicht; (im HS:) nicht
38	ne quis/quid	dass (damit) niemand/nichts
10	ne ... quidem	nicht einmal ...
4	nec = neque	und nicht, auch nicht
7	necesse est	es ist notwendig
4	neco 1,-avi,-atum	töten
13	neglego 3,-lexi,-lectum	missachten, ignorieren
34	nego 1,-avi,-atum	verweigern, verneinen
12	nemo	niemand
4	neque (= nec)	und nicht
8	neque - neque (= nec – nec)	weder - noch
32	nescio 4,-ivi,-itum	nicht wissen
12	nihil	nichts
12	nihil nisi	nichts außer
8;12	nisi	wenn nicht, (nach Verneinung:) außer
16	nobilis/e	vornehm, adelig
17	nobilitas,-atis f.	Adel
33	noctu	nachts

24	**nolo, non vis, nolle, nolui**	nicht wollen
9	**nomen,-inis** n.	Name
1	**non**	nicht
8	**non iam**	nicht mehr
2	**non solum – sed etiam**	nicht nur - sondern auch
5	**nonne?**	nicht (in der Frage)
6	**nonnulli/ae/a** (Pl.)	einige
33	**nonnumquam**	manchmal
8	**nonus 3**	der neunte
5	**nos**	wir; uns
34	**nosco 3, novi, notum**	kennenlernen; Pf.: kennen
5	**noster/tra/trum**	unser
29	**notus 3**	bekannt
8	**novem**	neun
4	**novus 3**	neu
9	**nox, noctis** f.	Nacht
30	**nudus 3**	nackt
8	**nullus 3**	kein
5;37	**num**	etwa; ob
26	**numerus,-i** m.	Zahl, Anzahl
23	**numquam**	niemals
1	**nunc**	jetzt, nun
29	**nuntio 1,-avi,-atum**	melden
7	**nuntius,-i** m.	Bote; Nachricht
40	**nuper**	neulich, vor kurzem

O

37	**ob** (+ Akk.)	wegen
36	**obses,-sidis** m.	Geisel
22	**obtineo 2,-tinui,-tentum**	innehaben, besitzen
27	**obviam**	entgegen
21	**occasio,-onis** f.	Gelegenheit
10	**occido 3,-cidi,-cisum**	töten
9	**occupo 1,-avi,-atum**	besetzen
8	**octavus 3**	der achte
8	**octo**	acht
2	**oculus,-i** m.	Auge
34	**odi, odisse**	hassen
32	**odium,-i** n.	Hass
31	**officium,-i** n.	Pflicht, Dienst
15	**olim**	einst
18	**omnis/e**	jeder, ganz; Pl.: alle
38	**opera,-ae** f.	Mühe
38	**operam dare**	sich bemühen
34	**(ops) opis** f.	Hilfe
34	**opes,-um** f. (Pl.)	Reichtum, Schätze
36	**oportet,-uit**	es ist nötig
6	**oppidum,-i** n.	Stadt
9	**oppugno 1,-avi,-atum**	bestürmen, belagern
19	**optimus 3**	der beste
34	**opto 1,-avi,-atum**	wünschen
13	**opus,-eris** n.	Werk
29	**oraculum,-i** n.	Orakel(spruch)
17	**oratio,-onis** f.	Rede
17	**orator,-oris** m.	Redner
35	**orior 4, ortus sum**	aufgehen, entstehen
26	**orno 1,-avi,-atum**	schmücken
24	**oro 1,-avi,-atum**	beten, bitten
31	**os, oris** n.	Mund; Gesicht
37	**ostendo 3,-tendi**	zeigen
5	**otium,-i** n.	Freizeit, Erholung, Muße

P

14	**paene**	fast, beinahe
34	**panis,-is** m.	Brot
12	**paratus 3**	bereit
12	**parentes,-um** m. (Pl.)	Eltern
8	**pareo 2,-ui, (-iturus)**	gehorchen
7	**paro 1,-avi,-atum**	(vor)bereiten; erwerben
10	**pars, partis** f.	Teil
6	**parvus 3**	klein
12	**pater,-tris** m.	Vater
30	**patior M, passus sum**	ertragen, (er)dulden
10	**patria,-ae** f.	Heimat
18	**pauci,-ae,-a** (Pl.)	wenige
6	**paulo post**	wenig später
30	**pauper,-eris**	arm
10	**pax, pacis** f.	Friede
38	**pecunia,-ae** f.	Geld
19	**peior, peius**	schlechter
29	**pello 3, pepuli, pulsum**	schlagen, stoßen
1	**pensum,-i** n.	Aufgabe
3	**per** (+ Akk.)	durch
35	**perfero,-fers,-ferre,-tuli,-latum**	(er)tragen
12	**periculum,-i** n.	Gefahr
36	**permitto 3,-misi,-missum**	erlauben
19	**perpetuus 3**	ununterbrochen, ewig
19	**persuadeo 2,-suasi,-suasum** (+ Dat.)	überreden; überzeugen
37	**mihi persuasum est**	ich bin überzeugt
25	**pervenio 4,-veni,-ventum**	kommen, gelangen
31	**pes, pedis** m.	Fuß
19	**pessimus 3**	der schlechteste
13	**peto 3, petivi, petitum**	aufsuchen, anstreben
13	**petere a** (+ Abl.)	bitten
38	**philosophus,-i** m.	Philosoph
39	**pietas,-atis** f.	Pflichtgefühl, Frömmigkeit
4	**placeo 2,-ui,-itum**	gefallen
29	**plebs, plebis** f.	(niedriges) Volk
25	**plenus 3** (+ Gen.)	voll (mit)
19	**plures/a**	mehr, mehrere
19	**plurimi/ae/a**	die meisten, sehr viele
19	**plus**	mehr
14	**poena,-ae** f.	Strafe
25	**poeta,-ae** m.	Dichter
32	**polliceor 2, pollicitus sum**	versprechen
20	**pono 3, posui, positum**	legen, stellen
29	**pons, pontis** m.	Brücke
7	**populus,-i** m.	Volk
10	**porta,-ae** f.	Tor, Tür
6	**porto 1,-avi,-atum**	tragen, bringen
33	**portus,-us** m.	Hafen
30	**possideo 2,-sedi,-sessum**	besitzen
6	**possum, potes, posse, potui**	können
3	**post** (+ Akk.)	nach; hinter
6	**post** (nach Abl.)	später, nachher
26	**postea**	später, danach
25	**posterus 3**	der nächste
15	**postquam** (+ Ind. Perf.)	nachdem
4	**postremo**	schließlich
25	**postulo 1,-avi,-atum**	fordern
36	**potens,-entis**	mächtig
19	**potestas,-atis** f.	Macht
24	**praebeo 2,-ui,-itum**	bieten, anbieten
21	**praemium,-i** n.	Belohnung, Preis
21	**praeter** (+ Akk.)	außer
21	**praeterea**	außerdem
22	**preces,-um** f. (Pl.)	Bitten
29	**premo 3, pressi, pressum**	drücken, bedrängen
11	**primo**	zuerst
8	**primus 3**	der erste
26	**princeps,-cipis** (Adj./Nomen)	der erste / Prinzeps, Kaiser
18	**prior, prius**	der frühere
17	**priusquam**	bevor
26	**privatus 3**	privat
4	**pro** (+ Abl.)	für
18	**proelium,-i** n.	Schlacht
31	**proficiscor 3,-fectus sum**	aufbrechen, sich auf den Weg machen
10	**prohibeo 2,-ui,-itum**	ab-/fernhalten, (ver)hindern
24	**promitto 3,-misi,-missum**	versprechen
29	**prope** (+ Akk.)	nahe bei
5	**propero 1,-avi,-atum**	eilen
31	**propter** (+ Akk.)	wegen

25	prosum, prodes, prodesse, profui	nützen
17	provincia,-ae f.	Provinz
27	proximus 3	der nächste
18	prudens,-entis	klug
14	prudentia,-ae f.	Klugheit
26	publicus 3	öffentlich
2	puella,-ae f.	Mädchen
2	puer,-eri m.	Bub
10	pugna,-ae f.	Kampf
4	pugno 1,-avi,-atum	kämpfen
2	pulcher,-chra,-chrum	schön
11	pulchritudo,-inis f.	Schönheit
14	punio 4,-ivi,-itum	bestrafen
22	puto 1,-avi,-atum	glauben; halten für

Q

12	quaero 3, quaesivi,-situm	suchen; (+ ex/a:) fragen
29	qua de causa	deshalb; weshalb
32	qualis/e	wie (beschaffen), welch
2	quam (vor Grundstufe)	wie
18	quam (nach Komparativ)	als
36	quam (vor Superlativ)	möglichst
9	quamquam	obwohl
33	quantus 3	wie groß
8	quartus 3	der vierte
26	quasi	gleichsam (als), wie
8	quattuor	vier
3	-que	und
9	quem?	wen?
30	queror 3, questus sum	klagen
12	qui, quae, quod	welcher?, der; dieser (s. Lec. 18)
21	quia	weil
34	qui-, quae-, quodcumque	wer auch immer
2	quid?	was?
14	quidam, quaedam, quoddam	ein (gewisser), Pl.: einige
19	quidem	zwar, freilich
10	ne ... quidem	nicht einmal ...
40	quietus 3	ruhig
8	quinque	fünf
8	quintus 3	der fünfte
2	quis, quid	wer, was
5	quis nostrum / vestrum	wer von uns / euch
36	quisquam, quidquam	irgendjemand, -etwas
38	quisque, quidque	jeder
30	quisquis, quidquid	wer auch immer, was auch immer
27	quo	wohin
2	quod	weil; dass; (relativ:) was
12	quomodo	wie
36	quondam	einst
36	quoniam	weil ja
5	quoque (nachgestellt)	auch

R

7	rapio M, rapui, raptum	rauben
33	ratio,-onis f.	Vernunft
16	recipio M,-cepi,-ceptum	aufnehmen
16	se recipere	sich zurückziehen
33	rectus 3	richtig, gerade
14	reddo 3,-didi,-ditum	zurückgeben
23	redeo,-is,-ire,-ii,-itum	zurückkehren
34	reditus,-us m.	Rückkehr
27	refero, referre, rettuli, relatum	zurückbringen; berichten
15	regina,-ae f.	Königin
40	regio,-onis f.	Gegend
34	regius 3	königlich
6	regno 1,-avi,-atum	herrschen, regieren
20	regnum,-i n.	(König)Reich; Herrschaft
37	rego 3, rexi, rectum	regieren, lenken, leiten
39	religio,-onis f.	Gottesfurcht, Religion
7	relinquo 3,-liqui,-lictum	ver-, zurücklassen
30	reliquus 3	übrig
27	repente	plötzlich
13	res,-rei f.	Sache
17	res publica f.	Staat
8	resisto 3,-stiti	sich widersetzen, Widerstand leisten
1	respondeo 2,-spondi,-sponsum	antworten
31	revertor 3,-verti,-versum	zurückkehren
11	rex, regis m.	König
1	rideo 2, risi, risum	lachen
28	rogo 1,-avi,-atum	bitten, fragen
3	Roma,-ae f.	Rom
3	Romanus 3	römisch
4	Romani,-orum m. (Pl.)	die Römer

S

9	sacer,-cra,-crum	heilig, geweiht
1	saepe	oft
27	salus,-utis f.	Heil, Rettung; Gruß
38	saluto 1,-avi,-atum	(be)grüßen
2	salve! / salvete!	sei(d) gegrüßt!
27	sanctus 3	heilig
30	sanus 3	gesund, vernünftig
34	sapiens,-entis	weise, klug
36	satis	genug
14	saxum,-i n.	Fels
14	scelus,-eris n.	Verbrechen
1	schola,-ae f.	Schule
24	scientia,-ae f.	Wissen, Kenntnis
11	scio 4, scivi, scitum	wissen
29	scribo 3, scripsi, scriptum	schreiben
5	se	sich (im ACI: dass er/sie)
2	secum	mit sich, bei sich
8	secundus 3	der zweite; günstig
1	sed	aber; sondern
1	sedeo 2, sedi, sessum	sitzen
34	sedes,-is f.	Sitz; Wohnsitz
1	semper	immer
17	senator,-oris m.	Senator
16	senatus,-us m.	Senat
37	senex, senis m.	Greis, alter Mann
39	sententia,-ae f.	Meinung; Satz
32	sentio 4, sensi, sensum	fühlen; wahrnehmen; meinen
8	septem	sieben
8	septimus 3	der siebente
30	sequor 3, secutus sum (+ Akk.)	folgen
36	sermo,-onis m.	Gespräch, Rede
20	serva,-ae f.	Sklavin, Dienerin
18	servitus,-utis f.	Sklaverei
30	servio 4,-ivi,-itum	dienen
9	servo 1,-avi,-atum	retten, bewahren
8	servus,-i m.	Sklave, Diener
21	seu – seu (= sive – sive)	sei es (dass) ... sei es (dass)
6	sex	sechs
8	sextus 3	der sechste
4	si	wenn
38	si quis/quid	wenn jemand/etwas
27	sic	so
29	signum,-i n.	Zeichen
31	silva,-ae f.	Wald
30	similis,-e	ähnlich
4	sine (+ Abl.)	ohne
37	singuli/ae/a	einzelne, je ein
14	sitis,-is f.	Durst
21	sive - sive	sei es (dass) ... sei es (dass)
17	socius,-i m.	Gefährte
13	sol, solis m.	Sonne
11;31	soleo 2, solitus sum	gewohnt sein, pflegen
3	solum	nur
8	solus 3	allein
13;14	solvo 3, solvi, solutum	(auf)lösen; büßen
14	poenas solvere	(Strafe zahlen =) büßen
36	soror, sororis f.	Schwester
3	spectaculum,-i n.	Schauspiel

2	specto 1,-avi,-atum	anschauen, betrachten
24	spero 1,-avi,-atum	hoffen, erhoffen
28	spes,-ei f.	Hoffnung
17	sponte (mea / tua / sua)	freiwillig
9	statim	sogleich, sofort
3	statua,-ae f.	Statue
19	statuo 3, statui, statutum	beschließen; aufstellen
14	sto 1, steti, statum	stehen
17	studeo 2,-ui (+ Dat.)	sich bemühen (um), streben (nach)
29	studium, -i n.	Eifer; Begeisterung
5	sub (+ Abl.)	unter (Frage: wo?)
5	sub (+ Akk.)	unter (Frage: wohin?)
7	subito	plötzlich
6	sum, es, esse, fui	sein
25	sumo 3, sumpsi, sumptum	nehmen
10	summus 3	der höchste, sehr hoch
14	summo in monte	auf der Spitze des Berges
38	superbia,-ae f.	Stolz
4	supero 1,-avi,-atum	besiegen, übertreffen
36	supra (+ Akk.)	über; oberhalb von
4	suus 3	sein, ihr

T

24	taceo 2,-ui	schweigen
32	talis/e	so (beschaffen), solch
3	tam	so
6	tamen	dennoch, trotzdem
25	tandem	endlich, schließlich
11	tango 3, tetigi, tactum	berühren
38	tantus 3	so groß
11	taurus,-i m.	Stier
30	tego 3, texi, tectum	bedecken
3	templum,-i n.	Tempel
16	tempus,-oris n.	Zeit
32	teneo 2,-ui	halten
4	terra,-ae f.	Land, Erde
5	terreo 2,-ui,-itum	(jemanden) erschrecken
36	terror,-oris m.	Schrecken
8	tertius 3	der dritte
3	theatrum,-i n.	Theater
9	timeo 2,-ui	fürchten, sich fürchten
37	timeo, ne ...	fürchten, dass ...
10	timor,-oris m.	Furcht, Angst
7	tolero 1,-avi,-atum	ertragen
24	tollo 3, sustuli, sublatum	(auf)heben; erheben
18	totus 3	ganz
18	trado 3,-didi,-ditum	ausliefern; überliefern
28	traduco 3,-duxi,-ductum	hinüberführen
22	traho 3, traxi, tractum	ziehen
6	trans (+ Akk.)	über, jenseits von
36	transeo,-is,-ire,-ii,-itum	hinübergehen, überqueren
8	tres, tria	drei
21	Troia,-ae f.	Troja
22	Troiani,-orum m. (Pl.)	die Trojaner
23	Troianus 3	trojanisch
5	tu	du
1	tum	dann, damals
1	tunc	dann, damals
32	turpis/e	schändlich, hässlich
10	turris,-is f.	Turm
31	tutus 3	sicher, geschützt
2	tuus 3	dein

U

2;18	ubi	wo; sobald
35	ubique	überall
23	Ulixes,-is m.	Odysseus
28	ullus 3	(irgend)ein
19	ultimus 3	letzter
31	umquam	jemals
39	unde	woher
23	universi/ae/a (Pl.)	alle (zusammen)
8	unus 3	ein(s), einzig
10	urbs, urbis f.	(Haupt-) Stadt
26	usque ad (+ Akk.)	bis zu
24	usus,-us m.	Nutzen, Gebrauch
24	usui esse	nützlich sein
7	ut (+ Ind.)	wie
36	ut (+ Konj.)	dass, damit, sodass
29	uterque, utraque, utrumque	jeder von beiden
33	utinam	wenn doch
31	utor 3, usus sum (+ Abl.)	gebrauchen, benützen
15	uxor,-oris f.	Gattin

V

39	vacuus 3	leer; frei
27	vado 3, –	gehen
32	valde	sehr
16	varius 3	verschieden
26	vasto 1,-avi,-atum	verwüsten
34	vel	oder
7	venio 4, veni, ventum	kommen
21	Venus,-eris f.	Venus
2	verbum,-i n.	Wort
30	vereor 2, veritus sum	fürchten; sich scheuen
24	veritas,-atis f.	Wahrheit
25	vero	aber
15	verto 3, verti, versum	wenden
24	verus 3	wahr, echt
5	vester, vestra, vestrum	euer
30	vestis,-is f.	Gewand
35	veto 1,-ui,-itum (+ Akk.)	verbieten
3	via,-ae f.	Weg, Straße
29	victor,-oris m.	Sieger; siegreich
23	victoria,-ae f.	Sieg
3	video 2, vidi, visum	sehen
27	videor 2 (+ Inf.)	scheinen
10	vinco 3, vici, victum	(be)siegen
23	vinum,-i n.	Wein
3	vir, viri m.	Mann
14	vires,-ium f. (Pl.)	Kräfte; Streitkräfte
11	virgo,-inis f.	Mädchen, Jungfrau
10	virtus,-utis f.	Tapferkeit, Tugend
14	vis, vim, vi f.	Kraft, Gewalt
35	visito 1,-avi,-atum	besuchen
4	vita,-ae f.	Leben
35	vitium,-i n.	Laster, Fehler
19	vivo 3, vixi, (victurus)	leben
28	vix	kaum
11;22	voco 1,-avi,-atum	rufen, nennen
24	volo, vis, velle, volui	wollen
34	voluntas,-atis f.	Wille, Wunsch
39	voluptas,-atis f.	Vergnügen, Lust
5	vos	ihr; euch
9	vox, vocis f.	Stimme
19	vulnus,-eris n.	Wunde
35	vultus,-us m.	Gesicht, Miene

Tipps zum Vokabellernen

Beim Erlernen einer Sprache nützen dir die besten Grammatikkenntnisse nichts, wenn du über keinen ausreichenden Wortschatz verfügst. Also ist das Vokabellernen eine der wichtigsten Aufgaben für dich!

Nie zu lange lernen!

LernpsychologInnen haben festgestellt: Wer öfters in kurzen Einheiten lernt, behält den Stoff besser als jemand, der eine einzige Marathon-Vokabelsitzung absolviert! Daher: Besser 3 x 10 Minuten als 1 x 30 Minuten büffeln!

Den Stoff regelmäßig wiederholen!

Punktuelles Lernen vor einer Prüfung bringt nichts. Damit die Vokabel wirklich gut sitzen, musst du sie öfters und regelmäßig wiederholen.

Übrigens: Wenn du den Stoff erst dann wiederholst, wenn du ihn schon wieder teilweise vergessen hast, merkst du ihn dir nachher umso länger!

Schwierige Vokabel gezielt wiederholen!

Es ist sinnlos, wenn du immer alle Wörter wiederholst, obwohl du einen Großteil ohnehin schon beherrschst.

Daher: Die nicht gewussten Wörter (am besten mit Bleistift!) ankreuzen (dafür sind in diesem Buch auf den Vokabelseiten die Kästchen vor den lateinischen Wörtern da) oder eine Vokabelkartei anlegen, damit du die bereits gewussten Wörter ablegen und die schwierigeren vorreihen kannst.

Abwechslung macht Spaß!

Nach dem Motto *Variatio delectat!* solltest du die Vokabel nicht immer in der gleichen Reihenfolge (z. B. so wie sie im Lehrbuch zu den einzelnen Lektionen angegeben sind) wiederholen.

(Deshalb findest du zum Beispiel im „Wortschatztraining" zu MIR (vgl. hintere Umschlagseite) die Wörter auch anders geordnet als in MIR 1, und zwar alphabetisch und nach Wortgattungen.)

Augen und Ohren einsetzen!

Die meisten Menschen lernen vor allem **visuell**, also mithilfe der Augen.
Das kann durch bloßes Lesen geschehen, aber beispielsweise auch durch Schreiben, farbiges Markieren, eine Lernkartei oder ein selbst angefertigtes Lernplakat.

Nicht vernachlässigen solltest du aber auch deine **auditiven** Lernfähigkeiten: Versuche manchmal auch zu lernen, indem du dir Wörter halblaut vorsagst, dich abprüfen lässt oder die *MIR*-Vokabeltrainer-CD verwendest!

Stoffkollisionen vermeiden!

Erwiesenermaßen ist es schlecht, wenn du ähnliche Stoffe unmittelbar hintereinander lernst – also z. B. italienische und lateinische Vokabel. Mach dazwischen unbedingt eine längere Pause oder schiebe z. B. eine Mathe-Lektion ein! Übrigens behältst du den Stoff, den du unmittelbar vor dem Schlafengehen lernst bzw. wiederholst, besonders gut im Gedächtnis!

Eselsbrücken bauen!

Ganz egal, welche Assoziationen du dir schaffst – Hauptsache, sie helfen dir persönlich!

Beispiel 1: Wenn du das Wort *tum* („damals") immer mit *tam* („so") verwechselst, denke an das „Altertum" – das hört mit *-tum* auf und hat etwas mit „damals" zu tun!

Beispiel 2: Suche dir zu lateinischen Wörtern ähnlich klingende deutsche und stell dir ein Bild oder eine Geschichte dazu vor: z. B. lat. *tantus* („so groß") → dt. „Tante": du stehst vor deiner Tante, die um zwei Köpfe größer ist als du! (Dieses Bild vergisst du garantiert nie wieder ...).

Wörter mit anderen Sprachen vergleichen!

Gerade bei lateinischen Vokabeln ist es ganz leicht, Anknüpfungspunkte in lebenden Fremdsprachen zu finden. Egal ob das italienische *pane*, das französische *ami* oder das englische *hour* – jedes dieser Wörter wird dir helfen, dir die entsprechenden lateinischen Wörter *panis / amicus / hora* leicht zu merken! Auch viele Fremdwörter können dir beim Vokabellernen hilfreich sein. So steckt z. B. im Wort *Ventilator* das lateinische *ventus* „Wind" – ist doch ganz logisch, nicht?

Register

Grammatikregister

Sach- und Personenregister

Die griechisch-römischen Götter

	Griechischer Name	Römischer Name	Zuständigkeit	Attribute
1	Artemis	Diana,-ae	Jagd, Natur	Pfeil und Bogen
2	Apollo	Apollo, Apollinis	Musik, Weissagung	Lyra
3	Dionysos	Bacchus,-i	Wein	Trauben
4	Ares	Mars, Martis	Krieg	Lanze, Helm, Schild
5	Hera	Iuno, Iunonis	Ehe	Pfau
6	Zeus	Iuppiter, Iovis	Himmel, Recht	Blitze, Adler
7	Demeter	Ceres, Cereris	Ackerbau	Getreideähren
8	Athene	Minerva,-ae	Weisheit, Kunst	Helm, Lanze, Schild; Eule
9	Poseidon	Neptunus,-i	Meer	Dreizack
10	Hephaistos	Vulcanus,-i	Feuer, Schmiedekunst	Hammer und Amboss
11	Hermes	Mercurius,-i	Götterbote, Handel	Heroldsstab (mit 2 Schlangen) Flügelschuhe, Hut
12	Aphrodite	Venus, Veneris	Liebe	Muschel (die „Meerentstiegene“)
13	Nike	Victoria,-ae	Sieg	Flügel, Palmzweig
14	Eros	Amor, Amoris (= Cupido, Cupidinis)	Liebe	Flügel, Pfeil und Bogen